Sᴇᴄᴄɪóɴ ᴅᴇ Oʙʀᴀs ᴅᴇ Eᴅᴜᴄᴀᴄɪóɴ ʏ Pᴇᴅᴀɢᴏɢíᴀ

TEMAS CLAVE DE LA EVALUACIÓN DE LA EDUCACIÓN BÁSICA

Traductores
Lídice Rocha Marenco
Audón Coria

Temas clave
de la evaluación
de la educación básica

DIÁLOGOS Y DEBATES

María de Ibarrola Nicolín
(coordinadora)

FONDO DE CULTURA ECONÓMICA

INSTITUTO NACIONAL
PARA LA EVALUACIÓN DE LA EDUCACIÓN

Primera edición, 2018

Ibarrola Nicolín, María de (coord.)
     Temas clave de la evaluación de la educación básica. Diálogos y debates / coord.
de María de Ibarrola Nicolín ; trad. de Lídice Rocha Marenco, Audón Coria. — México : FCE, INEE, 2018
     328 p. : cuadros, tablas, gráfs. ; 23 × 17 cm — (Sección de Obras de Educación y
Pedagogía)
     ISBN 978-607-16-5771-8 (FCE)
     ISBN 978-607-8604-00-5 (INEE)

     1. Educación básica – Evaluación 2. Educación básica — Planeación y políticas 3.
Educación básica — Prácticas educativas 4. Educación — Investigación I. Rocha
Marenco, Lídice, tr. II. Coria, Audón, tr. III. Ser. IV. t.

LC LB3054   Dewey 372.011 I613t

Distribución mundial

Diseño de portada: Laura Esponda Aguilar

D. R. © 2018, Instituto Nacional para la Evaluación de la Educación
Av. Barranca del Muerto, 341; 03900 Ciudad de México
www.inee.edu.mx
Tel. (55) 5482-0900

D. R. © 2018, Fondo de Cultura Económica
Carretera Picacho-Ajusco, 227; 14738 Ciudad de México
www.fondodeculturaeconomica.com
Comentarios: editorial@fondodeculturaeconomica.com
Tel. (55) 5227-4672

ISBN 978-607-16-5771-8 (FCE)
ISBN 978-607-8604-00-5 (INEE)

Impreso en México • *Printed in Mexico*

ÍNDICE

Presentación, María de Ibarrola Nicolín 9

Introducción. Las muchas funciones de la evaluación en educación,
    Denis C. Phillips / Comentario, Rosa Nidia Buenfil 17

Primera Parte
Consideraciones históricas básicas

I. Perspectivas sobre la evaluación a partir de contextos curriculares,
    William H. Schubert / Comentario, Eduardo Weiss 41

II. Una crítica de las calificaciones: políticas, prácticas y asuntos
    técnicos, Lorin W. Anderson / Comentario, Eduardo Backhoff . . 81

III. Perspectivas metodológicas: ¿evaluación estandarizada (sumativa)
    o contextualizada (formativa)?, Richard J. Shavelson /
    Comentario, Margarita Zorrilla Fierro 123

Segunda Parte
La persistente y perenne presencia de las desigualdades

IV. Lo que nos dicen las evaluaciones educativas internacionales
    sobre la calidad de la educación en países en desarrollo,
    Servaas van der Berg / Comentario, Teresa Bracho 149

V. La brecha digital: un contexto crítico para las evaluaciones
    con base digital, Kadriye Ercikan, Mustafa Asil y Raman
    Grover / Comentario, Teresa Rojano 172

VI. Hacia una evaluación con enfoque intercultural. Avances,
    dilemas y retos. Una mirada desde el Instituto Nacional
    para la Evaluación de la Educación de México, Sylvia Schmelkes /
    Comentario, Ruth Paradise. 193

TERCERA PARTE
Problemas y perspectivas de la evaluación de los profesores
de educación básica

VII. La evaluación de los profesores de educación básica. Tensiones
políticas y oposiciones radicales, MARÍA DE IBARROLA NICOLÍN /
Comentario, GILBERTO GUEVARA NIEBLA 215

VIII. Entre Escila y Caribdis: reflexiones sobre problemas asociados
con la evaluación de maestros en una época de mediciones,
DAVID C. BERLINER / Comentario, ALICIA CIVERA 251

EPÍLOGO
Temas clave para el pensamiento y la acción
Recomendaciones para evaluaciones sólidas y justificadas,
LORIN W. ANDERSON 295
Lecciones para México y América Latina, Felipe Martínez Rizo 309

Semblanzas 319

PRESENTACIÓN

María de Ibarrola Nicolín

Hacia mediados de 2015, María de Ibarrola[1] y Sylvia Schmelkes[2] convinieron en organizar un simposio cuya finalidad sería analizar las perspectivas de la evaluación de la educación básica con base en las retrospectivas, las experiencias, las investigaciones y las reflexiones personales de varios miembros de la Academia Internacional de la Educación. La propuesta tenía mucho sentido en función de los objetivos y proyectos de las instituciones participantes.

El Instituto Nacional para la Evaluación de la Educación (INEE), creado en 2002, había llevado a cabo una serie de actividades y programas fundamentales para el mejoramiento de la calidad de la educación en México por la vía de evaluaciones nacionales, en particular mediante el diseño y la aplicación de los Exámenes de la Calidad y el Logro Educativos (Excale), la coordinación de la participación de México en evaluaciones internacionales, como el Programa Internacional para la Evaluación de Estudiantes (PISA, por sus siglas en inglés), y el desarrollo de indicadores sobre el estado y el avance de la educación del país, publicados anualmente en el *Panorama Educativo de México*. En 2013 el instituto se transformó de manera trascendental al ser declarado constitucionalmente organismo público autónomo del Estado, con personalidad jurídica y patrimonio propios, facultado para determinar su forma de gobierno y organización interna, atributos que lo convierten en la autoridad máxima en materia de evaluación de la educación obligatoria, incluso frente a otras autoridades educativas que también tienen facultades y obligaciones en materia de evaluación. El instituto se convirtió así en el actor eje de la Política Nacional de Evaluación de la Educación (PNEE). La magnitud de sus funciones y facultades se resume en los cinco mandatos constitucionales: evaluar el Sistema Educativo Nacional (SEN), coordinar el Sistema Nacional de Evaluación Educativa (SNEE), emitir lineamientos para las evaluaciones, emitir directrices de política educativa basadas en evidencias y fo-

---

[1] Presidenta en turno de la Academia Internacional de la Educación (2012-2015) e investigadora del Departamento de Investigaciones Educativas del Centro de Investigación y Estudios Avanzados del Instituto Politécnico Nacional (DIE-Cinvestav-IPN).

[2] Presidenta en turno de la Junta de Gobierno del Instituto Nacional para la Evaluación de la Educación (INEE) (de 2013 a 2017) y miembro de la Academia Internacional de la Educación.

mentar la cultura de la evaluación; pero se resume más aún por la complejidad que le imponen los cinco principios para orientar esas atribuciones, y que definió el instituto como parte de su autonomía: mejora educativa, equidad, justicia, atención a la diversidad y participación social.

Por un lado, entre sus encomiendas, la de fomentar una cultura de la evaluación por medio de diferentes eventos justificaba la importancia del simposio propuesto, dados el carácter internacional de los ponentes y su larga experiencia en los temas de la evaluación.

Por otro, la Academia Internacional de la Educación (IAE, por las siglas en inglés de International Association for the Evaluation of Educational Achievement) congrega a un pequeño grupo de investigadores en educación de diferentes partes del mundo. Fundada en 1986 a partir de la propuesta del doctor Torsten Husén, el doctor Neville Postlethwaite y algunos notables investigadores más en educación, encontró cobijo legal al amparo de las leyes belgas. El tema de la evaluación ha estado presente en la tradición de investigación y las propuestas de la academia, ya que el grupo fundador desempeñó un papel determinante en la fundación de otra institución hermana: la Asociación Internacional para la Evaluación del Desempeño Educativo (International Association for the Evaluation of Educational Achievement). Para pertenecer a la Academia es necesario haber sido propuesto por uno o varios miembros en ejercicio y recibir el visto bueno del Comité de Nominaciones, que para ello se basa en las contribuciones sobresalientes y relevantes del candidato al conocimiento, la creatividad y la originalidad de su trabajo y su influencia o reputación internacional. A partir de 1996 se impulsó el número de investigadores que la forman a una cantidad cercana a 50. A la fecha este pequeño número proviene de 15 países diferentes, y cultiva y desarrolla el conocimiento educativo con diversos enfoques y especificidades: motivación, ambientes de aprendizaje, enseñanza, desarrollo cognitivo, efectos de la pobreza, tecnología, educación para la paz, educación intercultural, educación y desarrollo económicos, educación y trabajo, o una combinación de varios de estos elementos en los distintos niveles de los sistemas educativos y a partir de diferentes disciplinas: ciencia política, economía, filosofía, historia, pedagogía, psicología y sociología. Todos estos acercamientos se conjugan en el compromiso de impulsar la excelencia académica en todos los campos del conocimiento educativo. Entre los diferentes intereses y propósitos a los que se ha apegado la academia destacan dos especialmente pertinentes para sustentar la invitación convenida:

- difundir el conocimiento sobre las políticas y prácticas educativas cuya efectividad se compruebe a los políticos y educadores interesados, y
- proporcionar perspectivas críticas y evaluativas sobre los estudios y pro-

blemas de frontera en el debate educativo, que, sin duda, se concentra en torno a *la evaluación educativa.*

El Departamento de Investigaciones Educativas (DIE), donde colaboran la doctora María de Ibarrola y cinco de los comentaristas que participan en esta obra, ha sido, desde su fundación en 1971, una de las principales instituciones académicas dedicadas a la investigación educativa y a la formación de maestros y doctores especializados en esta actividad profesional. Su ya larga historia de investigación, precursora en el desarrollo y la profundización de metodologías cualitativas, ha sido fundamental para el conocimiento de la realidad educativa mexicana y sus problemas trascendentales, base necesaria para cualquier proyecto de evaluación.

El simposio celebrado en México en septiembre de 2016 fue una de las maneras de fortalecer la comunicación entre estos investigadores internacionales y los tomadores de decisiones, los investigadores educativos y los maestros mexicanos en torno a una propuesta de política educativa a la que se le ha asignado el compromiso de transformar la educación del país a fin de lograr su calidad para toda la población. Contó con todo el apoyo financiero, logístico y administrativo del instituto, por indicaciones de su entonces presidenta, Sylvia Schmelkes.[3]

La dinámica acordada para el simposio permitió una extensa participación de los investigadores invitados. Cada uno de los 10 ponentes —incluidos los dos miembros mexicanos de la academia— tuvo plena libertad para decidir el contenido y la estrategia de su participación, delimitada únicamente por la orientación del tema general hacia la evaluación de la educación básica; todos, por igual, dispusieron de un tiempo de 50 minutos para explayarse en su presentación oral. Además, un funcionario del INEE o un investigador del DIE comentó cada ponencia. La memoria del simposio se localiza en la página web del instituto <http://www.inee.edu.mx/index.php/simposio-internacional-temas-clave-en-la-evaluacion-de-la-educacion-basica>.

Desde las primeras valoraciones de la importancia del simposio, los miembros de la academia trabajaron arduamente para transformar sus ponencias en capítulos de un libro que ofreciera mayor argumentación, fundamentación y trascendencia a las propuestas y reflexiones ofrecidas durante el encuentro. El libro no constituye, entonces, una simple recopilación de los trabajos presentados en septiembre de 2016; el encuentro dio pie a concretar el proyecto posterior conjunto entre los miembros de la academia, y permite al instituto contar con una importante y sólida publicación.

---

[3] La logística del encuentro y su excelente administración estuvieron a cargo de la licenciada María Susana Martínez, directora de *staff* de la presidencia del INEE.

La elaboración de cada uno de los capítulos implicó la transformación de una ponencia oral en un texto debidamente redactado y fundamentado. Uno o dos colegas de la academia revisaron cada trabajo y propusieron a los autores algunas modificaciones, aclaraciones o adiciones. Los avances en la preparación del libro se discutieron en el pleno de la Asamblea General de la Academia Internacional de la Educación durante su sesión bianual llevada a cabo en Phoenix, Arizona, en marzo de 2017, por lo que los capítulos se nutrieron también del diálogo con un grupo más amplio de colegas.[4] De esta manera, el esfuerzo de los miembros de la academia condujo a dos productos importantes: una versión en inglés, que ésta producirá como parte de sus publicaciones, y la presente versión en español, financiada por el INEE y cuidada por María de Ibarrola, quien contó para ello con el apoyo del DIE, institución a la que pertenecen, además, cinco de los comentaristas a los trabajos de los diferentes autores.

El diseño académico general y la coordinación de la organización académica tanto del simposio como de la estructuración del libro quedaron bajo la responsabilidad de la doctora María de Ibarrola; para ello contó con el invaluable y continuo apoyo de los doctores Lorin Anderson y Denis Phillips, colegas con quienes ya había compartido la elaboración de dos libros más de la academia. La revisión técnica de la traducción al español de los ocho capítulos elaborados originalmente en inglés también quedó bajo su responsabilidad.

De conformidad con los textos presentados, la organización general de esta publicación propone una introducción general, tres partes temáticas y un epílogo. El primer artículo, bajo la autoría del doctor Denis Phillips, se centra en un análisis histórico de las múltiples funciones de la educación. El autor destaca el sentido de los juicios de valor que sustentan toda evaluación y analiza las tensiones y diferencias entre la evaluación sumativa y la formativa; discute también las diferencias y las relaciones entre la evaluación y la investigación científica. Su texto cumple el papel de introducción general del libro al enmarcar las distintas aportaciones de los autores según su relevancia para los temas destacados.

Posteriormente, presentados como primera parte, se incluyeron tres textos que refieren respectivamente a tres consideraciones históricamente fundamentales en la evaluación de la educación básica a lo largo del siglo xx y en los umbrales del xxi. El doctor William Schubert destaca el papel del currículo como referente clave obligado en toda evaluación de la educación; el autor expande la complejidad de las evaluaciones al plantear tres preguntas básicas sobre las consideraciones de valor de lo que es preciso enseñar, lo que vale para las generacio-

---

[4] Debido a sus múltiples compromisos de trabajo, el doctor Douglas Willms, actual presidente de la academia (2015-2019), quien presentó una ponencia sobre la prosperidad educativa en los países de ingresos bajos y medios ("Educational Prosperity in Low and Middle Income Countries") durante el simposio, no pudo participar posteriormente en la elaboración del libro.

nes futuras y el sentido que la orientación curricular les impone a las evaluaciones. Construye cinco grandes orientaciones curriculares mediante las cuales sintetiza diferentes contextos intelectuales complejos —combinados o incluso contrarios— en los que se puede enmarcar toda evaluación. El doctor Lorin Anderson presenta un recuento histórico de los problemas políticos, prácticos y técnicos de las calificaciones de los estudiantes, el cual expresa una coincidencia interesante entre las limitantes al respecto descubiertas desde principios del siglo xx y las que se siguen considerando en el momento actual; ofrece, además, una crítica en la que, como él mismo la describe, construye un juicio cuidadoso de lo que hay de bueno y de malo en dichas limitantes, al responder a cinco preguntas sobre los porqués, el significado, la confiabilidad, la validez y las consecuencias de las calificaciones. El doctor Richard Shavelson advierte sobre el falso dilema que se plantea entre una metodología cualitativa, contextualizada y formativa, por un lado, y, por el otro, una metodología cuantitativa, estandarizada y sumativa; este autor debate sobre las distintas finalidades de las evaluaciones —descriptivas, causales y de proceso o mecanismo—, e insiste en que las evaluaciones deben obedecer a la naturaleza de las preguntas que dan origen a su necesidad y en que lo que importa en todo caso es tomar en cuenta la política, la medición y el diseño.

Más adelante, la segunda parte refiere la persistente y siempre presente incidencia de las desigualdades en las evaluaciones: entre países y dentro de los mismos. La doctora Ercikan y sus colaboradores examinan la magnitud de la brecha digital entre países, por género, edad y condición socioeconómica, y advierten sobre la amenaza potencial tanto a la enseñanza como a la validez de las evaluaciones que esta brecha implica, por causa de las desigualdades en el acceso y el uso de las innovadoras tecnologías de la información y la comunicación (TIC). El doctor Van der Berg aboga sobre la importancia de las evaluaciones internacionales como fuente de comparación y análisis para los resultados que alcanzan los países en desarrollo en materia de educación; este autor ofrece datos muy importantes sobre cómo las desigualdades económicas entre países y socioeconómicas entre la población provocan una enorme brecha en el desempeño educativo; sin embargo, su análisis tan completo demuestra que estas diferencias no se explican únicamente por la disponibilidad de recursos o las condiciones de vida de la población, sino que, además, al diferir entre países y a lo largo del tiempo, nos indican que los gradientes sociales no son inmutables, que las políticas puestas en marcha y las instituciones de un país afectan los resultados. La doctora Sylvia Schmelkes define y toma una posición sobre otra desigualdad fundamental: la cultural; su propuesta se centra en lo que significa una evaluación con enfoque intercultural y contextualizada según las condiciones de vida de la población. Basada en los principios que ha definido el INEE sobre el derecho a una educación de calidad, describe seis tipos de programas y acciones con los que esa institución ha enfrentado, de manera todavía incipiente, los retos que plantea la atención a los jornaleros migrantes y a la población indígena del país, entre los que destaca la Consulta Previa, Libre e Informada a Pueblos y Comunidades Indígenas sobre Evaluación Educativa.

La tercera parte es una aportación al análisis de algunos problemas y perspectivas de la evaluación de los docentes desde diversos puntos de vista. La doctora María de Ibarrola describe y analiza las tensiones políticas y las oposiciones radicales que se manifestaron con violencia en México en los dos años recientes en los que se aplicó la evaluación de maestros para decidir su ingreso, su promoción y su permanencia en el SEN, y caracteriza la intencionalidad, la racionalidad y la fuerza de los tres principales actores que definen esta confrontación. El doctor David Berliner analiza cuidadosamente los riesgos que enfrenta la validez de las mediciones del desempeño de los maestros, las cuales se encuentran entre la espada y la pared (Escila y Caribdis) y se llevan a cabo fundamentalmente para identificar a "los malos maestros", cuya tasa analiza en los Estados Unidos por comparación con la de "malos profesionistas" en otros campos del ejercicio profesional. Al mismo tiempo, descalifica duramente las mediciones estandarizadas y propone dos formas de evaluación adecuadas para la compleja función de los maestros y que permiten escapar de los monstruos.

Cada uno de estos textos, que de ninguna manera exigen una lectura secuenciada, va seguido por un interesante comentario elaborado por investigadores educativos mexicanos, varios de ellos actuales funcionarios de la Junta de Gobierno del INEE; otros, investigadores nacionales del DIE, de gran prestigio en el país. Los comentarios ofrecen un resumen de lo que estos investigadores consideran la esencia de la propuesta de los miembros de la academia y elaboran una crítica al respecto, basados en este caso en sus experiencias de investigación sobre los diferentes temas desarrollados en el contexto mexicano.

La última parte del libro, un epílogo, incluye dos textos adicionales que se consideraron necesarios para completar la finalidad y el significado perseguidos por el libro. El primero, elaborado por el doctor Lorin Anderson mediante una cuidadosa lectura y selección de argumentos de entre los muy variados contenidos, temas y posiciones de los autores, estructura seis recomendaciones básicas —caracterizadas como lecciones que han aprendido los autores a lo largo de sus vidas— para impulsar la reflexión sobre el pensamiento y la acción de la evaluación. Para cerrar las aportaciones, el licenciado Felipe Martínez Rizo, director fundador del INEE, como autor invitado ofrece sus comentarios sobre las lecciones del libro para las evaluaciones educativas en México y América Latina. A esta parte final del libro sigue la semblanza de los autores. Como se señaló, nueve son miembros de la IAE, provenientes de los Estados Unidos, Canadá,

Sudáfrica y México, mientras que los comentaristas son todos mexicanos, miembros de la Junta de Gobierno del INEE o investigadores del DIE.

Con el entusiasmo derivado del cumplimiento de una labor tan intensa y el convencimiento de su importancia, se ofrece este libro a los lectores interesados de habla española.

Ciudad de México, septiembre de 2017

Introducción
LAS MUCHAS FUNCIONES DE LA EVALUACIÓN EN EDUCACIÓN*

Denis C. Phillips**

> Aquellos que olvidan el pasado están destinados a repetirlo.
> George Santayana

Parece apropiado, para el capítulo introductorio de un libro basado en las conferencias presentadas ante una audiencia entusiasta de investigadores y evaluadores de la educación mexicanos, poner un recordatorio de que no están solos ante estas abrumadoras tareas. Existen colegas alrededor del mundo que enfrentan desafíos paralelos y realizan evaluaciones que deberían ser fuente de inspiración. Muchos de los siguientes capítulos ejemplifican e ilustran no sólo la diversidad de funciones de las evaluaciones educativas, sino también la variedad de formas que éstas pueden tomar.

Sin embargo, para empezar es importante tener en mente que, dado que el campo de la evaluación educativa y de programas cumplirá pronto un siglo, ya existe mucho conocimiento ganado con dificultades acerca del diseño y la conducción de las evaluaciones. Sin duda alguna, estas perlas de sabiduría pueden introducirse en el contexto mexicano para su beneficio. Con esa idea (reforzada por la sabiduría de Santayana que se cita en el epígrafe) se sustenta una parte importante del presente capítulo.

UNA PREHISTORIA MUY SELECTIVA

Sin lugar a dudas se han llevado a cabo evaluaciones de algún tipo desde los inicios de la civilización, pues éstas forman parte de un gobierno eficaz. Emperadores, faraones y monarcas han querido conocer el desempeño de sus generales y almirantes, el estado de sus reservas de comida, el progreso en sus programas de construcción de edificios y caminos, entre otros. Pero el interés académico en la evaluación de programas —como campo especial, con el interés de mejorar las evaluaciones— data tan sólo de finales del siglo xix. En los Estados Unidos se

---

* Traducción del inglés de Lídice Rocha Marenco.
** Profesor emérito de Educación y de Filosofía de la Universidad de Stanford, California. Miembro de la Academia Internacional de la Educación.

dice que, de manera tentativa, la evaluación de programas educativos se inició con el trabajo de Joseph Rice, quien documentó las deficiencias de las escuelas estadunidenses durante el siglo xix. Más importante aún para el desarrollo del campo fue el famoso "estudio de ocho años" de la educación progresiva, que llevó a cabo en la década de 1930 un equipo liderado por Ralph Tyler; este trabajo despertó interés no sólo por los hallazgos del estudio, sino también por el proceso de evaluación y su metodología.

Sin embargo, no fue sino hasta las décadas de 1960 y 1970 cuando el campo de la evaluación de programas educativos claramente emergió como una especialidad semiindependiente dentro de los límites de la comunidad de la investigación educativa (de hecho, normalmente al campo de la evaluación educativa se le llamaba "investigación evaluativa"). En aquellos días las evaluaciones de programas educativos e intervenciones se estaban haciendo más comunes, y funcionarios gubernamentales y organismos de financiación las pedían, pero al mismo tiempo también había una preocupación creciente tanto por la mala calidad de muchas evaluaciones como por el poco impacto que tenían las de buena calidad. La percepción era que muchos de los reportes de evaluación (si no la mayoría) se archivaban y se les dejaba llenarse de polvo. En pocas palabras, el proceso de evaluación se convirtió casi en un ritual carente de significado que bien podría resumirse con estas palabras de Shakespeare: "lleno de sensatez y furia, (pero) sin significar nada". En 1981 un grupo de Stanford dirigido por el gran psicólogo educativo y genio de la medición, Lee J. Cronbach (quien fue uno de los asistentes de Tyler durante su juventud), escribió que "la evaluación tiene un trabajo vital por hacer; sin embargo, sus instituciones y concepciones reinantes son inadecuadas [...] Más aún, los evaluadores están obsesionados con la técnica" (Cronbach *et al.*, 1980). Así, en los Estados Unidos la percepción extendida de que la evaluación de programas no estaba a la altura de su potencial propició el surgimiento de varios grupos cuyo interés era mejorar la metodología de la evaluación. Algunos de los ejemplos que se analizan en las páginas siguientes son extraídos de la experiencia del grupo de Stanford, llamado Consorcio de Evaluación de Stanford (sec, por sus siglas en inglés), con el cual colaboré y que prosperó durante casi una década como una empresa de investigación antes de transformarse lentamente en un programa de formación.

No obstante, el grupo de Stanford no era el único. En ese tiempo surgieron muchas teorías y "modelos" de evaluación, por lo cual proliferaron, además del ces,[1] los grupos que estudiaban la evaluación de programas, y rápidamente se hicieron evidentes las diferencias entre sus opiniones.

---

[1] El trabajo de algunos de los miembros de estos grupos puede encontrarse en McLaughlin y Phillips (1991).

Fue durante la década de 1960 cuando Lee Cronbach formuló por primera vez las ideas clave acerca de la naturaleza de la investigación educativa y de la evaluación de programas educativos, que serán el foco de interés de este capítulo introductorio. Cuando escribió con Patrick Suppes, distinguió entre la investigación *orientada a la toma de decisiones* y la investigación *orientada hacia conclusiones;* la investigación científica pura está dirigida a establecer firmemente la verdad de las conclusiones, mientras que, por lo general, el trabajo aplicado está dirigido hacia la toma de decisiones acerca de qué hacer en contextos prácticos. Algunas de las investigaciones educativas están orientadas hacia la obtención de conclusiones, pero la mayoría, incluyendo la evaluación, está orientada a la toma de decisiones. En 1963, como se observa en lo que se convertiría en su famoso ensayo, esta distinción estaba claramente presente en la mente de Cronbach:

> Podemos definir la evaluación de manera amplia como la *recolección y uso de la información para tomar decisiones acerca de un programa educativo* […] muchos tipos de decisiones pueden tomarse y muchos tipos de información son útiles. Se vuelve evidente de manera inmediata que la evaluación es una actividad diversa [Cronbach, 1963, p. 672].

Esta perspectiva de la función general de la evaluación orientada hacia la toma de decisiones enfrentó a Cronbach (y más tarde, a sus colegas del CES) con el prominente filósofo de la ciencia, Michael Scriven, quien emergía como otro de los teóricos centrales de la evaluación de programas. (Vale la pena subrayar de manera paralela que Suppes, Cronbach y Scriven fueron presidentes de la Asociación Americana de Investigación Educativa.) Scriven era un partidario de la evaluación orientada a la generación de conclusiones; hacía hincapié en que el propio término de evaluación se había construido alrededor de la palabra "valor", y por ende argumentaba:

> El sentido clave del término evaluación hace referencia al proceso de determinación del mérito, valía o valor de algo […] El proceso de evaluación normalmente implica […] algún tipo de integración o síntesis de los resultados para alcanzar una evaluación general o un conjunto de evaluaciones [Scriven, 1991b, p. 139].

Así hubo (y probablemente persisten) dos grandes modelos rivales de lo que una evaluación debería apoyar de manera central: la toma de decisiones o la elaboración de un juicio de valor, de una intervención o un programa educativo.

Éste no es el lugar para presentar los detalles de las disputas intelectuales —reforzadas por su antipatía en el ámbito personal— entre estos dos gigantes. Baste decir que, desde la perspectiva de Cronbach, en una democracia pluralista no era apropiado para el evaluador (una persona no elegida y sin poder general ni autoridad) adjudicar intereses y valores a grupos diversos —diferentes actores participantes— al decir que un programa o una intervención social tenía un valor particular, alto o bajo. En una democracia pluralista el conjunto de valores que rigen las decisiones acerca de intervenciones educativas y sociales no está determinado por un evaluador, sino por el proceso político envolvente. En este escenario, el papel del evaluador era *proporcionar a todos los interesados información relevante* para que pudieran participar en este proceso político de toma de decisiones de una manera ilustrada y empoderada. Scriven, en cambio, veía esta posición como una evasión de la responsabilidad del evaluador.

Efectos inesperados

En efecto, Scriven se concentraba en hacer juicios de valor acerca de lo logrado realmente por el programa evaluado (si es que había logrado algo), es decir, se enfocaba en el grado en que un programa alcanzaba sus metas establecidas o declaradas, y, si acaso, en cuáles eran sus consecuencias inesperadas, positivas y negativas. Y fue precisamente en el reino de las consecuencias inesperadas donde Scriven hizo una importante contribución.

Como muchos grandes teóricos sociales, filósofos y otros —Karl Popper, por ejemplo, y, para tales efectos, también Lee Cronbach—, Scriven notó que constantemente las intervenciones no lograban sus efectos esperados, pero que los efectos imprevistos podían ser de vital importancia. Sin embargo, al no haber sido intencionados, no resultaba fácil detectarlos y era posible que se les ignorara o pasara por alto. Este fenómeno es bien conocido en la investigación y la evaluación médicas, pero también es significativo en educación. Así, desde este punto de vista, el enfoque común en la evaluación de programas educativos —cuyo principal instrumento de recolección de datos es un examen de logro de aprendizajes que contiene un número de ítems basado en el contenido de un curso o un programa por evaluar— es bastante deficiente para detectar consecuencias fortuitas. Los ejemplos abundan en las líneas de estos simples casos: un currículo diseñado para familiarizar a los estudiantes con un drama shakesperiano puede (o no) ser exitoso al medirse al final del semestre con un examen; sin embargo, una posible consecuencia no planeada —que no se pondrá en evidencia con el examen— es que muchos estudiantes se desincentiven y que decidan evitar contacto en el futuro con el poeta de Avon o con cualquiera de sus obras; del mismo modo, sin intención o inesperadamente, el diseño de programas de matemáticas y ciencias podría ahuyentar del estudio de estos temas en el futuro a jóvenes mujeres y pertenecientes a una minoría étnica.

Scriven diseñó la llamada *evaluación sin metas** para lidiar con este fenómeno; después de su trabajo ¡ninguna evaluación pudo darse el lujo de ignorar los efectos secundarios inesperados! Por ejemplo, incluso mucho antes de que yo estuviera familiarizado con los trabajos de Scriven, en mi propio trabajo usaba ya el *enfoque sin metas*. En aquel entonces ocasionalmente visitaba a maestros en preservicio durante sus prácticas en preparatorias cercanas a la universidad. En Australia era común en estas ocasiones que los aspirantes le entregaran una planeación de su clase a los evaluadores que la universidad enviaba, la cual incluía lo que se iba a enseñar y las metas claramente especificadas; al final de la clase, el experto proveniente de la universidad le hacía una evaluación formativa y sumativa al maestro practicante. Por lo regular, yo adoptaba un enfoque menos severo que el de la transcripción siguiente:

> Le decía al maestro en servicio que, en lugar de concentrarme en sus metas —lo que una clase debía conseguir según su diseño—, mis comentarios se centrarían en ¡la lección que *en realidad habían impartido*! (Los resultados, diría yo, son más importantes que las intenciones.) Así, en una ocasión mi evaluación se desarrolló de la siguiente manera: "durante los cuarenta minutos que dura la clase, tres romances brotaron entre alumnos sentados en el fondo del salón (aunque afortunadamente ninguno de éstos se consumó durante este tiempo); dos chicos perfeccionaron el arte de lanzar papelitos a los cuellos de sus compañeros en las siguientes dos filas; los resultados del futbol del fin de semana se discutieron ampliamente; cerca de un tercio de los alumnos no tenía idea de lo que trataba la lección —y tampoco parecía importarle—, mientras que los otros dos tercios salieron del salón con la idea de que los animales respiran mientras las plantas no lo hacen (sino que hacen fotosíntesis). Dado que éste fue el principal efecto, es posible que ése haya sido el objetivo principal de la lección". Después de una pausa, agregué: "¡Qué pena que esta visión de la respiración haya fallado tan rotundamente!"

LAS MUCHAS FUNCIONES DE LAS EVALUACIONES

Las evaluaciones son intervenciones en sí mismas —algunas veces a gran escala y costosas—, y casi siempre, o siempre, ocurren en un contexto social marcado por la discordia. Es normal que algunas personas apoyen con fuerza el progra-

---

* En inglés, *goal free evaluation*.

ma o la intervención que se está evaluando, y también que haya opositores fé-
rreos con razones ideológicas o de otro tipo que alimentan su desagrado por
éste; hay quienes desean ver que el programa se clausure para que los fondos se
desplacen hacia otra causa que les parezca más valiosa; puede haber algún grupo de actores participantes que sienta limitados sus propios intereses económicos o políticos (positiva o negativamente) con el destino del programa, e investigadores y analistas políticos pueden estar interesados en la intervención debido
a lo que se les dice sobre los prospectos para alcanzar alguna reforma social e
impulsar la justicia social.

Varios capítulos de este volumen ilustran estos puntos y ahondan en ellos.
Las contribuciones de Servaas van der Berg y Kadriye Ercikan discuten evaluaciones que pueden arrojar información y conocimientos de valor para las políticas en la lucha por mejorar el futuro educativo de los niños en países en desarrollo. (Estos capítulos también merecen estudiarse detalladamente debido a
la manera clara, innovadora e informativa en que presentan información relevante para la política pública.) El capítulo de María de Ibarrola es un recuento
fascinante de un contexto altamente conflictivo y politizado en el que los investigadores y los evaluadores debieron trabajar; sería minimizar la magnitud
del problema decir que en ese contexto los diferentes grupos participantes tuvieron marcadas diferencias en la actitud que presentaron hacia el programa
que estaba en juego. David Berliner discute los dilemas que es necesario confrontar y las elecciones que deben hacerse cuando se revisa la evaluación docente, y Lorin Anderson analiza la forma más generalizada de evaluar estudiantes —a saber, la práctica de asignar calificaciones— y, en una discusión
notoriamente comprensiva, muestra los muchos factores que influyen en la
asignación de calificaciones y la variedad de propósitos que se espera lograr al
comparar calificaciones de distintos estudiantes. Richard Shavelson recuerda
al lector la importante (pero continuamente ignorada) verdad acerca de la forma en que la elección de los métodos de investigación y la selección de las características que es necesario incorporar al diseño de una evaluación dependen
del objetivo último del estudio. Sylvia Schmelkes ilumina estos asuntos en su
importante capítulo.

Aunque Michael Scriven estaba muy consciente del argumento general que
se ha expuesto —a saber, que las evaluaciones pueden tener muchas funciones
además de la de evaluar si las metas del programa se han alcanzado—, aparentemente le restó importancia al ambiente de conflicto en el que, por lo regular, se
sitúan los programas y sus evaluaciones. Sin embargo, al discutir los diversos tipos de evaluación, escribió de manera brillante acerca de las diferencias y las
similitudes entre evaluación de productos, evaluación de personal, evaluación
costo-efectividad, evaluación de componentes, evaluación de dimensiones y eva-

luación global, entre otras (véase su *Tesoro de la evaluación*).[2] A lo largo de su carrera mantuvo su posición acerca de la importancia de hacer juicios de valor sobre un programa a la luz de lo que éste había conseguido o no hacer (ya fuera que el efecto fuera esperado o inesperado).

Cronbach y sus colegas en el CES también hicieron hincapié en las muchas funciones de las evaluaciones. Considérese este pasaje:

> Las evaluaciones se llevan a cabo por muchas razones, a veces incluso contradictorias: escoger al mejor prospecto entre varias líneas de acción propuestas, afinar un programa ya en operación, mantener el control de la calidad, forzar a los subordinados a cumplir con instrucciones, documentar que una agencia merece tener asignado el presupuesto propuesto, crear apoyo para un proyecto de mascotas, crear dudas acerca de una política favorecida por opositores políticos... [Cronbach *et al.*, 1980, p. 13].

A esto puede agregarse: conseguir un retraso mayor en la toma de una decisión para terminar un programa (hasta que la nueva evaluación esté completa), aportar un mecanismo con el cual tranquilizar disputas entre grupos, recolectar evidencias en favor o en contra de despedir a un funcionario del programa o a un administrador con muchos años de antigüedad, dar crédito o culpar a un nuevo administrador o a una camarilla política de haber tomado control del programa y determinar si el programa en realidad se aplica como sus diseñadores lo planearon.

El capítulo de William Schubert en este libro llena una gran laguna, pues de manera comprometida nos recuerda que las evaluaciones toman lugar en un contexto intelectual —que en ocasiones puede ser tan conflictivo como el contexto político y social—. Los evaluadores, que están enamorados de diferentes antecedentes teóricos, paradigmas, filosofías, ideologías de investigación, etc., normalmente ven el programa (o en este caso, el currículo) de manera diferente, y, por lo tanto, suelen formular distintas preguntas de evaluación acerca de éste y, en consecuencia, a hacer diferentes juicios de valor sobre él.

Para resumir esta sección, entonces, resulta evidente que, a lo largo de las décadas, muchos de los reportes de evaluación se han ignorado o pasado por alto porque se concentraron en un tema o una función que no correspondía con el interés de los *actores participantes* —es decir, se recolectó información que no fue relevante para la toma de decisiones reales que los decisores estaban interesados en hacer—. Por ello, el evaluador debe siempre preguntar, al inicio de la tarea, cuestiones como las que siguen:

---

[2] También véase cómo trata el tema de manera más amplia en "Más allá de la evaluación formativa y sumativa" (1991a, pp. 19-64).

- ¿Qué individuos o grupos están interesados en el programa?, es decir, ¿quién gana o pierde con el éxito o el fracaso del programa?
- ¿Qué quieren saber estos participantes acerca del programa?
- ¿Hay alguna decisión que se vaya a tomar acerca del programa?
- ¿Cuáles son las opciones que están siendo consideradas?
- ¿Cuándo se piensa que dicha decisión se tome (y quién la va a tomar)?

La probabilidad de que la información recolectada durante una evaluación sea relevante para las preocupaciones existentes y las decisiones que se van a tomar puede aumentar si el evaluador establece un "consejo de asesores" que incluya (entre otros) representantes de todos los grupos participantes. Aunque útil, este acercamiento no siempre funciona; ha habido casos en los que el destino de un programa se ha politizado tanto y la retórica que rodea su evaluación se ha calentado a tal grado, que el consejo de asesores —y los evaluadores— ha temido sobrepasar alguna línea política ya establecida por la intimidación que siente. Otro caso —que no se documenta en este artículo, para proteger a los inocentes— corresponde a la evaluación de programas de educación bilingüe en los Estados Unidos en la década de 1980. Vale la pena mencionar nuevamente el capítulo de María de Ibarrola, pues describe una situación quizá tan conflictiva que evitó que un consejo de asesores pudiera funcionar. No obstante, en contextos diversos y multiculturales como los que describe Schmelkes, a menudo este tipo de grupos puede ser muy efectivo.

La distinción entre formativo/sumativo

Es momento de regresar al ensayo en el que en 1963 Cronbach argumentó, respecto a los programas educativos o intervenciones, que había tres aspectos generales acerca de qué decisiones necesitaban tomarse y, por lo tanto, sobre las cuales el evaluador podía recolectar información relevante:

i) mejora de las asignaturas: decidir qué materiales pedagógicos y métodos son satisfactorios y cuáles deben cambiarse;

ii) decisiones acerca de individuos: identificar las necesidades del alumno con el fin de planear su instrucción, juzgar el mérito del alumno con propósitos de selección y agrupamientos, dar a conocer al alumno su propio progreso y sus deficiencias;

iii) regulación administrativa: juzgar qué tan bueno es el sistema escolar, qué tan buenos son los maestros en lo particular, etcétera.

En dicho ensayo, Cronbach se mostró interesado en la primera categoría, razón por la cual su trabajo se tituló "Mejora de las asignaturas a través de la evaluación". Dado el énfasis en usar evaluaciones para ayudar a tomar decisiones sobre cómo mejorar la efectividad de las asignaturas en el currículo (y otros programas e intervenciones educativos), resulta claro que Cronbach fue un defensor temprano de lo que se conoce como la *evaluación formativa*. Vale la pena recalcar la hermosa ironía que se nos presenta, pues Michael Scriven es amplia y justamente reconocido por ser el primero en hacer explícita (y nombrar) la distinción entre evaluaciones *formativas* y *sumativas*. La distinción se presenta frecuentemente en la literatura de esta manera colorida y altamente apropiada: cuando el cocinero prueba la sopa, hace una evaluación formativa; cuando el cliente prueba la sopa, hace una evaluación sumativa. (Esta frase pertenece en realidad a Bob Stake y no a Scriven.)

Más acerca de las evaluaciones sumativas

Llega un momento en la vida de un programa maduro y bien establecido cuando éste parece haberse vuelto obsoleto o cuando los cambios sociales o los nuevos desarrollos intelectuales sugieren que es tiempo de hacerle serios ajustes o remplazarlo por completo. La evaluación sumativa tiene un papel importante en este tipo de situación, pues puede dar cuenta de los beneficios y problemas del programa —recapitula los costos y beneficios generales (y las deficiencias)—, y prepara el camino para lo que suele llamarse decisiones de "va/no va". Abrumadoramente, los evaluadores de naturaleza sumativa han hecho de la prueba aleatoria estandarizada su ideal metodológico, y el clásico de Campbell y Stanley, *Diseño de investigación experimental y cuasiexperimental*, ha sido su biblia. Fue a fenómenos así a los que Lee Cronbach hizo referencia cuando señaló (en una cita previa) que los evaluadores se habían "obsesionado con la técnica".

Ciertamente, el modelo sumativo puede ser atractivo y, por lo tanto, usarse cuando no es apropiado; desde luego, durante 1980 y 1990 la comunidad de la evaluación aún consideraba más prestigiosa la realización de evaluaciones sumativas a gran escala que la de evaluaciones formativas. Una anécdota de los primeros días del CES ilustra algunos de estos temas: usando una parte de sus propios y escasos recursos más ayuda económica internacional, un país en desarrollo con una amplia distribución de población rural había construido torres de transmisión televisiva para cubrir áreas remotas, así como estaciones para ver televisión en algunos asentamientos de dichas áreas. Se invitaba a niños, e incluso a adultos, a estos centros a ver programas de literatura especialmente hechos con ese propósito. Varios meses después de que salieron por primera vez al aire estos programas televisivos, una unidad de evaluación que había sido establecida en ese país visitó al grupo de Stanford —una unidad que parecía tener mucho poder, pues respondía directamente al presidente—. El propósito de su visita era recabar comentarios sobre una evaluación sumativa que tenía planeada. Cronbach preguntó si, después de varios años de esfuerzo y gasto de grandes cantidades de dinero, era probable que una decisión para clausurar un programa se tomara en caso de que éste no funcionara (y probablemente así ocurría, porque todavía estaba enfrentando problemas de maduración). La respuesta, por supuesto, ¡fue que dicha decisión estaba fuera de lugar! Entonces, ¿cuál era el propósito de llevar a cabo una evaluación sumativa? La respuesta perpleja a esta pregunta fue que era lo que se esperaba, que no había otra alternativa. Durante el resto de la visita, los miembros del ces explicaron que una evaluación formativa —la cual aportaría información que podría conducir a vastas mejoras en el programa— era una inversión mucho más inteligente para los escasos recursos de su nación (y probablemente sería mucho más barata).

Sin embargo, aún es común encontrar evaluadores que piensan *todas* las evaluaciones en términos del modelo estereotipado de evaluaciones sumativas hechas de modo experimental. Hace años Cronbach y sus colegas del ces argumentaron que los evaluadores que pensaban de esta manera juraban lealtad ciega a unos mandamientos metodológicos con un tono de religiosidad:

- Evaluarás el valor de un programa cuyas metas sean definitivas y cuyos planes se hayan llevado a cabo. De lo contrario no evalúes.
- Compararás. Compararás el programa que sea de interés central con casi cualquier otra cosa, ¡pero compararás!
- Asignarás. Preferentemente, distribuirás sujetos o instituciones para poder hacer comparaciones entre grupos equivalentes.
- Medirás el cumplimiento de metas.
- Tus instrumentos serán confiables.
- Tus procedimientos serán objetivos.
- Juzgarás. Le dirás al cliente cuán bueno o malo es el tratamiento (Cronbach *et al.*, 1980, p. 215).

Además, el grupo de Cronbach aconsejó al respecto:

Mucho de lo que se ha escrito sobre evaluación recomienda seguir un plan "científico riguroso". Sin embargo, las evaluaciones deberían tomar muchas formas, y aproximaciones menos rigurosas tienen valor en muchas circunstancias.

Shavelson argumenta esencialmente los mismos puntos en su capítulo de este libro.

Hay una advertencia final acerca de las evaluaciones sumativas, especialmente las que están centradas en programas de gran escala y que usan diseños experimentales. Por necesidad, dichas evaluaciones se aplican en escenarios de la vida real en los que están en marcha programas educativos relevantes donde muchos factores pueden descarrilar los mejores planes de evaluadores e investigadores. Los evaluadores deben guiarse por un dicho popular: todo lo que pueda salir mal, saldrá mal. En parte por esta razón Cronbach y los miembros del CES aconsejan: "Es mejor para una exploración evaluativa lanzar un pequeño número de estudios que poner todos sus recursos en una sola aproximación" (Cronbach *et al.*, 1980, p. 7).

Un ejemplo clásico que podría haber salido mejor (y un caso que debería hacer dudar a cualquier evaluador acerca de llevar a cabo un estudio complejo incorporando un diseño experimental) es la evaluación piloto (en múltiples lugares a lo largo de los Estados Unidos) de un programa conocido como *educational performance contracting*.[3]* Los maestros se fueron a huelga; un huracán destruyó uno de los lugares de aplicación; alumnos grabaron obscenidades en equipos de alta tecnología que el programa utilizaba (y en un sitio incluso lanzaron dicho equipo por la ventana de un edificio escolar); la entrega de premios a alumnos —una parte integral del programa en una de las sedes de aplicación— se retrasó durante muchos meses, y en el resto de los lugares muchos de los alumnos no llegaron a la sesión posterior al examen.

En retrospectiva, es claro que este programa debería haber tenido una evaluación formativa antes que una evaluación sumativa, lo que nos conduce al siguiente tema.

Más acerca de las evaluaciones formativas

A lo largo de los años se ha cobrado conciencia sobre el sentido de que las evaluaciones formativas son a veces (aunque no seguido) más útiles y productivas que las evaluaciones sumativas —además de que se le puede sacar mayor provecho a la inversión, pues su costo es considerablemente menor—. Una de las cuestiones en disputa al inicio era si las evaluaciones formativas son o no un *tipo de evaluación diferente* que el de las sumativas. Scriven era bastante inflexible acerca de que la distinción entre formativa/sumativa marcaba diferentes funciones de la evaluación, no diferentes *tipos*.

---

[3] Los detalles completos del programa y de los eventos extraordinarios que enfrentaron los evaluadores se pueden encontrar en Gramlich y Koshel (1975).

* Se trata de un contrato de enseñanza conforme al cual el pago a los maestros se determina en función de la medición del aprendizaje de los alumnos. [T.]

En contraste con Scriven, Cronbach y los miembros del CES aceptaron que, a veces, la evaluación sumativa podía usarse de manera formativa, pero también sostuvieron que, por lo regular, las evaluaciones formativas parecían ser de un tipo diferente de las sumativas —no sólo solían ser más pequeñas en escala (y por lo tanto más baratas): regularmente se podían llevar a cabo de manera más rápida (en situaciones en las que el tiempo era esencial), y podían tener un diseño más informal—, pues la mayoría no necesitaba estar basada en un modelo de prueba aleatoria estandarizada. La rigurosidad no es la única ventaja de los experimentos aleatorios controlados.

Las evaluaciones formativas son especialmente apropiadas cuando un programa está en desarrollo o cuando está en sus primeras fases de implementación —pues en esos casos se toman decisiones acerca de cómo mejorarlo y cómo lidiar con fallas o problemas inesperados, dificultades o defectos—, y cuando las decisiones deben tomarse con prontitud. Una "pequeña flotilla" de estudios "menos rigurosos" tiene mucho que recomendar. (Sin la guía de evaluadores formativos, el desarrollador del programa debe recurrir por lo general a la intuición sobre cómo mejorarlo.)

Un ejemplo clásico que ilustra esto es el de la evaluación formativa del programa infantil de televisión, *Plaza Sésamo* (Cook *et al.*, 1975), cuyo objetivo original era usar la televisión como un medio para proveer a los niños en desventaja los conocimientos y las habilidades de los que carecían al entrar a la escuela —un déficit que causaba que muchos se retrasaran cada vez más en comparación con sus compañeros con una mejor situación socioeconómica—. Los desarrolladores del programa decidieron adoptar un formato "revista" para cada uno de los programas de una hora, es decir, cada programa consistía en un número de escenas breves, o *sketches*, remplazables si resultaban ineficaces (a la luz de una evaluación formativa). Las escenas comprendían a varios personajes —una mezcla de actores y marionetas, como la famosa Miss Piggy y el Comegalletas— con el propósito de atraer por completo la atención de los niños. Más allá de esto, cada programa de una hora estaba "patrocinado" por una pareja de números y letras del alfabeto que aparecían varias veces en ese tiempo; así, por ejemplo, la presentación incluía un anuncio como el siguiente: "El programa de hoy es patrocinado por las letras A y W, y por el número 3". Entonces, los desarrolladores necesitaban tomar varias decisiones cruciales sobre estos temas:

- ¿Cuál era el máximo número de patrocinadores que fomentaba el aprendizaje?
- ¿Cuántas veces debía aparecer cada patrocinador durante una hora para producir el máximo aprendizaje?

- ¿Cuántas apariciones de estos números y letras debía haber en futuros programas para refrescar los conocimientos?
- ¿Cuál era el número máximo de humanos y marionetas que debería haber en pantalla simultáneamente antes de que estos personajes fueran distractores y el aprendizaje disminuyera?
- ¿Qué factores, como el tipo de voz, distraían a los televidentes y disminuían la atención y el aprendizaje?
- ¿Cuál era la duración óptima de cada escena?

Estudios cortos, más bien informales, se llevaron a cabo con pocos niños para determinar rápidamente las respuestas a estas preguntas (el marco de tiempo era de horas o días, no semanas o meses). En el curso de estas indagaciones se encontró (inesperadamente) que la presencia de un adulto, quien se limitaba a ver el programa con el niño, aumentaba la atención y fomentaba un mayor aprendizaje; esta información motivó a los desarrolladores a incorporar características en los *sketches* que hacían que el programa interesara también a los adultos (por ejemplo, bromas o referencias satíricas, y personajes de marionetas —como Miss Piggy— populares tanto entre niños como entre adultos).

Evaluación frente a la investigación científica

Hay un último tema por tratar. Hasta hace poco yo era un gran simpatizante del siguiente punto de vista: a pesar de que la moderna iniciativa conocida como evaluación de programas educativos era un retoño de la investigación educativa, hay importantes diferencias entre la madre y la hija. Por supuesto, prevalece un parecido familiar: expresamente, que los proyectos o estudios que pertenecen tanto a la evaluación como a la investigación requieren llegar a conclusiones que estén *bien fundamentadas*, que se apoyen en evidencias y argumentos relevantes, y que en el proceso de indagación se tengan en cuenta los problemas de validez. Pero la evaluación hija no es igual que la investigación madre, pues aquélla es un campo aplicado, rama de la ciencia social aplicada (incluyendo a la psicología como parte de las ciencias sociales). Ciertamente es difícil nombrar las diferencias exactas, y puede haber un traslape considerable; sin embargo, sus tareas son diferentes, aunque estén relacionadas. Parece haber mérito en la percepción de Cronbach y Suppes al decir que la investigación está orientada a la formulación de conclusiones, mientras que la evaluación está orientada a la toma de decisiones.

Frecuentemente parece haber diferencias entre las dos en el plano operativo. Muchos (más no todos) proyectos de investigación científica son de extensa duración —piénsese en las décadas durante las cuales la investigación de Darwin se llevó a cabo o en el trabajo de Einstein sobre la relatividad—, y, de manera crucial, cuando alguno necesita más tiempo para asegurar una conclusión, se toma más tiempo. Muchos proyectos de la ciencia aplicada, y ciertamente muchos de evaluación, disponen de un tiempo corto que no puede ampliarse (tal vez el reporte se necesita el mes siguiente para una reunión con un comité legislativo, o quizás el inicio de año escolar se aproxima). El proyecto para desarrollar la primera bomba atómica (un ejercicio de ciencia aplicada) se desarrolló bajo severas restricciones de tiempo, porque cada día de retraso costaba vidas en las batallas del Pacífico (Galileo, Newton, Boyle, Darwin y otros no estaban bajo una presión como ésta). Los proyectos aplicados suelen tener presupuestos apretados, por lo que el diseño de un proyecto debe considerar su costo; con ello no se pretende negar que hace falta mayor financiamiento para la investigación científica alrededor del mundo, pero, si se financia una propuesta de investigación, sus elementos centrales deberán estar financiados adecuadamente; de lo contrario, no tiene sentido hacerlo.

Como el lector perspicaz habrá deducido, ya no sostengo este punto de vista, o, al menos, no tan fuertemente. No fue el rechazo de Michael Scriven sobre la distinción lo que cambió mi mente:

> intentos por distinguir investigación de evaluación —algunos identifican seis u ocho dimensiones— distorsionan o estereotipan una o la otra. Por ejemplo, suele decirse que las evaluaciones tienen como propósito sacar conclusiones que sean particularistas o ideográficas más que generales o nemotécnicas, las últimas supuestamente serían la meta del investigador científico. Esto está mal en ambos sentidos [Scriven, 1991b, p. 150].

Más bien, el factor decisivo fue el trabajo de muchos de los colegas sobre los que he hablado en este capítulo. Considérense, por ejemplo, las contribuciones de Van der Berg y Ercikan, quienes reportan evaluaciones pero también hacen interesantes y potenciales investigaciones, y lo mismo puede decirse sobre los autores de otros capítulos. Un buen trabajo tiene el potencial de ser de utilidad en muchos contextos: una idea que parece un buen punto de apertura para los siguientes capítulos.

BIBLIOGRAFÍA

Cook, T., *et al.* (1975), *Sesame Street Revisited,* Nueva York, Russell SAGE Foundation.
Cronbach, Lee J. (1963), "Course Improvement Through Evaluation", *Teachers College Record,* 64, p. 672.

Cronbach, Lee, y S. Patrick (1969), *Research for Tomorrow's Schools*, Nueva York, Macmillan.

Cronbach, Lee J., *et al.* (1980), *Toward Reform of Program Evaluation*, San Francisco, Josey-Bass.

Gramlich, E., y P. Koshel (1975), *Educational Performance Contracting*, Washington D. C., Brookings.

McLaughlin, M., y D. C. Phillips (eds.) (1991), *Evaluation and Education: At Quarter Century*, Chicago, University of Chicago Press/NSSE.

Scriven, M. (1991a), "Más allá de la evaluación formativa y sumativa", *Evaluation and Education: At Quarter Century*, Chicago, University of Chicago Press/NSSE.

——, (1991b), *Evaluation Thesaurus*, 4ª ed., California, SAGE Publication.

COMENTARIO

ROSA NIDIA BUENFIL*

En el marco polémico de nuestro país el texto presentado por el doctor Phillips resulta útil, ya que pone en el centro algunos recursos de intelección para el análisis de las políticas de evaluación.

Este comentario consta de dos secciones: una breve paráfrasis del texto y la problematización de algunos puntos y del uso posible.

I

Primero, Phillips advierte que es conveniente recordar las contribuciones iniciales sobre la evaluación, y con ese fin menciona a Rice, de finales del siglo XIX; Ralph Tyler, de las décadas de 1930 y 1940, y más tarde, en las décadas de 1960 y 1970, el evidente resurgimiento de la evaluación como campo de conocimiento para el diseño de políticas públicas y la intervención. Ubica dos corrientes principales en la primera década de este tercer periodo, con la distinción entre evaluación para la toma de decisiones y evaluación de juicios de valor, que busca conclusiones asociadas al conocimiento científico verdadero. Además, señala a dos representantes respectivos de cada corriente (cuadro 1).

Phillips llama nuestra atención sobre los efectos no previstos y no deseados que puede tener la evaluación, y destaca la contribución de Scriven (quien pro-

* Profesora investigadora del Departamento de Investigaciones Educativas, Cinvestav-IPN, México.

CUADRO 1

Evaluación orientada a la toma de decisiones	Evaluación orientada a los juicios de valor
Cronbach (1963); Cronbach y Suppes (1969)	Scriven (1991)
Reunir y usar información para tomar decisiones.	Busca conclusiones ligadas a la verdad científica, y se pregunta qué tanto se alcanza lo que se busca en un programa.
Alerta sobre el sesgo de los valores de quien tiene el poder/control de la evaluación.	*Determina el mérito, el provecho o el valor de algo, e involucra cierta integración o síntesis de los resultados para alcanzar una evaluación más amplia.*
Interés por las funciones de la evaluación.	Valora el diseño de la evaluación *(educational design)* como trabajo aplicado.

FUENTE: Elaboración propia.

puso la *goal free evaluation*) respecto a las dificultades de las evaluaciones estandarizadas para detectar estos efectos inesperados.

Una extensa lista de funciones específicas puede añadirse, señala Phillips. Éstas conciernen a la particularidad óntica de cada contexto y están estrechamente ligadas a la dimensión política de la escala que se considere (institucional, local, estatal, nacional o internacional). Lo anterior explica que muchas evaluaciones se ignoren o se descalifiquen (cuadro 2).

Distinción entre evaluación formativa y sumativa

De los tres tipos de decisión cruciales a los que la evaluación sirve (mejora de programas, sobre individuos, regulación administrativa), Cronbach (1963) atiende el primero (cuadro 3).

Phillips ofrece dos comentarios sobre lo anterior:

1. Que ambas formas de evaluación persiguen el rigor científico y la preferencia por la realización de diversos estudios parciales en vez de una sola perspectiva general.
2. Parece incrementarse lentamente la idea de que la evaluación formativa es más útil y productiva que la evaluación sumativa.

CUADRO 2

Distintos propósitos, incluso conflictivos

• Elegir una línea de acción	• Del producto
• Ajustar un programa que ya existe	• Del personal
• Control de calidad	• Costo efectividad
• Imponer instrucciones/normas	• De los componentes
• Documentar y justificar financiamientos	• De las dimensiones
• Apoyo y descalificación de proyectos	• Global

FUENTE: Elaboración propia.

CUADRO 3

Evaluación formativa	*Evaluación sumativa*
Sin dejar de ser científicamente riguroso, buscar estudios menores y variados (más específicos) en vez de hacer todo en una sola perspectiva.	Información para actualizar o remplazar un programa. Sumar y sintetizar pros y contras para decidir.
Crítica a la metodología técnica y el seguimiento ciego y casi religioso a sus pasos (objetivos del programa, comparación, asignación de lo comparable, medición, instrumentos, procedimientos, juicios).	Metodología: prueba aleatoria controlada (Campbell y Stanley, 1996).

FUENTE: Elaboración propia.

Evaluación frente a investigación científica

Si bien la evaluación surge en una de las ramas de la investigación educativa, y además es un campo de aplicación de ésta y comparte con ella diversas semejanzas de familia, como buscar el rigor metodológico y ser conclusiva y documentada con evidencias y argumentos, ambas no son iguales. Los tiempos en que se produce una y los que requiere la aplicación de la otra son muy distintos. En principio, la investigación científica requiere de procesamiento, maduración, diseminación y aceptación de lo que produce, en tanto que la evaluación en cuanto disciplina de aplicación depende de tiempos institucionales y políticos en los ámbitos local, nacional e internacional.

II

Se presentan a continuación inquietudes organizadas en cuatro puntos: la historización de la evaluación, cuestiones de procedimiento analítico, la relación entre lo particular y lo general y la cuestión de las disciplinas que intervienen en la evaluación educativa. Se trata de consideraciones respecto a los cuadros analíticos (1 y 2), planteadas en el debate entre la "evaluación orientada a la toma de decisiones" y "la evaluación orientada a los juicios de valor": la evaluación formativa y la sumativa. Si bien son iluminadores de muchas particularidades los planteamientos de Cronbach y Scriven concernientes a las funciones administrativas, pedagógicas y psicológicas, así como a las precauciones frente a los "efectos inesperados" y la llamada de atención sobre las diferencias entre evaluación educativa e investigación sobre la evaluación educativa, estimo conveniente explicitar mis inquietudes sobre los cuatro aspectos ya mencionados.

1. Aunque cada quien tiene la prerrogativa de situar cronológicamente los márgenes de su propia enunciación, cabe señalar que ya mucho antes del siglo xx los autores clásicos planteaban el tema de la evaluación. En el siglo xvi, para conocer adecuadamente el proceso de aprendizaje de la persona, en su *De disciplinis libri XX* (Antuerpiae, 1531) Juan Luis Vives propone "el examen de ingenios", que constituye la base de la orientación escolar y profesional. Jan Amos Comenio en 1643 planteaba la conveniencia de "estudiar a cada alumno para dar la respuesta adecuada a sus exigencias personales", es decir, hablaba de una forma de evaluación,[1] aunque siempre fue claro en que ésta no tendría que ser violenta. Desde una perspectiva pedagógica, podríamos remontarnos ¡hasta la *paideia* de los griegos!, o también revisar los planteamientos de la didáctica del siglo xix con Rice para enfatizar que la preocupación por la evaluación —es decir, la "acertada clasificación de los niños que agrupe a éstos con arreglo de su capacidad de trabajo", diría Antonio Ballesteros y Usano (1926), o *la medida objetiva del trabajo escolar* (diría Alejandro Gali en 1940), o como se plantea en la defensa que Juan Comas (1940) hace de los cuestionarios— es una inquietud constitutiva de la reflexión pedagógica desde que ésta emerge como tal. Los psicólogos, los administradores y los economistas han escrito también mucho sobre la evaluación; lo mismo aquellos intelectuales que desde siempre fueron filósofo-pedagogo-psicólogos.

---

[1] Y, en otro sentido, también la multicitada sentencia "Cuando faltan detalles, es casi imposible comprender o evaluar un asunto, e igualmente imposible de memorizar". Recuperado de <http://www.uhu.es/cine.educacion/figuraspedagogia/0_comenius.htm>.

2. Ligado a la historización de la emergencia de la evaluación como inquietud constitutiva de la educación, otro tema es el de las disciplinas de las que emergen las propuestas de evaluación educativa, pues, como diría Foucault en su *Microfísica del poder,* todo conocimiento es perspectivo; por lo tanto, el sesgo de aquéllas es inevitable en la aproximación al asunto educativo, y asimismo que cada una mire procesos y prescriba estrategias propias de su perspectiva disciplinaria. Así, es tan limitado observar y proponer la evaluación educativa sólo desde la relación costo-beneficio (emanada de ciertas corrientes de la economía y la administración), como lo es examinarla y proponer estrategias solamente desde la psicología y, en su caso, desde la pedagogía, que —no está por demás señalarlo— ha sido la menos requerida en muchas ocasiones. Con frecuencia las propuestas de corte empresarial resultan avasalladoras frente a las pedagógicas, así como las sustentadas en pretensiones de que existe una ciencia que mide en forma infalible y universal los rendimientos, descalificando la dimensión contextual y perdiendo de vista las condiciones de la particularidad. Las lógicas de una disciplina económica en la que predomina una productividad cuantificable y la relación costo-beneficio, si bien no son desechables, al ser forzadas por encima de los tiempos del aprendizaje imponen ritmos de trabajo difíciles de sostener. El trabajo de investigación y el diseño multirreferenciado ofrecen un balance distinto. En éste no sólo intervienen distintos enfoques disciplinarios (Richard, 2012), sino también otras narrativas testimoniales, además de científicas (recuperadas con el mismo rigor y seriedad que las observaciones experimentales), que son insumos sumamente relevantes a considerar en la evaluación educativa.

3. Vale la pena apreciar en su valor la especificación de aspectos, tipos, géneros y funciones, pero es necesario además enfatizar la importancia de reconocer la agregación y las combinaciones diversas (sobre determinación) de tales especificaciones. Desagregación y agregación son dos operaciones analíticas tradicionales para conocer y entender un proceso como el de la evaluación. En el caso de la evaluación y de la conferencia en que se basa el artículo que comento, observo una tarea prolija en la desagregación, pero falta un balance con el momento de la agregación.

Es decir, analíticamente hablando, tan importante es reconocer y precisar la multiplicidad de funciones que se activan en la evaluación educativa, y que son de orden diverso (social, pedagógico, histórico, político, didáctico, curricular, etc.), como reconocer las relaciones entre estas funciones detectadas. O sea, no son funciones aisladas e independientes unas de otras —como concebía el atomismo lógico de Bertrand Russell y el de Wittgenstein *(Tractatus)* en el Círculo de Viena en la primera mitad del siglo xx—,[2] sino que se refuerzan o se sabotean unas a otras, se combinan, se complementan y también se contraponen y antagonizan. El valor didáctico, curricular, ideológico o político de una función se infiltra, impregna y contamina a las otras funciones para bien y para mal, lo cual permite que las significaciones de la evaluación circulen y fluyan.

Es crucial reagrupar el nudo de relaciones en el que tiene lugar todo proceso de evaluación, ya que, si bien las funciones específicas hacen el nudo, sin éste las funciones específicas son insuficientes no sólo para comprender, sino también para intervenir en el propio proceso y afrontar sus efectos inesperados.

4. Una dimensión adicional que sin duda está en juego en el análisis y la intervención sobre la evaluación educativa es la de la relación entre generalidad y particularidad en las escalas geopolíticas implicadas. Éste no es un asunto menor, ya que no es lo mismo pensar la evaluación educativa desde la escala institucional que desde la escala de las recomendaciones internacionales o desde la de una política emitida por un Estado que pretende regular las prácticas de toda una nación. Lo anterior permite vislumbrar por qué una evaluación estandarizada no puede considerar las necesidades locales o por qué las propuestas de las evaluaciones emanadas de experiencias locales no responden a las intenciones de homologación que una política pública nacional requiere en el marco de la globalización. Y esto no sólo concierne a la escolaridad básica, sino también a la media, a la superior y a otras instancias académicas.

La dimensión de las escalas al examinarse en términos teóricos requiere una reflexión cuidadosa, concerniente a la aporía del vínculo entre universalismo y particularismo que se manifiesta entre la pretensión universalizante de una política pública nacional y las demandas particularizantes que se afrontan en los contextos específicos de su puesta en marcha. En un sentido muy básico el término *aporía* se usa como una forma de nombrar el surgimiento de contradicciones o paradojas irresolubles; por ejemplo, la idea de "la nada" implica una aporía, pues supone la existencia de algo que por definición no existe.[3] Es pertinente

---

[2] El atomismo lógico sostiene una posición ontológica según la cual el mundo está constituido por hechos que son unidades discretas e independientes de la voluntad humana. El Wittgenstein temprano sostiene además que el lenguaje retrata este mundo de hechos en proposiciones simples o complejas.

[3] En Derrida (2001), a propósito de la aporética de la decisión ética en Heidegger, se destaca que el desconocimiento es lo que marca la imposibilidad, el comienzo no ético de la ética, la otredad de la ética como su condición de posibilidad. Es intentar pensar la posibilidad de lo imposible: comprender cómo la imposibilidad es precisamente condición para la posibilidad y cómo es posible pensar lo imposible.

preguntar, entonces, hasta qué punto puede una reforma nacional evadir la exigencia de regular prácticas de evaluación para un país entero; además, al mismo tiempo tampoco puede soslayar la diversidad y la multiplicidad de contextos con sus peculiaridades históricas, sindicales, de formación de los operadores (maestros, administradores, sindicatos) y de las culturas institucionales en las que tendrá que llevarse a la práctica. No se trata de una contradicción, sino de algo más complejo: por una parte, una nación no es homogénea, pero una política nacional se diseña e implementa como si lo fuera, y, por la otra, la práctica de una reforma nacional se enfrentará inevitablemente con las condiciones inigualables de cada contexto. Esta erosión mutua, este debilitamiento recíproco entre lo universal y lo particular no solamente es inevitable, sino además productivo. En los conflictos y fricciones que se generan en esta relación necesaria e imposible, en estos efectos no previstos, también se abren espacios de posibilidad para prácticas alternativas y agencias cuya efectividad ha sido poco sistematizada.

En el caso que en nuestro país actualmente nos inquieta, incomoda, agrede, indigna y deja sin saber bien a bien qué hacer —el lugar central que ocupa la evaluación en la reforma educativa mexicana—, esos efectos inesperados políticamente han activado grupos, regiones y propuestas que han delimitado fronteras en una confrontación aparentemente catastrófica hoy, sea cual fuere su resultado. Ciertamente el desconocimiento de lo que está en juego, de las escalas geopolíticas de la evaluación educativa, de las relaciones aporéticas que atraviesan cualquier proceso de reforma y, en especial, de su carácter universalizante en una nación multicultural, de desarrollo sumamente desigual y con una singular historia sindical del magisterio, ha exacerbado las reacciones y los conflictos de tal manera que no se vislumbra un horizonte de diálogo que reduzca la violencia del Estado o la violencia de las reacciones frente a esta evaluación, y personalmente no imagino una resolución que evite el gran daño que se ha producido al escenario educativo en sus diversos planos (actores, instituciones, normatividad y legislación).

BIBLIOGRAFÍA

Ballesteros y Usano, A. (1926), *La Escuela Graduada*, Madrid, Publicaciones de la Revista de Pedagogía.

Campbell, D. T., y J. C. Stanley (1966), *Experimental and Quasi-experimental Designs for Research*, Chicago Il, Rand McNally and Co.

Comas, J. (1940), *Cómo se comprueba el trabajo escolar*, México, EDIAPSA.

Comenio, J. A. (1643), *Tratado sobre las oportunidades que hay para proseguir la investigación didáctica*, recuperado el 31 de agosto de 2016 de <http://www.uhu.es/cine.educacion/figuraspedagogia/0_comenius.htm>.

Cronbach, L. (1963), "Course Improvement Through Evaluation", *Teachers College Record*, 64, pp. 672-686.

Cronbach, L., y P. Suppes (1969), *Research for Tomorrow's Schools*, Nueva York, Macmillan.

Derrida, Jacques (2001), *A Taste for the Secret*, Malden, Massachusetts, Polity Press.

Foucault, Michel (1992), *Microfísica del poder*, Madrid, La Piqueta.

Franco Gómez, C. (2008), "El pensamiento pedagógico de Juan Luis Vives. Una Introducción", *GIBRALFARO, Revista Digital de Creación Literaria y Humanidades*, VII (56), recuperado de <http://www.gibralfaro.uma.es/educacion/pag_1471.htm>.

Gali, Alejandro (1934), *La medida objetiva del trabajo escolar*, Madrid, M. Aguilar.

McLaughlin, M. W., y D. C. Phillips (eds.) (1991), *Evaluation and Education At Quarter Century (90th). Yearbook of Multiple Regression in Behavioral Research*, Washington D. C., American Sociological Association.

Richard, Nelly (2012), "Humanidades y ciencias sociales: travesías disciplinares y conflictos en los bordes", en R. N. Buenfil, S. Fuentes y E. Treviño, *Giros teóricos*, México, FFYL-UNAM, pp. 23-41.

Scriven, Michael (1991), *Evaluation Thesaurus*, 4ª ed., California, SAGE Publication.

PRIMERA PARTE

CONSIDERACIONES HISTÓRICAS BÁSICAS

I. PERSPECTIVAS SOBRE LA EVALUACIÓN A PARTIR DE CONTEXTOS CURRICULARES*

LLEVAR a cabo la evaluación de la educación básica, o de cualquier nivel, mediante lentes curriculares aumenta la complejidad de esta tarea. Para aproximarnos a esta complejidad, primero es necesario enfocarnos en tres categorías amplias que pueden plantearse como preguntas: ¿Qué son las consideraciones de valor en los fundamentos curriculares? ¿Qué es lo que vale la pena para generaciones futuras? ¿Cómo debemos evaluar los impactos existentes de los escenarios curriculares? Segundo, las perspectivas sobre la complejidad de las evaluaciones basadas en estudios curriculares se presentan por medio de respuestas de acuerdo con cinco orientaciones: tradicionalista intelectual, conductista social, experiencialista, reconstruccionista crítica y antiimperialista global posmodernista.

Los antecedentes de este artículo provienen de una rica historia de estudios curriculares en los Estados Unidos que han tenido influencia en todo el mundo; por ejemplo: Caswell y Campbell (1935, 1937); Connelly, He y Phillion (2008); Eisner (1979); He, Schultz y Schubert (2015); Husen y Postelthwaite (1994); Jackson (1992); Kliebard (1986); Kridel (2010); Lewy (1991); Marsh y Willis (2007); Marshall, Sears, Allen, Roberts y Schubert (2007); Malewski (2009); McCutcheon (1995); Morris (2016); Pinar, Reynolds, Slattery y Taubman (1995); Seguel (1966); Skilbeck (1984b); Smith, Stanley y Shores (1957); Tanner y Tanner (1975, 1990); Tyler (1949); Willis (1978); Willis, Schubert, Bullough, Kridel y Holton (1993). Todas estas fuentes, entre otras, abordan directa o indirectamente la evaluación curricular. Desde el punto de vista del currículo, es indefendible tratar temas de evaluación, valoración o calificación sin tocar las complejidades del currículo dentro de las cuales están arraigados. Incluso, aunque no se consideran conscientemente las complejidades curriculares, siguen teniendo una marcada influencia.

Emprendo este derrotero, que tomo aquí al presentar categorías y orientaciones curriculares, representando ciertos papeles, como *comentarista invitado*, *personaje* o *conferencista invitado*, derivados de mi trabajo histórico (Schubert y

---

* Traducción del inglés de Audón Coria.
** Profesor emérito e investigador de la Universidad de Illinois, en Chicago. Miembro de la Academia Internacional de la Educación.

López Schubert, 1980; Schubert, López Schubert, Thomas y Carroll, 2002). Lo he hecho en muchas ocasiones, en un esfuerzo por aclarar temas de interés por medio de conferencias (por ejemplo, Schubert, 2004, 2015), artículos (Schubert, 1996, 1997), y haciendo una crítica de mi propio análisis al final de cada capítulo de mi texto curricular sinóptico, *Curriculum: Perspective, Paradigm, and Possibility* [El currículo: perspectiva, paradigma, y posibilidad] (Schubert, [1986] 1997). En cada conferencia o versión escrita *evoco a conferencistas invitados* con los cuales intento presentar una versión imparcial de cada una de las categorías y orientaciones. No pretendo que los personajes de las representaciones sean caricaturescos; más bien trato de que *cada uno* represente lo mejor de cada punto de vista. Algunas figuras clave, como John Dewey o Ralph Tyler, encajan en más de una categoría u orientación. He descubierto que los *conferencistas* resultan útiles para tratar con distintos públicos, desde estudiantes que inician el posgrado (incluso los de licenciatura) hasta maestros en ejercicio, líderes escolares, evaluadores educativos, legisladores, formadores de docentes e integrantes de consejos escolares locales (juntas de gobierno de escuelas de Chicago), y estudiosos o investigadores del currículo. Si bien adapto la versión para distintos públicos, utilizo en esencia la misma rutina, porque trato de defender una *fe común* (Dewey, 1934), en el sentido de que individuos y grupos interesados, incluyendo docentes y estudiantes, son capaces de entender los temas y las complejidades curriculares.

CONFERENCISTAS INVITADOS SOBRE LAS CATEGORÍAS DEL CURRÍCULO:
EXPANDIENDO LA COMPLEJIDAD DE LAS EVALUACIONES

¿Qué son las consideraciones de valor en los fundamentos del currículo?

Desde un punto de vista curricular, la evaluación debe ser un hilo central de todo el proceso de desarrollo, diseño, implementación del currículo y del ámbito de los estudios curriculares —por ejemplo, Caswell y Campbell (1935, 1937); Connelly, He y Phillion (2008); Eisner (1979); He, Schultz y Schubert (2015); Jackson (1992); Kridel (2010); Marsh y Willis (2007); Marshall, Sears, Allen, Roberts y Schubert (2007); Molnar y Zahorik (1977); Pinar (2006, 2012); Pinar, Reynolds, Slattery y Taubman (1995); Schubert y Lopez Schubert (1980); Schubert [1986] (1997); Skilbeck (1984b); Smith, Stanley y Shores (1957); Tanner y Tanner (1975); Tyler (1949); Walker (1990)—. Los intereses cruzados de los estudios curriculares y las bases sociales, históricas y filosóficas de la educación son palpables (Phillips, 2014; Provenzo, Renaud y Provenzo, 2009; Stanley, Smith, Benne y Anderson, 1956; Tozer, Gallegos y Henry, 2011). Esto atañe a todas las opciones que tienen que ver con supuestos (históricos, filosóficos, sociales, culturales, políticos, económicos y psicológicos) respecto a decisiones sobre la diversa gama de maneras para lograr propósitos u objetivos por medio del desarrollo curricular (elección de actividades, experiencias u oportunidades de aprendizaje, y su organización, secuencia, entornos de aprendizaje y estrategias de enseñanza). Todas las opciones tomadas, todas las acciones emprendidas, comprenden valores; por lo tanto, pertenecen a la evaluación. Incluso si no se tienen en cuenta, los valores influyen por defecto, por casualidad o por conveniencia. ¿Cómo se puede defender la evaluación en el nivel de las calificaciones y las pruebas si no se basa en la consideración consciente de cuestiones sobre propósitos, experiencias de aprendizaje y organización, elementos clave de la justificación de Tyler (1949) para el desarrollo curricular?

¿Qué es lo que vale la pena para generaciones subsiguientes?

Por medio de la aportación de escritos filosóficos clave sobre la educación en los estudios realizados por Robert Ulich (1954) y otros, deduzco que la pregunta curricular primordial es "¿Qué es lo que vale la pena?" Abordar conscientemente preguntas sobre *qué vale la pena* fue la preocupación central de aquellos que se convirtieron en los primeros estudiosos del currículo. Tales cuestionamientos se pueden remontar hasta Herbert Spencer (1861), quien preguntó: "¿Qué conocimientos son de mayor valor?" Desde luego, su perspectiva *darwinista social* hizo que muchos estudiosos disconformes modificaran la pregunta a: "¿Qué es lo que vale la pena conocer?" No deseaban verse obligados a decidir *lo que más* valiera la pena, y sin duda no querían promover la respuesta de supervivencia en la distorsión de Spencer respecto a las ideas de Darwin. Así, otros han preguntado, por ejemplo: "¿Qué vale la pena necesitar, experimentar, hacer, ser, llegar a ser, superar, aportar, compartir, simplemente preguntarse, y más?" (Schubert, 2009a). Estos temas provocan la consideración de imágenes mucho más amplias de lo que deben y pueden informar tanto la evaluación como la valoración. Los temas de valor se relacionan profundamente con consideraciones sobre el significado de la *buena educación,* como sostiene Gert Biesta (2010), en una época de mediciones, sobre todo en cuanto a cuestiones de ética, política y democracia. Estos puntos de indagación evocan preguntas metafísicas, epistemológicas, axiológicas, éticas, estéticas, políticas, entre otras. ¿Hasta qué grado deben abordar explícitamente semejantes temas filosóficos aquellos que toman decisiones sobre los exámenes y las calificaciones, ya que esos temas refuerzan decisiones y acciones tomadas?

¿Cómo debemos evaluar los diversos escenarios
curriculares existentes?

El currículo se equipara a menudo con áreas de estudio de materias, libros de texto o propósitos asentados en declaraciones de políticas (esto es, el *currículo propuesto*), o recientemente con el aspecto más estrecho de aquello que se prueba. Por mucho que valga la pena evaluar el *currículo propuesto,* existen otros escenarios curriculares que deben tratarse (Schubert, 2008a, pp. 407-412); por ejemplo, el *currículo enseñado,* el *currículo oculto,* el *currículo vivido,* el *currículo integrado,* el *currículo nulo,* el *currículo adicional,* el *currículo probado* y el *currículo externo.* Si bien, por una parte, el *propuesto* tal vez se especifique explícitamente en mandatos nacionales o estatales, no es igual que el *enseñado* ni que aquel que se expone realmente a los alumnos por medio de la enseñanza. ¿Acaso no conviene evaluar las diferencias entre el currículo propuesto y el enseñado? Por otra parte, se promulga otro currículo por medio de la idiosincrasia y la personalidad de los maestros; se le conoce a menudo como el *currículo oculto,* y, como señaló Philip Jackson (1968), se desarrolla a lo largo de las rutinas y los procedimientos del *trajín diario* de la vida en el salón de clase y la organización escolar. ¿Deberían las evaluaciones abordar lo que aprenden los alumnos de esta imagen de *currículo oculto*? Además, en un nivel profundo, los *currículos ocultos* de los aspectos estructurales de la vida económica, ideológica, racial o étnica, política y cultural de cualquier sociedad se concilian, explícita e implícitamente, por medio de todas las instituciones de esa sociedad, incluyendo las escuelas (Anyon, 1980; Apple, [1979] 2004; Giroux y Purpel, 1983).

¿Cómo pueden las evaluaciones tener en cuenta estas poderosas fuerzas y no aceptar simplemente el punto de vista predominante de los opresores, colonialistas o conquistadores, que a menudo elaboran el currículo para promover sus intereses? Además, existe el *currículo nulo* (Eisner, 1979) o aquello que sencillamente no se ha señalado para enseñarse o que se desdeña debido a recortes presupuestales en tiempos de dificultades financieras o por cuestionamientos ideológicos. ¿Acaso no deberían los evaluadores identificar currículos nulos para ampliar sus interpretaciones? Juntos, estos escenarios curriculares se acumulan para crear el *currículo vivido* o todo lo que sucede en la vida de un alumno bajo los auspicios de la escuela (Smith, Stanley y Shores, 1957). Todo aquello que los estudiantes retengan en su repertorio cognitivo, afectivo, social y psicomotor y que pueda recordarse del currículo vivido podría llamarse *currículo aprendido.* Por su parte, el *currículo integrado* se refiere a las perspectivas, las decisiones de vida y las acciones posteriores que constituyen las identidades en desarrollo de los alumnos a medida que avanzan en la vida. ¿Qué se necesitaría, entonces, en términos de finanzas, tiempo y esfuerzo para representar adecuadamente el tipo y la calidad de influencia curricular que proporcionan las escuelas? El currículo no es meramente un conjunto de conocimientos y habilidades por cubrir, aunque la frase *cubrir el currículo* se expresa con tanta frecuencia. Cuando se considera esta diversidad de escenarios, es algo que también debe *descubrirse*. Es curioso que los *currículos integrados* a largo plazo (conocimientos, ideas, habilidades e inclinaciones vividos) rara vez se estudian. ¿Qué pasaría si un poema aprendido en la escuela de pronto se volviera significativo para una experiencia de vida después de 20 o más años? ¿Nuestras evaluaciones captan esto? ¿Deberían?

Para volver esto más complejo aún, la *gestalt* de escenarios curriculares se ve mediada continuamente por una multitud de *currículos externos* (Schubert, 1981, 2010) o currículos del hogar, de la familia, del vecindario, de la comunidad, de la cultura, de la lengua, de la etnicidad, de las organizaciones no escolares (por ejemplo, iglesias, museos, niños exploradores, academias de baile y música, pandillas, clubes) y de los medios masivos (televisión, música y arte populares, películas, obras de teatro, videojuegos, internet y una multitud de medios sociales). Todo el ámbito de la *pedagogía pública* (Giroux, 2000; Sandlin, Schultz y Burdick, 2010) pone al descubierto la crucial importancia del currículo externo e implora a los evaluadores de currículos incluirlo a medida que determina las necesidades y los intereses de los alumnos. Mientras los educadores diseñan el currículo, y se expone a él a los alumnos, a la enseñanza y a situaciones escolares, todos estos *currículos externos* influyen continuamente en las interpretaciones vividas de lo que se experimenta. Ésta es la razón por la cual Joseph Schwab (1970, 1973) sostiene que el currículo debe verse mediante una interacción dinámica de elementos comunes y corrientes (docentes, alumnos, materias y entornos) que deben monitorearse y evaluarse constantemente en el transcurso de su puesta en práctica. Entonces, ¿qué debe incluirse en las evaluaciones de la experiencia de este sinnúmero de currículos en nuestra vida? ¿Qué parte de ello aborda la evaluación o la valoración? ¿Quién se beneficia de lo que se evalúa y de lo que queda fuera, y a quién daña? ¿Qué escapa a la evaluación que debería evaluarse?

Conferencistas invitados de diversas orientaciones curriculares: continuando con la expansión de las complejidades de la evaluación

Como *moderador*, he pedido a cada uno de los distintos *conferencistas* que traten los siguientes temas: ¿Cómo caracterizan su orientación hacia los estudios curriculares y, por lo tanto, hacia la evaluación? ¿De qué tradiciones se valen? ¿Cómo desarrollan las bases de la educación? ¿Qué es lo que vale la pena? ¿Qué evaluaciones usan para determinar lo que consideran valioso? ¿A quiénes, dentro de la tradición académica de los estudios curriculares, recurren y los recomiendan a los demás? ¿Qué tipos de currículos consideran importantes para evaluar? ¿En qué deben poner la atención los evaluadores? Desde luego, los *conferencistas* no necesariamente los comentarán en forma sistemática. Tampoco los abordarán todos explícitamente. Más bien se les anima a incluir las respuestas a estas dudas en sus presentaciones.

(Yo desempeñaré el papel de representante de cada orientación. Al hacerlo, trato de ejemplificar la *objetividad,* ya que, por mi culpa, ¡cada *conferencista* se parecerá y sonará igual! Como yo actúo como personaje que está hablando, el lector quizá se imagine que los comentarios están entre comillas. El lector debe también notar que la versión escrita tiene más referencias para entrar en mayor detalle, y que sólo unas cuantas de ellas se entretejen en la versión actuada para armonizar con los comentarios hablados usuales.)

Conferencista intelectual tradicionalista

Caracterizo mi orientación curricular como la de un defensor de las humanidades y de las ciencias, proveniente de tradiciones apoyadas por estudiosos tales como William T. Harris, William C. Bagley, Robert M. Hutchins, Mortimer Adler y Robert Ulich. La aportación más valiosa de esta forma de currículo es adquirir una percepción o comprensión de las *grandes ideas, misterios y acontecimientos de la vida* (Ulich, 1955) por medio de las *grandes obras.* Después de considerar más de 100 grandes ideas, Adler (1981) las sintetiza en *la verdad, la belleza, la bondad, la libertad, la igualdad y la justicia.* Expresado de otra manera, en respuesta al artículo precursor de Ralph Harper (1955) sobre el existencialismo en la educación, Ulich (1955, p. 255) afirma que ésta debe enfocarse, fundamentalmente, en los "grandes misterios y acontecimientos de la vida: el nacimiento, la muerte, el amor, la tradición, la sociedad y la multitud, el éxito y el fracaso, la salvación y la ansiedad". Así, un tema clave de la evaluación es determinar, inicialmente, qué constituyen las grandes obras, ideas, misterios y acontecimientos que deben ponerse al alcance de los alumnos. ¿Los evaluadores tratan, normalmente, las razones para definir los propósitos curriculares? ¿La evaluación aborda por qué, cómo y quiénes determinan estos propósitos? Estoy convencido de que los expertos en cada campo deben tomar decisiones acerca de los qués y los porqués, y que los maestros, dotados del arte de enseñar (Broudy, Smith y Burnett, 1964; Broudy y Palmer, 1965; Highet, 1976; Rubin, 1984), deben valorar e implementar los cómos. También concuerdo con William C. Bagley (1934), quien proponía que la educación debía proporcionar un núcleo de conocimientos culturales que habilitaran a generaciones futuras de seres humanos con intereses y preocupaciones comunes.

Respecto al aprendizaje de los alumnos, los docentes deben convertirse en conocedores de las discusiones, presentaciones, actuaciones y composiciones de los estudiantes, en un esfuerzo por evaluar las formas en que incorporan las ideas que se consideran dignas de enseñarse y de aprenderse. Los jueces externos de los sectores estatales y corporativos quizá ofrezcan temas útiles por medio de materiales curriculares y exámenes, pero éstos no deben imponerse al criterio de los buenos maestros. Esto se debe a que los grandes resultados de la filosofía (lo que significa, en términos generales, la investigación), como aseveraba Whitehead (1938, p. 168), comienzan y terminan con querer saber, si bien se espera que se trate de un querer saber más profundo; o, como lo expresó Huebner (1975, p. 219), los mejores educadores se encuentran parados en una *nube de ignorancia,* ya que los seres humanos más perspicaces rara vez afirman poseer conocimientos incuestionables. Los buenos maestros están en la posición de juzgar si los alumnos están logrando una incertidumbre productiva (Dewey, 1929b), *cultivando el humanismo* (Nussbaum, 1997) y *armando una vida* (Bateson, 1989).

He descubierto que una buena práctica para valorar esta orientación consiste en que los participantes (alumnos o educadores) compartan unos con otros una obra que consideren importante y que describan si ha tenido una repercusión profunda en su punto de vista. Les pido que expliquen cómo influye en ellos el autor o el artista de una gran obra con significado e inspiración, aunque no lo conozcan personalmente. Reto a los alumnos a pensar en cómo es maestro un autor o un artista, y si su obra constituye un currículo. ¿Cómo se evalúan las consecuencias de las obras de los artistas, y cómo debemos evaluar la labor de los maestros que se consideran artistas? ¿Cómo pueden los maestros llegar a conocer la repercusión de una obra o de una experiencia educativa sobre un alumno? ¿Cómo pueden percibir a los alumnos como sus obras de arte? Por otra parte, ¿es posible que los alumnos se vean como obras de arte que se crean y se recrean a lo largo de la vida? ¿Cómo podría impulsar el proceso educativo una evaluación que aborde estos temas?

Conferencista conductista social

A veces me llaman *empírico conceptual* (Pinar, 1975) o partidario de la *eficiencia social* (Kliebard, 1986). Estoy convencido de que la ciencia y el análisis objetivo son las invenciones más importantes de los últimos siglos. Los grandes avances en la medicina, la arquitectura, la ingeniería, la comunicación, el transporte y otras esferas de la vida son resultado de la investigación científica y del pensamiento analítico. Así, a principios del siglo XX se creyó que esta nueva forma de pensar contribuiría a lograr avances en la educación también. Las evidencias fueron presentadas en los albores de ese siglo por William James y Edward L.

Thorndike, quienes publicaron investigaciones que desacreditaban empíricamente la psicología de las facultades que había predominado en el pensamiento educativo del siglo xix, y allanaron el camino en favor de un movimiento de eficiencia social. Robert W. M. Travers (1980) documentó de muchas maneras cómo contribuía la investigación al esclarecimiento de orientaciones necesarias en las políticas y la práctica educativas. Este enfoque científico hacia el currículo sostenía que las materias de estudio derivadas de las disciplinas del conocimiento no se pueden aceptar incondicionalmente a menos que sus beneficios puedan defenderse con la razón y la evidencia. Con una fe incipiente en el cociente intelectual y pruebas relacionadas como una verdadera *prueba sanguínea* de la salud o la enfermedad educativas, mis antepasados de la eficiencia social, Franklin Bobbitt (1918, 1924) y W. W. Charters (1923), exigieron un diseño curricular que se encaminara a crear habilidades, conocimientos y conductas que forjaran explícitamente mejores integrantes de la sociedad. Bobbitt, por ejemplo, desarrolló el *análisis de actividades,* en el que se hacían sondeos de personas exitosas y se catalogaban sus capacidades; para él la elaboración de un currículo se convirtió en la traducción de conocimientos y habilidades de personas exitosas en objetivos para los alumnos, de manera que ellos también pudieran volverse individuos exitosos. En forma semejante, Charters derivó los propósitos curriculares del estudio de los ideales de ciudadanos exitosos y luego construyó currículos para ordenar las actividades de aprendizaje con el fin de formar alumnos que pudieran realizarlos.

Aunque actualmente el énfasis sobre propósitos u objetivos parece obsoleto para algunos críticos, Ralph Tyler (1987) reflexionaba, históricamente, que su propuesta para aclarar los propósitos curriculares era novedosa en sus primeras labores como consultor en las décadas de 1920 y 1930, cuando los educadores no podían ofrecer una lógica para perpetuar el contenido de las materias de estudio más allá de la resistencia al paso del tiempo. El libro de Tyler, *Basic Principles of Curriculum and Instruction (Principios básicos del currículo y de la enseñanza)* (1949), conocido como *The Tyler Rationale (La lógica de Tyler),* se elaboró como resultado de consultas, del estudio de muchas orientaciones curriculares y del trabajo en el famoso Estudio de Ocho Años (Aikin, 1942), una comparación longitudinal de currículos progresivos y tradicionales en relación con los resultados de los alumnos. Este estudio demostró la superioridad de los alumnos formados con currículos progresivos, al usar una diversa gama de métodos de evaluación. Puede afirmarse que *La lógica de Tyler* tuvo mayor influencia en las políticas curriculares, las guías curriculares, las estructuras de los planes de estudio y la educación de los maestros que cualquier otro libro del incipiente campo curricular. Al fin y al cabo, Tyler fue asesor educativo de seis presidentes estadunidenses y ejemplo entre los investigadores y los evaluadores educativos. Los manuales para el des

arrollo de currículos de Grant Wiggins y Jay McTighe (2005), usados ampliamente en la actualidad y promulgados por la Asociación para la Supervisión y el
Desarrollo Curricular, y su supuesto *diseño inverso*, son variaciones sobre *La lógica de Tyler* para el currículo, aunque muchos usuarios no están del todo conscientes de esta historia.

Volviendo por un momento al Estudio de Ocho Años (1933-1941), especialmente al tercer volumen (Smith, Tyler y The Evaluation Staff, 1942), obra precursora en el estudio de la evaluación, podemos ver uno de los compendios más
exhaustivos de los procedimientos de la evaluación para propósitos complejos.
En los esfuerzos por valorar el progreso de los alumnos, el equipo de evaluación
desarrolló una multitud de mediciones cualitativas y afectivas. En el Estudio de
Ocho Años están integrados niveles de objetivos cognitivos y afectivos que desarrollaron posteriormente Benjamin Bloom (renombrado alumno de Tyler que
colaboró con él en el Estudio de Ocho Años), David Krathwohl y otros (Anderson,
Sosniak y Bloom, 1994). Este trabajo temprano amplía la perspectiva para ver
tanto resultados intencionales como no intencionales, igual que lo hacen otros
trabajos tempranos sobre la evaluación curricular, por ejemplo, a propósito de las
evaluaciones formativa y sumativa (Scriven, 1967; Bloom, Hastings y Madaus,
1971); el llamado de Robert Stake (1967) para ver una expresión multifacética del
contenido de la evaluación que incluye antecedentes, transacciones y resultados;
la súplica de Daniel Stufflebeam (1971) a los evaluadores de que abordaran el
contexto, el registro, el proceso y el producto, y un sinnúmero de materiales y
enfoques de evaluación recabados por Beatty (1969). Tales trabajos reflejan percepciones de una descripción reciente de aportaciones a lo largo de historias sobre el Estudio de Ocho Años por parte de Craig Kridel y Robert Bullough (2007),
donde reconocen que la evaluación del currículo implica trabajo experimental
de educadores y la colaboración de todos los que están comprometidos e interesados en entornos educativos profundamente contextualizados.

Aunque hoy en día se pone mucho énfasis en la evaluación en las políticas y
en las prácticas educativas, los constructos teóricos de muchos de estos autores
de hace medio siglo la ven con mayor complejidad que la mayoría de las más
populares y superficiales evaluaciones de medios y fines de la actualidad. Las
evaluaciones sumamente politizadas de hoy en día, donde las herramientas son,
con mucha frecuencia, sustitutos para propósitos, deben contrastarse con la advertencia de Ralph Tyler (1949, 1977) de que la evaluación debe llevarse a cabo
para mejorar el currículo y la enseñanza. Por añadidura, otro de los alumnos re-
nombrados de Tyler, Lee J. Cronbach (1963), propuso que la evaluación debe
servir para mejorar los cursos. Algunos considerarían la de Cronbach *et al.* (1980)
como la declaración definitiva que integró y expandió lo mejor de esta primera
fase de la evaluación del currículo. En las décadas posteriores, muchos siguieron

desarrollando esta labor, especialmente algunos estudiosos australianos, como Malcolm Skilbeck (1984a, 1990) y Stephen Kemmis (1982; Kemmis y Stake, 1988), que me han permitido sugerir que la plenitud de una perspectiva curricular de la evaluación significa que es necesario percibirla como parte de todos los aspectos para determinar propósitos y elegir experiencias que faciliten su adquisición y la creación de patrones organizacionales (entornos del salón de clase, patrones secuenciales, diseño de planteles escolares, organización de grupos, estructuras curriculares, entre otros). En comparación con todo esto, la evaluación de alumnos, maestros, escuelas y naciones que emplea sólo exámenes externos parece en verdad limitada, aunque yo sea partidario de los beneficios de los exámenes. Estoy declarando, con bastante claridad, que es necesario ver las pruebas como parte de un panorama más amplio de la evaluación. Las pruebas no deben equipararse con la evaluación o incluso con la valoración.

Para alentar a los educadores a que piensen como conductistas sociales, les pido que elijan una habilidad o propensión que les gustaría promover entre los alumnos; luego, que la planteen basándose en las mejores investigaciones disponibles en términos de propósitos y objetivos, en elección de experiencias u oportunidades de aprendizaje que ayuden a promoverlos y en los patrones organizacionales por medio de los cuales se transmiten gracias a estrategias y materiales educativos, y después, que desarrollen modos de evaluación (reuniendo pruebas) para determinar el grado en que se logran los propósitos. La evaluación debe dar cuenta de todos ellos, así como de los resultados no intencionales, y debe ser consistente con las experiencias de aprendizaje elegidas, los patrones organizacionales, las estrategias educativas y los entornos de aprendizaje.

Conferencista experiencialista

Considero que el trabajo de Ralph Tyler estaba relacionado tanto con la orientación experiencialista como con la de los conductistas sociales. Si bien Tyler (1949) usaba con frecuencia el término *conducta,* no era conductista en el sentido de B. F. Skinner. Tyler decía que el uso de la *conducta* era un breve sustituto para decir, cada vez, *pensar, sentir* y *hacer.* Además, la utilización de Tyler del término *experiencias* indica una orientación deweyana (John Dewey, 1859-1952), que difiere de *actividades* (conductista social) y *contenido* o *materia de estudio* (tradicionalista intelectual). Dewey (1916, p. 76) definía la educación como la *reconstrucción de la experiencia* para orientar la experiencia posterior, y más tarde desarrolló la intrincada interfaz de la educación y la experiencia (Dewey, 1938). Tyler estudió a Dewey en su preparación para colaborar como director de Evaluación del Estudio de Ocho Años, en el que el grupo experimental (que vivía el progresismo deweyano) abogaba por un aprendizaje que se basara en las necesidades e intereses de los alumnos por medio de la colaboración y la experimentación continuas (Aikin, 1942; Kridel y Bullough, 2007). La experiencia de Tyler en el Equipo de Evaluación del Estudio de Ocho Años le proporcionó una base para su *Basic Principles of Curriculum and Instruction (Principios básicos del currículo y de la educación)* (Tyler, 1949), con el fin de enfatizar dos hilos sumamente progresivos, entretejidos a lo largo de su *lógica,* que (como el mismo Estudio de Ocho Años) se olvidan con demasiada frecuencia. Tyler (1977) volvió a desarrollarlos en una retrospectiva reflexiva, y se refirió a ellos como: 1) el papel activo de los alumnos y 2) las múltiples áreas curriculares no escolares. Estas últimas se parecían bastante a las áreas de educación que influyen en los alumnos fuera de la escuela, que Lawrence Cremin (1976) describe como dimensiones de *educación pública,* y que se elaboran como el *currículo externo* mencionado antes (Schubert, 1981, 2010). Algunos sostienen que otros antepasados intelectuales de la orientación experiencialista incluyen a Francis Parker (1837-1902), Maria Montessori (1870-1952), Jane Addams (1860-1935) y Ella Flagg Young (1845-1918), con raíces en Friedrich Froebel (1782-1852), Johann Friedrich Herbart (1776-1841), Johann Heinrich Pestalozzi (1746-1827) y Jean-Jacques Rousseau (1712-1778).

De la generación de Tyler, L. Thomas Hopkins (1929) desarrolló principios experiencialistas del currículo por medio de una reflexión sobre temas de educadores activos en escuelas donde él daba consulta en todos los Estados Unidos, y luego abogó por la integración en el currículo de temas en torno a los intereses y las preocupaciones de los alumnos (Hopkins, 1937), una integración mayor basada en investigaciones en ciernes para acoger el proceso democrático (Hopkins, 1941), y más tarde propuso que la educación debía enfocarse en un yo más integrado, facilitado por grupos orgánicos (en contraposición con los simples colectivos) en los hogares, así como en las escuelas (Hopkins, 1954). El énfasis en los intereses de los alumnos como una clave de las necesidades y un estímulo al esfuerzo —que Dewey (1913) quería llamar originalmente *voluntad*— fue de manera consistente un hilo en la obra de Hopkins. Asimismo, era una dimensión primaria de las escuelas experimentales o progresivas en el Estudio de Ocho Años, como también señalan Kridel y Bullough (2007), la crucial importancia de las necesidades en el proceso educativo. Dewey, Tyler y Hopkins comprendieron que los intereses del momento pueden ser pistas valiosas para encontrar los intereses humanos profundos y generalizados, cuya búsqueda ayuda a los alumnos a satisfacer necesidades para desarrollar conscientemente el proyecto de armar su vida, como lo expresó muy bien Mary Catherine Bateson (1989, 2010). Esto alude al enfoque de los tradicionalistas intelectuales en las grandes ideas (Adler, 1981, 1982) y especialmente en los grandes misterios y acontecimientos de la vida (Ulich, 1955). El *currículo común* original, según lo desarrolló Harold Alberty (1947), irónicamente, difiere de manera diametral del *currículo común* impuesto y predeterminado de años recientes. El currículo común de Alberty, derivado de la filosofía de Boyd Bode (1937) de vivir una teoría democrática de la educación —que se acercaba a la democracia participativa de Dewey (1916, 1938)—, percibía el estudio de intereses o problemas sociales clave como el núcleo desde el cual se podía acceder y aprender un sinfín de campos del conocimiento. Beane (1997) revivió y renovó décadas después esta orientación al currículo integrado.

Para ayudar a los educadores a adaptarse a la orientación experiencialista, a menudo les pido que construyan un camino que represente visualmente el viaje de su vida hasta ese momento y que indiquen puntos de inflexión o parteaguas en el desarrollo de perspectivas personales que guíen sus decisiones. Al reflexionar sobre los parteaguas de su camino, empiezan a ver la educación, según la expresión de Ronald Swartz (2016), como una informal "filosofía de la educación para la responsabilidad personal". Tal camino, propongo, es el currículo más valioso de los alumnos, ya que proviene tanto de dentro de la escuela como de fuera de ella. A medida que los educadores comentan su viaje, comienzan a comprender la necesidad de ver a sus propios alumnos como personas que reciben continua y simultáneamente la influencia de múltiples currículos. Por lo tanto, los docentes necesitan evaluar los currículos que pretenden enseñar a la luz de la diversidad de otros currículos en la vida de los alumnos. Luego, los educadores deben enfrentarse a lo que significaría evaluar ese currículo en relación con las consecuencias, a corto y largo plazos, de llevarlo a cabo. Muchas de las herramientas de evaluación (cualitativas y cuantitativas) desarrolladas por Tyler y su equipo en el Estudio de Ocho Años (Smith, Tyler y The Evalution Staff, 1942) podrían servir como prototipos para las lentes complejas de evaluación que se necesitan para entender los currículos que se viven hoy en día. Una pregunta sobre la evaluación que no se puede ignorar, a mi manera de ver, es cómo pueden proporcionar los evaluadores a los maestros y alumnos conocimientos para que reinventen continuamente su vida, ya que inventar nuestra vida debe ser la obra clave de la educación.

Conferencista reconstruccionista crítico

Mi enfoque primordial se centra en las desigualdades e injusticias perpetradas por las instituciones educativas en contra de aquellos que viven en la pobreza o que sufren la persecución o la opresión debido a prejuicios relacionados con la raza, la clase social, el género, lugar de residencia, herencia, etnicidad, orientación sexual, prácticas culturales, religión o creencias, lengua, aspecto, acreditación, capacidad o discapacidad, u otros marcadores de la diversidad. Lo que quiero señalar es que el tradicionalista intelectual y el conductista social tal vez difieran en lo que eligen defender, pero ninguno incluye a alumnos, padres de familia y comunidades en una evaluación seria de los temas curriculares. Siguen siendo, en esencia, autoritarios. El experiencialista desea que los alumnos, los padres de familia y las comunidades se comprometan en el desarrollo del currículo y que participen en los procesos para establecer propósitos; sin embargo, rara vez se les consulta durante la planeación o la puesta en práctica del currículo. No están comprendidos, definitivamente, en los puntos finales que pudieran servir como base para la evaluación *sumativa*. Además, las decisiones y las acciones durante la puesta en práctica pocas veces permiten a los alumnos y a los educadores en ejercicio interpretar la evaluación *formativa* como un cambio de rumbo más que volver a un camino predeterminado, cuando queda claro que continuar decididamente en una dirección nociva no es sensato desde un punto de vista educativo. Si bien lo comprende y está de acuerdo con ello, el experiencialista es demasiado ingenuo para darse cuenta de que los educadores en una sociedad materialista (Dewey, 1933) no pueden decidir, simplemente, basarse en las experiencias e intereses de los alumnos o de los padres de familia y las comunidades, cuando la avaricia del gobierno y de las empresas es el poder ideológico y económico que hay detrás de la enseñanza que pretende ser la educación (Counts, 1932; Schubert, 2009b).

La disparidad entre *los que tienen* y *los que no tienen* debe ponerse al descubierto; el abismo es inmenso entre aquellos que se consideran merecedores de ser autoridad en la creación y el desarrollo del currículo, esto es, lo que Paulo Freire (1970) llama *opresores*, y los *oprimidos* administradores locales, maestros, padres de familia e integrantes de la comunidad, de quienes sólo se espera que lo pongan en práctica o lo apoyen, o los alumnos, incluso más oprimidos, a quienes se les engaña y se les coacciona para que lo reciban y lo asimilen. Influido por Karl Marx (1818-1883), Erich Fromm (1900-1980), Antonio Gramsci (1891-1937) y los teólogos de la liberación latinoamericanos, entre otros (Lake y Kress, 2013), Paulo Freire (1970, 1998) propuso que los maestros fueran trabajadores culturales que crearan experiencias curriculares o pedagógicas mediante un intercambio dialógico con los alumnos. Así la evaluación se convierte en la evaluación de artefactos y acontecimientos de la experiencia de los alumnos, en un esfuerzo por darles la posibilidad de que se alfabeticen transformando la palabra y el mundo por medio de la *praxis* (la teorización politizada en acción) y buscando superar el tipo de inequidades mencionadas antes.

¿Qué tendrían que hacer y ser los educadores y las evaluaciones para facilitar lo que estoy proponiendo? La evaluación en la orientación del reconstruccionista crítico se convierte en esfuerzos para descubrir *posibilidades radicales*, tal como las caracterizó Jean Anyon (2004), para poner en tela de juicio las disparidades sociales que conducen a un currículo oculto identificado en sus primeras obras. A principios de la década de 1980, Anyon (1980) encontró que a los estudiantes de la clase socioeconómica más baja se les enseñaba a seguir las reglas, los de la clase media aprendían a dar las respuestas que deseaban sus superiores, a los de las clases profesionales se les enseñaba a ser creativos sin perturbar la autoridad de la clase gobernante, y a los de la clase alta se les facilitaba su papel, desde tiempos inmemorables, de manipular a las otras clases y al sistema mismo a su voluntad. Freire (1970) criticó este *sistema bancario* de la educación y propuso como alternativa la *pedagogía que plantea problemas*. Dicho en otras palabras por Michael Apple ([1979] 2004), los educadores deben confrontar las maneras en que reproduce el currículo convencional las estructuras ideológicas; por lo tanto, deben volver a valorar los conocimientos oficiales (Apple, 2000) y buscar alternativas democráticas (Apple y Beane, 2007).

En un esfuerzo por desarrollar la empatía de los educadores respecto a la grave situación de los oprimidos, pido frecuentemente a los participantes que reflexionen o compartan ejemplos de discriminación que han enfrentado, cómo se sintieron, actuaron o se desempeñaron. Trato de ayudarles a formular las preguntas del currículo en torno a lo que vale la pena, situando en primer plano preguntas tales como: ¿de quién es la noción de valor que se promueve?, ¿quién se beneficia?, ¿de quién debe ser la imagen de valor que se promueva?, ¿a quién debe beneficiarse? A veces pido a los educadores que elaboren una lista de seis cosas que detestan hacer y que no saben hacer bien; luego les pido que se imaginen que deben ir a un lugar donde se les evalúa con base en su capacidad para hacer estas cosas: cinco días a la semana, más o menos 200 al año, durante 13 años, equivalente al tiempo que va desde el kínder hasta el grado decimosegundo.[1] Luego les pregunto cómo cambiarían esa situación angustiante para maximizar la experiencia de equidad y desarrollo de capacidades para todos o la mayoría de los alumnos y maestros participantes. También les pido que piensen en casos en que experimentaron o fueron testigos de discriminación o desigualdad, y cómo se pueden evitar o superar semejantes situaciones. Siguiendo a James B. Macdonald (1977, pp. 19-21), les solicito que aborden los siguientes temas: "¿cuál es, o cuál debería ser, la idea de bondad de los que siguen un currículo o trabajan con él?, ¿qué valores fundamentales informan nuestra propia actividad y surgen de esa actividad?", y "¿cuál es el significado de la vida humana… y cómo viviremos juntos?"

---

[1] Equivalente en México a tercero de bachillerato: un año de preescolar, seis de primaria, tres de secundaria y tres de bachillerato.

Conferencista antiimperialista posmoderno y global

Todos los conferencistas anteriores comparten un defecto en común: consciente o inconscientemente, ven su propio punto de vista como el discurso maestro. También con frecuencia centralizan su análisis en favor de una región, país u orientación epistemológica. Por ello, recurro a perspectivas posmodernas y las combino con el antiimperialismo. Los exhorto a que evaluemos los currículos, los maestros, los alumnos y todas las experiencias educativas en relación con el imperialismo a escala global. Con esto me refiero a un imperialismo global de una especie de fusión de conquistadores: gubernamentales, corporativos y otros bastiones de la riqueza opresiva. Una de las advertencias clave que tomo de las perspectivas posmodernas es que no debe existir un discurso maestro que domine, y que debemos evaluar con la meta de tener una representación equitativa de discursos de todas las partes interesadas, para proporcionar perspectivas sobre lo que existe o debe existir en cualquier situación educativa dada. En la labor curricular es necesario equilibrar los ideales educativos de hombres blancos occidentales, que con frecuencia son los que predominan, con una multitud de opciones según las evaluaciones de grupos no dominantes (Doll, 1993; Slattery, 2006). Estas últimas obtienen consecuencias de cualquier experiencia educativa dada, sobre todo en países con diversidad. Una pregunta suprema para la evaluación, por lo tanto, es cómo planear, actuar y evaluar las consecuencias de las acciones respecto a las percepciones de todos los interesados en cualquier situación educativa. Todos los participantes deben decidir juntos. La perspectiva global antiimperialista que yo promuevo se basa en mis observaciones de que los puntos de vista de los conquistadores dominan todas las esferas de la vida, incluyendo especialmente las instituciones educativas. Empecemos a ver esto con los ojos de una nación dominante (y a menudo dominadora), los Estados Unidos, aunque a muchas otras se les puede criticar desde una perspectiva similar.

En respuesta a esta situación, Joel Spring (2010) ha criticado el discurso maestro de un Estado corporativo racista blanco en los Estados Unidos, el cual *desculturaliza,* domina e incluso borra culturas y formas de vida de indígenas estadunidenses, afroamericanos, puertorriqueños, mexicoamericanos y asiatico-americanos. Esta crítica, desde luego, no es nueva, aunque hace falta exponerla con frecuencia. Carter G. Woodson (1933), por ejemplo, la presentó de manera persuasiva en la década de 1930, como lo hicieron otros en décadas posteriores, por ejemplo, Ronald Takaki (1989, 1993) en relación con comunidades multiculturales, y especialmente las asiáticas; asimismo, Ming Fang He (2003, 2010), He y Phillion (2008) y otros la han abordado en los estudios curriculares. Molefi Asante (1991) y Bell Hooks (1994) proporcionaron percepciones sobre las enormes omisiones afroamericanas en la vida educativa fuera de los estudios curriculares institucionalizados y dentro del campo curricular; recomiendo como ejemplo a Cameron McCarthy (1990), McCarthy y Warren Crichlow (1993) y William Watkins (1993, 2001, 2015). Ha sido tan pronunciada la indiferencia hacia las percepciones afroamericanas que, por muy apreciado que haya sido el Estudio de Ocho Años en los círculos de los especialistas, uno de los trabajos derivados más importantes, el Estudio de las Preparatorias Negras (1940-1946), dirigido por William A. Robinson, fue conocido escasamente hasta que Craig Kridel (2015) lo estudió de manera extensa. La obra de Sandy Grande ([2005] 2015) ilumina la *pedagogía roja* o los enfoques de los nativos estadunidenses, que por fin se han aceptado en el discurso curricular en los Estados Unidos tras hacer caso omiso anteriormente de ellos durante largo tiempo, y muchos de los cuales permanecen en el anonimato o desconocidos. La grave situación de la educación de los latinos en este país queda captada vívidamente por el término de Ángela Valenzuela de *escolaridad sustractiva* (1999), fuerza que minimiza o borra el conocimiento cultural y la comprensión comunitaria de estas poblaciones, mientras que Gonzalez, Moll y Amanti (2005) desarrollan los trabajos de Luis Moll, quien reconoce la legitimidad de los anteriormente desacreditados *fondos de conocimientos* en las familias y las comunidades latinas reprimidas y suprimidas. Basarse en los *fondos de conocimientos* podría evitar o restaurar parcialmente aquello que se pierde con la *escolaridad sustractiva*. Ocuparse de tales temas implica un esfuerzo sumamente complejo; en ese sentido, Bernardo Gallegos (en prensa) demuestra que comprende actuaciones de personas indígenas y colonizadas o grupos insertos en experiencias subalternas.

En el campo de la historia curricular reciente, algunos estudiosos (Baker, 2001, 2009; Grant, Brown y Brown, 2015; Au, Brown y Calderon, 2016; Hendry, 2011; Miller, 2005; Munro, 1998; Watkins, 1993, 2005, 2015) nos aconsejan no descuidar las aportaciones de investigadores afroamericanos que a menudo fueron omitidos del discurso curricular del siglo xx por aquellos que han creado el campo académico de los estudios curriculares. Junto con los antes mencionados precursores valientes y perspicaces de diversos grupos minoritarios, sugiero que la evaluación debe conllevar la búsqueda y el reconocimiento de aquellas personas del pasado (así como del presente) que ofrecen puntos de vista curriculares y a quienes rara vez se les ha reconocido por hacerlo.

Para empezar, propongo evaluar la relevancia contemporánea y pasada de líderes tales como el Jefe Seattle (1786-1866), Cordero y Molina (1790-1868), Sojourner Truth (1797-1883), Federico Douglass (1818-1895), Harriet Tubman (1822-1913), Sarah Winnemucca (1844-1910), Booker T. Washington (1856-1915), Ida B. Wells (1862-1931), Jane Addams (1860-1935), Alce Negro (1863-1950), Anna Julia Cooper (1868-1964), W. E. B. DuBois (1868-1963), Carter G. Woodson (1875-1950), Helen Keller (1880-1968), Alain Locke (1885-1954), Septima Clark

(1898-1987), Ella Baker (1903-1986) y George Sánchez (1906-1972). En estos y otros educadores podríamos ver ejemplos de resistencia a la educación. Para mediados del siglo xx sugiero como ejemplos las *escuelas de libertad* del Movimiento Estadunidense de los Derechos Civiles, según las desarrollaron Septima Clark, Ella Baker, Charles Cobb, Myles Horton y muchos otros, como los describe Charles Payne (1996). Así también debemos reconsiderar las críticas de los libros de texto estadunidenses de James Loewen ([1999] 2007), en las que pone al descubierto *mentiras* que ofuscan males como la conquista, la esclavitud y el genocidio en el currículo de la historia de los Estados Unidos. Antes Ruth Elson (1964) reveló muchos valores nocivos enseñados por los libros de texto estadunidenses del siglo xix.

Además, las mentiras no se han limitado a lo que aparece en los libros de texto para alumnos. El trabajo de estudiosos curriculares recientes, cuyas raíces o intereses se encuentran en el bienestar de grupos no dominantes, ha cuestionado y criticado el dominio de la historia y el desarrollo curricular del hombre blanco occidental (algunos dirían *racista*) en los Estados Unidos. Esta crítica es parte de una censura más amplia de la orientación occidental blanca del mundo académico. Dentro de los estudios curriculares, trabajos recientes de Anthony Brown y Wayne Au (2014) (Au, Brown y Calderon, 2016) señalan la necesidad de expandir la literatura curricular en dicho país para que incluya perspectivas que estén fuera de la estructura de poder hegemónica. Muchos otros autores de una nueva generación de estudiosos del currículo presentan críticas similares (por ejemplo, Hongyu Wang, Danise Taliaferro Baszile, Isabel Nuñez, Min Yu, Nathalia Jaramillo, Lasana Kazembe, Elaine Chan, Valerie Kinloch, Maria Botelho, Kenneth Saltman, Jason Gulah, Jinting Wu, Erica Meiners, Therese Quinn, Sabrina Ross, Brad Porfilio, Derek Ford, Debbie Sonu, Sherick Hughes, Cynthia Cole Robinson, Robert Helfenbein, Ruben Gaztambide-Fernandez, Jason Lukasik, Nina Asher, Eve Tuck, Kenneth Saltman y Sonia Janis). Hay muchos más; sin embargo, todos ellos se incluyen con otros en *Guide to Curriculum in Education* [Guía del currículo en la educación] (He, Schultz y Schubert, 2015).

Además, la desinformación ha sido desenfrenada en lo que el Estado corporativo estadunidense promueve como "conocimiento" respecto a la educación misma. Por ejemplo, Seymour Sarason (1990) pronosticó el fracaso de la reforma neoliberal y neoconservadora de la educación pública, para la cual Myron Lieberman (1995) declaró una *autopsia*, y David Berliner y Bruce Biddle (1996) descubrieron investigaciones que mostraban que el gobierno y las corporaciones habían colaborado para *fabricar* la *crisis* de la educación en los Estados Unidos, con el fin de mantener su propia avaricia. Una crítica sumamente brillante de la falta de bases sólidas en la investigación de políticas educativas, así como de su descarrilamiento por parte de intereses socioeconómicos privatizados, se encuentra en la revelación de Gene Glass (2008) sobre la suerte de la educación como consecuencia de los fertilizantes, las pastillas, las bandas magnéticas, entre otros. Peter Taubman (2009) deconstruyó de manera reveladora los usos incondicionales de estándares, pruebas y la rendición de cuentas, poniendo énfasis en las implicaciones de hacerlo. Berliner *et al.* (2014) han seguido demostrando, junto con sus colegas, que la verdadera crisis en la educación se crea gracias a un ataque descarado que busca privatizar las escuelas estadunidenses por medio de la desinformación. Esto concuerda con las imágenes de un *ataque* a la educación pública en trabajos proporcionados por William Watkins (2011), que señalan profundas consecuencias de políticas y prácticas respecto a las personas afroamericanas.

Como subconjunto de los estudios curriculares, debemos abordar el grado en que la evaluación del currículo es susceptible a la misma crítica. Nuevamente, ¿cómo se pueden o se deben modificar las orientaciones hacia la evaluación para enfocarse más plenamente en preguntas respecto a quiénes son dueños de las concepciones que valen sobre el conocimiento; quiénes, de las que no valen, y quiénes, de las que deberían valer? Evidentemente esta pregunta plantea otras más que son prerrequisitos para los tratamientos usuales de la evaluación, la valoración y la calificación. Básicamente, como lo señaló antes el reconstruccionista crítico, proponen un reto al campo de la educación con preguntas sobre la diversidad relacionadas con raza, clase social, género, etnicidad, sexualidad, (dis)capacidad, lengua, cultura, tradición, lugar, etc., tales como: ¿qué voces deben escucharse?, ¿de quiénes son los valores que deben ser la base de la evaluación del currículo?, ¿quiénes se benefician y a quiénes dañan las prácticas del pasado y las actuales, quién sale ganando con el daño, cómo debe superarse, y acaso algunos de los que elaboran las políticas no desean que se supere el daño? Tales preguntas, sin duda, son temas para revisar la valoración y la evaluación que llevamos a cabo como educadores y evaluadores. Pesan mucho sobre la evaluación de escuelas, maestros y alumnos; sin embargo, con demasiada frecuencia no se consideran para la evaluación. Por lo tanto, hago y secundo la moción aquí para que veamos la evaluación a través de las lentes del campo, en constante expansión, de los estudios curriculares.

Me queda cada vez más claro que hace falta una crítica más global o internacional, semejante a la que está surgiendo, sin mucho poder ni influencia política, en los Estados Unidos y en otras potencias mundiales dominantes. Las críticas a la opresión y al abandono de diversos grupos dispersos por todo el mundo no son lo suficientemente poderosas sin el énfasis global señalado en el título de mi presentación. Concuerdo con la crucial importancia de la pregunta del libro más reciente de Noam Chomsky (2016): *Who Rules the World?* (*¿Quién domina el mundo?*), en el cual se deduce que si un híbrido de poder y riqueza gubernamentalprivado-militar gobierna el mundo, entonces buscará influir en la educación para sostener ese gobierno y la obediencia a él. Por loable que sea, por lo tanto, criticar el currículo de los Estados Unidos o de cualquier otro país e incluir perspectivas más diversas, es necesario superar la preocupación por un país o cultura determinados, independientemente de cuán generalizado sea o cuán sórdidas sean las injusticias que se cometan dentro de ellos. Como evaluadores, necesitábamos evaluar si les estamos haciendo el juego a tales potencias. Debemos evaluarnos a nosotros mismos, así como las estructuras y las herramientas de evaluación que empleamos. Yo, desde luego, abogo por pedir a los educadores que encaren tales temas y las preguntas que siguen; por ejemplo, ¿cómo propondrían estudiar la avaricia y la injusticia a escala global?

Al mismo tiempo, estoy convencido de que debemos buscar posibilidades. Tenemos que buscar y estudiar posibilidades en todo el mundo, contemporáneas e históricas. Necesitamos evaluar o valorar las innumerables luchas antiimperialistas o anticolonialistas y las resistencias a la educación creada por los conquistadores o por generaciones de sus descendientes. Al hacerlo, debemos poner atención seriamente a modos indígenas de investigación o indagación (Tuhiwai Smith, [2001] 2012; Denzin, Lincoln y Tuhiwai Smith, 2008). Para los marcos teóricos que guíen semejante investigación global, sugiero que volvamos la mirada a la devastadora crítica de Frantz Fanon (1963) a las fuerzas imperialistas que crearon personas a las que describió como *condenados* en su libro, *Los condenados de la Tierra*. Asimismo, deben acercarse a Edward Said (1993), quien continuó la crítica de Fanon, según se aplica al nacionalismo y a muchas formas de colonialismo que siguieron a las épocas de los imperios, y tomando nota de la *resurrección de los imperios* de Rashid Khalidi (2004) como resurgimiento de nuevas formas de colonialismo en un mundo globalizado. Es interesante ver esta amenaza global a culturas oprimidas a la luz de la obra perdurable del antes mencionado Chomsky (2003, 2005) y sus innumerables implicaciones para la educación (Chomsky, 2000). John Willinsky (1998) desarrolló algunos elementos centrales de Fanon y Said, así como de Chomsky, para sostener que el actual ejemplo de imperio enseña a los estudiantes los beneficios de las perversas formas para dividir el mundo, definiendo a los conquistadores como buenos y justos y a los conquistados como seres inferiores, sin herencia o aportaciones. Es importante entender que cada región del mundo (país, cultura o constelación de países o culturas) —contemporánea o histórica, y probablemente futura— adolece de su propia versión especial de conquistadores y conquistados (vencidos, esclavizados, miserables). Siendo éste el caso, debemos comprender, igual que William Pinar (2008, p. 501), que la próxima reconceptualización de los estudios curriculares será internacional: "La internacionalización promete un […] cambio paradigmático".

Existen, desde luego, muchas maneras posibles de concebir esto. Tal vez *nacional* e *internacional* sean metáforas de entidades transnacionales, o incluso esferas fluidas de poder y capital que configuran y reconfiguran una élite global, una clase media o subordinada susceptible de ser manipulada y a la que se le mantiene moderadamente contenta, y una clase cada vez mayor de miserables sometida constantemente al control. O tal vez la expectativa sea que las naciones colaboren más entre sí al mismo tiempo que se mantengan constituidas más o menos como están. No obstante, debemos investigar nuestro propio trabajo como evaluadores, enfocándonos en el peligro potencial de exportar el currículo de los Estados Unidos o el de otras naciones poderosas en formas que faciliten la conquista militar y económica. Así, la evaluación es necesaria para determinar cómo aprender de la resistencia a la conquista en muchas partes distintas del mundo. Para ejemplificar el paso del énfasis en un solo Estado-nación al flujo del poder a escala global, podríamos considerar las aportaciones de Howard Zinn, cuyo libro, *A People's History of the United States* (*La otra historia de los Estados Unidos*) (1980), como crítica de la conquista de grupos dominantes en este país, es ejemplo de la que podría desarrollarse en otras regiones, culturas o lugares. La obra de Zinn es ejemplar en este sentido, y también ha proporcionado una perspectiva global con colegas (Zinn, Konopacki y Buhle, 2008) para describir, usando un formato gráfico de novela, las consecuencias del imperio estadunidense. Junto con aliados (antiguos conquistadores y colonialistas) se puede ver que una supremacía de fuerzas ricas y poderosas se convierte en su propia evocación sórdida del destino manifiesto para pueblos de clase media, obrera y miserable.

Así, a finales del siglo xx y principios del xxi, existe la necesidad de poner un énfasis tan global como sea posible en los estudios curriculares, no sólo en los viejos enfoques de currículos comparativos, que a menudo magnificaban la superioridad de culturas dominantes. En lo que podrían ser respuestas a esa necesidad, señalo brevemente varias dentro del campo curricular. Por ejemplo, Pinar (2003) y otros colegas establecieron la Asociación Internacional para el Avance de los Estudios Curriculares. Otros incluyen el énfasis, desde hace mucho tiempo, de John Miller (1988) en modelos de educación holística en muchas culturas, la descripción de David Hansen (2007) sobre visiones éticas de educación de muchas partes del mundo y la pedagogía que ofrecen Peter McLaren y Nathalia Jaramillo (2007), especialmente para lo que ellos llaman la *nueva era de imperio*. Thomas Popkewitz (2013) realizó trabajos precursores relevantes sobre la visión *intercontinental* y ha proporcionado perspectivas internacionales sobre las cuestiones, los métodos y los conocimientos de escuelas. McLaren (2015) expandió una *pedagogía de la revolución*, una *pedagogía de furia crítica** para la transformación

---

* *Critical rage pedagogy* (en el original en inglés [T.]).

propia y social, mientras que Noah de Lissovoy (2008, 2015) me anima a esperar que las comunidades pedagógicas y la compartición de la teoría incorporada ofrezcan desafíos al colonialismo en el mundo neoliberal globalizado. Introducida por William Reynolds, quien propuso una teoría curricular expandida (Reynolds y Webber, [2004] 2016), proporciona ejemplos de la expansión en un libro corregido por João Paraskeva y Shirley Steinberg (2016), junto con advertencias sobre la aceptación de la canonización de las fuentes curriculares, ya que podría perpetuar otra versión del conocimiento colonizado. Paraskeva (2011, 2016) sigue proporcionando trabajos estimulantes sobre la teoría curricular y el *epistemicidio.*

Sigo buscando ejemplos de resistencia a la opresión imperial, nacionalista y colonial, especialmente los olvidados en la historia curricular. Espero que las comunidades que Fanon (1963) llamó *condenadas* puedan oponer una resistencia que les traiga por lo menos un mínimo de liberación. En la mayoría de los casos he encontrado pruebas en situaciones que han logrado una separación de la escuela y el Estado corporativo. Por ejemplo, tomo nota del trabajo educativo de Princess Kartina (1879-2004) y Ki Hadjar Dewantara en Indonesia (1889-1959); Rabindranath Tagore (1861-1941) y Mahatma Gandhi (1869-1948) en India; José Martí (1853-1895) en Cuba; Maria Montessori (1870-1952) en Italia; Tsunesaburo Makiguchi (1871-1944) y Daisaku Ikeda (n. 1928) en Japón, y, por supuesto, Paulo Freire (1921-1997) en Brasil, como ya se señaló. Tagore, Montessori y Ki Hadjar, de Indonesia, y otros, por ejemplo, regresaron a su país de origen después de trabajar en un grupo de educadores en Holanda, quienes vivieron en un exilio autoimpuesto o forzado. Juntos crearon ideas sobre las alternativas a las escuelas incubadas dentro de ideologías de conquista y colonialismo. Algunas de las mejores alternativas acogían el juego, el amor y la paz en currículos vividos. Ésa es otra historia, aunque sea una que vale mucho la pena contar, llevar a cabo y evaluar; revisar, realizar y evaluar, una y otra vez.

Conclusión

Para concluir, mis *conferencistas invitados* y yo hemos descrito cómo los estudios curriculares han sido y siguen siendo una fuente para expandir la conceptualización de la evaluación y la valoración. Los estudios curriculares, como campo, empezaron con un fuerte enfoque en fundamentos de la educación; así, mi primer *conferencista* advirtió que debemos estar conscientes de los valores que yacen detrás de las principales categorías de desarrollo del currículo: los propósitos, las experiencias del aprendizaje y la organización de las experiencias de aprendizaje. Ésta es una tarea fundamental y a menudo descuidada de la evaluación. El segundo *conferencista* magnificó la pregunta central básica de la educación (dentro o fuera de la escuela), al preguntar: ¿qué es lo que vale la pena? Si las evaluaciones soslayan esta pregunta, entonces el resto de su esfuerzo es infundado. El tercer *conferencista* advirtió que los evaluadores no deben atreverse a poner atención simplemente en el currículo previsto o en los propósitos curriculares implícitos en las pruebas estandarizadas sin verlos en una gran red *ecológica* con los otros currículos poderosos, y a menudo ignorados: el enseñado, el oculto, el nulo, el externo, el aprendido y el integrado.

Conviene ver nuevamente el planteamiento de Gert Biesta (2010) en el sentido de que los educadores no se enfoquen tan plenamente en las intrincadas técnicas de la medición, al grado de hacer a un lado las consideraciones fundamentales, señaladas anteriormente, sobre lo que constituye una *buena* educación. Como señaló Bertrand Russell (1926), hace mucho tiempo, el esfuerzo por crear una buena educación está intrincadamente relacionado con la búsqueda de una buena vida. Aceptar la importancia de la noción de una buena educación y la educación para una buena vida como algo básico es sólo el principio. Los evaluadores también tienen que enfrentarse a los significados alternativos de una *buena educación* y una *buena vida*. Para ilustrar esto, presenté cinco orientaciones curriculares por medio de *conferencistas* adicionales: el *tradicionalista intelectual*, el *conductista social*, el *experiencialista*, el *reconstruccionista crítico* y el *antiimperialista global posmoderno*. Cada uno abordó los problemas de evaluar maestros y alumnos. Quizá me pregunten por qué les dediqué más espacio a los últimos dos conferencistas, sobre todo al último. ¿Fue porque considero sus puntos de vista más relevantes? Principalmente fue porque veo que sus posturas son menos destacadas y, por lo tanto, necesitan mayor descripción. Además, he tratado las primeras tres orientaciones, y a veces la cuarta, más plenamente en otros escritos —por ejemplo, Schubert (1986, 1996, 1997, 2008b)—; la quinta es la más nueva, así que recibe mayor atención. Otra pregunta que surge a menudo: ¿a qué orientación me adhiero más? No soy un actor oficial, así que en cierto sentido canalizo a diferentes personas dentro de mí. Creo que es posible que cada *conferencista* expanda la compleja descripción del currículo existente; por lo tanto, juntos, todos los conferencistas aportan una mejor perspectiva de la complejidad de la educación que los evaluadores deben encarar.

Por último, no obstante, sí sostengo que un principio valorado por el antiimperialista global posmoderno queda bien expresado por la advertencia de Maxine Greene (1995, p. 197) cuando nos pide que volvamos nuestra atención a aquellos que los conquistadores hicieron miserables:

> ¿Cómo podemos conciliar las múltiples realidades de la vida humana con el compromiso compartido hacia las comunidades imbuidas nuevamente de principios? ¿Cómo podemos hacerlo sin volver atrás, sin mitificar? ¿Cómo, al igual que Tarrou en *La peste*

[de Camus], podemos animarnos nosotros mismos y a otros a afirmar que en esta tierra hay pestilencias y hay víctimas, y a nosotros nos corresponde, hasta donde sea posible, no unir fuerzas con las pestilencias? ¿Cómo podemos, en cada predicamento, tomar el lado de las víctimas, para reducir el daño que se ha hecho? [Camus, 1948, pp. 229-230].

Volviendo a Macdonald (1977), señalado anteriormente, reitero que en cada situación debemos preguntar: ¿Qué valores nos guían? ¿Cuáles deben ser? ¿Cómo debemos vivir juntos? ¿Quiénes deben ser los *evaluadores* que hagan semejantes preguntas? ¿Deben ser todos los que están participando? La evaluación, desde una perspectiva curricular, consiste en mantener vivas las preguntas sobre el currículo, es decir, preguntar en cada situación: ¿Qué es lo que vale la pena? ¿Quiénes se benefician? ¿Qué es lo que debe determinar mejores situaciones para aquellos que no se benefician? Tal vez preguntarse también sea el propósito de la evaluación. Sugiero que siempre deben hacerse estas preguntas, actuar en consecuencia y volver a hacerlas, continuamente. ¿Acaso no es ésta una vocación fundamental de la educación misma?

BIBLIOGRAFÍA

Adler, M. J. (1981), *Six Great Ideas,* Nueva York, Macmillan.
———— (1982), *The Paideia Proposal: An Educational Manifesto,* Nueva York, Macmillan.
Aikin, W. M. (1942), *The Story of the Eight Year Study,* Nueva York, Harper & Brothers.
Alberty, H. (1947), *Reorganizing the High School Curriculum,* Nueva York, Macmillan.
Anderson, L. W., L. A. Sosniak, y B. S. Bloom (1994), "Bloom's Taxonomy: A Forty Year Retrospective", en S. Hollingsworth y H. Sockett (eds.), *93rd Yearbook of the National Society for the Study of Education,* Chicago, University of Chicago Press.
Anyon, J. (1980), "Social Class and the Hidden Curriculum of Work", *Journal of Education,* 162 (1), pp. 67-92.
———— (2004), *Radical Possibilities: Public Policy, Urban Education, and a New Social Movement,* Nueva York, Routledge.
Apple, M. W. [1979] (2004), *Ideology and Curriculum,* Nueva York, Routledge.
———— (2000), *Official Knowledge: Democratic Education in a Conservative Age,* 2ª ed., Nueva York, Routledge.
Apple, M. W., y J. A. Beane (eds.) (2007), *Democratic Schools: Lessons in Powerful Education,* 2ª ed., Portsmouth, NH, Heinemann.
Asante, M. K. (1991), *Afrocentricity,* Trenton, NJ, Africa World Press.
Au, W., A. L. Brown y D. Calderon (2016), *Reclaiming the Multicultural Roots of the U.S.*

Curriculum: Communities of Color and Official Knowledge in Education, Nueva York, Teachers College Press.

Ayers, W. (2016), *Demand the Impossible: A Radical Manifesto,* Chicago, IL, Haymarket Books.

Bagley, W. C. (1934), *Education and Emergent Man,* Nueva York, Thomas Nelson & Sons.

Baker, B. (2001), *In Perpetual Motion: Theories of Power, Educational History, and the Child,* Nueva York, Peter Lang.

———— (2009), *New Curriculum History,* Rotterdam, Países Bajos, Sense.

Bateson, M. C. (1989), *Composing a Life,* Nueva York, Penguin (Plume).

———— (2010), *Composing a Further Life,* Nueva York, Knopf.

Beane, J. (1997), *Curriculum Integration: Designing a Core of Democratic Education,* Nueva York, Teachers College Press.

Beatty, W. H. (1969), *Improving Educational Assessment: An Inventory of Measures of Affective Behavior,* Washington D. C., Association for Supervision and Curriculum Development.

Berliner, D. C., y B. J. Biddle (1995), *The Manufactured Crisis: Myths, Fraud, and the Attack on America's Public Schools,* Nueva York, Longman.

Berliner, D. C. *et al.* (2014), *50 Myths and Lies that Threaten America's Public Schools: The Real Crisis in Education,* Nueva York, Teachers College Press.

Biesta, G. J. J. (2010), *Good Education in an Age of Measurement: Ethics, Politics, Democracy,* Boulder y Londres, Paradigm Publishers.

Bloom, B. S., T. Hastings y G. F. Madaus (1971), *Handbook of Formative and Summative Evaluation of Student Learning,* Nueva York, McGraw-Hill.

Bobbitt, F. (1918), *The Curriculum,* Boston, Houghton Mifflin.

———— (1924), *How to Make a Curriculum,* Boston, Houghton Mifflin.

———— (1941), *The Curriculum of Modern Education,* Nueva York, McGraw-Hill.

Bode, B. (1937), *Democracy As a Way of Life,* Nueva York, Macmillan.

Broudy, H. S., y J. Palmer (1965), *Exemplars of Teaching Method,* Chicago, Rand McNally.

Broudy, H. S., B. O. Smith y J. Burnett (1964), *Democracy and Excellence in American Secondary Education: A Study in Curriculum Theory,* Chicago, Rand McNally.

Brown, A. L., y W. Au (2014), "Race, Memory, and Master Narratives: A Critical Essay on U. S. Curriculum History, *Curriculum Inquiry,* 44 (3), pp. 358-389.

Bruner, J. S. (1960), *The Process of Education,* Cambridge, MA, Harvard University Press.

Camus, A. (1948), *The Plague,* S. Gilbert (trad.), Nueva York, Knopf.

Caswell, H. L., y D. S. Campbell (1935), *Curriculum Development,* Nueva York, American Book Company.

Caswell, H. L., y D. S. Campbell (eds.) (1937), *Readings in Curriculum Development,* Nueva York, American Book Company.

Charters, W. W. (1923), *Curriculum Construction,* Nueva York, Macmillan.

Chomsky, N. (2000), *Chomsky on Miseducation,* D. Macedo (ed. e intr.), Lanham, MD, Rowman & Littlefield.

Chomsky, N. (2003), *Hegemony or Survival: America's Quest for Global Dominance*, Nueva York, Metropolitan Books.

————— (2005), *Imperial Ambitions*, Nueva York, Metropolitan Books.

—————, (2016), *Who Rules the World?*, Nueva York, Metropolitan Books of Henry Holt and Company.

Connelly, F. M., M. F. He y J. A. Phillion (2008), *Handbook of Curriculum and Instruction*, Thousand Oaks, CA, SAGE.

Counts, G. S. (1932), *Dare the School Build a New Social Order?*, Nueva York, John Day.

Cremin, L. (1976), *Public Education*, Nueva York, Basic Books.

Cronbach, L. J. (1963), "Course Improvement through Evaluation", *Teachers College Record*, *64*, pp. 672-683.

Cronbach, L. J., *et al.* (1980), *Toward Reform of Program Evaluation*, San Francisco, Jossey-Bass.

De Lissovoy, N. (2008), *Power, Crisis, and Education for Liberation*, Londres, Palgrave Macmillan.

————— (2015), *Education and Emancipation in the Neoliberal Era: Being, Teaching, and Power*, Londres, Palgrave Macmillan.

Denzin, N. K., Y. S. Lincoln y T. L. Smith (eds.) (2008), *Handbook of Critical and Indigenous Methodologies*, Thousand Oaks, CA, SAGE Publications.

Dewey, J. (1913), *Interest and Effort in Education*, Boston, Houghton Mifflin.

————— (1916), *Democracy and Education*, Nueva York, Macmillan.

————— (1929a), *The Sources of a Science of Education*, Nueva York, Liveright.

————— (1929b), *The Quest for Certainty*, Nueva York, Minton Balch.

————— (23 de abril de 1933), "Dewey outlines Utopian Schools", *New York Times*. También en J. A. Boydston (1989) (ed.), *The Later Works (1925-1953) of John Dewey*, vol. 9, Carbondale, Illinois, Southern Illinois University Press, 1989, pp. 136-140.

————— (1934), *A Common Faith*, New Haven, CT, Yale University Press.

————— (1938), *Experience and Education*, Nueva York, Macmillan.

Doll, Jr., W. E. (1993), *A Post-modern Perspective on Curriculum*, Nueva York, Teachers College Press.

Eisner, E. W. [1979] [1985] (1994), *The Educational Imagination: On the Design and Evaluation of Educational Programs*, Nueva York, Macmillan.

Elson, R. (1964), *Guardians of Tradition: American Schoolbooks of the Nineteenth Century*, Lincoln, University of Nebraska Press.

Eryaman, M. Y., y B. C. Bruce (eds.) (2015), *International Handbook of Progressive Education*, Nueva York, Peter Lang.

Esteva, G., y M. S. Prakash (1997), *Grassroots Postmodernism: Beyond Human Rights, the Individual Self, and the Global Economy*, Nueva York, Peter Lang.

Fanon, F. (1963), *The Wretched of the Earth*, Nueva York, Grove Press.

Freire, P. (1970), *Pedagogy of the Oppressed*, Nueva York, Continuum.

————— (1998), *Teachers as Cultural Workers: Letters to Those Who Dare to Teach*, Boulder, CO, Westview Press.

Gallegos, B. (en prensa), *Postcolonial Indigenous Performances: Education, Genirozas, and Slavery*, Boston, Sense Publishers.

Gay, G. (2000), *Culturally Responsive Teaching: Theory, Practice, and Research*, Nueva York, Teachers College Press.

Giroux, H. A. (2000), *Stealing Innocence: Corporate Culture's War on Children*, Nueva York, Palgrave.

Giroux, H. A., y D. Purpel (eds.) (1983), *The Hidden Curriculum and Moral Education*, Berkeley, CA, McCutchan.

Glass, G. V. (2008), *Fertilizers, Pills, and Magnetic Strips: The Fate of Public Education in America*, Charlotte, NC, Information Age Publishing.

Gonzalez, N., L. C. Moll y C. Amanti (2005), *Funds of Knowledge: Theorizing Practice in Households, Communities, and Classrooms*, Mahwah, NJ, Lawrence Erlbaum.

Goodlad, J. I. (1984), *A Place Called School*, Hightstown, NJ, McGraw-Hill.

Grande, S. [2005] (2015), *Red Pedagogy: Native American Social and Political Thought. Tenth Anniversary Issue*, Lanham, MD, Rowman & Littlefield.

Grant, C. A., K. D. Brown y A. L. Brown (2015), *Black Intellectual Thought in Education: The Missing Traditions of Anna Julia Cooper, Carter G. Woodson, & Alain Locke*, Nueva York, Routledge.

Greene, M. (1995), *Releasing the Imagination*, San Francisco, CA, Jossey-Bass.

Hansen, D. T. (ed.) (2007), *Ethical Visions of Education: Philosophies in Practice*, Nueva York, Teachers College Press / Boston Research Center for the 21st Century.

Harper, R. (1955), "Significance of Existence and Recognition", en N. B. Henry (ed.), *Modern Philosophies of Education. Fifty-Fourth Yearbook of the National Society for the Study of Education* (parte I), Chicago, IL, University of Chicago Press, pp. 215-253.

He, M. F. (2003), *A River Forever Flowing: Cross-cultural Lives and Identities in the Multicultural Landscape*, Greenwich, CT, Information Age Publishers.

——— (2010), "Exile Pedagogy: Teaching in-between", en J. A. Sandlin, B. D. Schultz y J. Burdick (eds.), *Handbook of Public Pedagogy: Education and Learning beyond Schooling* Nueva York, Routledge, pp. 469-482.

He, M. F., y J. Phillion (eds.) (2008), *Personal~passionate~participatory Inquiry into Social Justice in Education*, Charlotte, NC, Information Age Publishing.

He, M. F., B. D. Schultz y W. H. Schubert (eds.) (2015), *Guide to Curriculum in Education*, Thousand Oaks, CA, SAGE Publications.

Hendry, P. M. (2011), *Engendering Curriculum History*, Nueva York, Routledge.

Highet, G. (1976), *The Art of Teaching*, Nueva York, Knopf.

Hooks, B. (1994), *Teaching to Transgress: Education as the Practice of Freedom*, Nueva York, Routledge.

Hopkins, L. T. (1929), *Curriculum Principles and Practices*, Nueva York, Benjamin H. Sandborn.

——— (ed.) (1937), *Integration, Its Meaning and Application*, Nueva York, Appleton-Century.

Hopkins, L. T. (1941), *Interaction: The Democratic Process*, Boston, D. C. Heath.

——— (1954), *The Emerging Self in School and Home*, Nueva York, Harper & Brothers.

——— (1976), "The was and the is Curriculum", *Educational Leadership*, 34 (3), pp. 211-216.

Huebner, D. (1975), "Curricular Language and Classroom Meanings", en W. F. Pinar (ed.), *Curriculum Theorizing: The Reconceptualists*, Berkeley, CA, McCutchan, pp. 217-236.

Husen, T., y N. Postelthwaite [1985] (1994), *The International Encyclopedia of Education* (12 vols.), Oxford, GB, Pergamon Press.

Illich, I. (1970), *Deschooling Society*, Nueva York, Harper & Row.

Jackson, P. W. (1968), *Life in Classrooms*, Nueva York, Holt, Reinhart & Winston.

——— (ed.) (1992), *Handbook of Research on Curriculum*, Nueva York, Macmillan / American Educational Research Association.

Kemmis, S. (1982), "Seven Principles for Programme Evaluation in Curriculum Development and Innovation", *Journal of Curriculum Studies*, 14 (3), pp. 221-240.

Kemmis, S., y R. Stake (1988), *Evaluating Curriculum*, Victoria, Australia, Deakin University Press.

Khalidi, R. (2004), *Resurrecting Empire*, Boston, Beacon.

Kliebard, H. M. [1986] [1993] (2004), *The Struggle for the American Curriculum: 1893-1958*, Nueva York, Routledge.

Kridel, C. (ed.) (2010), *Encyclopedia of Curriculum Studies*, Thousand Oaks, CA, sage Publications.

——— (2015), *Progressive Education in Black High Schools: The Secondary School Study, 1940-1946*, Columbia, SC, Museum of Education, University of South Carolina.

Kridel, C., y R. V. Bullough, Jr. (2007), *Stories of the Eight Year Study and Rethinking Schooling in America*, Albany, NY, State University of New York Press.

Ladson-Billings, G. (1994), *The Dreamkeepers: Successful Teachers of African American Children*, San Francisco, Jossey-Bass.

Lake, R., y T. Kress (eds.) (2013), *Paulo Freire's Intellectual Roots: Toward Historicity in Praxis*, Londres, Bloomsbury.

Lewy, A. (ed.) (1991), *The International Encyclopedia of Curriculum*, Londres, Pergamon.

Lieberman, M. (1995), *Public Education: An Autopsy*, Cambridge, MA, Harvard University Press.

Loewen, J. W. [1999] (2007), *Lies my Teacher Told Me: Everything your American History Textbook Got Wrong*, Nueva York, Touchstone.

Macdonald, J. B. (1977), "Value Bases and Issues for Curriculum", en A. Molnar y J. Zahorik (eds.), *Curriculum Theory*, Washington D. C., Association for Supervision and Curriculum Development, pp. 10-21.

——— (ed.) (1995), *Theory as a Prayerful Act: The Collected Essays of James B. Macdonald*, Nueva York, Lang.

Macedo, D., y S. R. Steinberg (eds.) (2007), *Media Literacy: A Reader*, Nueva York, Peter Lang.

Madaus, G. F., M. Scriven, y D. L. Stufflebeam (eds.) (1983), *Evaluation Models*, Boston, Kluwer-Nijhoff.

Malewski, E. (ed.) (2009), *Curriculum Studies Handbook: The Next Moment*, Nueva York, Routledge.

Marsh, C. (2004), *Key Concepts for Understanding Curriculum*, Londres, Routledge.

Marsh, C., y G. Willis (2007), *Curriculum: Alternative Approaches: Ongoing Issues*, Columbus, Ohio, Pearson.

Marshall, J. D., J. T. Sears, L. Allen, P. Roberts, y W. H. Schubert (2007), *Turning Points in Curriculum: A Contemporary Curriculum Memoir*, 2ª ed., Columbus, OH, Prentice Hall.

Martí, J. (1979), *On education: Articles on Educational Theory and Pedagogy, and Writings for Children from "The Age of Gold"*, P. S. Foner (ed.), Nueva York y Londres, Monthly Review Press.

McCarthy, C. (1990), *Race and Curriculum: Social Inequality and Theories and Politics of Difference*, Bristol, PA, Falmer.

McCarthy, C. y W. Crichlow (eds.) (1993), *Race, Identity, and Representation in Education*, Nueva York, Routledge.

McCutcheon, G. (1995), *Developing the Curriculum: Solo and Group Deliberation*, Nueva York, Longman.

McLaren, P. (2015), *Pedagogy of Insurrection: From Resurrection to Revolution*, Nueva York, Peter Lang.

McLaren, P., y N. Jaramillo (2007), *Pedagogy and Praxis in the Age of Empire*, Rotterdam, Sense Publishers.

Miller, J. P. (1988), *The Holistic Curriculum*, Toronto, ON, Ontario Institute for Studies in Education Press.

———— (1990), *Creating Spaces and Finding Voices*, Albany, NY, State University of New York Press.

———— (2005), *Sounds of Silence Breaking*, Nueva York, Peter Lang.

Molnar, A., y J. Zahorik (eds.) (1977), *Curriculum Theory*, Washington D. C., Association for Supervision and Curriculum Development.

Morris, M. (2016), *Curriculum Studies Guidebooks* (vols. 1-2, Concepts and Theoretical Frameworks), Nueva York, Peter Lang.

Munro, P. (1998), *Subject to Fiction: Women Teachers' Life History Narratives and the Cultural Politics of Resistance*, Buckingham, Open University Press.

National Education Association-Committee of Ten on Secondary School Studies (1893), *The Report*, Washington D. C., NEA.

———— (1895), *The Report*, Washington D. C., NEA.

Noddings, N. (2006), *Critical Lessons: What Our Schools Should Teach*, Cambridge, UK, Cambridge University Press.

Nussbaum, M. (1997), *Cultivating Humanity: A Classical Defense of Reform in Liberal Education*, Cambridge, MA, Harvard University Press.

Paraskeva, J. (2011), *Conflicts in Curriculum Theory*, Nueva York, Palgrave Macmillan.

———— (2016), *Curriculum Epistemicide*, Nueva York, Palgrave Macmillan.

Paraskeva, J., y S. R. Steinberg (eds.) (2016), *Curriculum: Decanonizing the Field*, Nueva York, Peter Lang.

Payne, C. (1996), *I've Got the Light of Freedom*, Berkeley, CA, University of California Press.

Phillips, D. C. (ed.) (2014), *Encyclopedia of Educational Philosophy and Theory*, Thousand Oaks, CA, SAGE.

Pinar, W. F. (ed.) (1975), *Curriculum Theorizing: The Reconceptualists*, Berkeley, CA, Mc-Cutchan.

———— (ed.) (2003), *International Handbook of Curriculum Research*, Mahwah, NJ, Lawrence Erlbaum.

———— (2006), *The Synoptic Text Today: Curriculum Development after the Reconceptualization*, Nueva York, Peter Lang.

———— (2008), *Curriculum Theory Since 1950: Crisis, Reconceptualization, Internationalization*, en F. M. Connelly, M. F. He y J. Phillion (eds.), *Handbook of Curriculum and Instruction* (pp. 491-513), Thousand Oaks, CA, SAGE Publishing.

———— [2012] (2004), *What is Curriculum Theory?*, Mahwah, NJ, Lawrence Erlbaum.

Pinar, W. F., y M. R. Grumet (1976), *Toward a Poor Curriculum*, Dubuque, IA, Kendall / Hunt.

Pinar, W. F., W. M. Reynolds, P. Slattery y P. M. Taubman (1995), *Understanding Curriculum*, Nueva York, Peter Lang.

Popkewitz, T. (ed.) (2013), *Rethinking the History of Education: An Intercontinental Perspective on the Questions, Methods and Knowledge of Schools*, Nueva York, Palgrave Macmillan.

Prakash, M. S., y G. Esteva (1998), *Escaping Education: Living as Learning within Grassroots Cultures*, Nueva York, Peter Lang.

Provenzo, E. F., J. P. Renaud y A. B. Provenzo (eds.) (2009), *Encyclopedia of Social and Cultural Foundations of Education*, Los Ángeles, CA, SAGE Publications.

Reynolds, W. M., y J. A. Webber [2004] (2016), *Expanding Curriculum Theory: Dis/positionsand Lines of Flight*, Mahwah, NJ, Lawrence Erlbaum.

Rubin, L. J. (1984), *Artistry in Teaching*, Nueva York, Random House.

Rugg, H. O. (1927), *Foundations of Curriculum Making. Twenty-sixth Yearbook of the National Society for the Study of Education* (parte II), Bloomington, IL, Public School Publishing Company.

Russell, B. (1926), *Education and the Good Life*, Nueva York, Harper & Brothers.

Said, E. (1993), *Culture and Imperialism*, Nueva York, Knopf.

Sandlin, J. A., B. D. Schultz y J. Burdick (eds.) (2010), *Handbook of Public Pedagogy: Education and Learning beyond Schooling*, Nueva York, Routledge.

Sarason, S. B. (1990), *The Predictable Failure of Educational Reform*, San Francisco, California, Jossey-Bass.

Schubert, W. H. (1981), "Knowledge about Out-of-school Curriculum", *Educational Forum*, 45 (2), pp. 185-199.

———— [1986] (1997), *Curriculum: Perspective, Paradigm, and Possibility*, Nueva York, Macmillan.

———— (1996), "Perspectives on Four Curriculum Traditions", *Educational Horizons*, 74 (4), pp. 169-176.

———— (1997), "Character Education from Four Perspectives on Curriculum", en A. Molnar (ed.), *The Construction of Children's Character. NSSE Yearbook* (parte II), Chicago, University of Chicago Press / National Society for the Study of Education, pp. 17-30.

———— (15 de abril de 2004), *Acceptance Address on Receipt of the Lifetime Achievement Award in Curriculum Studies*, Annual Meeting of the American Educational Research Association, San Diego, CA.

———— (2008a), "Curriculum Inquiry", en F. M. Connelly, M. F. He y J. Phillion (eds.), *Handbook of Curriculum and Instruction* Thousand Oaks, CA, SAGE, pp. 399-419.

———— (2008b), "Problems and Possibilities in Narrative Inquiry: A Multilogue", *Thresholds in Education*, 34 (1-2), pp. 55-69.

———— (2009a), "What's Worthwhile: From Knowing and Experiencing to Being and Becoming", *Journal of Curriculum and Pedagogy*, 6 (1), pp. 21-39.

———— (2009b), *Love, Justice, and Education: John Dewey and the Utopians*, Charlotte, NC, Information Age Publishing.

———— (2010), "Outside Curricula and Public Pedagogy", en J. A. Sandlin, B. D. Schultz y J. Burdick (eds.), *Handbook of Public Pedagogy: Education and Learning beyond Schooling*, Nueva York, Routledge.

———— (10 de noviembre de 2015), *Teaching and Curricular Challenges: Teaching and Inquiring Courageously and Creatively in the Era of Standardization and Commodification*, Augusta, GA, Augusta University-College of Education (con Ming Fang He).

Schubert, W. H., y A. L. Lopez Schubert (1980), *Curriculum Books: The First Eighty Years*, Lanham, MD, University Press of America.

Schubert, W. H., A. L. Lopez Schubert, T. P. Thomas y W. M. Carroll (2002), *Curriculum Books*, Nueva York, Peter Lang.

Schultz, B. D. (2008), *Spectacular Things Happen along the Way: Stories from an Urban Classroom*, Nueva York, Teachers College Press.

Schwab, J. J. (1970), *The Practical: A Language for Curriculum*, Washington D. C., National Education Association.

———— (1973), "The Practical 3: Translation into Curriculum", *School Review*, 81, pp. 501-522.

Scriven, M. (1967), "The Methodology of Evaluation", en R. W. Tyler, R. Gagne y M. Scriven (eds.), *Perspectives on Curriculum Evaluation*, Chicago, Rand McNally, pp. 39-83.

Seguel, M. L. (1966), *The Curriculum Field: Its Formative Years*, Nueva York, Teachers College.

Short, E. C. (2005), "Curriculum Inquiry and Related Scholarship: A Searchable Bibliography of Selected Studies", recuperado de <http://edcollege.ucf.edu/esdepart/cirs/main.cfm>.

Skilbeck, M. (1984a), *Evaluating the Curriculum in the Eighties,* Londres, Hodder & Stoughton.

———— (1984b), *School-based Curriculum Development,* Londres, Harper & Row.

———— (1990), *Curriculum Reform: An Overview of Trends,* París, OECD-Center for Educational Research.

Slattery, P. (2006), *Curriculum Development in the Postmodern Era,* 2ª ed., Nueva York, Routledge.

Smith, B. O., W. O. Stanley y J. H. Shores (1957), *Fundamentals of Curriculum Development,* Nueva York, Harcourt, Brace, and World.

Smith, E. R., R. W. Tyler y The Evaluation Staff (1942), *Appraising and Recording Student Progress,* Nueva York, Harper & Brothers.

Spencer, H. (1861), *Education: Intellectual, Moral, and Physical,* Nueva York, D. Appleton & Company.

Spring, J. (2010), *Deculturalization and the Struggle for Equality: A Brief History of the Education of Dominated Cultures in the United States,* Nueva York, McGraw-Hill.

Stake, R. E. (1967), "The Countenance of Educational Evaluation", *Teachers College Record,* 68, pp. 523-540.

Stanley, W. O., B. O. Smith, K. D. Benne y A. W. Anderson (eds.) (1956), *Social Foundations of Education,* Nueva York, Henry Holt and Company.

Stufflebeam, D. (1971), "The Relevance of the CIPP Evaluation Model for Educational Accountability", *Journal of Research and Development in Educaton,* 5, pp. 19-25.

Swartz, R. (2016), *From Socrates to Summerhill and beyond,* Charlotte, NC, Information Age Publishing.

Takaki, R. [1989] (1998), *Strangers from a Different Shore: A History of Asian Americans,* Boston, Back Bay Books.

———— (1993), *A Different Mirror: A History of Multicultural America,* Boston, Little Brown.

Tanner, D., y L. N. Tanner [1975] (2006), *Curriculum Development,* Nueva York, Macmillan.

Tanner, D., y L. N. Tanner (1990), *History of the School Curriculum,* Nueva York, Macmillan.

Taubman, P. M. (2009), *Teaching by Numbers: Deconstruction the Discourse of Standards and Accountability in Education,* Nueva York, Routledge.

Tozer, S., B. P. Gallegos y A. N. Henry (eds.) (2011), *Handbook of Research in the Social Foundations of Education,* Nueva York, Routledge.

Travers, R. W. M. (1980), *How Research has Changed American Schools,* Kalamazoo, MI, Mythos Press.

Tuhiwai Smith, L. [2001] (2012), *Decolonizing Methodologies: Research and Indigenous Peoples,* Londres, Zed Books.

Tyler, R. W. (1949), *Basic Principles of Curriculum and Instruction,* Chicago, University of Chicago Press.

Tyler, R. W. (1977), "Desirable Content for a Curriculum Development Syllabus Today", en A. Molnar y J. Zahorik (eds.), *Curriculum Theory*, Washington D. C.: Association for Supervision and Curriculum Development, pp. 36-44.

Tyler, R. W. (1980, 12 de octubre), Comunicación personal con Ralph W. Tyler, Chicago.

———— (1987), *Education: Curriculum Development and Evaluation*, entrevista con Regional Oral History Office, Malca Chall, Berkeley, CA, The Regents of the University of California.

Tyler, R. W., R. Gagne y M. S. Scriven (1967), *Perspectives of Curriculum Evaluation*, Chicago, Rand McNally.

Tyler, R. W., W. H. Schubert, y A. L. Schubert (1986), "A Dialogue with Ralph W. Tyler", *Journal of Thought*, 21 (1), pp. 91-118.

Ulich, R. (ed.) [1954] (1947), *Three Thousand Years of Educational Wisdom*, Cambridge, MA, Harvard University Press.

———— (1955), "Response to Ralph Harper's Essay", en N. B. Henry (ed.), *Modern Philosophies of Education, Fifty-fourth Yearbook of the National Society for the Study of Education* (parte I, pp. 254-257), Chicago, University of Chicago Press.

Valenzuela, A. (1999), *Subtractive Schooling: U.S.-Mexican Youth and the Politics of Caring*, Albany, NY, State University of New York Press.

Van Manen, M. (1991), *The Tact of Teaching: The Meaning of Pedagogical Thoughtfulness*, Albany, NY, State University of New York Press.

———— [1986, Scholastic] (2002), *The Tone of Teaching*, Londres y Ontario, Althouse. [Las páginas citadas se tomaron de la edición de 1986.]

Walker, D. F. (1990), *Fundamentals of Curriculum*, San Diego, CA, Harcourt, Brace, Jovanovich.

Watkins, W. H. (1993), "Black Curriculum Orientations: A Preliminary Inquiry", *Harvard Educational Review*, 63 (3), pp. 321-338.

———— (2001), *The White Architects of Black Education*, Nueva York, Teachers College Press.

———— (ed.) (2005), *Black Protest Thought and Education*, Nueva York, Peter Lang.

———— (ed.) (2011), *The Assault on Public Education*, Nueva York, Teachers College Press.

———— (2015), "The Neglected Historical Milieu", en M. F. He, B. D. Schultz y W. H. Schubert (eds.), *Guide to Curriculum in Education*, Thousand Oaks, CA, SAGE Publications, pp. 303-310.

Whitehead, A. N. (1938), *Modes of Thought*, Nueva York, The Free Press.

Wiggins, G., y J. McTighe (2005), *Understanding by Design*, Upper Saddle, NJ, Merrill Education/ASCD/Prentice Hall/Pearson.

Willinsky, J. (1998), *Learning to Divide the World: Education at Empire's End*, Mineápolis, University of Minnesota Press.

Willis, G. H. (ed.) (1978), *Qualitative Evaluation: Concepts and Cases in Curriculum Criticism*, Berkeley, CA, McCutchan Publishing Company.

Willis, G. H., W. H. Schubert, R. Bullough Jr., C. Kridel y J. Holton (eds.) (1993), *The American Curriculum: A Documentary History*, Westport, CT, Greenwood Press.

Woodson, C. G. (1933), *The Mis-education of the Negro*, Washington D. C., Associated Publishers.

Zinn, H. (1980), *A People's History of the United States*, Nueva York, Harper Collins.

Zinn, H., M. Konopacki y P. Buhle (2008), *A People's History of American Empire*, Nueva York, Harper Perennial.

COMENTARIO

Eduardo Weiss*

El profesor Schubert nos presenta un excelente panorama de diferentes orientaciones del currículo, con gran claridad, sin palabrería académica.

No puedo más que coincidir con la gran mayoría de las apreciaciones que presenta. En todo caso puedo señalar, desde mi experiencia mesoamericana, cierta diferencia en relación con la última orientación, que el profesor Schubert llama posmoderna antiimperialista. Cierto, el enfoque posmoderno sirve para cuestionar los grandes relatos; por ejemplo, en México, el gran relato del mestizaje. Este poderoso relato esconde los procesos de colonización interna, de supresión, y permite el reconocimiento de las culturas indígenas y afroamericanas sólo en términos de folclore y de manejo político.

Pero el problema surge cuando se trata de elaborar el relato del oprimido. Ahí difícilmente funciona el enfoque posmoderno. Hablo desde mi experiencia en Guatemala. Los mayas fueron reconocidos como etnia originaria en los Acuerdos de Paz de 1996. Por ello tuvieron que construir una identidad étnica unificada como mayas, la cual antes no existía, ya que, por la impronta de la colonia (cuyos efectos siguen hasta hoy en día), se distinguían según varias lenguas y municipios. Para fomentar la unidad étnica y fundamentar principios curriculares propios, elaboraron una cosmovisión basada en el respeto al universo y al trabajo.

Uno de los grandes intelectuales guatemaltecos, Roberto Morales, defensor del mestizaje, criticó desde la mirada posmoderna el esencialismo y el fundamentalismo de esta construcción maya de identidad unitaria. Gran parte de sus críticas son válidas (por ejemplo, el respeto al trabajo es compartido por todos los campesinos), pero ¿cómo promover una identidad desde la diversidad fragmentada que gusta a los posmodernos? Las naciones modernas —pienso en Ale-

* Profesor investigador del Departamento de Investigaciones Educativas, Cinvestav-ipn, México.

mania y en México— construyeron durante el siglo XIX y a inicios del XX su identidad con base en esencialismos: piensen para el caso de Alemania en los cuentos de los hermanos Grimm, y para el de México, en Vasconcelos, el primer secretario de Educación Pública (de 1920 a 1924), y su mito de la raza de bronce; o en un terreno más práctico, en la estilización y la promoción de ciertas danzas regionales en todas las escuelas. En resumen, no veo sencillo el maridaje entre el enfoque anticolonial y el posmoderno.

La manera dramática que usa el profesor Schubert para presentar las diferentes orientaciones como personajes es un excelente recurso didáctico, lo voy a imitar en mi curso sobre currículo. Pero me pregunté si la metáfora sirve más allá de una presentación del tema. ¿Son personajes contrincantes en un sitio donde cada uno busca ganar el debate? ¿O son educadores que dialogan entre sí? En parte son claramente personajes históricos: el tradicional es el de más antigüedad; el posmoderno, el más reciente.

Me parece que en México, más que sustitución o diálogo, hay una especie de sedimentación de los diferentes enfoques en capas geológicas. Lo tradicional no desaparece, siempre está ahí en el fondo, aunque se achata; los grandes hombres y obras se convierten en datos de la educación bancaria, y enfoques recientes, como el de competencias o la interculturalidad, flotan sobre ellos en la superficie.

¿Qué vigencia tienen estas orientaciones en nuestra situación mexicana o, mejor dicho, *para analizar* nuestra situación mexicana?

Algunas similitudes son reconocibles. Sin embargo, los enfoques curriculares concretos son complejos, como admite también el profesor Schubert al señalar que el aporte de Dewey, por ejemplo, cabe en varias categorías. Las orientaciones que presentó son tipos ideales, y esos tipos "puros" o "ideados", como los llama también Max Weber, nunca se encuentran en estado puro en la realidad histórica, sino que existen siempre en formas concretas mezcladas. Pero los tipos ideales sirven como herramienta analítica.

Tomemos el caso de las competencias: la orientación declarada del currículo en los últimos años, antes de que el Nuevo Modelo Educativo, recientemente publicado, las sustituyera por aprendizajes significativos. El enfoque de competencias contiene, por un lado, elementos de promoción de habilidades (el conductista social) y los combina con elementos de la orientación experiencial (el experiencialista), a la vez que tiene ingredientes del enfoque cognitivo (el intelectualista). Veamos cómo se produjo la mezcla en el proceso histórico concreto del diseño curricular basado en competencias.

En este enfoque coexisten tradiciones distintas, como señala Coll (2009). Una tradición tiene su origen en la noción de competencia lingüística de Chomsky, como *performance*, y en la psicología cognitiva de Hymes, en la que aparecen como competencias comunicativas (gramatical, pragmática, discursiva, estratégica, etc.) en términos de bases de lo que hay que enseñar y aprender, en lugar de adquirir un cúmulo de conocimientos. Esta concepción es promovida por la Organización para la Cooperación y el Desarrollo Económicos (OCDE) mediante las pruebas del Programa para la Evaluación Internacional de Alumnos (PISA, por sus siglas en inglés), que permiten comparar resultados educativos entre los diferentes países miembros. La competencia científica, por ejemplo, incluye los conocimientos científicos pero subraya las capacidades científicas, como explicar fenómenos y utilizar pruebas, en situaciones de usos privados y públicos en temas de salud, ecología, etcétera (OCDE, 2006).

La otra tradición tiene como epicentro el mundo de la empresa y del trabajo. Según este discurso, es imposible mantener el principio de correspondencia estable entre cualificaciones y exigencias de los puestos de trabajo, debido a la evolución constante e ininterrumpida de estos últimos por los cambios tecnológicos y organizacionales. Se requiere sustituir *la lógica de las cualificaciones,* que está detrás de la formación vocacional y profesional de origen europeo, como digo yo, por la lógica de las competencias, de origen anglosajón, donde, me permito señalar, las empresas practican el *hire and fire,** y no hay una fuerte tradición de formación vocacional profesional.

Esta segunda corriente entró a México mediante el modelo de capacitación Conocer, promovido y financiado por el Banco Mundial en el gobierno de Ernesto Zedillo (1994-2000). Este sistema fracciona las cualificaciones más amplias en funciones más delimitadas y universalmente estandarizadas: "coser prendas" en lugar de "corte y confección", o "recepcionista" en lugar de "hotelería". Como se puede apreciar, este movimiento "curricular" sirve principalmente a los intereses de la globalización de la industria hotelera y textil: permite asegurar que las prendas serán cosidas con el mismo estándar y procedimiento tanto en Filipinas como en México. También se puede apreciar que, a diferencia de los discursos altisonantes sobre los cambios tecnológicos y nuevas cualificaciones, se trata de un renacimiento del viejo taylorismo: la segmentación del trabajo en tareas delimitadas y estandarizadas, por ejemplo, Catalano (2004).

Por presión y mediante financiamiento del Banco Mundial, ese enfoque fue llevado en el siguiente gobierno, el de Vicente Fox (2000-2006), a todo el sistema de educación tecnológica de nivel medio superior y superior, que en consecuencia tuvo que reformular sus programas de estudio de materias tecnológicas, aunque muchas instituciones sólo lo asumieron en el plano del discurso. A inicios del sexenio del gobierno de Felipe Calderón (2006-2011) hubo presiones para ampliarlo a todo el sistema educativo, con el argumento de aumentar la competitividad internacional de la economía mexicana con base en una fuerza de tra-

---

* Contratar y despedir, en inglés en el original. [T.]

bajo más calificada. En el nivel medio superior pudimos convencer a los asesores del subsecretario en turno de que no se trataba de ampliar el enfoque de competencias laborales a todos los bachilleratos, sino de promover un enfoque de competencias como el que usaba la OCDE en PISA. Con la Reforma Integral de la Educación Media Superior en 2008, todo el subsistema tuvo que reformular sus programas de estudio bajo ese enfoque, aunque de hecho sólo tuvo efecto, como veremos más adelante, en lo que respecta a difundir las competencias genéricas como: "se autodetermina y cuida de sí", "se expresa y se comunica", "trabaja colaborativamente", etc. En 2012 el nivel medio superior se convirtió en obligatorio, y el Programa Sectorial de Educación 2013-2018 prevé llegar a una cobertura de 85% de la población etaria.

A Fernando González, subsecretario de Educación Básica en aquel entonces y yerno de la lideresa del Sindicato Nacional de Trabajadores de la Educación (SNTE) en ese tiempo, le pareció importante para imprimir su sello de modernizador a la educación primaria y secundaria. Varios profesores del Departamento de Investigaciones Educativas (DIE) señalamos públicamente que eso no tenía sentido, ya que en las reformas de 1993 y de 1996 se habían introducido diversos "enfoques" que apuntaban a la misma dirección de fortalecer competencias (en el sentido de Hymes y de la OCDE); que los maestros apenas comenzaban a apropiarse de los nuevos enfoques y que un cambio sólo iba a confundirlos. En una reunión, el subsecretario escuchó nuestros argumentos y al final dijo que eso opinábamos nosotros, pero que él tenía sus asesores internacionales.

Para la articulación de la educación primaria con la secundaria en la figura de educación básica, equipos de la subsecretaría modificaron el plan de estudios y elaboraron nuevos programas que fueron traducidos al inglés y enviados a la Universidad de Londres (donde trabaja nuestro colega Alan Posner), que diseñó las competencias correspondientes; éstas fueron traducidas al español y agregadas, sin mayor integración, al plan y a los programas de estudio. Felizmente, seis años después el diseño curricular del Nuevo Modelo Educativo del actual gobierno es más sensato al fomentar aprendizajes significativos, una perspectiva que continúa con la tradición de los "enfoques" de la reforma de 1993.

El profesor Schubert señala muy acertadamente que hay varios modos de existencia del currículo; por ejemplo, el currículo intentado (en las políticas educativas) o el currículo oculto y el currículo enseñado. En México nuestro colega Alfredo Furlán (1998) enfatizó la diferencia entre el currículo pensado y el currículo vivido y los escollos institucionales que hay que superar. María de Ibarrola (2006) enfatizó las estructuras institucionales que median en la implementación del currículo: los recursos necesarios y disponibles, normas administrativas y presupuestales de operación, la distribución y el uso de los tiempos y espacios, las reglas de contratación de personal y los reglamentos de acreditación y exámenes. Nuestro colega Rafael Quiroz (1998) señaló las diferencias, aun dentro del currículo escrito, entre las declaraciones políticas de principios (en aquel entonces de los enfoques, pero lo mismo vale para las competencias); los planes y programas de estudio; los libros de texto para los alumnos, y los libros de orientación para el maestro, que generalmente son elaborados por equipos diferentes y cambiantes que se apropian del nuevo discurso desde sus experiencias anteriores. Los libros de texto suelen ser más conservadores que las declaraciones de principios.

Actores importantes en cuestiones de currículo son las disciplinas y, desde 1970, las didácticas específicas. Pensemos, por ejemplo, en la didáctica de las matemáticas, que en la década de 1970 promovía la enseñanza basada en las estructuras matemáticas, la teoría de conjuntos; en cambio, la didáctica de hoy ha vuelto a valorar el uso de la enseñanza en formas más concretas, a la vez que recomienda la resolución de problemas no como aplicación de lo enseñado, sino como apertura. Esos cambios los podemos observar también en la enseñanza de la lengua, de un enfoque gramatical a uno más lingüístico y piagetano, y ahora con un enfoque sociocultural de prácticas sociales de lectura y escritura que, por cierto, los maestros convirtieron en un nuevo "objeto a enseñar", después de la gramática y la lingüística, del cual sujetarse: la tipología de textos.

Finalmente, trato el tema de la relación entre currículo y evaluación. Según diferentes modelos de evaluación del aprendizaje, ésta se orienta más hacia habilidades o competencias genéricas o está más alineada al currículo existente. A la vez, los evaluadores saben que la evaluación también orienta a la enseñanza. En ese sentido, buscan que la evaluación fomente los mejores enfoques y prácticas de enseñanza.

Sin embargo, las malas prácticas de evaluación tienen influencias perniciosas sobre las prácticas de enseñanza. Cuando existía la Evaluación Nacional de Logros Académicos en Centros Escolares (ENLACE), cuyos resultados influían directamente en la evaluación y en el posible sobresueldo de los docentes, los maestros entrenaban a sus alumnos para la prueba, en detrimento del enfoque curricular que promovía el aprendizaje de competencias. Actualmente la evaluación del desempeño docente pide a los maestros enviar "evidencias" de los resultados de su planeación de clase y fotografías de trabajos de sus alumnos. Ahora los maestros están aún más preocupados que antes de que sus estudiantes produzcan bonitas evidencias de su trabajo para mostrar a padres de familia y autoridades. En detrimento del proceso de aprendizaje, no permiten que en los cuadernos de los alumnos aparezcan redacciones libres (con errores), prefieren que copien (con menos errores) síntesis de tipologías de textos que ellos desarrollan en el pizarrón. Los diseñadores de currículo pueden predicar hasta el cansancio que hay que fomentar la capacidad de redacción (libre) de los alumnos mexicanos. Eso no va a cambiar, aunque pidan misas, mientras que el examen que se aplica en el Valle de México a los egresados de secundaria para elegir los diferentes tipos de bachillerato y planteles no incluya como requisito una prueba de escritura, sino repuestas a preguntas de opción múltiple, por ejemplo, sobre tipos de textos. El prestigio de docentes y escuelas de secundaria depende del éxito de sus alumnos para llegar a las instituciones de su preferencia.

El modelo curricular de la educación media superior propone la formación con base en competencias. Pero de hecho la mayor parte de los planes y programas de estudio de los diferentes tipos de servicio no ha cambiado. La mayoría sigue siendo sumamente académico-propedéutica tradicional. Incluso los de la educación tecnológica han aumentado las materias académicas y disminuido el número de materias tecnológicas.

El telebachillerato comunitario es un nuevo subsistema creado en el actual sexenio para incorporar estudiantes en comunidades rurales pequeñas. En el "Mapa curricular del Bachillerato General para Telebachillerato Comunitario con un enfoque educativo basado en el desarrollo de competencias" las competencias sólo aparecen en el título. La especificidad del telebachillerato comunitario queda confinada al espacio de una de las ocho asignaturas por semestre, del tercero al sexto: desarrollo comunitario; por cierto este espacio está previsto para la formación del trabajo en otras modalidades del bachillerato general. En cambio sigue firme el bloque de materias propedéuticas para el estudio de la educación superior durante el quinto y el sexto semestres: probabilidad y estadística, derecho, ciencias de la comunicación y ciencias de la salud.

En el grueso del mapa curricular sigue rigiendo la matriz originaria de la Escuela Nacional Preparatoria de 1867, donde lo primordial son las matemáticas y las ciencias. Según el ideario de Gaspar Monge, fundador en 1897 de la Escuela Nacional Politécnica francesa, la base eran las matemáticas; a ellas podían reducirse todas las ciencias, y todas las técnicas iban a ser derivadas de estas últimas (Weiss y Bernal, 2013). Vía Auguste Comte, egresado de la Escuela Nacional Politécnica, la filosofía positivista de una (futura) vida derivada de las matemáticas y las ciencias llegó a México mediante Gabino Barreda, fundador de nuestra Escuela Nacional Preparatoria. Pocos años después, en el mismo siglo XIX, se añadieron la ética, la historia y la lengua (Sarmiento, s. f.).

El mapa curricular del bachillerato general actual comienza con matemáticas del primero al cuarto semestre; química en primero y segundo; biología y física en tercero y cuarto; geografía y ecología en quinto y sexto; lectura y redacción en primero y segundo; literatura en tercero y cuarto; lengua adicional al español (inglés) de primero a cuarto semestre; la asignatura de historia se imparte en segundo, tercero y quinto semestre porque en primero es sustituida por introducción a las ciencias sociales, y en sexto, por metodología de la investiga-

Cuadro i.1. Planea, 2015. *Alumnos de tercer grado de secundaria.*
Logros en Matemáticas

Nivel 1: logro insuficiente de los aprendizajes clave del currículo, lo que refleja carencias fundamentales que dificultarán el aprendizaje si no se resuelven.	65.4 %
Nivel 2: un logro apenas indispensable.	24.0 %
Nivel 3: logro satisfactorio.	7.5 %
Nivel 4: logro sobresaliente.	3.1 %

Fuente: Elaboración propia con base en inee (2015).

ción. Por presión pública de los gremios de los filósofos se conservó la materia de ética y valores en primero y segundo semestres, y se reintrodujo la asignatura de filosofía en sexto.

El plan estipula cuatro cursos de matemáticas; matemáticas iv está prevista para cálculo diferencial. Lo cual suena bien, hasta que tenemos en cuenta los resultados en matemáticas de los egresados de secundaria en la prueba del Plan Nacional para la Evaluación de los Aprendizajes (Planea), que se muestran en el cuadro i.1.

A menos que los bachilleratos logren milagros, y sabemos que no es así, los docentes de cálculo diferencial tienen que enseñar esa materia a alumnos que dos años antes sólo eran capaces de efectuar operaciones básicas con números enteros. La política educativa quiere mostrar a los organismos internacionales y a los inversionistas extranjeros altos estándares académicos en los planes y programas de estudio y, a la vez, una cobertura de 85% de la población juvenil en la educación media superior. Una tensión que invariablemente lleva a la simulación. Desde la primaria, los docentes y las escuelas aprueban a casi todos sus alumnos, independientemente de sus logros en el aprendizaje. El Instituto Nacional para la Evaluación de la Educación (inee) tendrá que pensar cómo lograr que las evaluaciones de aprendizaje no sólo se queden en el escándalo de una semana de duración al publicarse los resultados, sino que influyan en la política y en la evaluación de los servicios educativos y planteles.

Como vimos, las orientaciones tienen su historicidad y los poderes curriculares incluyen no sólo al Estado y la Iglesia, como señalaba el pedagogo alemán Erich Weniger en la década de 1930, sino también a organismos multilaterales y la industria de la evaluación. A la vez, la historia es terca, muchos planes de estudio siguen anclados en la matriz originaria del siglo xix, si bien en el interior de las materias hay cambios importantes.

BIBLIOGRAFÍA

Catalano, M. (2004), *Diseño curricular basado en normas de competencia laboral*, Buenos Aires, BID / Fomin / Cinterfor.

Coll, C. (2009), "Los enfoques curriculares basados en competencias y el sentido del aprendizaje escolar", en Consejo Mexicano de Investigación Educativa, *Conferencias Magistrales X. Congreso Nacional de Investigación Educativa*, México, Comie, pp. 71-107.

De Ibarrola, M. (2006), "La formación para el trabajo en las escuelas: el currículo y las prácticas formativas", en M. de Ibarrola (comp.), *Formación escolar para el trabajo: posibilidades y límites. Experiencias y enseñanzas del caso mexicano*, Montevideo, Cinterfor/OIT, pp. 151-210.

Furlán, A. (1998), *Currículum e institución*, México, Instituto Michoacano de Ciencias de la Educación.

INEE, Instituto Nacional para la Evaluación de la Educación (2015), *Plan Nacional para la Evaluación de los Aprendizajes (Planea), Resultados Nacionales 2015*, recuperado de <http://www.inee.edu.mx/images/stories/2015/planea/fasciulosnov/Planea_2015_Andres_Sanchez_Moguel.pdf>.

OCDE, Organización para la Cooperación y el Desarrollo Económicos (2006), *PISA 2006, Marco de la Evaluación*, recuperado de <http://www.pisa.oecd.org/dataoecd/59/2/39732471.pdf>.

Quiroz, R. (1998), "La reforma de 1993 de la educación secundaria en México: nuevo currículum y prácticas de enseñanza", *Revista Investigación en la Escuela*, 36, Sevilla, Diada Editora, pp. 75-90.

Sarmiento, E. (s.f.), "La Escuela Nacional Preparatoria y el plan de estudios", en *Enciclopedia de la filosofía mexicana. Siglo XX*, sitio web de la División de Ciencias Sociales y Humanidades de la Universidad Autónoma Iztapalapa, recuperado de <http://dcsh.izt.uam.mx/cen_doc/cefilibe/images/banners/enciclopedia/Diccionario/Corrientes/LAENPyelplandeestudios-EduardoSarmiento.pdf>.

Tyler, R. (1973), *Principios básicos del currículum*, Buenos Aires, Troquel.

Weiss, E., y E. Bernal (2013), "Un diálogo con la historia de la educación técnica mexicana", *Perfiles Educativos*, 139, pp. 151-170.

——(2017), *Estudio exploratorio del Modelo de Telebachillerato Comunitario y su operación en los estados*, México, Instituto Nacional para la Evaluación de la Educación, recuperado de <http://publicaciones.inee.edu.mx/buscadorPub/P1/C/155/P1C155.pdf>.

II. UNA CRÍTICA DE LAS CALIFICACIONES: POLÍTICAS, PRÁCTICAS Y ASUNTOS TÉCNICOS*

Lorin W. Anderson**

> Cuando tenemos en cuenta el uso casi universal de un sistema de notas en todas las instituciones educativas, no podemos menos que asombrarnos ante la fe ciega que se ha tenido en su confiabilidad. Finkelstein (1913)

> ¿Acaso no es una hipocresía predicar sobre la importancia de innovar en la educación mientras nos aferramos, simultáneamente, a un sistema de calificación casi tan arcaico como inútil? Ferriter (2015)

Estas dos citas, escritas con un siglo de diferencia, ilustran la negatividad asociada a las formas como se otorgan las calificaciones (o notas) a los estudiantes en las escuelas. Incluso una búsqueda somera en Google Scholar o jstor.org producirá veintenas de artículos con puntos de vista semejantes. Varios educadores, en especial Alfie Kohn (1999, 2011) y Thomas Guskey (2002, 2011), han publicado críticas extensas de las políticas y las prácticas respecto a las calificaciones.

Las críticas no son sólo intemporales, sino generalizadas. Además de los académicos, los maestros y los consultores educativos han despotricado contra las calificaciones. Hace más de medio siglo, Dorothy de Zouche calificó el otorgamiento de calificaciones como una de sus "diez estupideces educativas". Más recientemente, Mark Barnes (2014) presentó una plática TED*** en la que abordó la pregunta aparentemente retórica: "¿Acaso no es hora de eliminar las calificaciones en la educación?"

Después de un siglo de críticas constantes la práctica de calificar a estudiantes sigue siendo una piedra angular de nuestro sistema educativo. ¿Por qué? ¿Será que las calificaciones, a pesar de los problemas inherentes en sus políticas y prácticas, tienen algún valor? El propósito de este capítulo es ofrecer una *críti-*

---

* Traducción del inglés de Audón Coria.
** Profesor emérito distinguido de la Universidad de Carolina del Sur (Estados Unidos). Miembro de la Academia Internacional de la Educación.
*** *Tecnología, entretenimiento y diseño. Pláticas fascinantes y motivadoras.* [T.]

ca a las calificaciones, así como a las políticas y las prácticas para calificar. Por crítica se entiende un "juicio cuidadoso en el que [uno da una] opinión sobre lo bueno y lo malo de algo" *(Merriam Webster Learner's Dictionary).*

Para facilitar la crítica, el enfoque se organiza en cinco preguntas básicas.

1. ¿Por qué calificamos a los estudiantes?
2. ¿Qué significan las calificaciones?
3. ¿Qué tan confiables son las calificaciones de los estudiantes?
4. ¿Qué tan válidas son las calificaciones de los estudiantes?
5. ¿Cuáles son las consecuencias de calificar a los estudiantes?

Para comenzar hacen falta algunas definiciones. Cuando se aplica a la educación, el sustantivo "calificación" es una posición en un *continuo* de calidad, competencia, intensidad o valor. El continuo se puede expresar numéricamente (por ejemplo, de 1 a 100), con letras (por ejemplo, "A", "B", "C", "D", "F"), o usando un conjunto de descriptores verbales (verbigracia: ejemplar, competente, elemental, subelemental). Cuando se aplica a la educación, el verbo *calificar* significa colocar a un estudiante en el ya mencionado continuo con base en impresiones, evidencias o, muy probablemente, una combinación de ambas.

Antes de continuar hay que señalar que algunos de los primeros escritores en la disciplina —por ejemplo, Rugg (1918)—, así como algunas instituciones británicas de educación superior en la actualidad (Universidad de Liverpool, 2015) usan el término "notas" más que "calificaciones", y "sistemas de notas" más que "sistemas de calificaciones". No obstante, la mayoría de los diccionarios (por ejemplo, el *Oxford English Dictionary*) utiliza estos términos como sinónimos, uso que así se conserva a lo largo del texto.

¿POR QUÉ CALIFICAMOS A LOS ESTUDIANTES?

¿Qué pudo haber provocado al primer maestro a iniciar un sistema de notas? ¿Fue un deseo de estimular a los alumnos para que realizaran un mayor esfuerzo basado en la emulación? ¿O acaso pudo haber sido un deseo de registrar las deficiencias individuales y así permitir al maestro modificar su enseñanza? (Campbell, 1921, p. 510).

Nótese que Campbell mencionó dos posibles razones para calificar a los estudiantes: *1)* motivarlos a esforzarse más y *2)* proporcionar información que los maestros puedan usar para mejorar su enseñanza. Más recientemente, se ha propuesto una tercera razón para calificar, en concreto, para comunicar información sobre el aprendizaje de los estudiantes a una diversidad de públicos que quieren o necesitan información sobre lo bien que están aprendiendo o avanzando los estudiantes, con el fin de tomar decisiones sobre ellos (Bailey y McTighe, 1996).

MOTIVANDO A LOS ESTUDIANTES

> Cualquiera que dude [de que] las calificaciones no son un acicate sólo tiene que recordar lo que más le importaba en sus años de colegio durante la entrega de notas al final de los periodos: ¿Qué calificación tengo?   ROREM (1919, p. 671)

> [Aunque] nuestros sistemas de notas están llenos de innumerables debilidades e inconsistencias… sí sirven de acicate a los rezagados, lo que deben admitir incluso sus oponentes más francos.   CAMPBELL (1921, p. 511)

Como indican estas dos citas, la creencia de que las calificaciones son inherentemente motivantes existe desde tiempos inmemoriales. Pero, debido a que la mayoría de los educadores creía que la motivación mejoraba cuando los estudiantes competían entre sí, muchos, si no es que la mayoría, de los primeros sistemas de calificación se basaban en *clasificaciones* entre estudiantes, más que en *valoraciones* de la calidad de trabajo o del aprendizaje de un alumno en lo individual (Cureton, 1971).

Por una parte, incluso cuando los críticos de las calificaciones aceptan que tienen valor (Bull, 2013), sostienen que promueven un tipo de motivación "equivocada". Señalan que trabajar con más ahínco para lograr mejores calificaciones no es lo mismo que hacerlo para aprender más. De hecho, los resultados de varios estudios sugieren que estas dos "orientaciones" tienen una relación inversa (Kohn, 1999). Por otra parte, los estudiantes que se sienten motivados por las calificaciones más que por el aprendizaje probablemente muestren menos interés en lo que están aprendiendo (Kohn, 2011), tiendan más a evitar tareas difíciles (Schinske y Tanner, 2014) y recurran en mayor medida a métodos "poco ortodoxos" para lograr calificaciones más altas (o, en algunos casos, calificaciones "aceptables") con el menor esfuerzo (Schwartz y Sharpe, 2011).

Schinske y Tanner (2014, p. 161) han proporcionado un resumen conciso de lo que se conoce, en la actualidad, respecto a la relación entre las calificaciones y la motivación.

> En el mejor de los casos, las calificaciones motivan a los estudiantes de alto rendimiento a seguir obteniendo altas calificaciones, independientemente de si esa meta

también, por casualidad, coincide con el aprendizaje. En el peor de los casos, las calificaciones disminuyen el interés en el aprendizaje y aumentan la ansiedad y la motivación extrínseca, especialmente entre los estudiantes que tienen dificultades.

Proporcionando retroalimentación a los maestros

En la práctica el sistema de notas común y corriente registra simplemente la ubicación relativa respecto a los demás alumnos del grupo; "desde luego que no le da al maestro una receta a seguir. Es aquí donde nuestros sistemas de notas fallan; no prevén el tratamiento" (Campbell, 1921, p. 510).

Esta afirmación es tan válida hoy como lo fue hace casi un siglo. Las calificaciones, por lo general, no proporcionan información que puedan usar los maestros para mejorar su enseñanza (o los alumnos para mejorar su aprendizaje). Para ser útiles con fines de mejoramiento, deben proporcionar información acerca de lo que los estudiantes, individual o colectivamente, han y no han aprendido, saben y no saben, pueden y no pueden hacer. Los defensores de "sistemas de calificaciones basados en estándares" (Scriffiny, 2008) sostienen que sus sistemas proporcionan el nivel necesario de información detallada.

En las calificaciones basadas en estándares se evalúa a los estudiantes según su dominio de un conjunto de objetivos del curso claramente expresados (conocidos ampliamente como estándares académicos o, sencillamente, estándares) (Tomlinson y McTighe, 2006). Los estudiantes reciben una calificación por separado por cada estándar; posiblemente también reciban una calificación general para la unidad del currículo en la que están integrados los estándares. El cuadro ii.1 contiene un ejemplo de la boleta de calificaciones basadas en estándares para una alumna en la materia de química.

La boleta empieza por identificar cinco estándares relacionados con la unidad titulada "Leyes de densidad y de los gases". Para cada uno se da una califi-

Cuadro ii.1. *Parte de una boleta de calificaciones basada en estándares*

Olivia George	*Calificación*
Usa el equipo de laboratorio de manera adecuada y segura	4
Calcula correctamente la densidad	4
Aplica el concepto de densidad a problemas relevantes	2
Recuerda las fórmulas de las leyes de los gases (por ejemplo, Boyle, Gay-Lussac)	4
Elige la ley apropiada de los gases para resolver problemas específicos	1

Fuente: Elaboración propia.

cación de 4 (excelente), 3 (competente), 2 (se acerca a competente) o 1 (muy por debajo de competente). Como se muestra en dicho cuadro, la alumna (Olivia George) es "competente" o "excelente" en tres de los cinco estándares. "Se acerca a competente" en su capacidad para aplicar el concepto de densidad y está "muy por debajo de competente" en su capacidad para elegir la ley de gases idónea para resolver un problema. Tal información puede, como mínimo, ayudar a los maestros a entender *dónde* deben dedicar más tiempo y esfuerzo. Sin embargo, la información no les dice *cómo* deben cambiar su enseñanza para que el alumno mejore su aprendizaje en relación con esos dos estándares (el "tratamiento" de Campbell).

El cuadro II.2 ilustra cómo los sistemas basados en estándares pueden proporcionar información sobre las fortalezas y las debilidades de aprendizaje de un grupo de estudiantes. Vemos nuevamente que los logros en relación con el tercer y el quinto estándares son relativamente débiles. Tal información debe ser útil a los maestros interesados en mejorar el aprendizaje de todo un grupo de alumnos.

Por último, aunque rara vez lo comentan los defensores de las calificaciones basadas en estándares, las asignadas a los estudiantes (es decir, las *valoraciones* individuales) se pueden convertir fácilmente en comparaciones entre ellos (es decir, la *clasificación* dentro de un grupo o clase). En el cuadro II.1 Olivia George tiene un patrón de calificaciones de 4-4-2-4-1 en los cinco estándares. Sus logros serían mayores que los de un estudiante con un patrón de 3-3-1-3-1, pero menores a los de uno con un patrón de 4-4-4-4-3. Por lo tanto, se le clasificaría en algún punto entre estos dos alumnos.

CUADRO II.2. *Parte de un informe de calificaciones basadas en estándares para un grupo de alumnos*

Densidad y leyes de los gases	4	3	2	1
Usa el equipo de laboratorio de manera adecuada y segura	80%	20%	0%	0%
Calcula correctamente la densidad	40%	40%	10%	10%
Aplica el concepto de densidad a problemas relevantes	20%	30%	25%	25%
Recuerda las fórmulas de las leyes de los gases	60%	40%	0%	0%
Elige la ley apropiada de los gases para resolver problemas	5%	10%	20%	65%

FUENTE: Elaboración propia.
NOTA: Los números de las celdas representan el porcentaje de alumnos que recibieron cada calificación respecto a cada estándar.

Comunicando con una diversidad de públicos

> El propósito primordial de las calificaciones es comunicar los logros de los estudiantes a ellos mismos, a los padres de familia, a los administradores escolares, a las instituciones postsecundarias y a los empleadores.
>
> Bailey y McTighe (1996, p. 120).

Esta afirmación, ya sea copiada textualmente o parafraseada ligeramente, ha logrado formar parte de las declaraciones sobre políticas de calificación en numerosos distritos escolares de todos los Estados Unidos. A primera vista, la afirmación es bastante directa. El propósito principal de las calificaciones es la comunicación; además, existe una necesidad de comunicarse con muchos públicos distintos. Al leerla con más detenimiento, sin embargo, nos damos cuenta de que: *1)* hay un enfoque exclusivo en el rendimiento de los alumnos, y *2)* la lista de públicos es incompleta.

El tema del enfoque exclusivo en el rendimiento se tratará más adelante; por lo pronto, se analizarán los tres públicos "faltantes". El primero lo constituyen los maestros; no aquellos que asignaron las calificaciones, sino los que probablemente se beneficiarían con información sobre esos estudiantes cuando ingresen en su salón de clase en semestres o años subsiguientes. "Olivia recibió una calificación de B en química i. ¿Significa esto que está preparada para cumplir con las exigencias de química ii?"

El segundo público lo conforman quienes elaboran las políticas educativas. Recientemente, en el estado de Carolina del Sur, el Consejo Estatal de Educación remplazó una escala de calificaciones de 7 puntos (es decir, A = 93 a 100; "B" = 85 a 92) con una de 10 puntos (A = 90 a 100, B = 80 a 89). El superintendente estatal de Educación declaró que el cambio "garantizaría la competencia en igualdad de condiciones" y "beneficiaría a aquellos estudiantes que se transfirieran de otros estados". Que se logren o no estas dos metas es debatible. Lo que no resulta discutible es el hecho de que en un periodo de cuatro años, aproximadamente, 6 000 estudiantes adicionales recibirán becas con apoyo estatal a instituciones postsecundarias, con un costo adicional para el estado de 50 millones de dólares.

El tercer público está compuesto por los integrantes de los medios. Un encabezado reciente en el *Washington Post* rezaba: "¿Se está volviendo demasiado difícil fracasar? Las escuelas están cambiando a políticas de calificación sin ceros" (Balingit y St. George, 2016). Las "políticas de calificación sin ceros" son aquellas que desalientan a los maestros a asignar calificaciones porcentuales inferiores a 50 si un alumno hace un "intento razonable por cumplir con el trabajo". ¿Existen pruebas de que la política ha reducido o probablemente reduzca el número de estudiantes que reprueben? Y ¿por qué es esto una preocupación? ¿Queremos, como sociedad, más estudiantes que reprueben?

Schneider y Hunt (2013, p. 203) han sostenido que existe una "tensión, al parecer inevitable, en la educación moderna entre lo que promueve el aprendizaje y lo que permite funcionar a un sistema masivo". Esta "tensión inevitable" se puede advertir en las necesidades informativas de los distintos públicos mencionados antes. A los maestros les preocupa (o debería preocuparles), principalmente, promover el aprendizaje. Los estudiantes y los padres de familia quizá se unan a los maestros en esta preocupación. Remplazar las calificaciones de letras o números con informes basados en estándares, crónicas escritas (Kohn, 1999) o reuniones (Pitler, 2016) probablemente les sirva bien a estos públicos. Sin embargo, el detalle que proporcionan tales sistemas de calificación en combinación con la naturaleza cualitativa de gran parte de los datos hace difícil sumar estos últimos en una forma que resulte útil para otros públicos (por ejemplo, administradores de instituciones de educación superior, los que elaboran las políticas e integrantes de los medios). En ninguna parte es más aparente esta "tensión inevitable" que en las universidades exigentes, donde los responsables de ingreso han empezado a darles más valor a las entrevistas, los ensayos y los trabajos escritos para tomar decisiones de admisión (Hoover, 2012), mientras que, al mismo tiempo, sus oficinas de comunicaciones y de relaciones públicas siguen publicando en los medios el número de graduados con las mejores calificaciones, o las calificaciones promedio SAT* de sus estudiantes de primer año.

¿QUÉ SIGNIFICAN LAS CALIFICACIONES?

¿Qué méritos se requieren para una calificación de A? ¿Existe algo en los méritos de las calificaciones que se pueda estandarizar? Hasta que se establezca un estándar, cada capricho de un maestro será el plan de calificaciones. "Me gusta que mis alumnos piensen", declaró un maestro. "Los alumnos tienen que ser capaces de recordar lo que estudian", afirmó otro (Rorem, 1919, pp. 670-671).

> Me incliné sobre el hombro del alumno […] y le pregunté si podía mostrarme la retroalimentación de su maestro acerca de su trabajo y sus notas actuales. Abrió la carpeta electrónica de Ciencias Sociales de su computadora portátil y allí había una lista

---

* *Suite of Assessments*. Las siglas refieren a uno de los exámenes estandarizados requeridos para el ingreso a las universidades estadunidenses. [T.]

CUADRO II.3. *Resumen de las diferencias respecto*
a lo que representan las calificaciones

Una calificación puede representar		
Desempeño en una sola tarea	o	desempeño en múltiples tareas
Rendimiento en algún punto del tiempo	o	cambios en el rendimiento al paso del tiempo
Sólo rendimiento	o	rendimiento, esfuerzo, asistencia, participación
Rendimiento en resultados de aprendizaje propuestos (es decir, valoraciones)	o	rendimiento en comparación con compañeros (es decir, clasificaciones)

FUENTE: Elaboración propia.

de tareas […] Al lado de una de las tareas decía 100%. Le pregunté qué significaba: "Pues, entregué ese trabajo a tiempo", contestó [Tinney, 2014, p. 1].

Cuando se trata del significado de las calificaciones, existe un acuerdo general de que las altas son "buenas" y las bajas son "malas". Los padres de familia, sobre todo, desean que sus hijos logren "buenas calificaciones". Sin embargo, no hay acuerdo respecto a qué constituye una "buena calificación". Como sugirió Rorem (1919) hace casi un siglo, es posible que un estudiante reciba una "buena" calificación en la clase de un maestro si se aprende de memoria lo que se enseñó, mientras que en la clase de otro profesor debe demostrar la capacidad de analizar de manera crítica lo que se enseñó. Un alumno quizá reciba una calificación "buena" si entregó el trabajo a tiempo en la clase de un maestro (Tinney, 2014), pero en otra clase deberá entregar trabajos que satisfagan los estándares de calidad de ese docente. El cuadro II.3 resume cuatro maneras de representar e interpretar una calificación.

Primero, una calificación puede representar el desempeño de un alumno en un solo trabajo (por ejemplo, una prueba o examen, un ensayo, un trabajo de investigación). Éstas son "calificaciones de tareas únicas". Alternativamente, también puede representar el desempeño de un estudiante múltiples tareas con el paso del tiempo (por ejemplo, una calificación semestral o por un curso) e, incluso, entre diferentes materias y maestros (por ejemplo, promedio general). Éstas son "calificaciones acumulativas"; requieren algún tipo de suma de datos, ya sea un promedio aritmético simple de las calificaciones de tareas únicas, un promedio aritmético simple después de que se hayan eliminado la calificación más alta y la más baja, un promedio ponderado (como cuando el examen sobre una unidad cuenta lo doble que las tareas hechas en casa) o algún otro método.

Segundo, una calificación puede representar el rendimiento de un estudiante *en algún punto determinado del tiempo* o lo que ha aprendido *con el paso del tiempo* (esto es, cuánto ha mejorado el rendimiento del alumno desde el momento A hasta el momento B). La mayoría de los sistemas de calificación se centra en el rendimiento en un punto del tiempo (por ejemplo, un examen de unidad, un proyecto de un curso). Calificar con base en el mejoramiento, de hecho, se ha criticado porque: *1)* es difícil medir y *2)* es injusto para los estudiantes que desde el principio tienen un alto rendimiento, ya que les da poco margen para mejorar (Davis, 1993; McKeachie, 1999). Otros educadores, sin embargo, sugieren que "calificar con base en el mejoramiento" es preferible porque no penaliza a los estudiantes que ingresan a un curso con menos conocimientos que sus compañeros (Esty y Teppo, 1992, p. 616). En palabras de un maestro de música: "Algunos alumnos que empiezan 'penosamente retrasados' pueden, con mucho trabajo, convertirse en músicos sobresalientes; con todo, si se les juzga respecto a algunos estándares arbitrarios al principio de su carrera, quizá infieran, equivocadamente (o incluso se les diga), que no están 'a la altura' " (Everett, 2013).

Tercero, una calificación puede representar *sólo el rendimiento académico* —según recomiendan Bailey y McTighe (1996)— o *alguna combinación* de rendimiento académico y uno o más factores (por ejemplo, esfuerzo, asistencia, participación en la clase o conducta). Interpretar una calificación que represente sólo rendimiento académico es una tarea mucho más fácil. Si se basa en alguna combinación de

> puntajes de exámenes importantes, trabajos escritos, pruebas, proyectos e investigaciones, junto con evidencias de las tareas realizadas en casa, la puntualidad en la entrega de trabajos, la participación en la clase, los hábitos de trabajo y el esfuerzo, el resultado es una "calificación mezcolanza" cuya interpretación resulta tan confusa e imposible como la de una calificación de "condición física" que combinara estatura, peso, dieta y ejercicio [Guskey, 2011, p. 18].

No obstante, existen pruebas de que los maestros tienden a evitar las calificaciones sólo con base en el rendimiento académico, y consideran otros factores cuando las otorgan (Anderson, 1998).

Cuarto, una calificación puede representar el rendimiento en comparación con los resultados de aprendizaje previstos (es decir, referidos a criterios) o el rendimiento en relación con los compañeros del alumno o de la alumna (es decir, referidos a las normas). Prácticamente todos los sistemas de calificación de principios del siglo xx se referían a normas. En 1963 Robert Glaser argumentaba que los educadores debían cambiar de las mediciones "referidas a normas" a las que él llamaba mediciones "referidas a criterios". Por lo tanto, en la tarea de calificar a los estudiantes, se les debe *valorar* en cuanto a su aprendizaje en comparación con estándares curriculares o expectativas de aprendizaje predeterminadas, más que *clasificarlos* en relación con sus compañeros.

Con esta diversidad de representaciones e interpretaciones no debe sorprender que la estandarización que buscaban Rorem, Rugg y otros hace casi 100 años no se haya llevado a cabo, y muy probablemente jamás lo hará. Más bien, el significado de cualquier calificación es específico según el contexto o la situación.

Esto trae a la mente la conversación entre Humpty Dumpty y Alicia en la obra de Lewis Carroll, *Alicia a través del espejo*: " 'Cuando uso una palabra —dijo Humpty Dumpty, en tono bastante despreciativo— significa precisamente lo que yo quiera que signifique: ni más ni menos'. 'El asunto es —contestó Alicia— si podemos hacer que las palabras signifiquen tantas cosas distintas' ". Cuando se trata de las calificaciones, parece que la respuesta a la pregunta de Alicia es: "¡Claro que sí!"

Entonces ¿qué se debe hacer? Más que trabajar en favor de la estandarización de las calificaciones, una estrategia más razonable sería aceptar la naturaleza concreta contextual o situacional de ellas. Cada maestro (o grupo de maestros) sería responsable de comunicar, de manera clara, el significado de cada una de las calificaciones que otorgue. El cuadro II.4 ilustra un intento para hacer esto —adaptado de Frisbie y Waltman (1992)—. Nótese que es posible (y, en algunos casos, tal vez sea deseable) proporcionar tanto interpretaciones referidas a criterios como a normas. Por ejemplo, un alumno quizá posea un dominio de los conocimientos más allá del mínimo, un desarrollo avanzado de la mayoría de las habilidades y los prerrequisitos para el aprendizaje posterior (esto es, una calificación de B referida a criterios), mientras que al mismo tiempo sea un alumno promedio en su grupo (es decir, una calificación de C referida a normas).

La calificación por contrato, un sistema de calificaciones, requiere que los maestros comuniquen claramente sus expectativas para diferentes calificaciones de letras al principio de un semestre o de un curso. Los docentes describen los niveles de rendimiento o desempeño requeridos para ganarse cada calificación de letra (cuadro II.5). Con base en esta información, cada alumno puede decidir la calificación de letra que él o ella tiene el propósito de lograr, y luego firma un contrato en el que el maestro se compromete a otorgar la convenida si el alumno cumple o excede esos niveles (Taylor, 1980).

Debido a que el cuadro II.4 es más genérico que el siguiente, la información contenida en él se puede usar con múltiples públicos (por ejemplo, estudiantes, padres de familia, empleadores potenciales); el cuadro II.5, por el contrario, sólo es idóneo para los estudiantes inscritos en un curso específico. Aunque ni uno ni otro son perfectos, ambos se pueden considerar "esfuerzos de buena fe" para resolver los problemas de la ambigüedad inherentes al significado de las calificaciones. Sin tales intentos, la interpretación de una calificación descansa única-

Cuadro ii.4. *Descriptores de calificaciones por letra referidas a criterios y a normas*

Calificación	Con referencia a criterio	Con referencia a normas
A	Dominio sólido de la esfera de conocimiento, alto nivel de desarrollo de habilidades, preparación excepcional para aprendizaje posterior	Muy superior al promedio del grupo
B	Dominio de conocimientos superior al mínimo, desarrollo avanzado de la mayoría de las habilidades, cuenta con prerrequisitos para aprendizaje posterior	Superior al promedio del grupo
C	Dominio de sólo los conceptos y principios básicos, capacidad demostrada en el uso de habilidades básicas, carece de algunos prerrequisitos para aprendizaje posterior	En el promedio del grupo
D	Carece de conocimiento de algunos conceptos y principios fundamentales, sin lograr algunas habilidades importantes, deficiente en muchos de los prerrequisitos para aprendizaje posterior	Inferior al promedio del grupo
F	No aprendió la mayoría de los conceptos y principios básicos, no demostró la mayoría de las habilidades esenciales, carece de la mayoría de los prerrequisitos necesarios para el aprendizaje posterior	Muy inferior al promedio del grupo

Fuente: Elaboración propia.

mente en la persona que la recibe, por lo general el alumno (y sus padres). Cuando esto ocurre nos quedamos con todo un grupo, escuela o sistema educativo compuesto de Humpty Dumptys.

¿Qué tan confiables son las calificaciones de los estudiantes?

La respuesta a esta pregunta depende de si se está hablando de calificaciones de tareas únicas o de calificaciones acumulativas. Cuando nos enfocamos en las primeras, dicha respuesta es muy clara: las calificaciones de tareas únicas son *muy poco confiables*. Al interpretar esta afirmación, sin embargo, es importante adver-

Cuadro II.5. *Muestra de un sistema de contrato*

Para recibir una A	*Para recibir una B*	*Para recibir una C*
Entregar 90% de trabajos escritos en clase	Entregar 80% de trabajos escritos en clase	Entregar 70% de trabajos escritos en clase
Completar 100% de trabajos en casa en un nivel satisfactorio	Completar 90% de trabajos en casa en un nivel satisfactorio	Completar 80% de trabajos en casa en un nivel satisfactorio
Recibir una puntuación media de 85% o más en los tres exámenes	Recibir una puntuación media de 75% o más en los tres exámenes	Recibir una puntuación media de 75% o más en los tres exámenes
Completar tres proyectos de grupo	Completar tres proyectos de grupo	Completar dos proyectos de grupo
Completar propuesta de un proyecto importante	Completar propuesta de un proyecto importante	
Completar proyecto importante con un nivel de calidad aceptable		

FUENTE: Adaptado de Smith (2003).

tir que se define en términos de la *confiabilidad entre evaluadores* (es decir, el acuerdo entre maestros). Por su parte, la mayoría de los primeros estudios se enfocó en la confiabilidad de calificaciones numéricas (o porcentuales) más que en calificaciones de letra.

Los estudios que hicieron época los realizaron Starch y Elliott (1912, 1913), el primero en lengua y literatura inglesas, en nivel de preparatoria, y el segundo, en matemáticas, también en nivel de preparatoria. En cada investigación un grupo razonablemente grande de maestros recibió o un ensayo (1912) o una solución razonada a un problema de matemáticas (1913). Se les pidió a los participantes revisar uno u otra y asignarles una calificación de 0 a 100. Para esos dos ensayos las calificaciones oscilaron entre 50 y 90 para uno, y entre 64 y 98 para el otro. Para el problema razonado de matemáticas, el rango, inesperadamente, fue incluso mayor (de 28 a 92) (Starch, 1913).

Hace casi un siglo, Rugg (1918) llevó a cabo una revisión de 23 estudios publicados durante los tres años anteriores. Entre las muchas conclusiones a las que llegó, dos son las más relevantes para esta discusión. Primero, "no se puede esperar que los maestros, al calificar sin una escala objetiva, califiquen el trabajo de los estudiantes en cualquier materia —matemáticas, historia, redacción, caligrafía, etc.— dentro de un intervalo de aproximadamente 8%" (p. 704). Por lo tanto, por ejemplo, los docentes que usan sistemas de calificación de porcentajes no pueden diferenciar de manera confiable un 83, digamos, de un 79 o un 87. Segundo, al examinar las calificaciones otorgadas por un maestro determinado al *mismo trabajo de los estudiantes* calificado *en dos momentos diferentes,* existen "pruebas claras de la falta de confiabilidad de las calificaciones" (p. 703). Esto es, incluso los maestros en lo individual son inconsistentes en las calificaciones que otorgan a la misma muestra de trabajo en momentos distintos.

A medida que se fueron acumulando las pruebas de la falta de acuerdos de los maestros, tanto los académicos como los practicantes empezaron a buscar posibles explicaciones. Starch (1913, p. 630) identificó cuatro posibles fuentes de la poca confiabilidad entre los evaluadores: *1)* diferencias provocadas por la incapacidad de los maestros para "distinguir entre grados de mérito estrechamente relacionados", *2)* diferencias en los criterios empleados por distintos maestros (por ejemplo, contenidos, mecánica y estilo en la calificación de los ensayos), *3)* diferencias en los estándares de calidad usados por diferentes maestros (por ejemplo, ¿qué distingue un trabajo "excelente" de uno "bueno"?) y *4)* diferencias en la manera en que los maestros distribuyen sus calificaciones. Con el paso del tiempo, cada explicación produjo una solución distinta al problema de la falta de confiabilidad (véase un resumen en el cuadro ii.6).

CUADRO ii.6. *Fuentes de falta de confiabilidad y remedios propuestos para confiabilidades bajas*

Fuente	*Solución histórica propuesta*
Incapacidad de maestros para diferenciar entre puntos porcentuales	Cambiar de calificaciones de porcentajes a calificación de letras
Uso de diferentes criterios por parte de maestros	Usar rúbricas de calificación estandarizadas
Uso de estándares de calidad diferentes por parte de los maestros	Calcular un "factor correctivo" basado en si el maestro es "fácil " o "duro" para calificar y aplicar el "factor correctivo" a las calificaciones de cada maestro
Distribuciones de calificaciones distintas	Asignar un porcentaje fijo de A, B, C, D y F con base en una distribución normal supuesta, subyacente de capacidad y rendimiento

FUENTE: Elaboración propia.

Como respuesta a la incapacidad de los maestros para hacer las distinciones requeridas por la calificación por porcentajes, Rugg (1918, p. 710) sugirió que las investigaciones "confirman nuestra opinión de que los maestros pueden manejar cinco divisiones con precisión". Poco tiempo después se sustituyeron las calificaciones expresadas en porcentajes con calificaciones expresadas en letras, con cinco categorías: A, B, C, D y E (que posteriormente se convirtió en F); éstas siguen siendo el sistema de calificación más popular hoy en día, con cuatro categorías usadas con frecuencia en sistemas basados en estándares (por ejemplo, Avanzado, Competente, Elemental, Subelemental).

Para minimizar el impacto que tiene el hecho de que diferentes maestros utilizaran distintos criterios, Tieje, Sutcliffe, Hillebrand y Buchen (1915) diseñaron lo que tal vez haya sido la primera rúbrica de evaluación, un estándar diseñado para evaluar trabajos escritos. En los términos más sencillos, una rúbrica estándar de evaluación es un conjunto coherente de criterios para evaluar trabajos de los estudiantes que incluye tanto los criterios como las descripciones de distintos estándares de calidad para cada uno. Los criterios recomendados por Tieje y sus colegas abarcaron tanto ortografía, mecánica, sintaxis y la capacidad para razonar a partir de premisas, como conclusiones y la "habilidad para presentar el argumento de manera eficaz, es decir, con tacto y fuerza" (p. 594). Se otorgaban calificaciones bajas sobre el criterio de "sintaxis" a los escritos que tenían una oración con un "cambio violento de sintaxis", una "oración errante" o una "oración confusa". Se otorgaban calificaciones altas sobre el mismo criterio a las composiciones en las que ninguna de las oraciones exhibía alguno de estos problemas y cumplían con los estándares aceptados de una sólida estructura oracional.

Aunque las rúbricas siguen siendo populares en la calificación de trabajos escritos, informes de investigación y proyectos, así como para el desempeño en las artes —por ejemplo, Panadero y Jonsson (2013)—, existen algunas dudas respecto a si resuelven, por sí solas, el problema de la confiabilidad. Brimi (2011) llevó a cabo una réplica a pequeña escala del estudio de Starch y Elliott en lengua y literatura inglesas en el nivel de preparatoria. Su muestra incluyó a 90 maestros que habían recibido siete días de capacitación en el uso de una rúbrica de redacción desarrollado por el Laboratorio Educativo Regional del Noroeste (NWREL, por sus siglas en inglés). Se dieron cinco días de capacitación durante el verano, con dos días de seguimiento durante el año escolar. Al final de la capacitación se les pidió a los maestros calificar un solo ensayo utilizando una escala de 0 a 100. Las calificaciones otorgadas oscilaron entre 50 y 96 (rango similar al reportado por Starch y Elliott hace más de un siglo).

Estos hallazgos son consistentes con los resultados de una revisión de bibliografía realizada por Jonsson y Svingby (2007, p. 130), quienes concluyeron que "las rúbricas de evaluación no facilitan un juicio válido del desempeño por sí mismas". Más bien, si han de ser eficaces en este sentido, deberán "complementarse con modelos", o a lo que Wiggins (2013) se ha referido como "escritos ancla".

Si bien los modelos y los escritos ancla tal vez ayuden a reducir el problema de que los maestros tengan distintos estándares de calidad, un intento muy temprano de Leroy Weld (1917) para resolver el problema es digno de mencionar. Diseñó un sistema que tenía el propósito de minimizar las diferencias entre las calificaciones, asignándole a cada maestro un "factor de corrección" para compensar que el docente tendiera, en promedio, a ser "duro" o "fácil" para calificar. En otras palabras, su sistema reconocía que los maestros tenían diferentes estándares de calidad, pero minimizaba su impacto en las calificaciones que otorgaban a los alumnos al incorporar el "factor de corrección" conveniente.

Por último, un primer intento por resolver el problema de distribuciones de calificaciones sustancialmente distintas entre maestros consistió en alentarlos a adoptar la práctica conocida como "calificar sobre la curva". Expresado con sencillez, "calificar sobre la curva" significa que un cierto porcentaje de alumnos debe recibir A; un cierto porcentaje, B, y así sucesivamente. Los porcentajes recomendados se basaban en el supuesto de que la distribución de las habilidades de los alumnos y, por lo tanto, del rendimiento, se aproximaba a una curva normal (de Gauss). En 1914 el Comité sobre la Estandarización de las Calificaciones de la Asociación Estadunidense para el Avance de las Ciencias (AAAS, por sus siglas en inglés) recomendó que hubiera "cinco escalones de habilidad aproximadamente iguales". Los porcentajes de estudiantes que caen en cada grupo son aproximadamente los siguientes: Excelente (A), 4%; Bueno (B), 24%; Medio (C), 44%; Submedio (D), 24%, y Reprobado (E), 4%" (Ruediger, Henning y Wilbur, 1914, p. 643). La creencia y la fe de los educadores en la distribución normal continuaron durante gran parte del siglo xx.

Desafortunadamente, las distribuciones de calificaciones otorgadas por los maestros en aquella época no eran normales (Rugg, 1918), y esta falta de normalidad continúa (Office of Research, 1994). Por una parte, de los varios cientos de distribuciones de calificaciones que Rugg examinó, menos de 10% podía describirse como "perfectamente simétrico"; por otra parte, "se encontró que no más de dos o tres de cada cien de todas las examinadas fueron aproximadamente normales" (p. 705). En cuanto a los datos presentados como parte del Estudio Nacional Educativo Longitudinal (NELS, por sus siglas en inglés) por la Office of Research (1994), casi 70% de los estudiantes de octavo grado en su muestra nacional informó haber recibido "más que nada A" o "más que nada B".

Existen considerables pruebas de que la confiabilidad de las calificaciones de tareas únicas prácticamente no existe. ¿Se puede afirmar lo mismo de las calificaciones acumulativas? La mayoría de los estudios que tratan este tema incluye el promedio general (PG) como la principal calificación acumulativa. El PG de un alumno se calcula sumando las calificaciones de tareas individuales a lo largo de los cursos en los que el alumno esté inscrito durante un semestre determinado (por ejemplo, todos los cursos completados durante el semestre de primavera de 2016) o con base en toda una trayectoria académica (es decir, todos los cursos que lleven al otorgamiento de un diploma de preparatoria o una licenciatura). Por lo general, una calificación de A vale 4 puntos, una calificación de B vale 3 puntos, y así sucesivamente. A diferencia de los estudios sobre la confiabilidad de las calificaciones de tareas únicas, éstos se enfocan en la *estabilidad* de los PG de un curso a otro con el paso del tiempo (Etaugh, Etaugh y Hurd, 1972; Bacon y Bean, 2006).

Uno de los estudios más recientes, realizado por Saupe y Eimers (2012) en la Universidad de Missouri, ilustra tanto el procedimiento como los resultados. La investigación comenzó con la recolección de los PG de 5 000 estudiantes de primer año al final del semestre de otoño. Se recabaron los PG para cada semestre subsiguiente, con muestras ligeramente más pequeñas cada semestre debido al abandono de los estudios por parte de algunos alumnos. Se calcularon coeficientes de confiablidad alfa para dos, cuatro, seis y ocho semestres: cuatro coeficientes alfa en total. Debido a que los coeficientes alfa representan el porcentaje de variación en PG que se puede atribuir a diferencias entre estudiantes, más que a diferencias entre semestres, cuanto más grande es el coeficiente, más confiables son los PG con el paso del tiempo. Los coeficientes alfa fueron 0.72 (por dos semestres), 0.84 (por cuatro semestres), 0.86 (por seis semestres) y 0.91 (por ocho semestres). Etaugh, Etaugh y Hurd (1972), Willingham, Pollack y Lewis (2000) y Bacon y Bean (2006) han informado sobre hallazgos semejantes.

Tratar de contestar la pregunta sobre la confiabilidad de las calificaciones, por lo tanto, implica un dilema. Las calificaciones de tareas únicas no son confiables en absoluto, mientras que las acumulativas (por lo menos en el caso de los PG) tienden a ser bastante confiables. Al mismo tiempo, sabemos que las calificaciones acumulativas, hasta cierto grado, se determinan sumando las de tareas únicas de los estudiantes. ¿Cómo se explica esta inconsistencia?

Para contestar esta pregunta considérese un ejemplo de cómo pueden coexistir las calificaciones "no confiables" de tareas únicas y las calificaciones "confiables" acumulativas. Los datos presentados en el cuadro II.7 se parecen mucho a los recabados por Starch y Elliott. Hay un estudiante (es decir, una fila) que ha escrito un ensayo calificado por cinco maestros (es decir, cinco columnas). El registro en cada celda es la puntuación numérica otorgada por cada uno. Estas puntuaciones oscilan entre 30 y 90, con una media de 60. La conclusión lógica a partir de estos datos (y la conclusión a la que llegaron Starch y Elliott) es que las calificaciones otorgadas son muy poco confiables (es decir, muy inconsistentes entre todos los maestros).

CUADRO II.7. *Calificaciones numéricas asignadas por maestros*
a una composición escrita de un alumno

Alumno	Maestro 1	Maestro 2	Maestro 3	Maestro 4	Maestro 5	Media
A	80	60	30	40	90	60

FUENTE: Elaboración propia.

CUADRO II.8. *Calificaciones numéricas asignadas por maestros*
a dos alumnos hipotéticos

Alumnos	Maestro 1	Maestro 2	Maestro 3	Maestro 4	Maestro 5	Media
A	80	60	30	40	90	60
B	70	40	10	30	80	46

FUENTE: Elaboración propia.

En el cuadro II.8 se ha agregado a otro alumno (es decir, un ensayo escrito sobre el *mismo tema* por un alumno distinto). Los mismos maestros le otorgan una calificación al segundo ensayo. Al poner la atención sólo en el segundo estudiante, el patrón de inconsistencias se parece bastante al que se encontró en el primero. Las calificaciones numéricas oscilan entre 10 y 70, con una media de 46. El rango de calificaciones, 60, es idéntico al rango para el primer alumno.

En lugar de enfocarnos en cada alumno individualmente, comparémoslos en términos de sus calificaciones. Los cinco maestros asignaron una calificación más alta al ensayo del primer alumno; la calificación media en general difiere por 14 puntos. Incluso con la falta de acuerdo entre ellos respecto al ensayo de cada alumno en lo individual, queda muy claro que los docentes favorecen consistentemente el ensayo del alumno A por encima del ensayo del alumno B.

Si se agregan más alumnos y se sustituyen los maestros con semestres y las calificaciones numéricas con PG en las celdas del cuadro, es posible simular una porción de los datos del estudio de Saupe y Eimers (2012) (cuadro II.9). Los datos en las columnas del cuadro sugieren que existen diferencias, de hecho, en PG entre los ocho semestres. Sus filas nos indican que los alumnos de 1 a 3 tienen consistentemente PG más bajos (con medias de 1.94, 2.25, 2.31, respectivamente) que los alumnos de 8 a 10 (con medias de 3.37, 3.43, 3.50, respectivamente). El coeficiente alfa para todo el conjunto de datos representado en el siguiente cuadro es aproximadamente 0.90 (que se compara de manera muy favorable con el coeficiente de Saupe y Eimers de 0.91). Es decir, aproximadamente 90% de la variación en PG se puede atribuir a diferencias entre alumnos, no entre semestres.

Como lo ilustra este ejemplo, es muy posible tener calificaciones acumulati-

CUADRO II.9. *Alumnos por* PG

ID de alumno	Semestre 1	Semestre 2	Semestre 3	Semestre 4	Semestre 5	Semestre 6	Semestre 7	Semestre 8
0001	1.5	1.0	1.5	2.5	2.5	1.5	2.0	3.0
0002	2.0	2.0	3.0	2.0	1.5	1.5	3.0	3.0
0003	2.0	1.5	2.0	3.0	2.0	3.0	2.0	3.0
0004	2.5	2.0	2.5	2.5	2.0	2.0	3.0	3.0
0005	2.5	3.0	3.0	2.0	2.5	2.5	1.5	2.5
0006	2.5	2.5	2.5	3.0	2.0	3.0	3.0	4.0
0007	3.0	2.0	3.0	3.0	2.5	2.5	3.0	4.0
0008	3.0	3.0	4.0	3.0	3.0	3.5	3.5	4.0
0009	3.0	2.5	3.0	4.0	3.5	3.5	4.0	4.0
0010	3.0	3.0	3.5	3.5	3.5	3.5	4.0	4.0

FUENTE: Elaboración propia. Simulación de datos de Saupe y Eimers (2012).

vas que sean por demás estables con el paso del tiempo, incluso cuando las calificaciones únicas reflejen mucho desacuerdo entre los maestros. Los docentes tal vez tengan estándares de calidad muy diferentes que hagan que difieran unos de otros en las calificaciones que otorguen a los trabajos de los alumnos; al mismo tiempo, sin embargo, estos estándares de calidad son de tal naturaleza que aún es posible que los maestros estén de acuerdo en que unos trabajos son superiores a otros.

¿QUÉ TAN VÁLIDAS SON LAS CALIFICACIONES DE LOS ESTUDIANTES?

> Suponiendo un sistema escolar promedio con […] cuarenta a cuarenta y ocho alumnos bajo el cuidado de un maestro, [cómo podemos] organizar un plan de calificaciones y promociones y esbozar un curso de estudios (*pues los dos tienen que ir juntos*) que habilite y ayude a cada alumno a avanzar lo más rápidamente posible y aun así obtener la educación necesaria comprendida por lo general en los cursos de primaria y de preparatoria.
>
> DEMPSEY (1912, p. 373)[1]

Responder a las preguntas sobre la validez es más difícil que hacerlo sobre la confiabilidad. Así como sucedió con la confiabilidad, existen diferentes tipos de

---

[1] Las cursivas son mías.

validez. De manera semejante a lo que ocurre con la confiabilidad de las calificaciones de tareas únicas, existen amenazas reconocidas a la validez de éstas. La dificultad creciente tiene su origen en la necesidad de aceptar varios supuestos cuando se examina la validez de las calificaciones (por ejemplo, que el plan de calificaciones y promociones es congruente con el curso de estudios).

Diferentes tipos de validez

La validez de las calificaciones se puede examinar contestando dos preguntas. Primero, ¿los alumnos que aprenden más logran mejores calificaciones? Si es así, las calificaciones, *en un sentido descriptivo,* son razonablemente válidas. Éste es el tipo de validez al que alude Dempsey *(supra).* Segundo, los alumnos que reciben mejores calificaciones ¿tienen más éxito en grados y niveles escolares subsiguientes o en la vida en general? Si es así, las calificaciones son, *en un sentido predictivo,* razonablemente válidas (Thorsen y Cliffordson, 2012). Los datos usados con mayor frecuencia para contestar ambas preguntas provienen de estudios de calificaciones de cursos y de pg, ambos ejemplos de calificaciones acumulativas. No se encontraron estudios sobre la validez de calificaciones de tareas únicas.

Amenazas a la validez

Se reconocen, en general, dos amenazas a la validez de las calificaciones. La primera es la diferencia en las calificaciones otorgadas por maestros *de escuelas diferentes,* sobre todo de aquellas con poblaciones estudiantiles radicalmente distintas. Los resultados del antes mencionado nels de 1988 son aleccionadores en este sentido (Office of Research, 1994). En él se les pidió a 88 estudiantes seleccionados como parte de una muestra representativa nacional que indicaran las calificaciones que recibían generalmente (por ejemplo, más que nada A, más que nada B). Luego, se los dividió en dos grupos: los que asistían a escuelas con mucha pobreza y los que asistían a escuelas más prósperas. En cada grupo las calificaciones mencionadas por los estudiantes se compararon con sus puntuaciones nels 1988. Los estudiantes de escuelas con mucha pobreza que recibieron "más que nada A" en lengua y literatura inglesas tenían más o menos las mismas puntuaciones de Lectura nels 1988 que los estudiantes de C y D de las escuelas más prósperas. En la prueba nels 1988 de matemáticas las calificaciones de los estudiantes A en escuelas con mucha pobreza se parecían más a las calificaciones de estudiantes D de las escuelas más prósperas. Simmons, Brown, Bush y Blyth (1978) y Willingham, Pollack y Lewis (2000) han informado resultados similares.

La segunda amenaza a la validez es la inflación de calificaciones, fenómeno algo más reciente (Rojstaczer y Healy, 2010). Ésta se puede definir como la tendencia a otorgar calificaciones académicas progresivamente más altas por trabajos que hubieran recibido calificaciones más bajas en el pasado. Es importante señalar que las más altas por sí mismas no demuestran inflación de calificaciones; también es necesario demostrar que éstas no son merecidas. Slavov (2013, p. 2) ilustra el impacto negativo de la inflación de calificaciones en la validez de las otorgadas por maestros en instituciones de educación superior.

> Debido a que las calificaciones tienen un tope de A o A+, la inflación de las calificaciones da como resultado una mayor concentración de estudiantes en la parte superior de la distribución. Esta compresión de las calificaciones disminuye su valor como indicador de las habilidades de los estudiantes. Sin la inflación de calificaciones, a un estudiante en verdad sobresaliente tal vez se le otorgue una A, mientras que un estudiante muy bueno quizá reciba una B+. Con la inflación de calificaciones, ambos estudiantes reciben A, lo cual les dificulta a los empleadores y a las escuelas de posgrado diferenciar entre ellos.

Evidencias relativas a la validez de las calificaciones

Los estudios que investigan la validez descriptiva (o lo que antes se llamaba "validez concurrente") examinan, por lo general, la relación entre las calificaciones acumulativas y las de pruebas. La interpretación de los resultados de estos dos estudios en cuanto a la validez de las calificaciones se basa en dos supuestos básicos. Primero, las calificaciones de pruebas reflejan con precisión el rendimiento de los estudiantes. Segundo, los estudiantes con las calificaciones de pruebas más altas han aprendido más.

Las correlaciones entre calificaciones acumulativas, definidas en términos generales, y las de pruebas en estas investigaciones oscilan entre 0.30 y 0.75. Las correlaciones más bajas se encuentran en estudios de la relación entre los PG globales de los estudiantes y sus puntuaciones compuestas en baterías de pruebas extensas —por ejemplo, McCandless, Roberts y Starnes (1972)—. Las correlaciones aumentan cuando las calificaciones en *materias específicas* (por ejemplo, lectura, matemáticas) se relacionan con las puntuaciones en pruebas de materias específicas (Farr y Roelke, 1971; Lekholm y Cliffordson, 2008). Por último, las correlaciones son más fuertes cuando un estudio investiga la relación entre las calificaciones de los estudiantes en pruebas alineadas tanto con el contenido como con los objetivos de un *curso específico* (los llamados exámenes de "fin de curso") y las calificaciones que reciben los estudiantes en ese curso (por ejemplo, álgebra I) (Boykin, 2010).

Cuando se vuelve la atención a los estudios de validez predictiva, la mayoría de los que están disponibles aborda la pregunta: "¿Qué tan bien predice el promedio general de preparatoria (PGP) el éxito en las instituciones postsecundarias?" El "éxito" se define, comúnmente, en términos de promedios generales en la universidad y, ocasionalmente, en términos de recibir/no recibir un título de licenciatura.

Los resultados de estos estudios son bastante positivos. El PGP es consistentemente el predictor más fuerte de las calificaciones en la universidad; las calificaciones en los exámenes de ingreso a la universidad mejoran la predicción en grado pequeño, pero estadísticamente significativo (Zahner, Ramsaran y Steelde, 2014). En particular, los coeficientes de correlación del PGP con el PG de la universidad tienden a oscilar entre 0.35 y 0.55. Cuando se corrigen estos coeficientes por: *1)* la restricción del rango del PGP, *2)* las diferencias en los cursos universitarios en que se inscriben los estudiantes y *3)* las diferencias en los estándares de calificación de los profesores, se da un aumento sustancial en su magnitud. Ramist, Lewis y McCamley-Jenkins (1994), por ejemplo, informaron de un incremento de 0.36 a 0.69 cuando se llevaron a cabo estas tres correcciones.

De manera muy importante, la fortaleza de estos coeficientes permanece prácticamente sin cambios a lo largo de la trayectoria universitaria del estudiante. De hecho, Geiser y Santelices (2007, p. 2) encontraron que "la ponderación predictiva asociada con el PGP después del primer año universitario explicaba una mayor proporción de varianza en las calificaciones acumulativas del cuarto año que en las del primero". Por último, existen algunas pruebas (aunque escasas) de que el PGP predice la probabilidad de que un estudiante reciba un título universitario. Astin, Tsui y Avalos (1996), por ejemplo, informaron que dos tercios de estudiantes con PGP de A se graduaron en la universidad, en comparación con un cuarto de estudiantes con PGP de C.

Aunque casi todas las investigaciones sobre la validez predictiva se han enfocado en el éxito en la universidad, dos adicionales merecen mención. Kurlaender y Jackson (2012) realizaron un estudio longitudinal de cinco años con más de 13 000 estudiantes en tres grandes distritos escolares de California. El estudio se inició cuando los estudiantes cursaban el séptimo grado y terminó cuando se esperaba que se graduaran de la preparatoria. Además de los PG, el conjunto de datos incluía raza/etnicidad, género, colocación en educación especial, estatus respecto a almuerzos gratuitos y calificaciones en exámenes estandarizados. Con base en una serie de análisis, los autores concluyeron que "el PG del séptimo grado es consistentemente un predictor significativo para terminar la preparatoria, teniendo en cuenta una diversidad de otras características" (p. 16). No obstante, recibir incluso una F en la boleta de calificaciones en el octavo grado incrementaba la probabilidad de que el estudiante no terminara la preparatoria.

En otro estudio longitudinal, Arnold (1995) siguió durante 14 años a 81 egresados de la preparatoria con las mejores calificaciones en la primavera de 1981. Ente los resultados importantes del estudio están que estos egresados "siguieron desempeñándose bien en la universidad con un PG de 3.6" (p. 310). Además, siguieron carreras profesionales tales como contabilidad, medicina, derecho, ingeniería y educación.

En resumen, entonces, las pruebas disponibles tienden a apoyar la validez descriptiva predictiva de las calificaciones acumulativas. Específicamente, éstas tienden a presentar una relación positiva con: *1)* las calificaciones en exámenes de rendimiento académico, *2)* la probabilidad de recibir un diploma de preparatoria, *3)* las calificaciones en la universidad a lo largo de varios años y *4)* la probabilidad de obtener un título universitario.

¿CUÁLES SON LAS CONSECUENCIAS DE CALIFICAR A LOS ESTUDIANTES?

El significado de los números puede determinar la suerte de nuestro futuro, especialmente en la educación. Una calificación es más que un número; es calidad de vida.

MATHEWS (2016, solapas)

Es cierto que las calificaciones pueden tener y tienen una repercusión en la calidad de vida de los estudiantes. Es importante señalar, sin embargo, que este impacto puede ser positivo o negativo. Desafortunadamente, la mayoría de los críticos se enfocan sólo en lo negativo. Kohn (1999, 2011), por ejemplo, ha recopilado una lista de las consecuencias negativas que tiene calificar a los estudiantes con letras o números. En la lista se incluyen las siguientes:

• Las calificaciones tienden a reducir el interés de los estudiantes en el aprendizaje mismo.
• Las calificaciones distorsionan el currículo.
• Las calificaciones echan a perder la relación de los maestros con los estudiantes.
• Las calificaciones echan a perder la relación de los estudiantes entre sí.

Al leer detenidamente esta lista parece razonable preguntar si otras palabras o frases podrían sustituir el término "calificaciones" sin cambiar su precisión. Considérense las siguientes:

- Los maestros, las actividades y las tareas aburridas reducen el interés de los estudiantes en el aprendizaje (Bauerlein, 2013).
- Los mandatos federales y estatales distorsionan el currículo (Robelen, 2011).
- La conducta negativa de los maestros echa a perder su relación con los estudiantes (Banfield, Richmond y McCroskey, 2006).
- Las jerarquías, camarillas y autosegregación de los estudiantes echan a perder su relación entre sí (McFarland, Moody, Diehl, Smith y Thomas, 2014).

Estas declaraciones reescritas no llevan la intención de sugerir que las calificaciones no sean dañinas para *algunos estudiantes*. Al contrario, existen pruebas considerables para sugerir que sí lo son (Areepattamannil y Freeman, 2008; Bacon, 2011). Más bien tienen el propósito de demostrar que las calificaciones no son ni más ni menos dañinas que otros aspectos de la educación.

Sin embargo, las pruebas existentes sugieren que los efectos negativos de las calificaciones en los estudiantes tienden a acumularse con el paso del tiempo. Hace más de 40 años Kifer (1975) llevó a cabo un estudio casi longitudinal con estudiantes en cuatro niveles escolares (segundo, cuarto, sexto y octavo grados). En cada nivel se identificaron dos grupos. El grupo A incluía a estudiantes que se habían ubicado en el segmento de 20% superior de su grupo cada año; el B incluía a los que habían estado en la proporción inferior de 20% de su grupo cada año. A los estudiantes de ambos grupos se les aplicó una escala de autoconcepto académico (ACA). Para los de segundo grado, los dos grupos no mostraron puntuaciones ACA significativamente distintas. Al llegar al octavo grado, sin embargo, las diferencias entre los dos grupos eran tanto sustancial como estadísticamente significativas. Aunadas a esto, las gráficas preparadas por Kifer mostraban muy claramente que, si bien la media de las puntuaciones ACA del grupo A no cambiaron mucho de un grado a otro, para el grupo B había un descenso casi lineal.

Hace 40 años escribí:

El verbo "fracasar" se refiere a la incapacidad de un individuo para alcanzar el éxito con respecto a una meta determinada. "Fracaso" es un sustantivo que se refiere a una persona que, tras haber fracasado para lograr una serie de metas relacionadas, se percibe como incapaz de lograr el éxito en el futuro [...] Fracasar es (o puede ser) benéfico para los individuos, mientras que el fracaso es casi siempre perjudicial (Anderson, 1976, p. 1).

Recibir consistentemente calificaciones bajas (por ejemplo, más que nada D y F) probablemente transforme "fracasar" en "fracaso".

¿Cómo ocurre esta transformación? A diferencia de las calificaciones de tareas únicas, que tienen que ver con tareas individuales de los *trabajos de los estudiantes*, las calificaciones acumulativas, en algún punto desconocido de la trayectoria escolar, empiezan a aplicarse a *los estudiantes mismos*. Por ejemplo, cuando un alumno escribe una serie de ensayos A a lo largo del tiempo o recibe consistentemente calificaciones de A en pruebas o exámenes, él o ella se convierte en un estudiante A. Por el contrario, uno que redacta consistentemente una serie de ensayos mal escritos o que tiene por lo regular un desempeño malo en los exámenes puede ser etiquetado como estudiante D o F.

El debate respecto al efecto negativo de las calificaciones lleva ya décadas y quizá continúe en el futuro previsible. Para proporcionarle algo de perspectiva concluyo esta sección con algo que escribió Stanley S. Marzolf (1955, p. 10, las cursivas son mías) hace casi 60 años:

> Está circulando un rumor de que otorgar notas escolares está en conflicto con los principios de la salud mental [...] Aquellos que diseminan el rumor sugieren que las notas son un mal persistente que el futuro maestro [debería] aprender a evadir o por lo menos paliar [...] Yo sostengo que *muchos de los males de las notas y del sistema para otorgarlas no son necesarios y que surgen de la ignorancia, la incompetencia y el resentimiento* [...] Si habremos de aprender, debemos tener conocimiento de los resultados.

Discusión

> El poder de las calificaciones para impactar el futuro (la vida) de los estudiantes crea una responsabilidad de otorgar calificaciones de manera justa e imparcial.
>
> Johnson y Johnson (2002, p. 249)

En 1902 Herbert Mumford escribió un boletín titulado "Clases y clasificaciones mercantiles del ganado con sugerencias para interpretar cotizaciones en el mercado". En el transcurso del último siglo se han dado grandes pasos en la clasificación del ganado —véase, por ejemplo, Hale, Goodson y Savell (2013)—. Por desgracia no se puede decir lo mismo de la manera en que se califica a los estudiantes. ¿Qué tenemos que hacer para avanzar? Cinco recomendaciones.

*Recomendación 1. Integrar plenamente las preocupaciones sobre
las calificaciones en las discusiones respecto a la forma óptima de mejorar
nuestro sistema educativo y lograr la excelencia educativa*

> Debe elevarse el estatus actual de las calificaciones de ser sólo
> una tarea más a su verdadera función como […] evaluación del
> rendimiento de los alumnos y de la eficiencia de nuestras insti-
> tuciones educativas.   CURETON (1971, p. 8)

En el transcurso del último medio siglo se han hecho innumerables recomendaciones sobre las mejores maneras de reformar la educación pública en los Estados Unidos. Estas recomendaciones tienden a incluir la necesidad de incrementar el rigor del currículo, emplear maestros altamente calificados, proporcionar a
los estudiantes más oportunidades de aprendizaje personalizadas, integrar tecnología en el programa de enseñanza y mejorar las relaciones escuela-comunidad. Es notoria la ausencia en esta lista de cualquier tema que tenga que ver con
la manera en que se califica a los estudiantes. Las preocupaciones sobre las calificaciones, si es que surgen, parecen radicar fuera de los componentes importantes del sistema educativo. No debe sorprender, entonces, que muchas de las modificaciones hechas en las políticas y las prácticas de las calificaciones en el
transcurso del último cuarto de siglo han sido bastante superficiales (por ejemplo, cambiar de una escala de 7 puntos a una de 10, abogar por boletas de calificaciones basadas en estándares, requerir que las calificaciones numéricas de trabajos individuales sean de por lo menos 50).

Sin embargo, debido a que los sistemas de calificaciones, igual que los calendarios escolares, se encuentran arraigados en el sistema escolar, los cambios sus-
tanciales de las políticas y las prácticas con respecto a las calificaciones no se llevan a cabo ni se adoptan fácilmente. Después de que un comité de padres de
familia, maestros y administradores en Evanston, Illinois, dedicaron cuatro años
al diseño de un nuevo sistema para las boletas de calificaciones, el consejo escolar no aprobó el sistema propuesto (*Chicago Tribune*, 2003).

Recomendación 2. Diseñar sistemas de calificaciones e implementar prácticas de calificaciones que sean modelos de integridad y que todas las partes interesadas perciban como justas

> Durante los últimos diez años se ha vuelto cada vez más evidente que una de las causas que contribuyen al "fracaso" de las escuelas públicas ha sido una mala aplicación del sistema de notas.
>
> Rugg (1918, p. 701)

Si nuestro sistema de calificaciones es, de hecho, "una de las causas que contribuyen al 'fracaso' de las escuelas públicas", no basta con "parchar" (Crowley, 2015) nuestras políticas y prácticas de calificaciones actuales. La forma de calificar a los estudiantes y la manera como se comunican esas calificaciones deben reexaminarse y, en última instancia, reconceptualizarse. Esta reconceptualización se beneficiaría si se pusiera atención en dos temas: la integridad y la imparcialidad de las calificaciones.

La integridad de las calificaciones es "el grado en que cada calificación otorgada [...] es estrictamente conmensurable con la calidad, la amplitud y la profundidad del desempeño de un alumno" (Sadler, 2009, p. 807). ¿Cuáles son algunas de las características de los sistemas de calificación con integridad?

1. Las tareas asignadas a los estudiantes con el fin de otorgar calificaciones deben ser representativas de los resultados de aprendizaje esenciales propuestos.
2. Los estándares de calidad empleados por los maestros en el mismo grado escolar o que enseñen el mismo curso deben ser lo más similares posible.
3. A los estudiantes se les debe dar suficiente información, de manera que comprendan las bases de las calificaciones que reciben. Si esto se hace bien, podrán mejorar su propia capacidad para formarse juicios razonables sobre la calidad de su trabajo.
4. A los representantes de una diversidad de públicos (conocidos también como grupos de interesados) se les debe pedir que aporten sus puntos de vista sobre los sistemas y las prácticas de calificación, y que revisen un borrador final del sistema y de las prácticas antes de que se publiquen.

Por una parte, en muchos sentidos la justicia, al parecer, es como la belleza; es decir, si algo es justo o injusto depende del cristal con que se mire. Los maestros son bastante inconsistentes en sus creencias sobre las prácticas de calificación justas e injustas (Green, Johnson, Kim y Pope, 2007). Por ejemplo, 57% de los maestros encuestados creía que era justo incluir el desempeño de los estudiantes en las tareas realizadas en casa en el cálculo de las calificaciones registradas en sus boletas; 43% lo consideraba injusto. De manera semejante, 48% de los maestros creía que era justo calificar un examen de ensayo conociendo la identidad del alumno que lo redactó; 52% creía que era injusto.

Los estudiantes, por otra parte, parecen estar mucho más de acuerdo cuando se trata del tema de la justicia (Alm y Colnerud, 2015). En general ellos perciben que el calificar y las calificaciones son injustos cuando los maestros:

1. No siguen los lineamientos del sistema de calificación vigente.
2. Otorgan calificaciones con base en información no confiable.
3. Permiten que influyan en ellos factores irrelevantes.
4. Son ambiguos o poco claros en las explicaciones que dan de las calificaciones que otorgan.

Los temas de justicia son especialmente importantes cuando la atención se enfoca en los estudiantes con necesidades especiales. Como han escrito Munk y Bursuck (2003, p. 38), "muchos estudiantes con discapacidades reciben calificaciones equivocadas e injustas que proporcionan poca información significativa sobre su rendimiento". Para ser justos con los estudiantes con necesidades especiales, los sistemas de calificación deben: *1)* empezar con propósitos claros en mente, que tomen en consideración las necesidades de información de padres de familia y de otros maestros; *2)* incorporar adaptaciones para estudiantes con necesidades especiales que sean factibles y que promuevan el acceso y el éxito con el currículo general, y *3)* incluir oportunidades para la calificación individualizada (parecida a la que proporciona la calificación por contrato, descrita anteriormente).

Juntas, la integridad y la justicia proporcionan una base sólida a fin de establecer los criterios empleados para evaluar las políticas y las prácticas de calificación. Por último, en lugar de abogar por un sistema de calificación determinado —por ejemplo, Scriffiny (2008)—, debemos diseñar políticas y prácticas que logren el propósito o los propósitos por los que se otorgan las calificaciones y que cumplan con las necesidades de información de los públicos a los cuales se les notificarán las calificaciones.

Recomendación 3. Encontrar formas de comunicar las calificaciones
de manera que se cumpla con las necesidades de información
de una diversidad de públicos

Es necesario mostrar dónde se encuentra un chico en relación con los estándares. Tenemos que explicar si un chico está cumpliendo con los estándares, si los excede, o si está por debajo de ellos [...] Los estándares son una herramienta que permite a maestros y padres de familia vigilar el rigor del trabajo que se espera que hagan los niños.

Director de escuela citado en Kreider y Caspe (2002)

El trimestre pasado recibí una boleta que decía "está cumpliendo con el estándar" o "no está cumpliendo con el estándar" o "está excediendo el estándar". Estas boletas ni siquiera te dicen si tu hijo realmente se está desempeñando bien [...] No sé si está haciendo un trabajo de A, B o C.

Una madre citada en Kreider y Caspe (2002)

Incluir estas dos citas ilustra el hecho de que los educadores no siempre saben lo que conviene. Tal vez crean que los sistemas basados en estándares les proporcionan a los padres de familia la mejor información, pero, como lo indica claramente la cita de la madre, éste no es el caso. Más que suponer que comprenden las necesidades de información de diversos públicos, los educadores harían bien con preguntarles.

Por ejemplo, Sorian y Baugh (2002) informaron los resultados de entrevistas telefónicas con 292 personas responsables de elaborar políticas, elegidas al azar de los 50 estados del país. Las preguntas se centraban en su uso de la información, así como en sus actitudes hacia varios tipos de información. Sólo la cuarta parte de los encuestados dijo leer detalladamente los materiales que recibía; alrededor de la mitad informó que leía por encima para sacar el contenido general. Afirmaron que era más probable que leyeran los materiales cuidadosamente si encontraban que eran "relevantes". Los materiales "irrelevantes": *1)* eran demasiado extensos, pesados o detallados, *2)* estaban llenos de jerga, y *3)* se consideraban como excesivamente subjetivos o parciales.

Involucrar a integrantes de diversos públicos en diálogos regulares sobre las boletas de calificaciones parece un enfoque mucho más sensato que suponer que nosotros, como educadores, sabemos lo que necesitan. En cuanto a los padres de familia, por ejemplo, Munk (2003) desarrolló una encuesta que puede usarse para determinar qué quieren y necesitan éstos en relación con las calificaciones

CUADRO II.10. *Encuesta de percepciones de padres de familia sobre*
los propósitos de las calificaciones

Instrucciones: Clasifique estos propósitos en orden de importancia escribiendo
un número del 1 (más importante) al 13 (menos importante) al lado de cada propósito.
Use cada número sólo una vez.

1. Informarme si mi hijo/hija ha mejorado en sus clases   Clasificación ___

2. Informarme cómo ayudar a mi hijo/hija a planear su futuro   Clasificación ___

3. Informarme cómo se está esforzando mi hijo/hija   Clasificación ___

4. Ayudarme a planear qué hará mi hijo/hija después de la pre-   Clasificación ___
paratoria

5. Informarme respecto a qué necesita mejorar mi hijo/hija para   Clasificación ___
mantener una buena calificación

6. Informarme lo bien que mi hijo/hija trabaja con sus compañeros   Clasificación ___

7. Informarme en qué es bueno/buena mi hijo/hija y en qué no   Clasificación ___

8. Informar a las universidades y a los empleadores en qué mate-   Clasificación ___
rias destaca mi hijo/hija

9. Informarme cuánto puede hacer mi hijo/hija por sí solo/sola   Clasificación ___

10. Informarme cómo se compara el desempeño de mi hijo/hija con   Clasificación ___
el de otros niños

11. Informarme cómo ayudar a mi hijo/hija a mejorar   Clasificación ___

12. Informarme sobre qué clases debe tomar mi hijo/hija en la pre-   Clasificación ___
paratoria

13. Motivar a mi hijo/hija a esforzarse más   Clasificación ___

FUENTE: Adaptado de Munk (2010).

que reciben sus hijos (cuadro II.10). Se pueden desarrollar encuestas similares para cada grupo interesado. Una vez que se identifiquen las necesidades de cada público, se puede llevar a cabo un esfuerzo colaborativo para diseñar sistemas de información que satisfagan esas necesidades.

Recomendación 4. Garantizar que los futuros maestros estén preparados para diseñar e implementar prácticas de calificación que puedan defender cuando entren en su salón de clase; además, necesitamos incorporar discusiones sobre sistemas y prácticas de calificación en los programas regulares de desarrollo profesional

> Existe muy poco interés hoy en día [en los problemas inherentes en la calificación de estudiantes]. Un sondeo de libros de texto sobre mediciones es desalentador. Peor que esto, la inmensa mayoría de los estados ni siquiera exigen cursos de mediciones para la certificación de los maestros.
>
> CURETON (1971, p. 7)

Más de cuatro décadas después, la afirmación de Cureton sigue siendo cierta. En la mayoría de los estados, los programas de certificación de maestros, exigen que aprueben algún curso con medición, valoración o evaluación en el título. Sin embargo, un examen de tres de los libros de texto más populares que se emplean en estos cursos sugiere que se dedica un solo capítulo a la calificación de los alumnos, que se ubica consistentemente al final, o cerca del final, del libro. La mayor parte de estos libros de texto se concentra en los temas prácticos y técnicos en torno a los exámenes y la valoración.

Respecto a los maestros en funciones, las sesiones de desarrollo profesional (tal vez organizadas por áreas de materias en las preparatorias) se pueden usar para discutir temas relacionados con políticas y prácticas de calificación. Se pueden hacer preguntas como las siguientes para estimular la discusión:

1. ¿Qué factores incluye usted cuando califica a los alumnos?
2. ¿Qué información obtiene para cada factor (por ejemplo, rendimiento, esfuerzo)?
3. ¿Cómo distingue entre las diversas calificaciones por letra (por ejemplo, A, B, C, D, F)?
4. ¿Cómo combina las calificaciones de tareas únicas para llegar a una calificación acumulativa?

Idealmente, las discusiones con el paso del tiempo podrían conducir a políticas y prácticas de calificación más estandarizadas y uniformes (como las que visualizaron muchos de los que escribieron por primera vez en este campo).

Recomendación 5. Llevar a cabo estudios de calificaciones, sistemas de calificación
y prácticas de calificación diseñados con esmero y bien implementados, que aporten
una mayor comprensión de los problemas, así como de las maneras prácticas
para resolver los problemas una vez que se comprendan plenamente

> De hecho, nos estamos obligando unos a otros a caer en toda
> suerte de compromisos vagos sólo porque nadie tiene los he-
> chos [...] No estoy a favor de todas las tradiciones que se de-
> fienden tenazmente, pero deseo afirmar, con igual énfasis, que
> no estoy a favor de adoptar sugerencias radicales sólo porque
> se ofrecen con insistencia. Judd (1910)

En la actualidad, las políticas y las prácticas de calificación constituyen campos muy poco investigados. Así como fue cierto en la época de Judd, nos siguen faltando hechos. Al leer artículos escritos durante las primeras dos décadas del siglo xx, probablemente impresionen dos cosas. Primero, hay un énfasis en la resolución de problemas prácticos; segundo, los datos se usan para informar decisiones sobre estos problemas. Hace un siglo, entonces, ésta parecía ser una práctica común.

Puede ser que los educadores actuales se hayan alejado de las investigaciones empíricas hacia la comodidad de los artículos de opinión. Estos artículos tienden a tomar uno de dos rumbos. El autor o bien propone un determinado enfoque para resolver un problema de calificación determinado (por lo general, sin datos), o sataniza las calificaciones y termina el artículo con un llamado a eliminarlas por completo. Por desgracia, este último grupo de autores no aprecia el hecho de que las calificaciones, como los calendarios escolares y la enseñanza por grupos, son parte del mismo tejido de la educación formal. Mientras exista la educación formal, los maestros otorgarán calificaciones.

Para avanzar, entonces, se necesitan menos artículos de opinión y de apoyo a ciertos puntos de vista y más pruebas empíricas y diálogo razonado. Y, a medida que se avance, convendría llevar a cabo estudios de investigación "práctica", teniendo en cuenta el llamado de Judd a favor de hechos, más que de "posturas radicales [... presentadas] con insistencia".

BIBLIOGRAFÍA

Alm, F., y G. Colnerud (2015), "Teachers' Experiences of Unfair Grading", *Educational Assessment*, 20 (2), pp. 132-150.

Anderson, L. W. (1976), "Should Students Fail?", *Education Report,* 19 (1), pp. 1-4.

Andersson, A. (1998), "The Dimensionality of the Leaving Certificate", *Scandinavian Journal of Educational Research,* 42, pp. 25-40.

Areepattamannil, S., y J. G. Freeman (2008), "Academic Achievement, Academic Self-Concept, and Academic Motivation of Immigrant Adolescents in the Greater Toronto Area Secondary Schools", *Journal of Advanced Academics,* 19 (4), pp. 700-743.

Arnold, K. (1995), *Lives of Promise: What Becomes of High School Valedictorians: A Fourteen-Year Study of Achievement and Life Choices,* San Francisco, CA, Jossey-Bass.

Astin, A., L. Tsui y J. Avalos (1996), *Degree Attainment of American Colleges and Universities: Effect of Race, Gender, and Institutional Yype,* Washington D. C., American Council on Education.

Bacon, L. C. (2011), "Academic Self-concept and Academic Achievement of African-American Students Transitioning from Urban to Rural Schools", recuperado de <http://ir.uiowa.edu/cgi/viewcontent.cgi?article=2582&context=etd>.

Bacon, D. R., y B. Bean (2006), "GPA in Research Studies: An Invaluable but Overlooked Opportunity", *Journal of Marketing Education,* 28 (1), pp. 35-42.

Bailey, J. M., y J. McTighe (1996), "Reporting Achievement at the Secondary Level: What and How", en T. R. Guskey (ed.), *Communicating Student Learning: 1996 Yearbook of the ASCD,* Alexandria, VA, ASCD, pp. 119-140.

Balingit, M., y D. St. George (5 de julio de 2016), "Is it Becoming too Hard to Fail? Schools Are Shifting toward No-zero Grading Policies", *The Washington Post,* recuperado de <https://www.washingtonpost.com/local/education/is-it-becoming-too-hard-to-fail-schools-are-shifting-toward-no-zero-grading-policies/2016/07/05/3c464f5e-3cb0-11e6-80bc-d06711fd2125_story.html>.

Banfield, S. R., V. P. Richmond y J. C. McCroskey (2006), "The Effect of Teacher Misbehaviors on Teacher Credibility and Affect for the Teacher", *Communication Education,* 55, pp. 63-72.

Barnes, M. (19 de noviembre de 2014), *How Four Simple Words Can Solve Education's Biggest Problem,* recuperado de <https://www.youtube.com/watch?v=5-NykI2jOZw>.

Bauerlein, M. (20 de septiembre de 2013), *Boredom in Class,* recuperado de <http://educationnext.org/boredom-in-class>.

Boykin, A. S. (2010), *The Relationship between High School Course Grades and Exam Scores. E & R Report No. 09-39,* recuperado de <http://files.eric.ed.gov/fulltext/ED564393.pdf>.

Brimi, H. M. (2011), *Reliability of Grading High School Work in English,* recuperado de <http://pareonline.net/getvn.asp?v=16&n=17>.

Bull, B. (10 de abril de 2013), *5 Common Reasons for the Importance of Letter Grades,* recuperado de <http://etale.org/main/2013/04/10/5-common-reasons-for-the-importance-of-letter-grades>.

Campbell, A. L. (1921), "Keeping the Score", *School Review,* 29 (7), pp. 510-519.

Chicago Tribune (11 de mayo de 2003). "Should they Get an A for Effort?", recuperado de

<http://articles.chicagotribune.com/2003-05-11/news/0305110292_1_meeting-standards-pupil-school-board>.

Crowley, B. (25 de febrero de 2015), "Grading: A Duct-taped System in Need of an Overhaul?", recuperado de <http://www.teachingquality.org/content/blogs/brianna-crowley/grading-duct-taped-system-need-overhaul0>.

Cureton, L. W. (1971), "The History of Grading Practices", NCME *Measurement in Education*, 2 (4), pp. 1-9.

Davis, B. G. (1993), *Tools for Teaching*, San Francisco, CA, Jossey-Bass.

Dempsey, C. H. (1912), "Flexible Grading and Promotions", *Journal of Education*, 75(14), pp. 373-376.

De Zouche, D. (1945), "The Wound is Mortal: Marks, Honors, Unsound Activities", *The Clearing House*, 19 (6), pp. 339-344.

Esty, W. W., y A. R. Teppo (1992), "Grade Assignment Based on Progressive Improvement", *The Mathematics Teacher*, 85, pp. 616-618.

Etaugh, A. F., C. F. Etaugh y D. E. Hurd (1972), "Reliability of College Grades and Grade Point Averages: Some Implications for the Prediction of Academic Performance", *Educational and Psychological Measurement*, 32 (4), pp. 1045-1050.

Everett, M. (18 de octubre de 2013), "A Conundrum: Grading for Improvement versus Grading against a Standard", recuperado de <https://thereformingtrombonist.wordpress.com/2013/10/18/a-conundrum-grading-for-improvement-versus-grading-against-a-standard>.

Farr, R., y P. Roelke (1971), "Measuring Subskills of Reading: Intercorrelations between Standardized Reading Tests, Teacher Ratings, and Reading Specialists' Ratings", *Journal of Educational Measurement*, 8 (1), pp. 27-32.

Ferriter, B. (2015), *If Grades Don't Advance Learning, Why Do We Give Them?*, Carrboro, NC, Center for Teaching Quality, recuperado de <http://www.teachingquality.org/content/blogs/bill-ferriter/if-grades-don-t-advance-learning-why-do-we-give-them>

Finkelstein, I. E. (1913), "The Marking System in Theory and Practice", *Educational Psychology Monographs*, 10.

Frisbie, D. A., y K. K. Waltman (1992), "Developing a Personal Grading Plan", *Educational Measurement: Issues and Practice*, 11 (3), pp. 35-42.

Geiser, S., y M. V. Santelices (2007), *Validity of High-school Grades in Predicting Student Success beyond the Freshman Year: High-school Record vs. Standardized Tests as Indicators of Four-year College Outcomes*, Research & Occasional Paper Series, CSHE.6.07, Center for Studies in Higher Education, University of California, Berkeley, recuperado de <http://files.eric.ed.gov/fulltext/ED502858.pdf>.

Glaser, R. (1963), "Instructional Technology and the Measurement of Learning Outcomes", *American Psychologist*, 18 (8), pp. 519-522.

Green, S. K., R. L. Johnson, D-H. Kim y N. S. Pope (2007), "Ethics in Classroom Assessment Practices: Issues and Attitudes", *Teaching and Teacher Education*, 23, pp. 999-1234.

Guskey, T. R. (2002), *How's My Kid Doing? A Parent's Guide to Grades, Marks, and Report Cards*, San Francisco, CA, Jossey-Bass.

——— (2011), "Five Obstacles to Grading Reform", *Educational Leadership*, 69 (3), pp. 16-21.

Hale, D. S., K. Goodson y J. W. Savell (2013), *usda Beef Quality and Yield Grades*, College Station, TX, Texas A & M Department of Animal Science.

Hoover, E. (2012), "High School Class Rank, a Slippery Metric, Loses its Appeal for College", *The Chronicle of Higher Education*, 59 (14), pp. A1, A5.

Johnson, D. H., y R. T. Johnson (2002), *Meaningful Assessment: A Manageable and Cooperative Process*, Nueva York, NY, Pearson.

Jonsson, A., y G. Svingby (2007), "The Use of Scoring Rubrics: Reliability, Validity, and Educational Consequences", *Educational Research Review*, 2 (2), pp. 130-144.

Judd, C. H. (1910), "On the Comparison of Grading Systems in High Schools and Colleges", *The School Review*, 18 (7), pp. 460-470.

Kifer, E. (1975), "Relationships between Academic Achievement and Personality Characteristics: A Quasi-longitudinal Design", *American Educational Research Journal*, 12, pp. 191-210.

Kohn, A. (1999), "From Degrading to De-grading", *High School Magazine*, 6 (5), pp. 38-43.

——— (2011), "The Case against Grades", *Educational Leadership*, 69 (3), pp. 28-33.

Kreider, H., y M. Caspe (2002), *Defining "Fine" – Communicating Academic Progress to Parents*, Harvard Family Research Project, Cambridge, MA, recuperado de <http://www.hfrp.org/family-involvement/publications-resources/defining-fine-communi cating-academic-progress-to-parents>.

Kurlaender, M., y J. Jackson (2012), "Investigating Middle School Determinants of High School Achievement and Graduation in Three California School Districts", *California Journal of Politics and Policy*, 4 (2), pp. 1-24.

Lekholm, A. K., y C. Cliffordson (2008), "Discrepancies between School Grades and Test Scors at Individual and School Level: Effects of Gender and Family Background", *Educational Research and Evaluation*, 14 (2), pp. 181-199.

Marzolf, S. S. (1955), "Mental Hygiene Aspects of School Marks", *The Yearbook of the National Council on Measurements Used in Education*, (12), pp. 10-12, recuperado de <http://www.jstor.org/stable/41862777>.

Mathews, A. (2016), *The New Epidemic Grading Practice: A Systematic Review of America's Grading Policy*, Bloomington, IN, Xlibris Corporation.

McCandless, B. R., A. Roberts y T. Starnes (1972), "Teachers' Marks, Achievement Test Scores, and Aptitude Relationships with Respect to Social Class, Race, and Sex", *Journal of Eduational Psychology*, 63, pp. 153-158.

McFarland, D. A., J. Moody, D. Diehl, J. A. Smith y R. J. Thomas (2014), "Network Ecology and Adolescent Social Structure", *American Sociology Review*, 79, pp. 1088-1121.

McKeachie, J. W. (1999), *Teaching Tips: Strategies, Research and Theory for College and University Teachers*, 10ª ed, Boston, MA, Houghton Mifflin.

Mumford, H. W. (1902), *Market Classes and Grades of Cattle with Suggestions for Interpreting Market Quotations,* Bulletin núm. 78, Urbana, IL, Agricultural Experiment Station.

Munk, D. D. (2003), *Solving the Grading Puzzle for Students with Disabilities,* Whitefish Bay, WI, Knowledge by Design.

Munk, D. D., y W. D. Bursuck (2003), "Grading Students with Disabilities", *Educational Leadership,* 61 (2), pp. 38-43.

Office of Research (1994), *What Do Student Grades Mean? Differences across Schools,* Washington D. C., U. S. Department of Education.

Panadero, E., y A. Jonsson (2013), "The Use of Scoring Rubrics for Formative Assessment Purposes Revisited: A Review", *Educational Research Review,* 9, pp. 129-144.

Pitler, H. (1º de junio de 2016), *My Problems with Letter Grades in School,* recuperado de <http://inservice.ascd.org/my-problems-with-letter-grades-in-school>.

Ramist, L., C. Lewis y McCamley-Jenkins (1994), *Student Group Differences in Predicting College Grades: Sex, Language, and Ethnic Groups,* recuperado de <http://mc-3241-12597 41632.us-east-1.elb.amazonaws.com/sites/default/files/publications/2012/7/reseach-report-1993-1-student-group-differences-predicting-college-grades.pdf>.

Robelen, E. (8 de diciembre de 2011), "Most Teachers See the Curriculum Narrowing, Survey Finds", recuperado de <http://blogs.edweek.org/edweek/curriculum/2011/12/most_teachers_see_the_curricul.html>.

Rojstaczer, S., y C. Healy (4 de marzo de 2010), "Grading in American Colleges and Universities", recuperado de <http://www.gradeinflation.com/tcr2010grading.pdf>.

Rorem, S. O. (1919), "A Grading Standard", *School Review,* 27 (9), pp. 671-679.

Ruediger, W. C., G. N. Henning y W. A. Wilbur (1914), "Standardization of Courses and Grades", *Science,* 40 (1035), pp. 642-643.

Rugg, H. (1918), "Teachers' Marks and the Reconstruction of the Marking System", *Elementary School Journal,* 18 (9), pp. 701-719.

Sadler, D. R. (2009), "Grade Integrity and the Representation of Academic Achievement", *Studies in Higher Education,* 34, pp. 807-826.

Saupe, J. L., y M. T. Eimers (2-6 de junio de 2012), "Alternative Estimates of the Reliability of College Grade Point Averages", documento presentado en el Annual Forum of the Association for Institutional Research, Nueva Orleans, LA.

Schinske, J., y K. Tanner (2014), "Teaching More by Grading Less (or Differently)", *Life Sciences Education,* 13 (2), pp. 159-166.

Schneider, J., y E. Hunt (2013), "Making the Grade: A History of the A-F Marking Scheme", *Journal of Curriculum Studies,* Doi: 10.1080/00220272.2013.790480.

Schwartz, B., y K. Sharpe (9 de enero de 2011), "Do Grades as Incentives Work?", recuperado de <https://www.psychologytoday.com/blog/practical-wisdom/201101/do-grades-incentives-work>.

Scriffiny, P. (2008), "Seven Reasons for Standards-based Grading", *Educational Leadership,* 66 (2), pp. 70-74.

Simmons, R. G., L. Brown, D. M. Bush y D. A. Blyth (1978), "Self-esteem and Achievement of Black and White Adolescents", *Social Problems*, 26, pp. 86-96.

Slavov, S. (26 de diciembre de 2013), *How to Fix College Grade Inflation*, recuperado de <http://www.usnews.com/opinion/blogs/economic-intelligence/2013/12/26/why-college-grade-inflation-is-a-real-problem-and-how-to-fix-it>.

Smith, K. (2003), *Contract Grading Rubric, Civil Engineering 4101*, Mineápolis, MN, University of Minnesota Center for Writing.

Sorian, R., y T. Baugh (2002), "Power of Information: Closing the Gap Between Research and Policy", *Health Affairs*, 21, pp. 264-273.

Starch, D. (1913), "Reliability and Distribution of Grades", *Science*, 38, pp. 630-636.

Starch, D., y E. C. Elliott (1912), "Reliability of Grading of High School Work in English", *School Review*, 20, pp. 442-457.

Starch, D., y E. C. Elliott (1913), "Reliability of the Grading of High School Work in Mathematics", *School Review*, 21, pp. 254-259.

Taylor, H. (1980), *Contract Grading*, Princeton, NJ, ERIC Clearinghouse on Tests, Measurement, and Evaluation.

Thorsen, C., y C. Cliffordson (2012), "Teachers' Grade Assignment and the Predictive Validity of Criterion-referenced Grades, *Educational Research and Evaluation*, 18, pp. 153-172.

Tieje, R. E., E. G. Sutcliffe, H. N. Hillebrand y W. Buchen (1915), "Systematizing Grading in Freshman Composition at the Large University", *English Journal*, 4 (9), pp. 586-597.

Tinney, J. (12 de enero de 2014), "What Do Letter Grades Actually Mean?", recuperado de <http://www.jordantinney.org/ what-do-letter-grades-actually-mean>.

Tomlinson, C., y J. McTighe (2006), *Integrating Differentiated Instruction and Understanding by Design*, Alexandria, VA, ASCD.

University of Liverpool (2015), *Code of Practice on Assessment, Appendix A: University Marks Scale, Marking Descriptors and Qualification Descriptors*, recuperado de <https://www.liverpool.ac.uk/media/livacuk/tqsd/code-of-practice-on-assessment/appendix_A_2011-12_cop_assess.pdf>.

Weld, L. D. (1917), "A Standard of Interpretation of Numerical Grades", *School Review*, 25, pp. 412-421.

Wiggins, G. (17 de enero de 2013), "Intelligent vs. Thoughtless Use of Rubrics and Models, Part 1", recuperado de <https://grantwiggins.wordpress.com/2013/01/17/intelligent-vs-thoughtless-use-of-rubrics-and-models-part-1>.

Willingham, W. W., J. M. Pollack y C. Lewis (2000), "Grades and Test Scores: Accounting for Observed Differences", *ETS Research Report Series*, i–177. Doi: 10.1002/j.2333-8504.2000.tb01838.x

Zahner, D., L. M. Ramsaran y J. T. Steedle (2014), *Comparing Alternatives in the Prediction of College Success*, Nueva York, NY, Council for Aid to Education.

COMENTARIO

Eduardo Backhoff*

Estoy prácticamente de acuerdo en todo lo que nos ha compartido el doctor Lorin W. Anderson respecto a sus preocupaciones sobre los sistemas de calificaciones de los estudiantes en los Estados Unidos. Aprovecho esta oportunidad para hacer una síntesis del capítulo, así como una reflexión en torno a algunas experiencias en México en la materia.

Síntesis

El doctor Anderson hace una diferenciación muy importante entre los conceptos de *assessment* y *evaluation*, la cual no existe en lengua española, pues la traducción de ambos términos se utiliza de manera indistinta. La traducción más cercana del primero a nuestra lengua sería el de medición, mientras que el segundo término tiene el mismo significado en ambos idiomas.

Anderson busca responder las siguientes cinco preguntas: *1)* ¿por qué calificamos a los estudiantes?, *2)* ¿qué significan las calificaciones?, *3)* ¿qué tan confiables son las calificaciones de los estudiantes?, *4)* ¿qué tan válidas son estas calificaciones? y *5)* ¿cuáles son las consecuencias de calificar a los estudiantes?

El autor señala que hay tres razones por las que los docentes califican a sus alumnos. Primero, para motivar a los estudiantes a que pongan mayor esfuerzo en su aprendizaje. Segundo, para que el maestro obtenga información que le sirva para mejorar su enseñanza. Tercero, para comunicar a diferentes audiencias sobre el logro educativo de los estudiantes. De acuerdo con la investigación revisada, el doctor Anderson concluye que ninguna de las tres razones ha probado tener la efectividad suficiente.

Acerca de lo que significan las calificaciones para los profesores, el autor concluye que pueden significar cosas muy distintas para diferentes docentes, incluso cuando se trata del mismo tema y grado escolar. Por ejemplo, para algunos docentes una calificación puede significar la capacidad que tiene un estudiante de retener información mientras que, para otros, tiene que ver con su capacidad para analizar críticamente lo que ha aprendido. Por lo tanto, una misma calificación tiene significados diferentes.

En cuanto a la confiabilidad de las calificaciones, el doctor Anderson comen-

* Ex consejero presidente de la Junta de Gobierno del Instituto Nacional para la Evaluación de la Educación (INEE), México.

ta que el nivel de confiabilidad —entendido como la consistencia entre dos docentes que evalúan la misma tarea de un estudiante y como la consistencia de un
docente que evalúa la misma tarea dos veces en el tiempo— es muy bajo cuando
se trata de una sola tarea. Sin embargo, cuando se refiere a múltiples tareas, cuyos resultados se agregan y se promedian, la confiabilidad es considerablemente
más alta.

Respecto a la validez de las calificaciones, es decir, si éstas representan una
buena medida de lo que han aprendido los estudiantes en un curso, Anderson
comenta que no existen estudios sobre la validez de las calificaciones que asignan los profesores al aprendizaje de un contenido curricular. Sin embargo, hay
muchas investigaciones que analizan la validez predictiva del promedio de calificaciones que han acumulado los estudiantes a lo largo de su vida escolar. De
hecho, el promedio de calificaciones de un nivel educativo (por ejemplo, educación media superior) es el mejor predictor de las mismas en el siguiente nivel
educativo (educación superior).

Finalmente, respecto a las consecuencias de calificar a los estudiantes, el autor señala cuatro negativas (de acuerdo con la bibliografía revisada): *1)* reducen
el interés de los estudiantes por el aprendizaje en sí mismo, *2)* distorsionan el
currículo, *3)* deterioran las relaciones estudiante-profesor y *4)* deterioran las
relaciones entre los estudiantes.

El autor termina su exposición con las siguientes cinco recomendaciones:
1) el tema de la calificación de los estudiantes debe estar presente en la discusión de cómo mejorar la educación, *2)* es necesario diseñar e implementar sistemas de calificación que sean íntegros y justos, *3)* se requiere encontrar mejores
formas de comunicar las calificaciones de los estudiantes a distintas audiencias,
4) se debe incorporar el tema de los sistemas de evaluación en el currículo de los
futuros profesores y *5)* es necesario empezar a conducir estudios formales de
los sistemas de calificación.

ALGUNAS REFLEXIONES SOBRE EL SISTEMA
DE CALIFICACIONES EN MÉXICO

De lo que comenta el doctor Anderson, vale la pena destacar los temas de confiabilidad y de validez de las calificaciones para evaluar el logro educativo de un
curso. El autor menciona que los docentes no poseen las habilidades para calificar diferencialmente a los estudiantes con capacidades contiguas, y que los profesores utilizan diferentes criterios para calificar las mismas competencias de los
estudiantes. Además, hay que considerar que distintas escuelas tienen diferentes
estándares de calidad y, por lo tanto, de exigencia para la asignación de califica-

ciones. Lo que para una escuela puede traducirse en un 7 de calificación, para otra puede significar un 10. En consecuencia, no es de extrañarse que los profesores califiquen de manera diferente a dos estudiantes que poseen las mismas habilidades, o que otorguen la misma calificación a estudiantes que difieren sustancialmente en sus aprendizajes.

Sin embargo, Anderson también señala que los docentes son inconsistentes al calificar dos veces la misma tarea (cuando pasa un breve lapso entre ambos ejercicios de evaluación), lo que nos lleva a pensar que las técnicas y los criterios de calificación de los docentes cambian de un momento a otro de manera impredecible. Agregaría que, en algunos momentos y con algunos estudiantes, un profesor puede ser más exigente o más laxo, dependiendo de las expectativas de aprendizaje que tenga sobre cada uno de sus alumnos. En otros casos, puede variar sus criterios de calificación; por ejemplo, al considerar sólo el resultado de un examen o también al tener en cuenta las tareas elaboradas por el alumno, el esfuerzo realizado e incluso su conducta en clase.

En México, por un lado, la calificación que asigna un profesor a un alumno al final de un curso se basa en sus impresiones subjetivas y en las evidencias que tiene del desempeño del estudiante en clase. No es claro cómo ni cuándo el docente combina estos dos componentes, qué peso les da y con qué consistencia aplica una regla u otra.

Por otro lado, el contexto en que se enmarca una escuela y las expectativas del docente sobre los aprendizajes de sus estudiantes son dos factores que se entremezclan en el momento en que un profesor califica a sus estudiantes. Seguramente el sistema de calificación que utiliza cambiará con el paso del tiempo: se ajustará a las condiciones del contexto socioeconómico de los estudiantes, a los aprendizajes previos de los alumnos, así como a las exigencias del centro escolar donde trabaja.

Pero ¿qué tan grandes pueden ser las diferencias entre las calificaciones que otorgan diferentes profesores en distintas escuelas en México? Como se mencionó anteriormente, una calificación de 6 o 7 en una escuela con altos niveles socioculturales puede equivaler a una de 9 o 10 en otra escuela con niveles empobrecidos. Siendo así, ¿qué tanto dice la calificación de un estudiante respecto a su nivel de aprendizaje? En el mejor de los casos, las calificaciones pueden ser un indicador del rendimiento académico de los alumnos en comparación con otros del mismo salón de clases; rara vez representan una medida de lo que realmente se aprendió del currículo correspondiente.

A diferencia de lo que ocurre en los Estados Unidos, donde existe una multiplicidad de currículos, en México hay un plan nacional de estudios en el que se plasman los mismos aprendizajes esperados para todos los estudiantes de educación básica, así como un conjunto de habilidades comunes para el caso de los alumnos de educación media superior. Por ello, en teoría, todos los docentes del país cuentan con el mismo referente curricular, y, en principio, no debería haber grandes diferencias en la asignación de sus calificaciones. Sin embargo, sin contar con evidencias para probarlo, es posible sospechar que la diferencia entre los docentes mexicanos es mayor que la que se observa entre los profesores estadunidenses.

Hay dos aspectos que pueden explicar estas diferencias. Por un lado, el escaso énfasis que tienen los temas de evaluación y de calificación en el currículo de formación inicial de los docentes mexicanos. En las Escuelas Normales y en la Universidad Pedagógica Nacional (UPN), donde se forma a los docentes de educación primaria y secundaria, son muy pobres los contenidos curriculares al respecto; en el resto de las instituciones de educación superior es prácticamente inexistente el tema de la asignación de calificaciones en los planes y los programas de estudio.

Otro factor que seguramente incide sobre la manera en que los docentes asignan calificaciones a los estudiantes tiene que ver con las grandes diferencias socioeconómicas que existen en el país, las cuales se asocian estrechamente con los niveles de aprendizaje de los estudiantes. En este renglón hay que decir que en México las poblaciones indígenas viven en condiciones muy empobrecidas, los padres de familia tienen altos niveles de analfabetismo y muchos de sus habitantes son monolingües (de algunas de las 70 lenguas indígenas que se hablan en México). Adicionalmente, no tienen las mismas oportunidades de aprendizaje que el resto de la población: alrededor de una tercera parte de los docentes de escuelas indígenas no habla la lengua materna de sus estudiantes y muchas de estas escuelas no tienen las condiciones mínimas de personal humano, infraestructura, equipamiento y materiales educativos indispensables para ofrecer una buena educación.

Estas condiciones sociales y escolares limitan severamente la posibilidad de que el currículo nacional se imparta uniformemente y, por lo tanto, que los estudiantes logren adquirir los mismos aprendizajes esperados que se señalan en los distintos planes y programas de estudio. Luego, las escalas de calificación que utilizan los docentes en distintas partes del país también son diferentes.

Una forma de apreciar lo anteriormente dicho consiste en analizar los resultados de los estudios realizados por el Instituto Nacional para la Evaluación de la Educación (INEE), institución que cumple con una función similar a la del Programa Nacional para el Progreso Educativo (NAEP, por sus siglas en inglés) en materia de evaluación del aprendizaje de los estudiantes de un país. Los resultados que ha publicado el INEE indican que los estudiantes que terminan el sexto grado de primaria pueden diferir enormemente en el nivel de habilidades y conocimientos adquiridos en lenguaje y comunicación y en matemáticas, independientemente de las calificaciones que les hayan asignado sus profesores en ambas asignaturas. Estas diferencias pueden llegar a ser equivalentes hasta de cuatro grados escolares. Es decir, el INEE ha detectado estudiantes de sexto grado que tienen la habilidad de leer y de resolver problemas de matemáticas similares a las de estudiantes de tercero o cuarto grado de primaria y alumnos cuyas habilidades de lectura y matemáticas son equivalentes a las de octavo o noveno grado (segundo o tercero de secundaria).

Como se podrá advertir, estas diferencias no son sutiles (por ejemplo, una calificación de 6 o de 10), sino abismales; esto nos lleva a pensar que las calificaciones obtenidas por grupos diferentes de estudiantes, por lo general, no tienen el mismo significado. Un dato que puede ejemplificar lo anterior es el siguiente: una quinta parte de los escolares de escuelas comunitarias (que generalmente viven en condiciones de pobreza) ingresa a la primaria con niveles insuficientes de habilidades verbales y cuantitativas, mientras que sólo 1% de los escolares que ingresan a las escuelas privadas se encuentra en esta condición. En consecuencia, las calificaciones que otorgan los docentes a estos grupos de estudiantes se relacionan poco, o nada con los niveles de aprendizaje que obtienen en las evaluaciones nacionales estandarizadas.

Antes de finalizar, vale la pena comentar una experiencia relacionada con las escalas de calificación que se desarrolló, a mediados de la década de 1970, en la Universidad Nacional Autónoma de México (UNAM). En ese entonces la escala para calificar el aprovechamiento de los estudiantes consistía en los siguientes cuatro niveles: no acreditado, suficiente, bueno y excelente. En la carrera de psicología, en la ahora Facultad de Estudios Superiores Iztacala (FES-Iztacala), se tuvo la iniciativa de cambiar esta escala por otra que considerara sólo dos niveles: no acreditado y acreditado. El argumento para realizar este cambio fue que: 1) era difícil para el docente diferenciar el aprovechamiento de los estudiantes en una escala de cuatro niveles, 2) se pensó que lo importante era determinar si los alumnos cumplían o no con los objetivos de aprendizaje establecidos en cada uno de los planes y los programas de estudio y 3) representaba un sistema de calificación más sencillo y confiable y, por lo tanto, más justo para el estudiante. Este "experimento" se realizó aprovechando la coyuntura de un cambio curricular. Los resultados fueron los siguientes:

Primero, este sistema dicotómico, aparentemente simple, propició que se cometieran más errores con los estudiantes debido a que, por lo general, el docente aprobaba a quienes estaban en la frontera de haber cumplido con los objetivos de aprendizaje; a fin de cuentas, el maestro tenía que definir un *punto de corte* para tomar esta decisión, que resultaba de alto impacto para los alumnos. En estas condiciones el docente se inclinaba por otorgar calificaciones aprobatorias a la mayoría de los estudiantes.

Segundo, este sistema de calificación dicotómica ocasionó que se incrementara la proporción de estudiantes que aprobaba los cursos, en comparación con el sistema de calificación de cuatro puntos.

Tercero, como este sistema de calificación no distinguía el esfuerzo de los estudiantes que acreditaban un curso para alcanzar una mejor calificación, éstos tendían a esforzarse menos para aprender; se conformaban con acreditar los cursos con un mínimo esfuerzo.

Cuarto, puesto que el sistema de calificación fomentaba un mínimo de aprendizaje y no el máximo logro educativo, los docentes empezaron a bajar sus expectativas y estándares de aprendizaje para acreditar sus cursos.

Esta experiencia obligó a la carrera de psicología a regresar al sistema de calificación tradicional de cuatro niveles de desempeño que, si bien no era perfecto, resultó ser mejor que un sistema más sencillo de dos niveles, que no produjo los resultados esperados.

Para terminar, debo decir que no conozco ningún estudio mexicano que haya abordado formalmente el tema de los sistemas de calificación que utilizan los docentes. Es de esperar que el capítulo del doctor Anderson incentive para poner atención a uno de los componentes centrales del proceso enseñanza-aprendizaje de todos los niveles educativos: la forma en que los docentes juzgan el logro de sus estudiantes y los sistemas educativos registran su historial académico.

III. PERSPECTIVAS METODOLÓGICAS: ¿EVALUACIÓN ESTANDARIZADA (SUMATIVA) O CONTEXTUALIZADA (FORMATIVA)?*

Richard J. Shavelson**

El tema con el que se titula este artículo se consideró una de las cuestiones clave en la evaluación de la educación básica que se abordan en este libro. La posición que se sostiene enfáticamente es que hay que tener cuidado con las dicotomías falsas. Esto parece evidente. Para empezar, las evaluaciones deben responder a la(s) pregunta(s) sobre las políticas y las prácticas que generaron la necesidad de aplicarlas, y no al conjunto de métodos específicos empleados en su realización. Pero tal posición puede resultar ingenua.

Al preparar la versión inicial de este texto que se presentó como conferencia en el Instituto Nacional para la Evaluación de la Educación (INEE), ocurría al mismo tiempo una huelga de maestros que afectaba a todo México.

> La huelga estalló en mayo para redoblar los esfuerzos del sindicato para rechazar la reforma educativa del gobierno, presentada por Peña Nieto [presidente de México] en 2013, basándose en que las políticas amenazaban la educación pública con una insidiosa privatización y no respondían a las necesidades educativas de los estudiantes rurales e indígenas.
>
> Después de una sesión maratónica en el auditorio Ernesto *Che* Guevara, los maestros afiliados a la militante Coordinadora Nacional de Trabajadores de la Educación en el estado mexicano sureño de Chiapas votaron el jueves por aceptar una propuesta del gobierno para terminar su huelga y volver a clases (Teachers in Chiapas, 2016).

Una de las principales preocupaciones de los maestros era que la evaluación sumativa no había revelado, ni probablemente revelaría, las difíciles condiciones de enseñanza en las escuelas más pobres del país. El gobierno hacía una pregun-

---

* Traducción del inglés de Audón Coria.

** Profesor emérito de la Escuela de Graduados en Educación y profesor de Psicología de la Universidad de Stanford, California. Miembro de la Academia Internacional de la Educación. El autor está en deuda con David Berliner y María de Ibarrola por su aguda revisión de este documento. Desde luego, cualquier error es mi responsabilidad.

ta distinta a la de los maestros: cómo podría administrarse la educación más eficiente y eficazmente, desde una perspectiva distante, en contraposición a qué impacto tendrían las políticas lejanas sobre el acceso a la educación de calidad de los estudiantes más pobres.

El capítulo sostiene, en primer término, que las evaluaciones deben obedecer a la naturaleza de las preguntas que dieron origen a la necesidad de la evaluación y no al método específico que se use en ellas: el método debe deducirse de la pregunta. La pregunta del gobierno se enfocaba en la economía y en los efectos; la de los maestros, en la condición humana de sus alumnos y en lo que se necesita para educarlos. De allí el debate: "¿Evaluación estandarizada o contextualizada?" En segundo término sostiene "lo que importa": la política, la medición y el diseño, y las percepciones y los supuestos que subyacen en cada una de ellas. Se usan ejemplos concretos para defender el argumento de que el contexto y los supuestos que forman la base de la evaluación importan mucho.

MÉTODOS Y PREGUNTAS

En la opereta de Gilbert y Sullivan, *El Mikado,* el emperador del mismo nombre canta sus virtudes: "Mikado más humano jamás / Existió en Japón". Una de estas virtudes, entona, es: "Mi meta más sublime / La cumpliré con el tiempo: / Que el castigo se ajuste al delito, / El castigo se ajuste al delito". Lo que quiero decir aquí es parecido a lo del Mikado: que el método de evaluación se ajuste a la pregunta, el método se ajuste a la pregunta.

Shavelson y Towne describen en el libro *Scientific Research in Education* [La investigación científica en la educación] (2002), de manera sucinta, tres diferentes preguntas que impulsan tanto a la investigación como a la evaluación: *a)* descriptiva: "qué está pasando"; *b)* causal: ¿"existe un efecto sistemático" (es decir, cuál es la causa de lo que está sucediendo)?, y *c)* mecanismo: "¿cómo o por qué está sucediendo?"

Descripción: ¿qué está sucediendo?

La pregunta de qué está sucediendo —tal vez la más apremiante para los maestros de México— exige una descripción detallada de una situación o acontecimiento determinados. Como dijo en cierta ocasión Yogi Berra, receptor y "bardo" del equipo de beisbol de los Yanquis de Nueva York: "Si quieres saber qué está pasando, tienes que salir y ver qué está pasando". La *evaluación formativa* lo hace; se usa con frecuencia para responder a preguntas descriptivas. Éstas dan lugar tanto a métodos cuantitativos como cualitativos, de manera que, por ejemplo, se caractericen una población, los alcances y la gravedad de un problema desde varios puntos de vista, se desarrolle una teoría o conjetura, o se vigilen los cambios con el paso del tiempo. También pueden incluir asociaciones entre variables, como las características de una escuela (tamaño, ubicación, base económica) que se relacionen (digamos) con la provisión de educación musical o artística.

Se pueden emplear numerosos métodos para abordar la pregunta descriptiva, desde la etnografía detallada hasta el estudio de casos, la observación, entrevistas, sondeos de probabilidad, estadística descriptiva, comparaciones estadísticas de grupos, estimaciones estadísticas de relaciones (por ejemplo, estatus socioeconómico y rendimiento escolar). En los Estados Unidos, la Evaluación Nacional de Progreso Educativo ("la Boleta de Calificaciones Nacional") es tal vez el mejor ejemplo de la evaluación educativa estandarizada (sumativa, cuantitativa) descriptiva.

En la evaluación es frecuente que las preguntas sean tales que necesitan usarse "métodos mixtos" para responder a ellas. Por ejemplo, a finales de la década de 1970 Holland y Eisenhart (1990) preguntaron por qué tan pocas mujeres que habían ingresado en la universidad en carreras no tradicionales (por ejemplo, en ciencias, matemáticas e ingeniería) las terminaban. En aquella época estaban bajo consideración varias posibles explicaciones: *1)* falta de una preparación adecuada para esa especialización, *2)* discriminación en contra de las mujeres y *3)* aversión a la competencia con los hombres. Los autores llevaron a cabo, primero, un estudio etnográfico de mujeres en especializaciones no tradicionales en dos universidades, una de ellas históricamente negra y la otra históricamente blanca. Se tomó a varias estudiantes voluntarias de cada campus, 23 en total, con los mismos antecedentes (por ejemplo, promedio general en la preparatoria, especialización, actividades universitarias y compañeros universitarios). La mitad planeaba una especialización tradicional; la otra, una especialización no tradicional. En el transcurso de un año, usando la observación de las participantes y las entrevistas de respuesta abierta, los autores desarrollaron modelos para describir cómo participaban las mujeres en la vida del campus. Los modelos mostraron tres diferentes tipos de compromiso con el trabajo académico: *1)* opiniones sobre el valor del trabajo académico, *2)* razones para cumplir con el trabajo académico y *3)* el costo percibido (monetario y en tiempo) de cumplir con el trabajo académico. De cada uno de los modelos, Holland y Eisenhart pronosticaron lo que haría cada mujer inmediatamente después de egresar de la universidad: continuar con su educación, conseguir empleo en su campo o fuera de él, casarse, etc. Al final de cuatro años, y nuevamente después de tres años más, se le dio seguimiento a cada una. En todos los casos, el compromiso con el trabajo académico pronosticó el futuro de las mujeres mejor que la preparación anterior a la universidad, la discriminación o la competencia.

Causalidad: ¿existe un efecto sistemático?

Los diseños de evaluaciones que intentan identificar efectos sistemáticos tienen en su raíz el propósito de establecer una relación de causa y efecto. La *evaluación sumativa* tiene que ver, esencialmente, con establecer los efectos o el impacto de programas (causal) —por ejemplo, Fu, Kannan, Shavelson, Peterson y Kurpius, 2016—. Las evaluaciones causales se basan tanto en la teoría como en los estudios descriptivos *(véase supra)*. La búsqueda de efectos causales no se puede realizar en el vacío: existe, *idealmente, una fuerte base teórica, así como extensa información descriptiva,* a fin de proporcionar el fundamento para entender las relaciones causales. Por consiguiente, para la evaluación sumativa, un programa debe haber pasado por un periodo de desarrollo (tres años o más) y debe encontrarse en operación consistente antes de realizar pruebas en búsqueda de efectos causales.

Para responder a preguntas de causa, se pueden aplicar tanto los métodos sumativos como los formativos. En general, el "patrón oro" sumativo es el experimento controlado aleatorio (grupos de control y de tratamiento con unidades asignadas aleatoriamente para condicionar). Cuando tales experimentos no sean factibles, ya sea logística o éticamente, se pueden usar métodos alternos, como cuasiexperimentos (pruebas previas, tratamiento y control, no aleatoriedad), modelos causales longitudinales (múltiples olas de datos sobre las mismas unidades), variables instrumentales, concordancia en las puntuaciones de propensión y diseño de discontinuidad regresiva (Shadish, Cook y Campbell, 2002). Los métodos cualitativos también se pueden usar para inferir causalidad, como la etnografía y los múltiples estudios de caso.

Tal vez el experimento mejor conocido en los Estados Unidos fue el estudio sobre la reducción del tamaño de los grupos, llevado a cabo en Tennessee, a mediados de la década de 1980 —*Tennessee Class-Size Reduction Study;* véase un resumen en Shavelson y Towne (2002)—. La legislatura estatal preguntó si reducir el tamaño de los grupos tendría un impacto positivo en el rendimiento de los estudiantes, y financió un experimento a gran escala para averiguarlo. Se les asignó, aleatoriamente, a 11 600 alumnos de escuelas primarias y a sus maestros en 79 planteles de todo el estado una de tres condiciones: *1)* tamaño de grupo normal (22-26 alumnos), *2)* grupo normal con auxiliar docente de tiempo completo (22-26 estudiantes/dos adultos) o *3)* grupo reducido (13-17 alumnos). El experimento se inició con una cohorte de alumnos de kínder y terminó cuatro años más tarde, cuando finalizaron el tercer grado y todos ingresaron a cuarto grado en grupos de tamaño normal. Demostró que los alumnos de grupos reducidos superaron en desempeño a sus iguales en grupos de tamaño normal, tuvieran o no auxiliar docente. También demostró que los efectos eran mayores en niños de minorías y de barrios pobres. Y, por último, que los alumnos en los grupos de tamaño reducido persistían hasta su ingreso a la universidad, y su desempeño en esos exámenes era de una tasa mayor que la de sus iguales en los otros tipos de grupos (Krueger y Whitmore, 2001). Al final, la legislatura de Tennessee decidió *no* reducir el tamaño de los grupos ¡porque hubiera sido demasiado costoso!

Mecanismo: ¿cómo o por qué ocurrió?

Tal vez la meta máxima (si bien en gran medida inalcanzable) de la evaluación del impacto de programas es explicar el efecto observado con uno o más mecanismos causales: el o los mecanismos que provocaron el efecto. Para ver la importancia del mecanismo, consideremos el caso del tabaquismo y el cáncer. Se libraron batallas legislativas y legales sobre la cuestión de si el tabaquismo causaba cáncer pulmonar. Muchísimos estudios habían establecido la correlación entre ambos, pero no fue hasta que se encontró el mecanismo biológico cuando se cerró el caso legislativo y legal, y, como dicen, el resto es historia (Center for Disease Control and Prevention [US], National Center for Chronic Disease Prevention and Health Promotion [US] y Office on Smoking and Health [US], 2010).

El asunto del mecanismo ha sido un obstáculo para que los evaluadores expliquen el impacto causal de la reducción del tamaño de los grupos en el estudio de Tennessee. Una posible causa es que los maestros "enseñan mejor" al prestar más atención individual a los alumnos que en los grupos de tamaño normal. Sin embargo, las pruebas observacionales demuestran que los docentes no cambian su forma de enseñar en los grupos de tamaño reducido. Otra posible razón es que los estudiantes se comportan mejor, y por ello se identifica a los problemáticos de manera más rápida. Esto quizá contribuya al efecto inicialmente. Una tercera explicación es que los alumnos se comprometen más con el aprendizaje porque, de nuevo, no se pueden ocultar. Y así sucesivamente; la búsqueda de mecanismo(s) continúa.

Para tratar el asunto del mecanismo se pueden emplear tanto las evaluaciones estandarizadas como las contextualizadas. Por ejemplo, se han realizado estudios observacionales para poner a prueba la idea de que los estudiantes se comportan mejor y están más atentos a la enseñanza en grupos de tamaño reducido que en grupos de tamaño normal. Se ha intentado llevar a cabo pequeños experimentos para capacitar a los maestros en dar atención individual en sus clases.

Reflexiones finales sobre preguntas y métodos

No existe un solo método "correcto"; la idoneidad del método depende de la pregunta a la que pretende responder. Con frecuencia se necesita más de uno para comprender plenamente el impacto de un programa o de una política. Como me dijo Lee J. Cronbach en cierta ocasión mientras comentábamos mi libro, *Scientific Research in Education:* los experimentos aleatorios no son otra cosa que estudios de caso de un solo escenario o de múltiples escenarios. Si introducimos un nuevo escenario, o estudiamos el mismo años después, tal vez lleguemos a diferentes conclusiones. Se requiere cautela. Mientras no tengamos una mejor comprensión de por qué funciona un programa o una política determinada y *en qué contextos,* la generalización y la transferencia resultan problemáticas. Recomiendo humildad.

LO QUE IMPORTA: LA POLÍTICA, LA MEDICIÓN Y EL DISEÑO

Importa un sinnúmero de cosas en la realización de las evaluaciones educativas. Las tres que he encontrado que tienen mayor impacto son la política, la medición y el diseño. La política importa. Cualquiera que sea el objetivo de la evaluación, ésta se encuentra arraigada en múltiples contextos. Cuando dicho objetivo de la evaluación son las políticas a gran escala, como sucede con las políticas educativas en México, éstas importan aún más. ¡Ignora las políticas bajo tu propio riesgo! Más aún: la medición importa. Cualquiera que sea el objetivo (constructo), las distintas maneras de medir pueden producir diferentes resultados: deben alinearse la confiabilidad, la validez y la utilidad para lograr el propósito previsto de la medición. El diseño importa. Las diferentes maneras de diseñar la información estandarizada (cuantitativa) y contextualizada (cualitativa) para responder a las preguntas de la evaluación (especialmente a sus supuestos subyacentes) pueden producir resultados muy distintos.

La política importa

La huelga de maestros en México es un ejemplo elocuente de cómo importa la política en la evaluación y en las políticas educativas. En parte les preocupaban a los maestros las formas en que se iba a medir y a evaluar su desempeño; cuestionaban la validez de las mediciones en sus contextos locales.

Pero hay experiencias previas. En la década de 1980 California llevó a cabo una extraordinaria reforma educativa, que era intencionalmente sistémica. Ali-

neaba los resultados de aprendizaje estudiantiles (con énfasis sobre la investigación y el constructivismo) con la reforma curricular y con la reforma respecto a
la evaluación del aprendizaje (Knudson, Hannan y O'Day, 2012). El Sistema de
Valoración del Aprendizaje de California (CLAS, por sus siglas en inglés), por
ejemplo, se propuso pasar de la evaluación de pruebas de opción múltiple a una
valoración del desempeño basada en una simulación de alta fidelidad para ejer-
citarse en ciencias, matemáticas y composición escrita. En lugar de pedir a los
estudiantes en las clases de ciencias que eligieran la opción más adecuada para
controlar variables en una prueba de opciones múltiples, se les solicitó que lleva-
ran a cabo investigaciones prácticas en las que tenían que decidir qué variable
debían cambiar y qué variable controlar, cómo controlarla, y luego interpretar los
resultados. CLAS se enfocó en una valoración innovadora para la evaluación sumativa y estableció un horizonte de 10 años para la implementación completa.
Mientras tanto, una prueba de opciones múltiples con una matriz de la muestra
que llevaba muchos años en práctica serviría inicialmente para la valoración y
luego se eliminaría de manera gradual. CLAS también recabó información adicional de valoración formativa; por ejemplo, con tareas escritas integradas en el
salón de clase. Los maestros calificaban el desempeño de los estudiantes y sus
calificaciones se conciliaban para garantizar una escala común. Después de 10
años, se implementaría por completo CLAS con: *a)* evaluaciones de desempeño,
b) tareas integradas en el salón de clase y *c)* evidencias adicionales proporciona-
das por los maestros para propósitos de evaluación. El viejo sistema de opciones
múltiples quedaría relegado a una función de auditoría para determinar las grandes diferencias entre las calificaciones en estos exámenes y las principales pruebas resultantes del sistema innovador.

El recién elegido gobernador de California llegó a ese puesto en parte gracias a su promesa de que eliminaría el sistema de valoración de California, que
generaba calificaciones para las escuelas pero, debido al muestreo de matriz, no
las producía para estudiantes en lo individual. Los votantes de California estaban hartos de que los estudiantes dedicaran tiempo haciendo exámenes que no
daban información sobre su desempeño individual. El nuevo gobernador pro-
metió calificaciones para cada estudiante y dio la orden de que todos los de un
mismo grado escolar hicieran la misma prueba de opciones múltiples. Si bien
esto produjo calificaciones en lo individual, se redujo el objeto de los exámenes y
además hizo más estrecho el currículo. El gobernador dijo que CLAS se había
equivocado: le había dado prioridad a la evaluación innovadora al mismo tiempo que había retrasado la implementación de pruebas de opciones múltiples comunes. Como no pudo cumplir con su promesa, despidió al director de CLAS y
detuvo el apoyo al programa innovador de exámenes. Desde entonces el estado
ha usado pruebas de opciones múltiples individuales para valorar el desempeño

de los estudiantes (si bien con una reforma reciente que tal vez cambie o no). En este caso, la política se entreteje con lo que era el uso histórico de las valoraciones y lo que se supone que entendía el público al respecto. Así que la familiaridad con métodos bien establecidos también fue enemiga del cambio, y esto lo aprovecharon las fuerzas políticas. *La política importa; si la ignoramos, es bajo nuestra propia cuenta y riesgo* (McDonnell y Weatherford, 2016).

La medición y el diseño importan

Lo que se mide y cómo se mide importan. Las pruebas de ciencias de opción múltiple y las evaluaciones de desempeño de CLAS medían cosas (constructos) un tanto distintas y diferían sustancialmente en cómo las medían. Estas propiedades de la medición importan cuando las calificaciones de estas pruebas se usan en modelos que tienen repercusiones en la evaluación educativa. Para demostrar mi argumento utilizo un programa de investigación desarrollado en Colombia, que tiene el propósito de estimar la aportación de las universidades al aprendizaje, su *valor agregado.* Luego hago un resumen de un informe que hicimos unos colegas y yo sobre el uso del valor agregado en la evaluación de los maestros.

El gobierno colombiano exige el uso de mediciones de valor agregado en la evaluación de sus escuelas profesionales y universidades. Preocupan especialmente las instituciones, en particular las privadas, que atienden a estudiantes de bajos ingresos o bajo rendimiento. La meta era contar con datos objetivos en los cuales basar las decisiones de acreditación y apoyo. Colombia se encuentra en una posición singular entre los países de todo el mundo; pone a prueba a todos los egresados de preparatoria con un examen, el Saber 11, y otro paralelo para todos los estudiantes egresados de la universidad, el Saber Pro (Shavelson *et al.*, 2016).

El valor agregado es un concepto bastante sencillo pero que se vuelve sumamente complicado cuando se implementa en la práctica. Consiste simplemente en la diferencia entre: *a)* la calificación pronosticada de un estudiante al egresar de la universidad (por ejemplo, Saber Pro) basada en alguna calificación previa al examen (por ejemplo, Saber 11) y *b)* su calificación real observada (por ejemplo, en Saber Pro):

Valor agregado = calificación Saber Pro observada – calificación Saber Pro pronosticada

Ahora viene la complicación: sí importa qué subprueba de Saber 11 y de Saber Pro se usa para obtener la calificación pronosticada y la observada. Las distintas pruebas previas conducen a interpretaciones y resultados de valor agregado diferentes. Además, si se usa más de una subprueba de Saber 11, se modifican la definición de valor agregado y los resultados. Por último, si se incluyen otros predictores —como estatus socioeconómico—, cambia la definición de valor agregado.

Los supuestos subyacentes en el uso del valor agregado son abrumadores. Las mediciones de valor agregado tratan de proporcionar estimaciones causales del efecto de las universidades en el aprendizaje de los estudiantes. Por consiguiente, plantean los supuestos de diseño causales habituales (Holland, 1986; Reardon y Raudenbush, 2009):

- *Manipulabilidad:* Los estudiantes, en teoría, podrían quedar expuestos a cualquier tratamiento (es decir, asistir a cualquier universidad).
- *La no interferencia entre unidades:* El resultado de un estudiante depende sólo de su asignación a un tratamiento determinado (por ejemplo, no existen los efectos entre pares).
- *El supuesto métrico:* Los resultados de las calificaciones de las pruebas están en una escala de intervalos.
- *Homogeneidad:* El efecto causal no varía como función de alguna característica del estudiante.
- *Tratamiento con fuerte tendencia a ignorarse:* La asignación al tratamiento es esencialmente aleatoria después de condicionar las variables de control.
- *Forma funcional:* La forma funcional (típicamente lineal) utilizada como control para las características de los estudiantes es la correcta.

Estos supuestos conducen a preguntas adicionales como: *a)* ¿Cuál es el tratamiento y comparado con qué? Si la universidad A es el tratamiento, ¿cuál es el control o la comparación? ¿Cuánto dura el tratamiento (por ejemplo, 3, 4, 5, 6, 6 y más años)? ¿Qué tratamiento interesa: enseñanza-aprendizaje, haciendo ajustes para los efectos del contexto institucional? ¿Los efectos de pares?; *b)* ¿Cuál es la unidad de comparación? ¿La institución o universidad, o la carrera? Si los estudiantes cambian de institución, universidad o carrera, ¿cuál es la comparación?; *c)* ¿Qué debe medirse: habilidades genéricas (por ejemplo, pensamiento crítico) o habilidades específicas de la esfera de conocimiento (matemáticas)? ¿Cómo debe medirse (por ejemplo, opción múltiple, respuesta corta, evaluación de desempeño)? ¿Qué pruebas previas ("covariantes") deben usarse en el diseño? ¿Una prueba paralela al resultado? ¿Múltiples pruebas previas? ¿Contexto institucional (por ejemplo, calificaciones medias de pruebas previas)?

Para ilustrar las consecuencias de un conjunto de decisiones que deben tomarse en el diseño del valor agregado, algunos colegas y yo (Shavelson *et al.*, 2016) recurrimos al desempeño de más de 64 000 estudiantes de 168 instituciones de educación superior en 19 racimos de carreras, llamados grupos de referencia (por ejemplo, ingeniería, derecho, educación). Todos habían realizado la prueba Saber 11 con calificaciones en lengua, matemáticas, química y ciencias sociales; también habían realizado la prueba Saber Pro con calificaciones sobre razonamiento cuantitativo (rc), lectura crítica (lc), composición escrita e inglés (además de muchos exámenes sobre materias específicas).

Aquí me concentro en las calificaciones sobre rc en el diseño del valor agregado —para mediciones adicionales, véase Shavelson *et al.* (2016)—, usando matemáticas de Saber 11 y rc de Saber Pro. Calculamos el valor agregado con un modelo de efectos mixtos de dos niveles: Nivel 1 —estudiante dentro del grupo de referencia (ingeniería)—; Nivel 2 —modelo Facultad de Ingeniería—. La covariante de nivel individual fue matemáticas de Saber 11; el covariante de grupo de referencia fue o bien una medición de estatus socioeconómico medio (inse), o la media en matemáticas de Saber 11. Calculamos tres diferentes modelos. Cada uno define el valor agregado de manera un poco distinta:

1. El modelo 1 es el más sencillo: la calificación pronosticada de rc de Saber Pro se basa sólo en las calificaciones en matemáticas de Saber 11. Esto significa que sólo se usa esta covariante de nivel estudiante y se ignoran los efectos de contexto.
2. El modelo 2 agrega a la media predictiva inse del modelo 1. Las universidades con inse bajo se comparan unas con otras, y las instituciones con inse alto se comparan entre sí.
3. El modelo 3 agrega a la media predictiva en matemáticas Saber 11 del modelo 1. Las universidades que tienen estudiantes con calificaciones bajas se comparan entre ellas, así como las que tienen estudiantes con calificaciones altas.

Los resultados de valor agregado de estos tres modelos se muestran en las gráficas de la figura iii.1. En el panel A vemos una alta correlación entre las calificaciones medias en matemáticas de Saber 11 y las calificaciones medias en cr de Saber Pro (0.94). Para que el impacto de esta correlación quede más claro (eso esperamos), el punto negro representa una institución de alta matrícula y el punto gris una con matrícula promedio. De las universidades que reclutan estudiantes con desempeño más bajo en matemáticas egresan alumnos con calificaciones en rc más bajas (en promedio), y de las que reclutan jóvenes con mayor rendimiento en matemáticas egresan aquellos con calificaciones cr más altas (en promedio). Esto no nos sorprende. La correlación entre la media de inse y la media de cr de Saber Pro, que no se muestra en la figura, fue moderada: 0.40. Dado

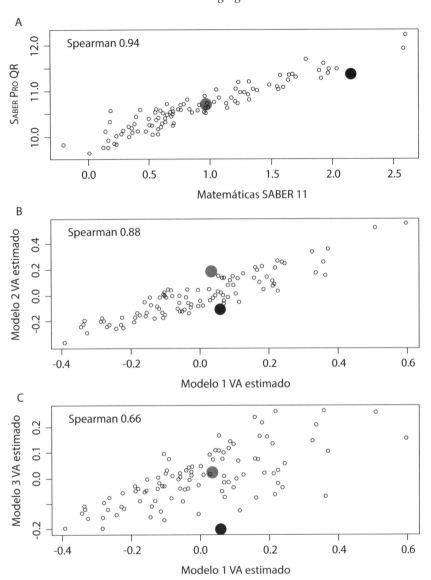

Figura iii.1. *Impacto de la especificación del modelo sobre la estimación del valor agregado*[a]

[a] Panel A, relación entre calificaciones en matemáticas Saber 11 al egresar de la preparatoria y calificaciones en rc al egresar de la universidad. Panel B, relación entre estimaciones de valor agregado para el modelo 1, tomando en cuenta calificaciones en matemáticas, y para el modelo 2, tomando en consideración tanto calificaciones individuales en esta asignatura como la media inse. Panel C, relación entre estimaciones de valor agregado para el modelo 1, tomando en consideración calificaciones en matemáticas, y para el modelo 3, tomando en consideración tanto calificaciones individuales en la misma asignatura como su media de calificaciones.
Fuente: Elaboración propia.

este patrón de correlaciones, esperaríamos un impacto mucho mayor cuando controlamos la media en matemáticas de Saber 11, que cuando controlamos la media inse sobre las estimaciones de valor agregado del desempeño en la universidad.

Los paneles B y C muestran la relación entre el modelo 1 y los dos modelos distintos de efectos de contexto: modelo 2 —tomando en consideración la media inse—, y modelo 3 —considerando la media en matemáticas Saber 11—.

En esos paneles los puntos negros y grises que resaltan se han invertido. ¡La institución de punto gris, cuando se compara con sus iguales de estrato socioeconómico (ese), tiene mejor desempeño que la institución de punto negro cuando se compara con sus iguales! En el panel B la correlación entre los modelos 1 y 2 es 0.88. Vemos que considerar el contexto inse tiene un impacto en la estimación de valor agregado para universidades, aunque la correlación entre la media inse y rc sea moderada. Esto tiene importancia, sobre todo, porque a la institución de punto negro ¡ingresaron estudiantes con altas calificaciones Saber 11 y salieron alumnos con altas calificaciones Saber rc! Si bien la institución de punto negro destacaba en cuanto a prestigio (resultado no ajustado), esto no pasó cuando se tuvo en cuenta el contexto para el diseño del valor agregado. Un resultado similar, pero más radical, se muestra en el panel C, como se esperaba, cuando se agrega la media en matemáticas Saber 11 como control.

¡Los modelos importan! Podríamos decir que el modelo 2 es "el más justo". Hace ajustes teniendo en cuenta a estudiantes con más o menos ventajas socioeconómicas. Sin embargo, desde una perspectiva de políticas, ¿qué tan elevada debe establecerse la barra para cualquier escuela? Usar una barra más baja para escuelas de ese bajo que para escuelas de ese alto plantea temas importantes en lo que respecta a las políticas.

Bien, podríamos decir que el modelo 3 es "el más justo" porque considera la "calidad cognitiva de la matrícula" y compara iguales con iguales. No obstante, las universidades son, o les gustaría ser, selectivas respecto a la matrícula. Arman cuidadosamente cohortes de ingreso reconociendo que los pares son importantes en la enseñanza y en el aprendizaje. ¿Acaso debería penalizarse a estas escuelas por esta política?

Las mediciones también importan. En el ejemplo antes mencionado se emplea la habilidad genérica, rc, como resultado en los modelos de valor agregado. Si se evaluaran las instituciones con base en Lectura Crítica, por ejemplo, surgiría una percepción un poco distinta del valor agregado (Shavelson *et al.*, 2016).

Al poner la atención en mediciones a esferas de conocimiento más específicas, los hallazgos son sólo ligeramente diferentes en Colombia (pero no para la evaluación de maestros preuniversitarios; véase *infra*). Por ejemplo, al usar resultados de exámenes en derecho y en educación, se encontró que las estimaciones de valor agregado se distinguían muy poco de los resultados en RC. Sin embargo, las mediciones más específicas a esferas de conocimiento produjeron mayores variaciones entre universidades.

En una revisión de las investigaciones sobre el uso del valor agregado para evaluar maestros preuniversitarios, Baker y colaboradores (2015) encontraron lo siguiente:

- Las estimaciones de modelos de valor agregado habían demostrado ser inestables entre modelos estadísticos, las mediciones específicas de rendimiento utilizadas de un año a otro y según las clases que enseña un maestro.
- Múltiples factores impactan los resultados de los avances de aprendizaje de los estudiantes *dentro* de las escuelas y no se pueden desentrañar adecuadamente:
  - Los efectos de los maestros actuales dependían de los maestros anteriores de los estudiantes.
  - Las condiciones escolares influían en las estimaciones (por ejemplo, pares, liderazgo, apoyo de los maestros, calidad del currículo, tutorías, tamaño del grupo).
  - Las condiciones extraescolares influían en las estimaciones (por ejemplo, vecindarios, capital social).
- Otros muchos factores impactan aún más los avances de aprendizaje entre los estudiantes de diferentes escuelas.

Para resumir, lo que he intentado demostrar es que la medición y los modelos importan. Lo que se mide y cómo se mide impacta, de manera significativa, en lo que se descubre; si cambiamos la medición, es posible que cambien los hallazgos. Además, la elección de modelo estadístico impacta en lo que se descubre. Los modelos vienen con un sinfín de supuestos y decisiones críticas en el proceso de diseño. Los supuestos del modelo tal vez sean problemáticos (quizá no se justifiquen las afirmaciones causales); la decisión respecto a qué variables incluir en el modelo impacta el significado de los resultados (por ejemplo, la definición de valor agregado). Ningún modelo es el modelo "correcto"; algunos son más útiles que otros en contextos determinados. Hay que tener cuidado.

Conclusiones

Por una parte, el asunto de si debe usarse una evaluación estandarizada (sumativa, cuantitativa) o contextualizada (formativa, cualitativa) en la educación se planteó de manera sencilla al inicio de este documento, y resultó por demás complicada cuando se tiene en cuenta el contexto, como debe ser en casi todas las evaluaciones de la educación. La advertencia de cuidarse de dicotomías falsas sigue teniendo validez, pero el contexto importa. Los métodos de evaluación no deben impulsar la evaluación. Más bien, las preguntas que dan lugar a la evaluación deben definir el diseño y la realización de la misma. Por otra parte, y lo afirmo nuevamente, la *evaluación debe ser sensible al contexto.*

La política, los métodos de medición y el diseño, todos ellos, importan al llevar a cabo la evaluación. Si ignoramos la política y el contexto que rodean una evaluación, corremos un riesgo: ambos pueden cambiar totalmente las mejores evaluaciones. Los métodos de medición importan: lo que medimos y cómo lo medimos tendrán un impacto enorme sobre lo que descubrimos como "respuestas" a las preguntas de la evaluación. Los modelos también importan: al parecer son sencillos y razonables, pero vienen con muchas decisiones y supuestos ocultos. Cambiar el modelo, como vimos, cambia el resultado y las conclusiones a las que se llegan. Hay que ser cuidadosos y transparentes al usar indicadores de modelos estadísticos (y de otro tipo) tales como el valor agregado.

BIBLIOGRAFÍA

Baker, E. L., *et al.* (2015), *Problems with the Use of Student Test Scores to Evaluate Teachers,* Washington D. C., Economic Policy Institute, recuperado de <www.epi.org>.

Center for Disease Control and Prevention (US), National Center for Chronic Disease Prevention and Health Promotion (US), y Office on Smoking and Health (US) (2010), *How Tobacco Smoke Causes Disease: The Biology and Behavioral Basis for Smoking-Attributable Disease: A Report of the Surgeon General,* Atlanta, Georgia, Centers for Disease Control and Prevention (US), recuperado de <http://www.ncbi.nlm.nih.gov/books/NBK53010/>.

Fu, A. C., A. Kannan, R. J. Shavelson, L. Peterson y A. Kurpius (2016), "Room for Rigor: Designs and Methods in Informal Science Education Evaluation", *Visitor Studies,* 19 (1), pp. 12-38.

Holland, P. (1986), "Statistics and Causal Inference", *Journal of the American Statistical Association,* 81, pp. 945-960.

Holland, D. C., y M. A. Eisenhart (1990), *Educated in Romance: Women, Achievement and College Culture,* Chicago, University of Chicago Press.

Knudson, J., S. Hannan, y J. O'Day (2012), *California Collaborative on District Reforms,* Policy and Practice Brief, recuperado de <http://cacollaborative.org/sites/default/files/CA_Collaborative_CLAS.pdf>.

Krueger, A. B., y D. M. Whitmore (2001), "The Effect of Attending a Small Class in the

Early Grades on College-Test Taking and Middle School Test Results. Evidence from Project STAR", *Economic Journal*, 111, pp. 1-28.

McDonnell, L. M., y M. S. Weatherford (2016), "Recognizing the Political in Implementation Research", *Educational Researcher*, 45 (4), pp. 233-242.

Reardon, S. F., y S. W. Raudenbush (2009), "Assumptions of Value-added Models for Estimating School Effects", *Education Finance and Policy*, 4 (4), pp. 492-519.

Shadish, W. R., T. D. Cook y D. T. Campbell (2002), *Experimental and Quasi-experimental Designs for Generalized Causal Inference*, Nueva York, Houghton Mifflin.

Shavelson, R. J., B. W. Domingue, J. P. Mariño, A. Molina-Mantilla, J. A. Morales y E. E. Wiley (2016), "On the Practices and Challenges of Measuring Higher Education Value Added: The Case of Colombia", *Assessment and Evaluation in Higher Education*, 41 (5), pp. 695-720.

Shavelson, R. J., y L. Towne (eds.) (2002), *Scientific Research in Education*, Washington D. C., National Academy Press.

Teachers in Chiapas, "Mexico Vote To End Strike (18 de septiembre de 2016)", *Dorset Chiapas Solidarity*, recuperado de <http://dorsetchiapassolidarity.wordpress.com/2016/09/18/teachers-in-chiapas-mexico-vote-to-end-strike/>.

COMENTARIO

MARGARITA ZORRILLA FIERRO*

El capítulo de Richard Shavelson pone de relieve dos aspectos fundamentales de carácter metodológico sobre los que interesa profundizar. Primero, se propone una breve reflexión sobre el debate aún vigente en torno a la superioridad o la pertinencia de un método de investigación, ya sea cualitativo o cuantitativo, sobre el otro, dependiendo de la preferencia y la convicción de quien esgrime el argumento. Posteriormente, se profundiza en lo dicho por el doctor Shavelson cuando expone la importancia de considerar el contexto político en el momento de diseñar e implementar evaluaciones, sobre todo aquellas que se aplican a gran escala a docentes o a estudiantes. Es de suma relevancia profundizar en el error de realizar evaluaciones educativas como un ejercicio en el vacío. A lo largo de este breve texto se hará referencia al modelo de Evaluación del Desempeño Docente que se ha desarrollado en México, pues resulta importante reflexionar sobre sus características y analizarlo a la luz de los aspectos metodológicos que se señalaron en la contribución de Shavelson en este seminario.

* Ex consejera de la Junta de Gobierno del Instituto Nacional para la Evaluación de la Educación (INEE).

Sobre la idoneidad de un método sobre el otro

A pesar de la recurrencia de la discusión sobre los enfoques metodológicos, la comunidad científica de las ciencias sociales y la educación ha logrado avances indiscutibles. No obstante, la elección del método de investigación continúa siendo un punto de debate que legitima o demerita los resultados de las distintas investigaciones, dependiendo de quién lo juzgue. Si el enfoque es cualitativo, se critica porque no se pueden hacer generalizaciones; pero si es cuantitativo, se le señala que ignora la importancia y la riqueza de las excepciones.[1]

Tal como lo dice con toda claridad el doctor Shavelson, no existe una dicotomía real entre un método y otro. No hay uno superior a otro, sólo hay métodos y metodologías más pertinentes para ciertos casos. Pero, entonces, ¿cómo se explica que tantos investigadores serios y profesionales sigan discutiendo qué enfoque metodológico es el más correcto?

Una posible razón es que la convicción acerca del método elegido proviene de una preferencia adquirida y aprendida en un contexto cultural determinado. La investigación, igual que la enseñanza, es una actividad cultural, hecho que se refleja en la forma en que se percibe, la definición de su propósito, el uso que se hace de ella y los enfoques que se utilizan para sustentarla (Stigler y Hiebert, 1998). Esto significa que los investigadores también aprenden por la participación informal o la observación de ciertos patrones de investigación por largos periodos, más que recibiendo instrucción formal al respecto; de esta manera, la orientación metodológica se aprende por estar inmerso en cierto contexto cultural. Para ejemplificar, en el extremo, los antropólogos sociales y culturales son quienes utilizan por definición los métodos cualitativos. Por su parte, los economistas se identifican con la utilización de métodos cuantitativos. En ambos casos, el contexto del desarrollo científico de la disciplina define los aprendizajes de los nuevos investigadores y orienta las decisiones.

Así, el enfoque adoptado en el lugar donde los investigadores reciben su formación, o por los docentes e investigadores que forman parte de dicha institución, influye de manera importante en el uso y la preferencia de ciertas metodologías y enfoques teóricos y conceptuales de estudio. No es lo mismo tener una formación en ciencias sociales de la escuela de Chicago, que una realizada en universidades europeas.

Otro punto de vista es que algunos investigadores creen que se pueden crear investigaciones técnicamente perfectas, cuyos resultados encontrarán "la ver-

[1] Afortunadamente los enfoques mixtos que logran una fecunda vinculación entre la perspectiva cuantitativa y la cualitativa están siendo cada vez más utilizados por los científicos sociales y de la educación.

dad" científica sobre el comportamiento de un fenómeno. Puede estar sucediendo que algunos investigadores, en vez de desarrollar sus estudios en función del objeto que se busca conocer, se enfoquen en explicar el objeto de estudio basados en lo que consideran un tipo de investigación "ideal".[2] La centralidad de la investigación o la evaluación la tienen el objeto, el fenómeno, la situación y el hecho, y la elección del método estará en función de las preguntas de indagación que se formulen y también, por qué no decirlo, de restricciones de otra naturaleza que determinan la elección de un método sobre otro, a fin de imprimir viabilidad al estudio.

Podría pensarse que, como investigadores, resulte peligroso comprometerse con un solo tipo de investigación, más aún al estudiar fenómenos de las ciencias sociales en las que no existe una verdad única. La complejidad de los fenómenos sociales y humanos es tal que requiere encontrar distintos tipos de evidencias que sean lo suficientemente sólidos, a fin de contribuir a una mejor comprensión y, en su caso, explicación de aquéllos. En particular es el caso de la investigación educativa en el que encontramos una orientación preferente a producir conocimiento para comprender una realidad y descubrir cómo incidir en ella, sin que esto signifique negar el *valor per se* de la investigación básica; pero el espacio para estos comentarios es breve a fin de abordar una conversación sobre un tema tan amplio como el de la investigación básica y aplicada, así como la relación entre ambas. Baste decir que hoy en día las fronteras entre una y otra orientación se han ido eliminando al descubrir que hay una dialéctica entre ambas.

Uno de los objetivos de la investigación educativa, y en particular de la evaluación,[3] es poder identificar variables sobre las cuales actuar para generar cambios en cierto sentido o dirección, con el fin de contribuir a la mejora de la educación. Por ello, es importante tanto tratar de investigar y evaluar por el mismo hecho de hacerlo, como investigar y evaluar para incidir en las realidades sociales y educativas que lo requieren y responden también a nuestro interés. Pensemos en las evaluaciones de logro de aprendizaje; no queremos saber solamente cómo está el aprendizaje que consiguen los estudiantes, sino cómo podemos mejorar la conducción de los procesos educativos con el fin de lograr aprendizajes del máximo nivel en cada aula, en cada escuela. En esta reflexión ubicaría las

---

[2] Lo que he venido exponiendo me hace pensar en que estamos frente a un interesante objeto de indagación.

[3] La evaluación educativa comparte con la investigación científica, en el ámbito social y educativo, sus métodos, las técnicas de análisis de datos y las maneras como se sistematiza y organiza la información empírica. En este sentido, la evaluación también es una forma de producir conocimiento, pero se trata de un conocimiento valorativo, pues lo que se busca es hacer juicios de valor sobre el objeto estimado, ya sea los aprendizajes de los alumnos, el desempeño de los docentes o la eficacia de un centro escolar; un juicio de valor que resulta de comparar una medición u observación con un referente previamente establecido.

implicaciones de hacer una evaluación sumativa (como las evaluaciones de aprendizaje, y, más recientemente en México, del desempeño docente), que tiene altas consecuencias para los individuos, o hacer una evaluación formativa, con propósitos de retroalimentación y mejora.[4]

Como lo señaló el autor, es necesario que como investigadores nos concentremos nuevamente en hacer las preguntas correctas, de tal manera que esto nos lleve a buscar en los lugares debidos y que, en función de esto, se pueda determinar la mejor manera o las mejores maneras de aproximación al objeto de estudio. Hay que redefinir el propósito de la evaluación y de la investigación educativa para que quede claro que los métodos son un medio para conseguir un fin y no en sentido contrario, como muchas veces sucede. No obstante, la mejor forma de llevar a cabo una investigación puede no ser la óptima, pero sí la que, debido a los recursos disponibles, es la más viable o la que genera los mejores resultados en un contexto de limitaciones y restricciones.

A manera de ilustración, se expone el caso de la Evaluación del Desempeño Docente en el marco del Servicio Profesional Docente (SPD) en México. El SPD se estableció formalmente a partir de 2013. El Instituto Nacional para la Evaluación de la Educación (INEE) tiene importantes atribuciones respecto de la evaluación docente en el marco del SPD. Desde que se diseñó[5] y empezó la implementación[6] de las evaluaciones para el ingreso, la promoción, el reconocimiento y la permanencia en el servicio público educativo en México, el magisterio mexicano expresó con movilizaciones, y por otros medios, su inconformidad con la evaluación.

A partir de que se inició, en 2015, con la Evaluación del Desempeño, dichas inconformidades aumentaron de intensidad y cantidad. El magisterio cuestionó y rechazó —y aún lo hace— la forma en que se evalúa su desempeño, motivo que ha suscitado, o resucitado, el debate en torno a la mejor forma de evaluar a docentes, directivos y supervisores. En esta discusión se ha hablado de la observación en aula como la forma óptima de evaluar al docente; sin embargo, en un contexto de restricciones técnicas y económicas del Sistema Educativo Nacional (SEN) para llevar a cabo la evaluación del desempeño a casi un millón y medio de docentes que realizan su función en escuelas de educación básica y educación media superior, el INEE y la Secretaría de Educación Pública (SEP) decidieron que

---

[4] Esto es, sin duda, otro gran tema y asunto que tenemos que ir construyendo mejor en México, en particular y de manera muy importante en relación con la Evaluación del Desempeño Docente, ya que la mejora de su práctica es un propósito ineludible.

[5] La Ley General del Servicio Profesional Docente se promulgó el 11 de septiembre de 2013, tras un largo proceso de formulación, dentro y fuera del Congreso.

[6] Los concursos de oposición para el ingreso al SPD comenzaron en febrero de 2014. Fue el primer tipo de evaluación que se implementó; le seguiría en 2015 la Evaluación del Desempeño Docente, tanto para la promoción como para la permanencia.

había que diseñar un modelo de evaluación del desempeño capaz de obtener información (datos) de factores clave del desempeño docente, directivo o de supervisión escolares, sabiendo que cualquier observación y medición se harían por medio de indicadores "indirectos" de lo que se defina como "desempeño docente, directivo o de supervisión".

Así, para 2015 se decidió, como una solución viable y con mayores bondades, que fuera un modelo de evaluación organizado en cuatro etapas: un informe de responsabilidades profesionales; una reflexión pedagógica a partir de evidencias de su enseñanza en resultados de sus alumnos; una planeación didáctica argumentada, y un examen estandarizado sobre conocimientos disciplinares y pedagógicos. Dado que no fue posible llevar a cabo observaciones en el aula,[7] las etapas dos y tres buscaron que el maestro situara con mayor profundidad el contexto de la escuela donde trabaja y las características de sus alumnos. El informe de responsabilidades profesionales se llevó a cabo en línea; fue un cuestionario que debía responder la autoridad inmediata del docente. La reflexión sobre evidencias de enseñanza también se llevó a cabo en línea; los sustentantes subían a una plataforma documentos que hicieran evidente su trabajo de enseñanza y escribían una reflexión sobre ello; la planeación didáctica argumentada y el examen estandarizado se realizaron en sedes de aplicación. Como se puede advertir, hay dos instrumentos de naturaleza cualitativa, la planeación argumentada y la reflexión sobre las evidencias de enseñanza, calificados con rúbrica por evaluadores que se capacitaron para ello, y dos instrumentos que responden más a un enfoque cuantitativo, el cuestionario de responsabilidades y el examen de conocimientos. Aquí se puede observar esta nueva tendencia a utilizar una combinación de métodos.

Evidentemente no es un modelo perfecto, pero en este momento es la mejor manera en que lo podemos hacer. Derivado de la experiencia de 2015, fue reformulado, y en 2017 se aplicará la segunda versión del modelo de evaluación del desempeño.

SOBRE LA EVALUACIÓN COMO EJERCICIO EN EL VACÍO

Sin duda, uno de los argumentos más importantes que plantea Richard Shavelson en su contribución es que el contexto político importa cuando se hacen evaluaciones, lo mismo la selección de instrumentos de evaluación y el modelo estadístico

---

[7] No se discute en estos comentarios si "la observación en aula" es la mejor manera de captar el desempeño de un docente; sin embargo, es también un tema no menor que requiere ser atendido. Algunas preguntas son: ¿Quién o quiénes observan? ¿Qué entrenamiento requieren los observadores? ¿En cuántas ocasiones se observa a un docente en su salón de clases?, entre otras.

que se utiliza. Todas estas variables son resultado de una elección técnico-política, implícita o explícita, cuyos resultados se ven influidos por estos elementos.

En este sentido, la evaluación se puede concebir en términos de una política pública que busca solucionar un problema público. Partiendo de esto, la definición de este problema y su diagnóstico dependen, completamente, del contexto político en el que se construyen, así como de los actores políticos que intervienen en ella.

Evaluar por definición consiste en emitir juicios de valor. Se trata de un juicio de valor que se obtiene al comparar el resultado de una observación o medición con un referente previamente establecido. Esto necesariamente nos refiere a un campo ético-político donde se definen lo deseable y lo no deseable, los mínimos y los máximos. Es importante recordar que lo idóneo o la idoneidad de "algo" es una construcción social que puede variar dependiendo del contexto en el que se inserte. La definición de un buen ciudadano, por ejemplo, no es igual aquí que en China o en Europa, aunque podemos encontrar rasgos comunes.

Por ende, la elección de métodos de investigación depende de cómo se entiende el fenómeno que se quiere investigar o evaluar, y tiene fuertes implicaciones sobre los modelos y los instrumentos que se utilizan para medir este constructo, pero también sobre los resultados que se obtienen, cómo se interpretan y cuál es el uso que se les debe dar.

México, igual que otros países, sobre todo de la región de América Latina y el Caribe, ha impulsado la evaluación de programas sociales como un mecanismo de transparencia y rendición de cuentas, que busca dar información al ciudadano sobre la gestión gubernamental y los resultados que ha generado. Es decir, uno de los problemas que se busca atender es la falta de información y transparencia sobre la gestión pública. El contexto político importa porque determina qué se va a hacer con los resultados de la evaluación.

Por un lado, esto ha tenido como consecuencia que se lleven a cabo evaluaciones, pero no necesariamente que se utilicen los resultados de la evaluación para mejorar las políticas y programas públicos en los que se centran. El acento se pone en qué está haciendo el Estado, cómo lo está haciendo, cuánto gasta y en qué gasta, pero, por lo general, no se da un paso más allá y no se analizan los resultados obtenidos de la acción pública con el fin de retroalimentarla para fortalecerla o para reorientarla. Por otro lado, el contexto político tiene implicaciones importantes sobre el éxito de la evaluación en términos de su aceptabilidad dentro del sistema y la posible resistencia que se genere en torno a ella.

Lo mismo se puede decir de los instrumentos que se utilizan para medir el constructo deseado (en este caso, el desempeño docente). La evolución en la puntuación obtenida de un estudiante en una prueba estandarizada difícilmente podrá reflejar otro tipo de enseñanzas que forman parte de ser un buen docente, y que son fundamentales para la educación de una persona. Es sabido que en los últimos años diversas agencias nacionales e internacionales destacan la importancia de enseñar habilidades sociopsicoemocionales, y si es importante su aprendizaje habrá que decidir cómo es la mejor manera de evaluarlas. Además de esto, sabemos que existen currículos ocultos que jamás se verán reflejados en pruebas estandarizadas.

Como bien lo muestra el doctor Shavelson con su ejemplo de la reforma educativa de California en la década de 1980, ignorar esto puede poner en grave riesgo la evaluación. Lo mismo ocurrió en México con la Evaluación del Desempeño Docente. En algún punto la resistencia a la evaluación fue tan intensa que el propio SPD estuvo en peligro. Los instrumentos de evaluación que se utilizaron hasta 2015, exámenes estandarizados sobre conocimientos disciplinarios complementados con un informe de responsabilidades profesionales, una planeación didáctica argumentada y un expediente de evidencias de enseñanza analizadas, intentaron recuperar particularidades de la práctica docente, pero generaron un gran rechazo entre el magisterio, en parte por los instrumentos utilizados, pero sobre todo por las implicaciones de los resultados de la evaluación en el ámbito laboral.

Los docentes, no sin cierta razón, reclamaron la falta de pertinencia de evaluar el desempeño docente con un examen estandarizado, olvidando que las etapas de la planeación didáctica y la conformación de un expediente de evidencias tenían como propósito dar cuenta de su contexto particular en los niveles comunidad, escuela y aula. El examen estandarizado es además necesario, pues permite garantizar una base mínima de conocimientos disciplinares. Es una realidad en México que hay docentes, sobre todo en la educación secundaria y media superior, que no cuentan con los conocimientos disciplinares suficientes para enseñar una materia; esto es así en parte debido a una plantilla docente incompleta, pues algunos tienen que enseñar materias que no están relacionadas con su formación (aunque esto último es responsabilidad de las autoridades educativas), que, al parecer, nos exigen precisar las necesidades de docentes para cubrir el servicio educativo a lo largo y ancho del país.

El rechazo a la evaluación docente se convirtió en un problema que en buena medida se produjo por un error de mala comunicación de la información: a muchos docentes se les informó, equivocadamente, que perderían sus empleos y sus derechos laborales previamente adquiridos a lo largo de los años.

En 2016 el INEE decidió modificar el modelo de evaluación del desempeño atendiendo a algunas de las quejas del magisterio, tanto por cuestiones relacionadas con la operación y la logística, como por una mayor contextualización de la práctica docente. Sin embargo, a pesar de las mejoras, la resistencia contra la evaluación no ha cedido, puesto que el contexto político seguía siendo el mismo.

Más aún, el supuesto bajo el cual los maestros interpretaban la evaluación era el mismo: la evaluación es punitiva y busca quitarles sus derechos laborales. Los instrumentos de evaluación nunca fueron el problema.

En este sentido, Shavelson utiliza como ejemplo el modelo de valor agregado (MVA) para ilustrar la forma en que los supuestos que subyacen bajo un modelo de evaluación pueden ser, o no, pertinentes o problemáticos para medir la práctica docente o intentar medir rasgos relevantes de dicha práctica.

El MVA intenta determinar el impacto que tienen los maestros sobre el aprendizaje de los estudiantes, para lo cual se aíslan otras variables del entorno socioeconómico y escolares, pero también referentes a la trayectoria educativa de los estudiantes. De esta manera se pretende evaluar "objetivamente" la "plusvalía" que el maestro está generando en el aula a partir de una comparación con la historia previa del estudiante.

En México el MVA no ha adquirido fuerza dentro del debate sobre cómo medir la contribución de la práctica docente en el aprendizaje de los estudiantes, y mucho menos como mecanismo para evaluarla. Sin embargo, sí se han discutido desde la perspectiva de investigación, más que de evaluación, otros acercamientos similares, como la medición del efecto escolar, la cual busca averiguar a qué se debe que unas escuelas sean más eficaces que otras en conseguir que sus alumnos obtengan niveles altos de logro educativo, y así identificar la contribución de la escuela en el aprendizaje de los estudiantes (Willms, 1992). Las grandes diferencias del MVA utilizado para la medición del efecto escolar radican en que su objeto de medición es distinto a estudiar: por ejemplo, el "efecto maestro" en un grupo de alumnos de tercer grado de secundaria, pues habría que identificarlo en los grados anteriores.

Sin embargo, la definición subyacente en el MVA de lo que es un buen maestro y lo que hace se reduce simplemente a generar calificaciones más altas en los estudiantes. Nótese que se está utilizando el término calificaciones con la intención explícita de diferenciarlo de aprendizajes, competencias, habilidades, aptitudes y actitudes. Esto abre las puertas a otros debates: ¿Las pruebas estandarizadas miden realmente aprendizajes y competencias? ¿Qué pasa con todas esas cosas que no evalúan las pruebas estandarizadas? ¿Qué pasa si se empieza a enseñar para aprobar una prueba en detrimento del resto del currículo? Si fuera el caso, ¿cuánto debe pesar el valor agregado en la evaluación del docente? Es difícil pensar que un acercamiento de este tipo, en el que únicamente se considera la evolución de las calificaciones de los alumnos, pueda generar aceptación en un país como México, donde, debido a las muy diversas realidades a las que se enfrentan los maestros en diferentes regiones, estados, localidades, e incluso con alumnos, resulta fundamental considerar la contextualización de la práctica docente.

Una educación de calidad depende de múltiples factores, de los cuales la docencia es uno fundamental para el logro de aprendizajes relevantes, pero no el único. Muchos de estos factores están tan estrechamente entrelazados que resulta imposible identificar de manera certera la contribución aislada de cada uno. Por ello, utilizar este tipo de modelos como insumo para realizar una evaluación sumativa de la práctica docente parece no sólo peligroso, sino hasta contraproducente, incluso en los casos en los que no se asigna un peso fuerte dentro de la evaluación, porque se desvirtúa el objeto por medir.

Como lo explica el autor, el MVA es inapropiado como instrumento de evaluación sumativa, pero puede ayudar a tener un mejor entendimiento y a ampliar el conocimiento sobre el papel del docente en el aprendizaje. Será necesario seguir investigando en este sentido.

A manera de conclusión, parece conveniente hacer hincapié en la importancia de partir siempre de las preguntas de investigación o de los propósitos de la evaluación para determinar el método de investigación que resulte más idóneo y factible en un contexto dado. Es fundamental dejar atrás la idea de una dicotomía metodológica y que nos abramos a la posibilidad de acercamientos que combinen métodos y nos permitan obtener una mayor comprensión del fenómeno, situación, hecho u objeto bajo estudio.[8]

BIBLIOGRAFÍA

Stigler, W., y J. Hiebert (1998), "Teaching Is a Cultural Activity", *American Educator, 22* (4), pp. 1-10.

Willms, J. D. (1992), *Monitoring School Performance. A Guide for Educators,* Londres, Falmer Press.

[8] Agradezco la valiosa colaboración y aportaciones de Lídice Rocha Marenco en la construcción de este texto.

Segunda Parte

LA PERSISTENTE Y PERENNE PRESENCIA DE LAS DESIGUALDADES

IV. LO QUE NOS DICEN LAS EVALUACIONES EDUCATIVAS INTERNACIONALES SOBRE LA CALIDAD DE LA EDUCACIÓN EN PAÍSES EN DESARROLLO*

Servaas van der Berg**

Introducción

Las evaluaciones educativas internacionales son objeto de mucho desprecio. Uno de los varios ejemplos de la crítica pública a tales evaluaciones se puede encontrar en una carta abierta al director del Programa para la Evaluación Internacional de Alumnos (pisa, por sus siglas en inglés), el doctor Andreas Sleicher, por parte de un grupo internacional de académicos (*The Guardian*, 2014). Los argumentos que mencionan ellos y otros críticos en contra de estas evaluaciones incluyen reservas respecto a la validez y la confiabilidad de las pruebas estandarizadas y la dependencia de mediciones cuantitativas; el impulso a llevar a cabo cambios de corto plazo para ayudar a un país a ascender rápidamente en las clasificaciones internacionales; el énfasis sólo en los aspectos medibles de la educación; el impulso a planes prefabricados para que los estudiantes mejoren su desempeño en pruebas de opción múltiple, lo cual reduce la autonomía de los maestros, y los niveles de estrés cada vez mayores en las escuelas. Sin embargo, según señalan Sahlberg y Hargreaves (2015): "Pensemos, sólo por un momento, cómo se vería la educación mundial si jamás se hubiera lanzado el pisa. Habría, como había en la década de 1990, varios países que creyeran, equivocadamente, que sus sistemas educativos son los mejores del mundo y debieran establecer el rumbo para otras naciones".

Mencionan especialmente la manera en que pisa demostró que no se justifica la admiración que había existido anteriormente en todo el mundo respecto a los sistemas y políticas educativas de los Estados Unidos e Inglaterra. Según ellos, los resultados de esta prueba cambiaron ese punto de vista y quizá contribuyeron a que no se copiaran los modelos estadunidense e inglés, como pudo haber ocurrido.

---

* Traducción del inglés de Audón Coria.
** Profesor de la Universidad de Stellenbosch, Sudáfrica. Miembro de la Academia Internacional de la Educación. Este capítulo tiene una gran influencia de investigaciones anteriores realizadas con Janeli Kotzé.

Muchos de los argumentos sobre el valor de las evaluaciones educativas internacionales provienen de países económicamente desarrollados, donde las evaluaciones internas ya son, con frecuencia, sólidas. No es el caso de los países en desarrollo, en los que a menudo existe una escasez de evaluaciones externas. Este capítulo sostiene que: *a)* las lagunas de información respecto a la calidad educativa en el mundo en desarrollo hacen imprescindible que tales evaluaciones deben incrementarse más que reducirse, *b)* la comparabilidad internacional entre diferentes evaluaciones debe mejorarse, *c)* las evaluaciones contribuyen más a nuestra comprensión de los déficit educativos en países en desarrollo cuando se combinan con datos sobre el acceso o la cobertura y *d)* las evaluaciones educativas pueden decirnos más sobre las gradientes sociales y otras desigualdades (por ejemplo, desigualdades de género) en países en desarrollo. Con la información que se ofrece en este capítulo se intenta abordar algunas de estas preocupaciones, utilizando datos de una diversidad de fuentes y aplicados a distintos contextos, pero poniendo énfasis especial en Sudáfrica y México, dos países en desarrollo con ingresos medios.

La expansión del acceso a la educación

Los países en desarrollo han logrado un progreso considerable en las últimas décadas para mejorar el acceso a la educación y mantener a los niños en la escuela más tiempo. La campaña Educación para Todos contribuyó en esto al enfocar la atención internacional en los problemas de acceso a la educación primaria, sobre todo entre los niños pobres y, específicamente, las niñas. Aunque existen pruebas de que las tendencias mejoraban, incluso antes de la Declaración de Dakar de 1999 y el inicio de las Metas de Desarrollo del Milenio (MDM), se dio una aceleración subsiguiente en el acceso a las escuelas primarias. Por lo tanto, el número de niños que nunca han asistido a la escuela en países en desarrollo ha disminuido: incluso en países con bajos ingresos, la proporción de estos niños se redujo de 32% en 1992, a 23% para 1999, y luego a 14% en 2008.

El acceso a la escuela primaria también se ha vuelto más común en el mundo en desarrollo. La tasa de logro de primaria, es decir, el porcentaje de niños que inician la escuela primaria,[1] aumentó en los países de bajos ingresos de 43% en

---

[1] Nótese que la Organización de las Naciones Unidas para la Educación, la Ciencia y la Cultura (UNESCO) usa el término *logro* en relación con la educación primaria para indicar que la iniciaron, a diferencia de lo que sucede en otros niveles, en los que usa este término para indicar que finalizaron un nivel determinado de educación (BVVA Research, 2012, pp. 3-4). Nótese también que las gráficas IV.1 y IV.2 se refieren a diferentes grupos de edad.

GRÁFICA IV.1. *Porcentaje de cohortes de nacimiento que completaron el séptimo grado*

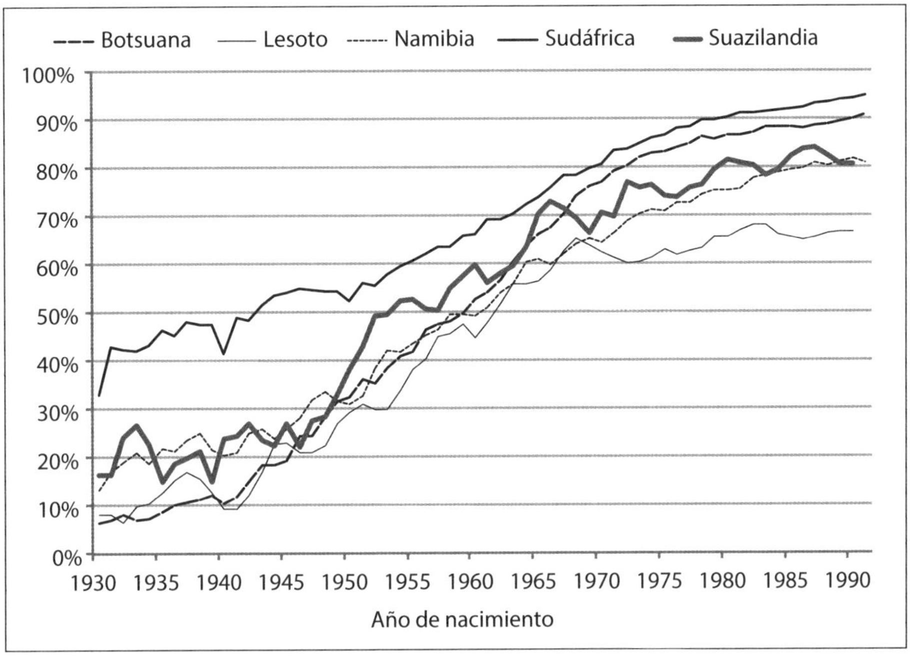

FUENTE: Elaboración propia a partir de datos de encuestas y censos.

1992 a 57% en 2008, y para países de ingresos bajos y medios juntos se incrementó de 70 a 81% durante el mismo periodo (UNESCO, 2015, p. 9).

En la gráfica IV.1 también se muestra el progreso en el logro educativo en cuanto a cantidad de educación. Allí se observa, para los cinco países de la Unión Aduanera del Sur de África, la proporción de distintas cohortes de nacimiento que han completado el séptimo grado, el fin de la escuela primaria en aquella parte del mundo. Como se basa en la población que ha sobrevivido hasta el censo o la encuesta de la cual se derivan los datos, tendería a describir una situación exageradamente optimista para cohortes de mayor edad, ya que la mortalidad diferencial favorece a personas con mayor escolaridad. A pesar de esto, es evidente que ha habido un progreso notable en estos cinco países a lo largo de las seis décadas mostradas en la gráfica.

"Escolaridad no es aprendizaje": el imperativo
de la calidad

Con todo, y a pesar de los notables avances en el mundo respecto a la *escolaridad* (medida por años de educación), los países en desarrollo aún enfrentan un gran déficit en el *aprendizaje* (medido por habilidades cognitivas), distinción que estableció de manera convincente Lant Pritchett (2013) en su libro *The Rebirth of Education: Schooling Ain't Learning* [El renacimiento de la educación: escolaridad no es aprendizaje]. Este autor afirma:

En muchos [...] países alrededor del mundo la promesa de la escolaridad —conseguirles plazas a los niños en un edificio llamado escuela— no se ha traducido en la realidad de educar a los niños. Meter a los niños en escuelas fue la parte fácil. La escolaridad ha visto una expansión masiva de tal magnitud que hoy en día casi todos los niños del mundo inician la escuela, y casi todos terminan la primaria (según la define su país). Esta expansión de la escolaridad es un primer paso necesario hacia la educación, pero sólo un paso [Pritchett, 2013, p. 2].

Luego argumenta que lo que hace falta es el aprendizaje más que la escolaridad. De esto se deriva que medir el acceso a la escuela no proporcione mucha información respecto a cuánto aprendizaje se da en ella.

Este pobre desempeño de muchos sistemas escolares en el mundo en desarrollo queda demostrado por las evaluaciones internacionales, como se ilustrará más adelante. Sí, la cantidad de educación está mejorando, pero la calidad sigue siendo débil, existe el peligro de que los progresos en la cantidad de educación no se traduzcan en adelantos conmensurables en resultados cognitivos. También es probable que la educación de mala calidad limite el desarrollo económico, si bien los bajos niveles de éste, a su vez, quizá retrasen el progreso educativo. No es de extrañarse que el Informe de Monitoreo Global de la Educación para Todos de 2005 se subtitulara "El imperativo de la calidad". Se había despertado ya la conciencia de que mejorar la cantidad era sólo una parte del reto. Por consiguiente, el enfoque se ha trasladado ahora a la calidad de la educación, como se refleja también en el cambio de las MDM a las Metas del Desarrollo Sustentable (MDS).

Para ilustrar el retraso cognitivo de los países en desarrollo, resulta instructivo considerar la gráfica IV.2. Ésta muestra la curva de densidad acumulativa de las calificaciones en el Estudio Internacional de Progreso en Comprensión Lectora (PIRLS, por sus siglas en inglés) de 2006, prueba de lectura y alfabetización aplicada a niños de Sudáfrica e Inglaterra. A la mayoría de los de Sudáfrica se les

GRÁFICA IV.2. *Porcentaje acumulativo de niños de Sudáfrica y de Inglaterra*
en PIRLS *2006 con puntaje inferior a cada nivel de calificación mostrada*

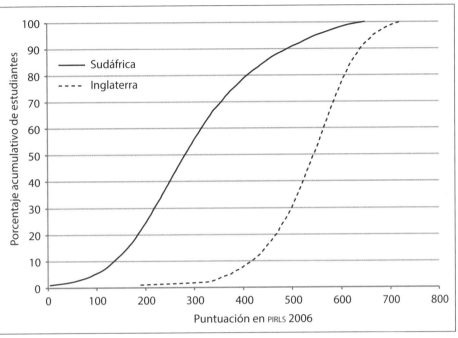

FUENTE: Elaboración propia.
Nota: Se usó el Primer Valor Plausible (PV1) en el conjunto de datos PIRLS. Los niños sudafricanos hicieron la prueba en el quinto grado, y los ingleses en el cuarto grado.

hizo la prueba en la lengua que hablan en casa. Aunque a los niños sudafricanos se les aplicó la prueba en el quinto grado y a los ingleses en el cuarto grado, los sudafricanos están muy rezagados en comparación con sus homólogos ingleses: sólo 8% de los niños ingleses no alcanzó la calificación baja de referencia de 400, pero un impresionante 78% de los niños sudafricanos no la alcanzó. Entre los ingleses, 70% logró cuando menos el punto de referencia internacional (el promedio entre los países participantes) de 500, pero éste lo alcanzó sólo 9% de los niños sudafricanos.

EVALUACIONES INTERNACIONALES: COBERTURA
Y LAGUNAS EN LA COBERTURA

Un dilema que enfrentan muchos países en desarrollo es que no cuentan con los medios para valorar la calidad de los resultados cognitivos de manera que permitan tanto una comparación geográfica como temporal. La mayoría de los países tiene ahora, cuando menos, una evaluación nacional que ofrece alguna medición del cambio con el paso del tiempo. Según la UNESCO (2015, p. 18), la proporción de países que cuentan por lo menos con una evaluación nacional aumentó de 34% en 2000 a 69% en 2013. Sin embargo, algunas de estas evaluaciones no garantizan que los niveles de dificultad sean comparables con el paso del tiempo, algo a lo que las evaluaciones internacionales le dedican mucho trabajo para asegurar la comparabilidad intertemporal. El problema mayor, sin embargo, radica en la medición de resultados contra un estándar externo. De los más de 50 países de África, sólo cinco (Botsuana, Egipto, Ghana, Marruecos y Sudáfrica) han participado en grandes evaluaciones internacionales como el Estudio Internacional de Tendencias en Matemáticas y Ciencias (TIMSS, por sus siglas en inglés) o el Estudio Internacional del Progreso en Competencia Lectora (PIRLS, por sus siglas en inglés), y ninguno en PISA. Por suerte, existen evaluaciones regionales importantes: en África del Sur y del Este está SACMEQ (siglas en inglés del Consorcio para la Calidad Educativa de África del Sur y del Este), en el África occidental francófona está PASEC (siglas en francés del Programa de Análisis de Sistemas Educativos de la Confemen), y América Latina cuenta con el Segundo Estudio Regional Comparativo y Explicativo (SERCE).

Estas evaluaciones regionales, por importantes que sean, dejan de todas maneras dos importantes lagunas de conocimiento. La primera es que muchos países no están cubiertos por ninguna de estas evaluaciones regionales o internacionales. Tan sólo en África hay más de 20 en esta situación, y también hay un número considerable en Asia, donde los planificadores educativos y el público no tienen idea de la calidad de la educación que ofrece el sistema escolar. Uno de los caminos principales para llenar potencialmente esta laguna de conocimiento es introducir PISA para el Desarrollo, conocida también como PISA-D, una nueva iniciativa que tiene el propósito de desarrollar y luego expandir una evaluación tipo PISA para los países en desarrollo. Esto ofrecería un sistema de exámenes que podría aplicarse en muchos de estos países y que también se pueda adaptar en relación con el desempeño en PISA para así mostrar cuánto les falta todavía y qué progreso están logrando hacia un desempeño al nivel de los países desarrollados. La segunda laguna de conocimiento es que incluso aquellos países que sí participan en esfuerzos de evaluación regionales, como SACMEQ, PASEC O SERCE, desconocen aún *cómo se compara su calidad educativa con el resto del mundo*. Este tema se comenta en la siguiente sección.

Llenar una laguna de conocimiento: calibrando
calificaciones entre evaluaciones internacionales

En la actualidad, la única manera de comparar evaluaciones internacionales es utilizando algún tipo de coincidencias entre países que participan en diferentes evaluaciones internacionales, con el fin de convertir el desempeño en una medición común, ejercicio bastante arriesgado pero necesario. Los intentos por calibrar más o menos diferentes evaluaciones internacionales en esta forma incluyen los trabajos de Gustafsson (2012, 2014), Hanushek y Woessmann (2008, 2009), y Hanushek y Zhang (2009). A pesar de las limitaciones de tales ejercicios, presentan indicadores aproximados de las diferencias en calidad educativa entre países. Gustafsson (2012, 2014) ha convertido las calificaciones de varios países en una medición común de PISA. Si estas mediciones se contrastan con el producto interno bruto (PIB) per cápita, resulta claro que, en términos generales, la línea de tendencias muestra que un PIB per cápita más alto se asocia con un mejor desempeño educativo. México se encuentra en algún punto por debajo de la línea, es decir, su calificación PISA es un poco peor de lo que se esperaría teniendo en cuenta el estatus económico del país. La calidad educativa de Sudáfrica se encuentra incluso mucho más abajo de las expectativas, mientras que Kenia se desempeña muy por encima de lo esperado. Estos resultados demuestran que el desempeño en pruebas internacionales, en el cual influyen los recursos disponibles de un país, no se determina sólo por su nivel de desarrollo económico. En otras palabras, el funcionamiento del sistema educativo importa, y en eso, supuestamente, influyen a su vez las políticas y las estrategias que se aplican en el sector educativo.

Combinando mediciones de rendimiento cognitivo
con mediciones de cobertura para tener un panorama más completo

No obstante, los datos en los que se basó este análisis no muestran la diferencia total entre países desarrollados y en desarrollo. La razón de esto es que no tiene en cuenta que la mayoría de los niños en los países desarrollados está en la escuela, mientras que con frecuencia esto no ocurre en los países en desarrollo. Por ejemplo, PISA aplica sus pruebas a jóvenes de 15 años que están en la escuela y por lo menos en el séptimo grado. Eso significa que en 2012 se aplicaron las pruebas a 91% de los niños japoneses, pero según el Informe Técnico PISA (OECD, 2014a) fueron aplicadas sólo a 63% de los niños mexicanos.[2] Por lo tanto, de

---

[2] Estas cifras se presentan como Índice de Cobertura 3 en el Informe técnico PISA (OECD, 2014a).

acuerdo con los datos de PISA, más de un tercio de los niños mexicanos de 15 años no había alcanzado el séptimo grado y, por lo tanto, no se incluyó en la muestra.[3] Eso podría deberse a que jamás iniciaron la escuela, desertaron o han repetido año con tanta frecuencia que no han alcanzado el séptimo grado a los 15 años (también es posible que el ingreso tardío a la escuela afecte esta última razón). En Turquía se aplicaron las pruebas sólo a 68% de los jóvenes de 15 años, y en Vietnam a 56%, lo cual ilustra que las pruebas PISA cubrieron sólo parte del grupo de edad objetivo y excluyeron a aquellos que habían abandonado la educación formal convencional.

El fracaso de los sistemas escolares para proporcionar resultados cognitivos aceptables se ilustra mejor al combinar información cuantitativa con cualitativa para calcular la proporción de todos los jóvenes de 15 años que alcanzaron el nivel básico en aritmética y no solamente los que participaron en las pruebas. Tal nivel básico, nivel 2 en PISA, no es muy oneroso:

En el nivel 2 los estudiantes saben interpretar y reconocer situaciones en contextos que no requieren más que una inferencia directa. Pueden extraer información relevante de una sola fuente y emplear un solo modo figurativo. Los estudiantes de este nivel saben emplear algoritmos, fórmulas, procedimientos o convenciones básicas para resolver problemas que comprenden números enteros. Son capaces de realizar interpretaciones literales de los resultados [OECD, 2014a, p. 297].

Al juntar los resultados PISA para la proporción de la población examinada que es de "rendimiento bajo" (es decir, aquellos que no han alcanzado el nivel 2, habilidades básicas en aritmética) con el Índice de Cobertura 3 (la proporción de jóvenes de 15 años en séptimo grado o superior), obtenemos los datos que forman la base de la gráfica IV.3. Esto refleja mejor las grandes diferencias entre los países más desarrollados y los pocos en desarrollo que participan en PISA. De los 65 países (y territorios) participantes, sólo siete tenían más de 80% de los jóvenes de 15 años con un desempeño por encima del nivel 1, y otros 16 países,

---

[3] Los funcionarios educativos mexicanos afirman que PISA aplicó las pruebas a jóvenes de 15 años que habían terminado por lo menos el octavo grado. Sin embargo, la documentación de PISA (OECD, 2014c) reitera que 1.1% de los jóvenes de 15 años a quienes les aplicaron las pruebas estaba en el séptimo grado y 5.2% en el octavo. Si lo que dicen los funcionarios es exacto, es una exageración que 37% de este grupo de edad en México no haya aprobado el séptimo grado. No obstante, la mayoría de los estudiantes de séptimo y octavo grados que se sometieron a las pruebas muy probablemente se habrían desempeñado por debajo del nivel básico en aritmética. En términos de los datos de la gráfica IV.3, habría un ligero cambio de la categoría "No ha alcanzado la preparatoria" (las barras oscuras) a "Por debajo del nivel básico en aritmética" (las barras con diagonales). Las barras de mayor interés, "Nivel básico en aritmética" (las barras grises), quizá permanecerían casi sin afectación alguna, ya que la mayoría de los jóvenes de 15 años en séptimo u octavo grados probablemente se desempeñarían por debajo del nivel básico en aritmética.

GRÁFICA IV.3. *Desempeño PISA en matemáticas entre países, 2012: proporciones que alcanzan habilidades básicas en aritmética (nivel 2 o más), por debajo de habilidades básicas en aritmética, y que no han llegado al séptimo grado*

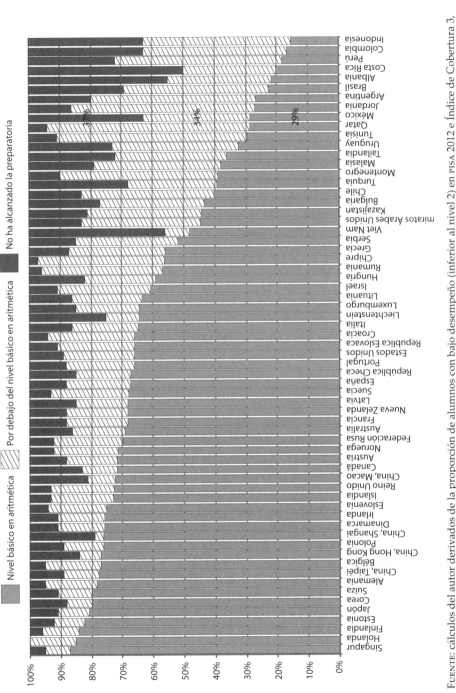

Nivel básico en aritmética

Por debajo del nivel básico en aritmética

No ha alcanzado la preparatoria

FUENTE: cálculos del autor derivados de la proporción de alumnos con bajo desempeño (inferior al nivel 2) en PISA 2012 e Índice de Cobertura 3, la proporción de la población de 15 años de edad que no está en séptimo grado o superior.

más de 70%. Eso significa que incluso en muchos países desarrollados de la Organización para la Cooperación y el Desarrollo Económicos (OCDE), grandes proporciones de estudiantes de 15 años se desempeñan por debajo de un nivel básico en matemáticas. Desde luego, la hipótesis implícita en estos cálculos es que esos jóvenes que no han alcanzado por lo menos el séptimo grado se desempeñan por debajo del nivel 2, es decir, no han logrado habilidades básicas en aritmética, presunción que quizá sea un reflejo relativamente acertado de la realidad. Esto no implica necesariamente que los niños que no están en la escuela no aprendan nada, sino que su aprendizaje informal tal vez no mejore mucho sus calificaciones en esta asignatura.

El desempeño diferencial de países en toda la gama internacional que muestra la gráfica IV.3 es muy relevante para sacar una conclusión: el desempeño educativo en cualquier momento determinado y con cualquier aportación de recursos fiscales y educativos no es fijo e inmutable, ya que existen grandes diferencias en niveles de éste, incluso entre países ricos. Las políticas y el esfuerzo importan, lo cual es un gran hallazgo. El desempeño educativo no es una fatalidad, sino que está sujeto a intervenciones de las políticas. Esto hace que la disponibilidad de información sea algo decisivo para quienes elaboran las políticas y para quienes participan en los diálogos sobre las políticas dentro de los países.

Un problema más: la desigualdad dentro de los países

La relación entre estatus socioeconómico y un determinado resultado educativo se conoce como gradiente social. Existen gradientes sociales muy pronunciadas en resultados cognitivos en la mayoría de los países en desarrollo, lo cual quiere decir que los niños de los estratos socioeconómicos más altos superan por mucho en desempeño a los niños pobres. Esto refleja el hecho de que sólo un pequeño segmento de la población obtiene una educación de calidad. Generalmente en muchas evaluaciones educativas internacionales se obtiene una medición de estatus socioeconómico (ESE) para clasificar a los niños participantes. La medición de ESE más común que se emplea en tales estudios es un índice de activos o riqueza, elaborado mediante el uso de Análisis de Componentes Principales (ACP) o Análisis de Correspondencias Múltiples (ACM) —para comparar entre ACP y ACM, véanse Filmer y Pritchett (2001) y Booysen, Van der Berg, Burger, Von Maltitz y Du Rand (2008)—.[4]

---

[4] Tales métodos no otorgan arbitrariamente peso a diferentes posesiones o atributos, sino que más bien usan los datos disponibles para identificar y extraer una variable latente común, riqueza de hogar, y así asignar las ponderaciones en conformidad con ella.

La pronunciada gradiente social de Sudáfrica refleja su herencia de desigualdad. Se advierte que las escuelas con alumnos de ESE más alto se desempeñaron mejor, en términos generales, que aquellas que tienen principalmente niños pobres. La existencia de este tipo de gradientes sociales es universal, pero
rara vez son tan pronunciadas como en Sudáfrica. Estas desigualdades en el desempeño educativo, de acuerdo con el nivel socioeconómico, son fuente de grandes debates tanto dentro de los países como entre ellos. Algunos sostienen que
los niveles de desigualdad tan altos son nocivos para el progreso educativo, incluso para los ricos, e insinúan que se vería afectado el desempeño general de
todos los niños en sociedades con un alto grado de desigualdad. Los debates sobre la desigualdad educativa incluyen una bibliografía relativamente extensa en
torno al impacto de diferentes sistemas educativos y de las intervenciones en las
escuelas para reducir la desigualdad educativa, a lo que Willms (2004) se refiere
como "nivelando la barra", más que simplemente "elevando la barra". Con esto
quiere decir que deben buscarse intervenciones que no sólo eleven el aprendizaje colectivo en toda la gama, sino que también reduzcan las desigualdades para
beneficiar especialmente a los estudiantes más pobres.

Kotzé (2017), en una obra inédita, ha intentado incrementar la comparabilidad internacional entre países y encuestas para SACMEQ y SERCE,[5] utilizando clasificaciones de riqueza de las evaluaciones internacionales y combinándolas con
clasificaciones de consumo per cápita de una encuesta de hogares. Corrige el
efecto de que algunos niños no estén en la escuela en el sexto grado asignándo-
les una calificación baja. Esto le permitió trazar gradientes sociales que cuentan
con el registro de consumo per cápita más que con un índice de activos en el eje
horizontal. Usando las mediciones PISA de Gustafsson (2012, 2014) pudo convertir las calificaciones entre SACMEQ y SERCE en una medición común, una calificación equivalente a la de PISA. Posteriormente comparó el desempeño de seis países africanos y seis latinoamericanos en estas dos evaluaciones; los países con
menor desempeño fueron Mozambique, Malawi, Uganda, Namibia, Sudáfrica y
República Dominicana; aquellos con mejor desempeño fueron Costa Rica, Uru-
guay, Argentina, México, Chile y Kenia.

Los resultados de Kotzé muestran que Mozambique, una de las naciones
más pobres del mundo, estaba en la séptima posición entre los 12 países en la
escala calibrada de PISA en todos los niveles de consumo per cápita. En los niveles de ingreso por debajo de las dos líneas de pobreza (que representan un consumo diario de entre 2 y 3.10 dólares por persona), Sudáfrica mostró peor desempeño que Uganda y República Dominicana, si bien los niños sudafricanos

---

[5] Tanto SACMEQ como SERCE son evaluaciones de sexto grado.

más ricos se desempeñaron mejor que los hogares más ricos de los países analizados, lo cual refleja la muy pronunciada gradiente social de Sudáfrica.

México y Argentina mostraron un desempeño más débil entre los niños pobres, pero este déficit se redujo en gran parte entre los niños de los hogares más ricos. La verdadera sorpresa fue el excelente desempeño de Kenia, cuyo resultado es ligeramente peor que el de Costa Rica entre los pobres, pero que tiene claramente el mejor desempeño entre los niños de hogares algo más prósperos. Esto, supuestamente, tiene que ver con la mayor eficiencia del sistema escolar de Kenia.

En resumen

Hay varias cosas que reflejan las evaluaciones educativas internacionales sobre la calidad de la educación en los países en desarrollo. Primero, que para la mayoría de éstos existe una brecha enorme en el desempeño en comparación con sus países desarrollados homólogos. Para que México se desempeñe en niveles similares a los Estados Unidos, su vecino, se requerirían mejoras masivas en el funcionamiento del sistema educativo. Para que se dé semejante mejoría en el desempeño, podrían ser de utilidad los recursos fiscales y humanos, pero una parte importante de la mejora tendría que venir de un mejor desempeño en los salones de clase y en las escuelas. La magnitud de esta brecha en comparación con los países desarrollados es incluso mucho mayor para Sudáfrica, cuyo desempeño educativo es bastante más débil que el de muchos otros del sur y del este de África, aunque Sudáfrica tenga muchos más recursos que la mayoría de ellos.

Eso plantea una segunda lección que podemos aprender de las evaluaciones internacionales: existen grandes diferencias de desempeño entre países que, con frecuencia, no se pueden explicar por la disponibilidad de recursos. Aunque las brechas entre países desarrollados y en desarrollo son en general grandes, existen amplias diferencias en el desempeño en cada una de estas dos agrupaciones. Si los recursos no las pueden explicar —y por lo general no pueden—, debe existir un margen considerable para aprender de la investigación comparativa en la educación. Esto no implica que los modelos que demostraron funcionar en un país necesariamente se trasladarían bien a otro, pero sí aporta pruebas de que una profunda comprensión de las semejanzas y las diferencias entre sistemas educativos debe tener algún valor en los debates sobre políticas educativas. De nuevo, estos debates serían mucho más pobres en ausencia de las evaluaciones internacionales para comparar aspectos de desarrollo cognitivo y de aprendizaje en diferentes contextos.

Una tercera lección que nos enseñan las evaluaciones internacionales es que el estatus socioeconómico siempre tiene una influencia sistemática sobre los resultados educativos. La desigualdad socioeconómica y la desigualdad educativa se vinculan, así pues, de una manera importante. No obstante, el hecho de que las gradientes sociales difieran entre países, o que cambien con el paso del tiempo dentro de los propios países, plantea nuevamente interrogantes importantes sobre las lecciones que tal vez podamos aprender de las perspectivas comparativas. Estas gradientes no son inmutables, y podemos aprender de los trabajos comparativos.

En la introducción afirmé que las lagunas de información respecto a la calidad educativa en el mundo en desarrollo hacen imprescindible que tales evaluaciones se expandan en lugar de reducirse. No es que sea tan necesario conocer cómo se desempeñan los países en una "clasificación" internacional, sino más bien permitirles evaluar lo idóneo de sus políticas y estrategias, así como compararse con otros países. ¿Hay diferencias en cuanto a la disponibilidad de recursos, en la capacitación de maestros, en tareas en casa, en el compromiso de los padres de familia? ¿Qué podemos esperar en un sistema educativo, dado lo que observamos en otros?

También afirmé que la comparabilidad internacional entre diferentes evaluaciones debe mejorarse. En este documento presenté algunos hallazgos en los que se comparan países que participan en dos diferentes evaluaciones educativas internacionales, SACMEQ y SERCE. No obstante, esta comparación, por su propia naturaleza, es imperfecta, y una mayor colaboración entre diferentes evaluaciones internacionales daría lugar a que hubiera más posibilidades de hacer contrastes entre países, con todos los beneficios que esto traería. Si existieran elementos de prueba comunes dentro de SERCE, SACMEQ, PASEC y PIRLS, por ejemplo, sería posible equiparar el nivel de dificultad de las pruebas usando la teoría de respuesta al ítem (TRI), lo cual contribuiría en mucho a mejorar la comparabilidad internacional de resultados. Sin embargo, esto no es fácil, ya que la elección de ítems de prueba, teniendo en cuenta los distintos propósitos de las diferentes evaluaciones, los factores culturales y los problemas de traducción, crea barreras significativas que hay que superar.

Las evaluaciones educativas contribuyen más a nuestro entendimiento de los déficits educativos en los países en desarrollo cuando se combinan con datos sobre el acceso y la cobertura. A medida que mejore el acceso en los países en desarrollo, las mediciones que se deriven de datos del censo o de encuestas, tales como el acceso y la cobertura del sistema escolar, así como la escolaridad diferencial de personas de edades, género o agrupaciones socioeconómicas distintas, nos darían cada vez menos información, mientras que las mediciones de resultados cognitivos por medio de las evaluaciones educativas se volverían cada vez más importantes. No siempre resulta fácil utilizar las evaluaciones educativas junto con censos o encuestas, ya que esto requiere una interrogación y una interpretación de datos relativamente hábiles. A veces también es posible que no ocurra en el grado que se espera si los que elaboran las políticas prefieren un mensaje más positivo del que produce semejante triangulación de datos.

PARA CONCLUIR: EL RETO

Cómo mejorar la calidad de la educación que reciben los niños pobres en países en desarrollo, sigue siendo un importante asunto no resuelto. Si bien las restricciones de recursos tal vez desempeñen un papel en algunos casos, también son necesarias políticas que garanticen una mayor eficiencia del uso de los recursos en escuelas que atiendan a los pobres. La aplicación eficiente y dirigida de recursos y políticas no puede darse, sin embargo, en un vacío de información: requiere datos sobre el desempeño del sistema, las desigualdades, el progreso y el estancamiento, que sólo pueden obtenerse por medio de procesos de recolección y de interpretación de amplio espectro. Las evaluaciones internacionales ya desempeñan un papel importante en este sentido, pero deben extenderse a más países, estar más arraigadas y ser más comparables, y deben desmitificarse. En la mayoría de los países en desarrollo, la gran escasez de evaluaciones educativas internacionales es la enemiga del progreso educativo.

BIBLIOGRAFÍA

Barro, R. J., y J. Lee (2013), "A New Data Set of Educational Attainment in the World, 1950-2010", *Journal of Development Economics*, 104, pp. 184-198.

Booysen, F., S. Van der Berg, R. Burger, M. Von Maltitz y G. Du Rand (2008), "Using an Asset Index to Assess Trends in Poverty in Seven Sub-Saharan African Countries", *World Development*, 36 (6), pp. 1113-1130.

BVVA Research (2012), *Educational Attainment in the OECD, 1960-2010*, Documento de trabajo 12/20, Madrid, BVVA Research.

Filmer, D., y L. H. Pritchett (2001), "Estimating Wealth Effects without Expenditure Data – or Tears: An Application to Educational Enrollment in States of India", *Demography*, 38 (1), pp. 115-132.

Filmer, D., A. Hasan y L. Pritchett (2006), *A Millennium Learning Goal: Measuring Real Progress in Education*, Documento de trabajo núm. 97, Washington D. C., Center for Global Development.

Guichard, S. (2005), *The Education Challenge in Mexico: Delivering Good Quality Education to All*, OECD Economics Department Working Papers 447, París, OECD Publishing.

Gustafsson, M. (2012), *More Countries, Similar Results: A Nonlinear Programming Approach to Normalizing the Scores Needed for Growth Regressions,* Stellenbosch Economic Working Papers, Stellenbosch, University of Stellenbosch.

————— (2014), *Education and Country Growth Models,* tesis de doctorado, University of Stellenbosch, Stellenbosch.

Hanushek, E., y L. Woessmann (2008), "The Role of Cognitive Skills in Economic Development", *Journal of Economic Literature,* 46 (3), pp. 607-668.

Hanushek, E., y L. Woessmann (2009), *Do Better Schools Lead to More Growth? Cognitive Skills, Economic Outcomes, and Causation,* Documento de trabajo núm. 14633 del NBER, Cambridge, MA, National Bureau of Economic Research.

Hanushek, E., y L. Zhang (2009), "Quality-consistent Estimates of International Schooling and Skill Gradients", *Journal of Human Capital,* 3 (2), pp. 107-143.

Kotzé, J. (2017), *Social Gradients, Early Childhood Education and Schools Performing Above the Demographic Expectation: Empirical Insights into Educational Issues,* tesis de doctorado, University of Stellenbosch, Stellenbosch.

OECD, Organisation for Economic Co-operation and Development (2013), *Education Policy Outlook: Mexico,* París, OECD, recuperado el 14 de agosto de 2017 de <http://www.OECD.org/Mexico/EDUCATION%20POLICY%20OUTLOOK%20MEXICO_EN.pdf>.

————— (2014a), *PISA 2012 Technical Report,* París, OECD, recuperado el 14 de agosto de 2017, de <https://www.oecd.org/pisa/pisaproducts/PISA-2012-technical-report-final.pdf>.

————— (2014b), *PISA 2012 Results in Focus: What 15-year-olds Know and What They Can Do With What They Know,* París, OCDE, recuperado el 14 de agosto de 2017 de <https://www.oecd.org/pisa/keyfindings/pisa-2012-results-overview.pdf>.

————— (2014c), *PISA 2012 Results: What Students Know and Can Do* (vol. I), París, OECD, recuperado el 14 de agosto de 2017 de <https://www.google.com/url?sa=t&rct=j&q=&esrc=s&source=web&cd=6&cad=rja&uact=8&ved=0ahUKEwjtuZ71zJfUAhUGJMAKHW4YBOUQFGHDMAU&url=http%3A%2F%2Fdx.doi.org%2F10.1787%2F888932937092&usg=AFQjCNEG3042DLE6WPgWU1r49jQlErWdbQ&sig2=5u0bXNK7IMWAxEG29Y8Yvw>.

Pritchett, L. (2013), *The Rebirth of Education: Schooling Ain't Learning,* Washington D. C., Center for Global Development.

Sahlberg, P., y A. Hargreaves (24 de marzo de 2015), "The Tower of PISA is Badly Leaning. An Argument for Why It Should Be Saved", *The Washington Post,* recuperado el 30 de mayo de 2017 de <https://www.washingtonpost.com/news/answer-sheet/wp/ 2015/03/24/the-tower-of-pisa-is-badly-leaning-an-argument-for-why-it-should-be-saved/?utm_term=.ef5043147842>.

Spaull, N. (2017), *Who Makes It Into PISA?: Understanding the Impact of PISA Sample Eligibility Using Turkey As a Case Study (PISA 2003-PISA 2012),* Documento de trabajo núm. 154, París, OECD Publishing, recuperado el 30 de mayo de 2017 de <http://dx.doi.org/10.1787/41d175fc-en>.

Spaull, N., y S. Taylor (2015), "Access to What? Creating a Composite Measure of Educational Quantity and Educational Quality for 11 African Countries", *Comparative Education Review*, 59 (1), pp. 133-165.

Taylor, S., y N. Spaull (2015), "Measuring Access to Learning over a Period of Access to Schooling: The Case of Southern and Eastern African since 2000", *International Journal of Educational Development*, 41, pp. 47-59.

Taylor, S., y D. Yu (2009), *The Importance of Socioeconomic Status in Determining Educational Achievement in South Africa*, Documento de trabajo núm. 01/2009, Stellenbosch, University of Stellenbosch.

The Guardian (6 de mayo de 2014), oecd *and* pisa *Tests Are Damaging Education Worldwide – Academics*, Carta de un grupo de académicos al doctor Andreas Sleicher, director de pisa, recuperado el 30 de mayo de 2017 de <https://www.theguardian.com/education/2014/may/06/oecd-pisa-tests-damaging-education-academics>.

unesco, Organización de las Naciones Unidas para la Educación, la Ciencia y la Cultura (2005), *Education for All Global Monitoring Report 2005: The Quality Imperative*, París, unesco.

——— (2015), efa *Global Monitoring Report 2015. Education for All 2000-2015: Achievements and Challenges*, París, unesco.

Willms, J. D. (2004), *"Raising and Levelling the Learning Bar": Increasing Student Performance, Reducing Socioeconomic Differences*, Policy Brief 2004-11, New Brunswick, Canadian Research Institute for Social Policy.

COMENTARIO

Teresa Bracho*

De acuerdo con el *Diccionario de la lengua española*, de la Real Academia Española, 'evaluar' se define como señalar, estimar, apreciar, calcular el valor de algo. Para mí se trata más bien de "una práctica seria de argumentación basada en información pertinente, que permite opinar sobre las acciones públicas y sus efectos". Sin embargo, resulta complicado llegar a un consenso entre los evaluadores sobre una definición. En el terreno de la evaluación educativa las cosas se complican aún más cuando se habla de las evaluaciones internacionales, y ésta es precisamente la motivación que llevó a Servaas Van der Berg a realizar su estudio *Education Quality in Devloping Countries: What we learn from International Educational Evaluations*.

* Consejera de la Junta de Gobierno del Instituto Nacional para la Evaluación de la Educación (inee), México.

Recapitulando algunas ideas que Van der Berg desarrolla en su trabajo bien documentado, hay cuatro puntos sobre los que vale la pena reflexionar:

1. Las brechas de información sobre la calidad de la educación en los países en desarrollo hacen necesario que las evaluaciones sobre la calidad aumenten, en lugar de que se plantee reducirlas o simplificarlas.
2. La comparabilidad entre diferentes evaluaciones internacionales se debe mejorar.
3. Las evaluaciones contribuyen al entendimiento de los déficits en educación cuando se combinan con los datos de acceso y cobertura.
4. Las evaluaciones educativas pueden decirnos mucho más sobre la inequidad educativa y su relación con los niveles de ingreso en los países en desarrollo.

Ha sido una prioridad tanto de los países desarrollados como de los que se encuentran en desarrollo avanzar en el acceso a la educación y en la permanencia de los alumnos en la escuela por más tiempo, para incrementar los índices de cobertura y los niveles que son obligatorios de la educación. Para ejemplificar el último punto, en México pasamos de tener seis años de educación obligatoria a nueve años (al incluir la secundaria) en 1992, y para 2012 se planteaba ya una educación obligatoria de 15 años; es decir que en sólo dos décadas se agregaron nueve grados escolares. Como consecuencia de estas tendencias de crecimiento de la oferta y la promoción de la obligatoriedad de la educación, incluso en los países de bajos ingresos cada vez hay menos niños que nunca han ido a la escuela. De acuerdo con los datos de la Organización de las Naciones Unidas para la Educación, la Ciencia y la Cultura (UNESCO), retomados por el doctor Van der Berg, la proporción de niños que nunca han asistido a la escuela se redujo de 32% en 1992 a 23% en 1999 y a 14% en 2008.

Según lo presentado por el autor, otra manera de mostrar el progreso en el aprendizaje, en términos cuantitativos, ha sido mediante la proporción de diferentes cohortes que han completado el último grado de primaria. A pesar de la limitada información que se tiene sobre los sistemas escolares del continente africano, el autor muestra la evaluación de 1930 a 1990 en los cinco países que integran la Unión Aduanera de África Austral: Botsuana, Lesoto, Namibia, Sudáfrica, Suazilandia.

Sin embargo, Servaas Van der Berg también reconoce que la asistencia a la escuela ya no representa en sí misma (o no es equivalente a) un valor de aprendizaje, y que, a pesar de los avances en escolaridad (medida en años cursados de educación), los países en desarrollo aún tienen un gran déficit en aprendizaje (cuando se miden logro de aprendizaje y habilidades cognitivas). Puesto en mis propias palabras, el mensaje es que la cobertura pudo ser un indicador válido del valor de la educación en una sociedad, razón por la cual se promovió en todo el mundo la expectativa de la cobertura universal. Sin embargo, este indicador ya no es suficiente: ahora debemos mirar también al aprendizaje logrado y las habilidades formadas en las trayectorias educativas, para tener una idea sólida y precisa acerca de lo que los sistemas educativos están logrando.

Una premisa fundamental del trabajo de Van der Berg es la siguiente: "Si la cantidad de educación está mejorando, pero la calidad sigue siendo débil, existe el peligro de que los progresos en la cantidad de educación no se traduzcan en adelantos conmensurables en resultados cognitivos, o que esto pase sólo en menor medida". En este sentido, "cantidad" se refiere tanto a años de educación como a cobertura, pero también identifica la calidad a partir del logro de los estudiantes. Es necesario generar consensos que conduzcan a dejar atrás lo que fue la gran meta del siglo xx: alcanzar la cobertura universal de la educación obligatoria, en la que todos comprometimos partes muy importantes de nuestras tareas profesionales. Pero, a mi juicio, debemos agregar lo que esto significa para poder replantearla y hacer explícito que "cobertura" quería decir "formación": el acceso a la educación (o cobertura educativa) suponía la formación de capacidades cognitivas básicas, el aprendizaje de los conocimientos que cada sociedad juzga relevantes a la participación y las habilidades que permiten el desarrollo de las personas en el trabajo productivo. Por ello, al privilegiar el indicador de cobertura sobre lo que debía llevar consigo el acceso a la educación, perdió su significado como medida de la formación. Entonces, estoy de acuerdo con el autor en proponer medidas precisas sobre el aprendizaje de los estudiantes en el sistema escolar, pero creo que no debemos olvidar el tema de *garantía de acceso,* representado por el indicador de cobertura.

No debemos perder de vista que la baja calidad de la educación también puede limitar el progreso del desarrollo económico. Mejorar la cobertura del sistema educativo es un reto importante, pero es tan sólo una parte de un reto mayor: poner en el centro de atención el tema de la calidad de la educación. Éstos son asuntos que constatamos de algún modo casi todos los que hemos analizado las relaciones entre escolaridad y desarrollo económico, beneficios monetarios de la educación y relaciones con pobreza, pero no logramos ponerlos en blanco y negro.

En las Metas de Desarrollo del Milenio (MDM) y las Metas de Desarrollo Sostenible (MDS) (Agenda 2030) se busca poner el acento en la calidad de la educación. Y no se trata de un esfuerzo aislado: es también la tendencia en la Declaración de Incheon y de otros esfuerzos que se están organizando de manera regional. En América Latina estamos tratando de avanzar tanto en la definición como en la medición de la calidad de la educación. En México es muy claro el reconocimiento —al menos en el nivel normativo— de este cambio de perspectiva, al grado de que se introdujo la calidad como una condición necesaria del derecho a la educación en la Constitución a partir de la reciente reforma del artículo 3° en 2013. Esto responde a que, en gran medida, no se ha logrado acompasar la gran expansión de la escolaridad con la disminución de la pobreza; hemos "escolarizado la pobreza", y no hemos podido superarla; el acceso a la educación no ha garantizado una contribución para romper el círculo de la transmisión intergeneracional de la pobreza. Expresado de otra manera, he propuesto reconocer que enfrentamos un reto en lo que representaba la escolarización: vaciamiento de las credenciales educativas, o educación sin formación.

Ahora bien, si el acceso a la educación no está brindando esto, o no lo hace para todos, vale la pena preguntarnos cómo habremos de medir la calidad en términos de resultados de aprendizaje. Van der Berg detecta que uno de los dilemas que enfrentan muchos países en desarrollo es que no tienen los medios para conocer la calidad de sus resultados cognitivos de una forma sistemática, en la que puedan hacer comparaciones geográficas y seguimiento temporal. Gracias a esfuerzos tanto nacionales como de organismos internacionales, ahora muchos países tienen por lo menos una evaluación nacional, que de alguna manera permite medir el progreso de los estudiantes en el tiempo (en 2000, 34% de los países tenían siquiera una evaluación nacional, y esta cifra se duplicó a 69% en 2013). Lamentablemente, sigue sin ser una herramienta muy útil, ya que no es posible medir los resultados contra un estándar externo. En África sólo cinco países han participado en el Estudio Internacional de Progreso en Competencia Lectora (PIRLS, por sus siglas en inglés) o en el Estudio Internacional de Tendencias en Matemáticas y Ciencias (TIMSS, por sus siglas en inglés) y ninguno en el Programa para la Evaluación Internacional de Alumnos (PISA, por sus siglas en inglés). Sin embargo, sí se cuenta con algunas evaluaciones regionales como SACMEQ (siglas en inglés de Consorcio para la Calidad Educativa de África del Sur y del Este), en el sur y este de África; PASEC (siglas en francés del Programa de Análisis de Sistemas Educativos de la Confemen), en los países africanos francófonos, y los Estudios Regionales Comparativos y Explicativos que coordina el Laboratorio Latinoamericano de Evaluación de la Calidad de la Educación (LLECE) en América Latina.

Desde el punto de vista de Van der Berg, estas evaluaciones regionales tienen dos grandes desventajas: *1)* hay muchos países que aún no están cubiertos y *2)* todavía los países que participan en las evaluaciones regionales no saben cómo comparar su calidad educativa con el resto de mundo. Una vía para solucionar la primera desventaja es PISA para el Desarrollo (PISA-D). Además, no todos son capaces de brindar información en niveles de desagregación estatal, de manera tal que puedan tener la clase de información que sirva para la toma de decisiones para la mejora de los resultados educativos.

De acuerdo con el autor, la única forma de hacer comparaciones entre países consiste en utilizar la superposición entre los participantes de diferentes evaluaciones internacionales y en buscar convertir el desempeño en una métrica común. A pesar de las limitaciones de este tipo de ejercicios, es posible obtener estimados de las diferencias en la calidad educativa entre países. Dado lo reconocida que es la prueba PISA, Van der Berg presenta la conversión de resultados a la métrica de esta prueba —basado en el trabajo de Gustafsson (2012, 2014), Hanushek y Woessmann (2008, 2009) y Hanushek y Zhang (2009)— y los compara con los datos del producto interno bruto (PIB) per cápita. La tendencia muestra que un PIB per cápita más alto se asocia con un mejor desempeño educacional.

Lamentablemente, no resulta una sorpresa que el desempeño educativo de México muestre que los puntajes de PISA son peores de lo esperado según el estatus económico del país en esta comparación internacional. Sin embargo, hay que recordar que, aun cuando los resultados en México son más bajos que las expectativas estadísticas dado su nivel de desarrollo, la desigualdad interna en los resultados de logro educativo también es menor a la esperada. Coincido plenamente con esta conclusión del doctor Van der Berg, y curiosamente éste es el tema de uno de mis trabajos más recientes: la medición del déficit en competencias a partir de las brechas de quienes resultan por debajo de la media de competencias básicas en la prueba PISA.

El autor es consciente de que comparaciones como la que él está usando no permiten identificar completamente la diferencia entre países desarrollados y en desarrollo. La razón yace en que no se considera que muchos niños de 15 años (edad en la que se aplica PISA) en países desarrollados están inscritos y siguen cursando la escuela, mientras que en los países en desarrollo no ocurre lo mismo; de hecho, se trata de niveles educativos con las mayores tasas de deserción. Además del abandono escolar, hay otras posibles explicaciones de que los niños de 15 años no estén inscritos en el sistema educativo: que nunca acudieron a la escuela o que el índice de repitencia en los niveles previos sea muy alto.

Además de PISA, otras evaluaciones internacionales incluyen medidas de estatus socioeconómico (ESE) para clasificar a los estudiantes y de esta manera contar con la asociación entre éste y un resultado educativo particular; en pocas palabras, la gradiente social. Para ilustrar este punto, Van der Berg retoma parte del trabajo de Kotzé (2017), que compara los resultados de SACMEQ (para países africanos) y el Segundo Estudio Regional Comparativo y Explicativo (SERCE) (para países latinoamericanos) utilizando clasificaciones de bienestar de los estudios internacionales, empatando éstas con el consumo per cápita y corrigiendo por cobertura (esto es, teniendo en cuenta que algunos niños de estos países ya no están en la escuela en sexto grado). Aquí se observa cómo se desempeñan niños de estratos más pobres en comparación con los provenientes de hogares más ricos, y la inclinación de las curvas indica qué tan desiguales son los resultados educativos dependiendo del nivel socioeconómico. Llama la atención, por ejemplo, lo inclinada que es la curva en el caso de Sudáfrica (los niños de niveles socioeconómicos altos tienen mucho mejores resultados) en comparación con lo constante que resulta la correspondiente a Mozambique (lo que quiere decir que existe poca diferencia en los resultados entre los niños más pobres y los más ricos del país).

Van der Berg reconoce que cuando se trata de comparar el logro educativo no basta con cuantificar la diferencia entre países desarrollados y en desarrollo: también hay importantes diferencias internas, y éstas son más profundas en los países en desarrollo. Esto me lleva a pensar algo que es reconocido por todos los que nos dedicamos al análisis de las dinámicas de los sistemas educativos: si la desigualdad es una condición estructural en nuestras realidades, entonces resulta muy importante que podamos identificar y medir este asunto, dentro de lo posible, mediante evaluaciones que, siendo nacionales, cuenten con la desagregación sustantiva que permita comparar diferencias, por ejemplo, entre estados. Esto facilitará la promoción de los usos de los resultados de las evaluaciones al presentar aquellos relevantes con distintos niveles de desagregación, para poder identificar también acciones pertinentes a cada uno de los niveles. Acorde con el trabajo del doctor Van der Berg, es necesario que pensemos en medidas que sean capaces de reflejar los avances (o los retrocesos) en términos de aprendizajes y de formación de habilidades a partir de la educación, y también hacerlo en cuanto a los alcances de la cobertura del sistema educativo y de la desigualdad de los aprendizajes en las distintas condiciones de desarrollo en el interior de cada uno de los países.

Uno de los mayores problemas que queda por resolver es cómo mejorar la calidad de la educación de los niños más pobres en los países en desarrollo. Esto puede deberse a las limitaciones en los recursos, pero también se requieren políticas para asegurar una mayor eficiencia en el uso de éstos en las escuelas más desfavorecidas. Sin embargo, las políticas en este sentido no pueden tomarse en un vacío de información: se necesita conocer el desempeño del sistema, sus inequidades, su progreso o su estancamiento.

Cada vez más estamos llegando a un mayor consenso en el sentido de concebir a la educación como un derecho, asunto que tiene una serie de implicaciones que no son menores. Coincido en que tenemos que pensar en mejores formas para atender estas desigualdades, pero partamos de la educación como derecho humano fundamental y sus implicaciones.

Primero, pensar en la educación como un derecho implica concebirla como un bien que es para todos, sin distinción de origen o cualquier otra variable que pueda limitar su disfrute.

Segundo, el hecho de que la educación tenga estatus de derecho implica que no puede ser cualquier tipo de educación el que satisfaga el derecho en sí mismo. Esto es tanto como decir que no basta con lograr cobertura universal si lo que hacemos como sociedades es ofrecer una escuela con deficiencias que alcanza resultados modestos o incluso insuficientes. Para saber si se está o no en presencia de una educación de calidad, resulta imprescindible transitar por la ruta que decubre si los logros son los deseados. Aquí coincido plenamente con Servaas Van der Berg: las políticas de evaluación de la educación se deben inclinar a los siguientes asuntos:

a) que exista más evaluación (no menos);
b) que esta evaluación sea mejor (de mejor calidad y que permita responder a preguntas sustantivas para el desarrollo del sistema educativo);
c) que las evaluaciones garanticen la comparabilidad entre condiciones en el interior de los países y, deseablemente, en el plano internacional.

Requerimos más y mejores evaluaciones, con resultados comparables y cuya información permita utilizarse para conducir a la mejora de la calidad de la educación. Otro de los grandes retos es que la evaluación se realice de manera periódica: que, así como sabemos que cada tres años se realizará PISA, podamos estar seguros de cuándo se realizarán las evaluaciones regionales o las nacionales.

Tercero, al ser un derecho, existe un sujeto obligado a garantizar el goce y el disfrute del derecho para todos; y en el caso de los derechos humanos es el Estado quien resulta el sujeto obligado en esta relación.

Cuarto, el Estado debe generar mecanismos certeros, confiables y responsables para determinar si la educación que está ofreciendo es la adecuada, y cuál es la calidad de dichos resultados. Por lo tanto, el Estado necesita marcos de análisis, herramientas e instrumentos que le permitan tener esa mirada indicadora de que la inversión hecha en la educación de los miembros tiene la calidad que demanda el disfrute y la satisfacción de un derecho.

Estoy convencida de que la evaluación y el conocimiento de los sistemas educativos sólo se puede lograr con una amplia recolección de datos y su subsecuente interpretación pertinente. Se debe entender la evaluación como un instrumento para informar las políticas desde su planeación y como un mecanismo que puede monitorear tanto los avances como los posibles problemas del sistema educativo para los distintos niveles de decisión. Con esto, realmente, se puede añadir valor al proceso de las políticas educativas.

La evaluación y el conocimiento pueden y deben servir para lograr las metas en educación, lo que es importante para casi todos en nuestras sociedades. Pero también sabemos que la *medición* del logro en aprendizaje y las habilidades cognitivas de los estudiantes son muy importantes, aunque no basta evaluar para asegurar el derecho de todos los individuos a una educación de calidad. Garantizar este derecho implica acciones públicas para conseguir tanto la cobertura en la educación como la mejora de los aprendizajes. Para ello las políticas deben tener los componentes que aseguren su buena implementación, entre ellos:

1. recursos económicos suficientes;
2. recursos humanos y materiales suficientes (docentes capacitados y escuelas bien equipadas), y
3. familias dispuestas a enviar a sus hijos a la escuela.

A esto se debe añadir la promoción del uso de la información derivada de las evaluaciones, ya que no se puede asumir que el simple hecho de tener evaluaciones y datos hará que los tomadores de decisiones la utilicen en los procesos de política. Éste es un asunto aún pendiente en el caso mexicano.

Poner el acento en la medición de los aprendizajes y las habilidades logradas en las trayectorias educativas y su relación con el desarrollo económico, como lo hace Van der Berg, ofrece una herramienta de un valor inestimable no sólo para pensar la educación como un motor del desarrollo económico y social de los pueblos, sino también para determinar hasta dónde los Estados brindan a sus sociedades servicios educativos de calidad que impliquen que se está logrando el cabal cumplimiento del derecho a la educación que tienen todas las personas.

En este sentido, quiero resaltar que las metas de las políticas educativas deben ser muy claras y estar orientadas hacia el desarrollo de las personas, la promoción del pleno ejercicio de todos sus derechos, el aprendizaje de la convivencia y la construcción con otros de una mejor sociedad, además de garantizar la libertad y desarrollar una ciudadanía responsable. Sin esto el desarrollo económico no tiene sentido.

Este documento nos da un buen pretexto para recordar que la meta de universalizar la escolaridad no fue establecida en un vacío, sino en el hecho de que la educación tenía sentido para todos, porque se suponía implícita la formación y porque se asumió que las escuelas son un espacio privilegiado para el aprendizaje significativo a fin de expandir las oportunidades de aprender.

En mi opinión, éstos son valores que continuamos buscando. El valor de la escuela sigue siendo reconocido, pero ahora lo que deseamos especificar son modelos de nuevos indicadores. No permitamos que "lograr la meta del indicador" se ponga por encima de la meta de alcanzar una mejor educación para todos.

V. LA BRECHA DIGITAL: UN CONTEXTO CRÍTICO PARA LAS EVALUACIONES CON BASE DIGITAL*

KADRIYE ERCIKAN**
MUSTAFA ASIL***
RAMAN GROVER****

INTRODUCCIÓN

En el siglo XXI las aptitudes y las habilidades asociadas con la informática, la computación y la tecnología son de suma importancia para aprender en la escuela, para la evaluación en el trabajo y, más ampliamente, para funcionar de manera eficaz en la sociedad. En cuanto a la educación, las evaluaciones de resultados educativos se están realizando cada vez más en entornos con base digital. En Canadá y los Estados Unidos casi todas las evaluaciones educativas que se llevan a cabo en el nivel estatal/provincial o nacional contienen elementos que se aplican sobre plataformas digitales. Las evaluaciones internacionales de resultados educativos, como el Programa International para la Evaluación de Estudiantes (PISA, por sus siglas en inglés) y el Estudio Internacional de Tendencias en Matemáticas y Ciencias (TIMSS, por sus siglas en inglés) ya han iniciado o se están preparando para aplicar evaluaciones en entornos digitales. En México, en la actualidad, las evaluaciones PISA y de maestros se realizan digitalmente. En éstas el acceso y el uso de tecnología en los contextos de la vida diaria, del trabajo y de la escuela constituyen un entorno crítico para la evaluación. En especial, las habilidades en tecnologías de la información y la comunicación (TIC) se vuelven un componente esencial de cualquier evaluación con base digital. Además de que las desigualdades respecto a tales competencias tengan implicaciones importantes para el acceso a la educación y al empleo, también las tienen en relación con la manera en que interpretamos las evaluaciones de los resultados educativos. La validez de las inferencias de estas evaluaciones empleadas para evaluar los resultados educativos y la eficacia de los sistemas educativos depende, de manera decisiva, del grado en

* Traducción del inglés de Audón Coria.
** Educational Testing Service, Universidad de Columbia Británica. Miembro de la Academia Internacional de la Educación.
*** Universidad de Otago.
**** Assessment Strategies Inc.

que el desempeño en las evaluaciones sea un indicador preciso de los conocimientos, las habilidades y las competencias objetivo, más que de la familiaridad de los estudiantes con la tecnología y sus habilidades para usarla. Por lo tanto, la documentación y la comprensión de las habilidades en las TIC de diferentes grupos de alumnos son esenciales para los educadores en todo el mundo, a fin de atender las desigualdades e interpretar las evaluaciones realizadas en entornos digitales.

El propósito de esta investigación consiste en examinar la magnitud de la brecha digital entre diferentes segmentos de las sociedades en todo el mundo y comentar estrategias para minimizar sus efectos en la interpretación de los resultados de las evaluaciones. Se enfoca en los grupos de género y estatus socioeconómico (ESE), dos tipos de grupos demográficos para los cuales se ha demostrado la existencia de la brecha digital en estudios anteriores. Examinamos la brecha digital en 21 jurisdicciones con base en datos del Estudio Internacional de Competencias en Computación e Informática (ICILS, por sus siglas en inglés), realizado en 2013. Los hallazgos de esta investigación proporcionan una visión de la magnitud y la naturaleza de las diferencias, así como de los factores asociados con estas diferencias, los cuales puedan informar las políticas para atender las desigualdades. En la parte final de este capítulo comentamos algunas estrategias para enfrentar la brecha digital en las evaluaciones educativas.

¿QUÉ ES LA BRECHA DIGITAL?

La brecha digital se define como una desigualdad social entre individuos en cuanto a: *1)* el acceso a las TIC, *2)* la frecuencia de uso de la tecnología y *3)* la aptitud para usar las TIC para distintos fines (Hohlfeld, Ritzhaupt, Barron y Kemker, 2008). Existen pruebas consistentes de diferencias en el acceso, el uso y las habilidades para las TIC por grupos de género, ESE y étnicos. En investigaciones anteriores se identificó una relación entre habilidades digitales y acceso en el hogar a estas tecnologías, por ESE, género y antecedentes de su uso (Zhong, 2011). Las investigaciones también han demostrado diferencias de género, pues los niños tienen mejores habilidades tecnológicas y actitudes más positivas hacia las computadoras que las niñas (Hargittai y Shafer, 2006; Imhof, Vollmeyer y Beierlein, 2007). Además, se identificó que era menos probable que las familias pobres y minoritarias en los Estados Unidos tuvieran acceso a una computadora y a internet de banda ancha en el hogar y que poseyeran las habilidades y los conocimientos necesarios para usar estos recursos de manera significativa (Attewell, 2001; Hesseldahl, 2008). Las investigaciones demostraron que hay diferencias entre varones afroamericanos y sus homólogos; en especial hubo pruebas de que se consideraba menos probable que los varones afroamericanos utilizaran de manera significativa recursos de las TIC en comparación con sus contrapartes femeninas afroamericanas, así como con caucásicos, tanto masculinos como femeninos (Jackson *et al.*, 2008).

A medida que las evaluaciones con papel y lápiz hicieron la transición a entornos digitales, las aptitudes en las TIC de los examinados se volvieron relevantes para su desempeño en las evaluaciones. Los conocimientos, las habilidades y las competencias relacionadas con ellas tal vez afecten la capacidad de los estudiantes para leer, escribir, navegar e involucrarse con las evaluaciones de manera digital. Como se demostró en investigaciones anteriores, el uso de las TIC se relaciona estrechamente con el desempeño académico en general (Jackson *et al.*, 2008). Aunque muchas evaluaciones que hacen la transición a entornos digitales realicen estudios de efectos del modo,[1] al examinar la comparabilidad de calificaciones de evaluaciones basadas en papel respecto a las digitales la brecha digital posiblemente afecte la validez de las comparaciones del desempeño de grupos por género, ESE y etnicidad. Cuando los grupos tienen diferente acceso y experiencia con la tecnología, los efectos del modo pueden ser distintos para ellos, lo cual tal vez afecte la comparación de las calificaciones; es decir, que las comparaciones de las calificaciones por grupos de género, etnia y lengua posiblemente dependan de la brecha digital y no reflejen verdaderas diferencias.

FUENTES DE DATOS Y MÉTODOS

El Estudio Internacional de Alfabetización Computacional y Manejo de Información (ICILS, por sus siglas en inglés), dirigido por la Asociación Internacional para la Evaluación de Logros Académicos (IEA, por sus siglas en inglés), evaluó en 2013 la competencia en computación e informática (CIL, por sus siglas en inglés) de jóvenes de 14 años en 21 jurisdicciones, que abarcaron Europa, América Latina y Asia. La mayoría de estas jurisdicciones eran países, pero también incluyeron dos provincias (Ontario, y Terranova y Labrador) en Canadá, y una ciudad en Buenos Aires, Argentina.

El constructo objetivo de la evaluación de la CIL se define como "la aptitud de un individuo para usar computadoras para investigar, crear y comunicarse, con el fin de participar eficazmente en el hogar, en la escuela, en el lugar de trabajo y en la sociedad" (Fraillon, Schulz y Ainley, 2013). La CIL se considera consistente en dos facetas: *1)* recabar y manejar información y *2)* producir e

---

[1] Término amplio que refiere el fenómeno conforme al cual una forma particular de administrar una encuesta (por ejemplo, con lápiz y papel) genera resultados diferentes significativa y sustantivamente que los que se obtienen por otro medio (por ejemplo, mediante computadora). Recuperado el 24 de mayo de 2017 de <https://en.wikipedia.org/wiki/Mode_effect>.

CUADRO v.1. *Jurisdicciones participantes*
(el tamaño de las muestras oscila entre 1 000 y 3 700)

Argentina (Buenos Aires)	Alemania	Federación Rusa
Australia	Hong Kong*	Eslovaquia
Canadá Terranova y Labrador	Corea	Eslovenia
Canadá (Ontario)	Lituania	Suiza
Chile	Países Bajos	Tailandia
Croacia	Noruega	Turquía
República Checa	Polonia	
Dinamarca*		

FUENTE: Elaboración de los autores.
* No cumplió con los requisitos de muestreo.

intercambiar información. La faceta *recabar y manejar información* evalúa los conocimientos y la comprensión de los estudiantes en cuanto al uso de las computadoras, su aptitud para manejar información y para acceder y evaluar la información. La faceta *producir e intercambiar información* evalúa la aptitud de los
estudiantes para crear, transformar, compartir y usar información prudente-
mente y de manera segura en entornos digitales. La medición consiste en 62 tareas, que se organizaron en cuatro módulos. Cada uno se organizó en torno a un
tema que incluía el establecimiento de un espacio de trabajo colaborativo en línea, la planeación de un sitio de internet, el manejo de archivos y el uso de herramientas de bases de datos en línea. A cada estudiante se le aplicaron dos de
los cuatro módulos (cuadro v.2). Las respuestas a las tareas se ajustaron a una
escala usando la teoría de respuesta al ítem, y las calificaciones CIL se establecieron para tener una media de 500 y una desviación estándar de 100.

Nuestra investigación examinó la magnitud de las diferencias entre grupos
por género y ESE en CIL y posibles factores que podrían asociarse con tales diferencias. Las calificaciones CIL se compararon con base en el género y los tres grupos ESE (más bajo, medio, más alto). A esto siguió una exploración de variables
clave que podrían asociarse con la brecha digital entre grupos de género y ESE, y
que incluyeron acceso, interés y experiencia de los estudiantes. Los grupos de
género y ESE se compararon con base en sus respuestas a las siguientes preguntas y en las calificaciones de escala compuesta, basadas en respuestas a un conjunto de preguntas relacionadas con los siguientes temas:

- ¿Cuántas computadoras se usan actualmente en tu hogar?
- Interés y disfrute en el uso de TIC (escala compuesta).

- Uso de aplicaciones TIC específicas (escala compuesta).
- Uso de TIC para comunicación social (escala compuesta).
- Uso e intercambio de información (escala compuesta).
- Uso de TIC durante las lecciones en la escuela (escala compuesta).

Brecha digital en 21 jurisdicciones

Las habilidades y las competencias digitales, por una parte, son fundamentales para el aprendizaje, el empleo y el funcionamiento cotidiano de los individuos, y son de gran importancia para los sistemas educativos de todo el mundo. Por otra parte, las diferencias entre jurisdicciones respecto a habilidades en las TIC pueden tener un impacto en la comparabilidad del desempeño entre ellas, en evaluaciones internacionales aplicadas digitalmente. Por lo tanto, antes de ahondar en la brecha digital en las jurisdicciones, presentamos un breve resumen de las diferencias entre ellas. El desempeño de estudiantes en las 21 jurisdicciones que participaron en el ICILS se resume en la gráfica v.1, que va del más alto desempeño (República Checa) al más bajo (Turquía). Los resultados indican un alto grado de diferencias en calificaciones CIL entre jurisdicciones. Dos de ellas, Tailandia y Turquía, se desempeñaron, en promedio, más de una desviación estándar por debajo de la media internacional de 500.

Cuadro v.2. *Descripción de los cuatro módulos*

Ejercicio después de la escuela	*Competencia de banda*
Los estudiantes establecieron un espacio de trabajo colaborativo en línea para compartir información y luego seleccionaron y adaptaron información para crear un póster publicitario para un programa de ejercicio extraescolar.	Los estudiantes planearon un sitio de internet, modificaron una imagen y usaron un generador de páginas web sencillo para crear una página de internet con información sobre una competencia de bandas escolares.
Cuatro módulos	
Respiración	*Excursión escolar*
Los estudiantes manipularon archivos y recabaron información necesaria para crear una presentación que explicara el proceso de la respiración a alumnos de ocho o nueve años de edad.	Los estudiantes ayudaron a planear una excursión escolar usando herramientas de bases de datos en línea. Tuvieron que seleccionar y adaptar información para producir una hoja de datos sobre la excursión para sus compañeros.

Fuente: Elaboración de los autores.

GRÁFICA V.1. *Promedio de calificaciones* CIL *por jurisdicciones*[a]

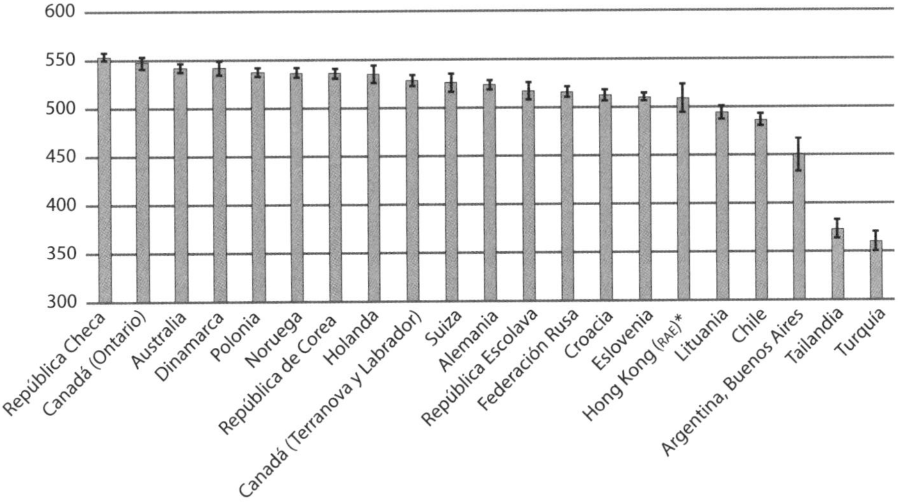

FUENTE: Elaboración de los autores.
[a] Se emplean dos bandas de error estándar, media internacional = 500, DE = 100.
* RAE = Región administrativa especial.

DIFERENCIAS POR GÉNERO

Los resultados indican una gran variación de calificaciones CIL en las jurisdicciones y entre ellas. En todas, con excepción de Buenos Aires, Suiza, Tailandia y Turquía, las diferencias entre grupos de género son grandes *en favor de las mujeres* (gráfica v.2). Este hallazgo demuestra una inversión de las diferencias de género en la competencia digital y en habilidades tecnológicas que se identificaron en investigaciones anteriores. En Buenos Aires, Suiza, Tailandia y Turquía las diferencias observadas también eran más altas para las mujeres, pero fueron pequeñas y no significativas en términos estadísticos. Además de presentar diferencias por género, la gráfica v.1 destaca, dentro de las jurisdicciones, la variabilidad en las calificaciones que complica la interpretación simplista de la clasificación entre países. Por ejemplo, aunque la República Checa tenga las calificaciones CIL más altas en general, las muchachas de Ontario, Australia, Noruega y Corea están alcanzando calificaciones tan altas como las de los muchachos checos.

Exploramos cómo variaban los grupos por género respecto al acceso, interés y disfrute, así como experiencia con las TIC. Los resultados indicaron diferencias significativas entre grupos de género en relación con el número de computadoras en el hogar, el interés y el disfrute de las TIC y el uso de ellas para la comunicación social. De manera consistente entre todas las jurisdicciones los niños in-

GRÁFICA V.2. *Promedio de calificaciones* CIL *por jurisdicciones y género*

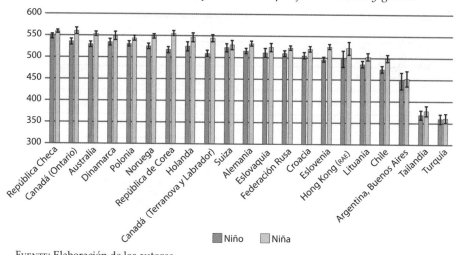

FUENTE: Elaboración de los autores.
NOTA: Intervalo de confiabilidad de 95 por ciento.

GRÁFICA V.3. *Número de computadoras usadas en casa por jurisdicciones y género*

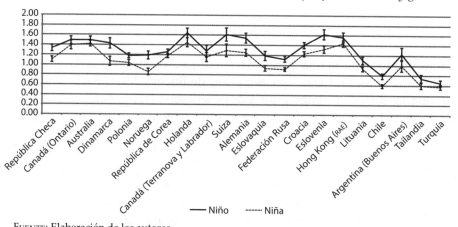

FUENTE: Elaboración de los autores.
NOTA: Intervalos de confiabilidad de 95 por ciento.

formaron tener mayor acceso a las computadoras en el hogar (gráfica v.3), y en muchos casos estas diferencias fueron estadísticamente significativas. Éste es un hallazgo sorprendente dado que, en promedio, los grupos de género tienen antecedentes ESE comparables y, por lo tanto, provienen de familias con niveles similares de riqueza económica. Además, las niñas tienden a desempeñarse mejor que los niños a pesar de que mencionan niveles de acceso más bajos a computadoras en el hogar. Este hallazgo puede deberse a dos posibilidades: *1)* sesgo en cuanto a la información, es decir, es posible que los niños informen de más acceso a computadoras, o que las niñas informen de menos en hogares donde éste sea similar, y *2)* los padres de familia tal vez hayan hecho mayores esfuerzos por proporcionar acceso a las computadoras a los niños antes que a las niñas; tal prejuicio sistemático quizá nos diga algo sobre las normas sociales sobre las diferencias de género en el acceso a las computadoras. Por ejemplo, los padres de familia posiblemente piensen que sea más importante conseguir una computadora para que los niños jueguen con ellas algún juego que para las niñas.

El interés y el disfrute son, generalmente, uno de los predictores más fuertes del aprendizaje y del rendimiento académico. Aunque su desempeño sea más bajo que el de las niñas, los niños tendieron a informar de un mayor interés y disfrute de las TIC en todas las jurisdicciones (gráfica v.4). Este hallazgo plantea algunas dudas en cuanto a si los niños y las niñas usen las TIC de manera distinta. De hecho, las niñas informaron de un mayor uso de ellas para la comunicación social en todas las jurisdicciones, con excepción de Turquía, donde fue más alto para los niños (gráfica v.5). En algunas jurisdicciones las niñas también informaron de un mayor uso de las TIC para intercambiar información; sin embargo, los patrones de diferencias fueron distintos entre las jurisdicciones (gráfica v.6). Mientras que las niñas de Ontario, Australia y Terranova y Labrador reportaron mayores niveles de uso de las TIC para intercambiar información, los niños que informaron esto fueron de la República Checa. No se observaron diferencias significativas entre niños y niñas en el uso de aplicaciones de las TIC,

GRÁFICA V.4. *Interés y disfrute en el uso de las TIC por jurisdicciones y género*

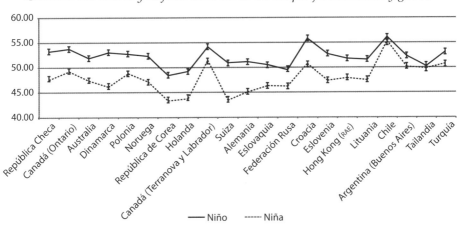

FUENTE: Elaboración de los autores.
Nota: Intervalos de confiabilidad de 95 por ciento.

GRÁFICA V.5. *Uso de las TIC para la comunicación social por jurisdicciones y género*

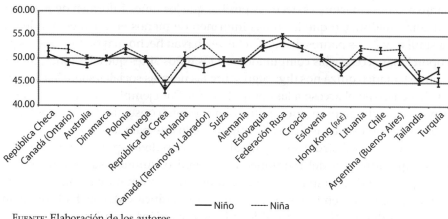

FUENTE: Elaboración de los autores.
Nota: Intervalos de confiabilidad de 95 por ciento.

GRÁFICA V.6. *Uso de las TIC para intercambiar información por jurisdicciones y género*

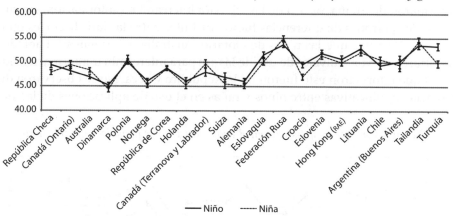

FUENTE: Elaboración de los autores.
Nota: Intervalos de confiabilidad de 95 por ciento.

excepto en Turquía, donde los niños reportaron un mayor uso de éstas en lecciones en la escuela.

DIFERENCIAS DE ESE

Es importante tener presente que, en promedio, se espera que los grupos de género tengan acceso comparable a la tecnología en el hogar y en la escuela, y sin embargo están mostrando grandes diferencias en el desempeño en CIL en la gran mayoría de las jurisdicciones. Como segmentos de la sociedad esperaríamos que los grupos de ESE mostraran la brecha digital más grande. Hemos utilizado la escala compuesta de ESE disponible en la base de datos del ICILS (S_NISB), que tiene una media de 50 y una desviación estándar de 10, basada en la ocupación de los padres, su escolaridad y los recursos de lectoescritura en el hogar, según informaron los estudiantes. Esta escala compuesta se utilizó para dividir a los estudiantes en grupos de ESE en cada jurisdicción con base en la distribución dentro del país: bajo (33% más bajo), medio, alto (33% más alto).

Los hallazgos indican que hay una brecha digital por ESE en todas las jurisdicciones, con excepción de Holanda, donde no existían datos al respecto (gráfica v.7). La brecha es más baja en Hong Kong (24 puntos en la escala entre el ESE más bajo y el más alto) y más alta en Tailandia (93 puntos en la escala entre el ESE más bajo y el más alto). Estas diferencias oscilan entre la mitad de una desviación estándar en Hong Kong hasta casi una desviación estándar completa en Tailandia. Es importante señalar que los grupos de ESE más altos, en todas las jurisdicciones, se desempeñaron bien, por encima de la media internacional, excepto en Tailandia y en Turquía.

De manera similar, en los análisis de grupos de género, examinamos el acceso, el interés y el uso por ESE en cada jurisdicción. Los resultados indicaron diferencias significativas entre los grupos respecto al número de computadoras usadas en el hogar, el interés y el disfrute en el uso de las TIC, la utilización de aplicaciones específicas de éstas y la frecuencia en el uso de computadoras.

GRÁFICA v.7. *Promedio de calificaciones CIL por jurisdicciones y ESE*

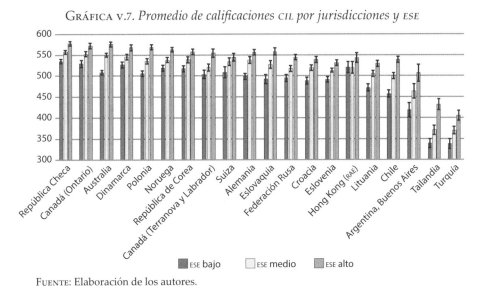

FUENTE: Elaboración de los autores.
NOTA: Intervalos de confiabilidad de 95 por ciento.

Como se esperaba, los hallazgos indican diferencias significativas en el número de computadoras usadas en el hogar entre los grupos de ESE más bajos y los más altos, excepto en Noruega y Corea (gráfica v.8); los grupos de ESE más altos declararon el uso de aproximadamente 0.5 computadoras más que los más bajos. Se pudieron apreciar grandes diferencias en algunas de las jurisdicciones de alto desempeño, como Australia y Suiza, así como en las de bajo desempeño, como Tailandia y Turquía.

A diferencia de las disparidades sobre el acceso a las computadoras, las que hubo en interés y disfrute fueron pequeñas y estadísticamente insignificantes entre los grupos de ESE, con excepción de Hong Kong, Chile, Tailandia y Turquía, donde se obtuvieron resultados mixtos (gráfica v.9). Mientras que en Hong Kong, Tailandia y Turquía los grupos de ESE más altos manifestaron mayor interés y disfrute, en Chile el grupo de ESE más bajo reportó un mayor interés y disfrute que el de ESE más alto. Este hallazgo en Chile es consistente con las diferencias de género en cuanto a interés y disfrute, donde los niños tuvieron un desempeño menor no obstante haber declarado mayores niveles de interés y disfrute de las TIC. De manera semejante, en Chile los grupos de ESE más bajos tuvieron un desempeño mucho menor que el de ESE más alto (cerca de una desviación estándar en la escala CIL), y sin embargo reportan niveles más altos de interés y disfrute. Ambos hallazgos, tendencias de grupos de género y de ESE en Chile, señalan la falta de un vínculo fuerte entre el interés y el disfrute manifestados en cuanto al uso de las TIC y el desempeño en las tareas CIL más complejas.

GRÁFICA v.8. *Número de computadoras usadas en el hogar por jursidicciones y ESE*

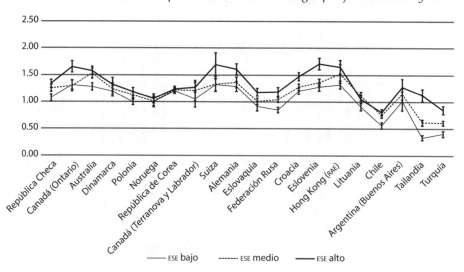

FUENTE: Elaboración de los autores.

GRÁFICA V.9. *Interés y disfrute en uso de* TIC *por jurisdicciones y* ESE

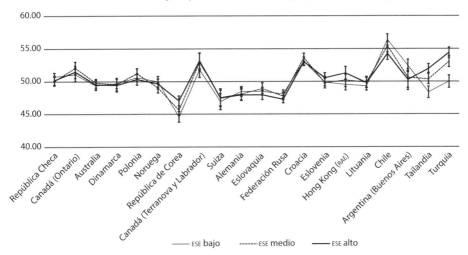

FUENTE: Elaboración de los autores.
Nota: M = 50, DE = 10; intervalos de confiabilidad de 95 por ciento.

Entonces, jugar un juego en la computadora quizá no indique competencia para resolver tareas CIL complejas, y disfrutar de eso no se traduce en competencias asociadas con CIL.

Las diferencias entre grupos de ESE también se reportaron en el uso de las aplicaciones de las TIC para comunicación social e intercambio de información. No obstante, no se encontró un patrón sencillo para explicar las diferencias entre jurisdicciones. En todas ellas estudiantes de los grupos de ESE más altos informaron de niveles mayores en el uso de las aplicaciones (gráfica v.10), excepto en los casos de Chile y Buenos Aires, donde las diferencias fueron pequeñas.

Sin embargo, los patrones de uso de las TIC para comunicación social variaron entre las distintas jurisdicciones. En las de alto desempeño, como la República Checa, Ontario y Australia, los grupos de ESE más altos manifestaron el nivel más bajo de utilización de las TIC para comunicación social, mientras que en aquellas con bajo desempeño los grupos de ESE más altos fueron los que más usaron las TIC para ello (gráfica v.11). En la mayoría de las jurisdicciones hubo diferencias muy pequeñas entre grupos de ESE en su uso de las TIC para propósitos sociales; las excepciones fueron Tailandia y Turquía.

El uso de las TIC para patrones de intercambio de información varió de manera semejante. Los patrones fueron consistentes en cierto grado con el uso para la comunicación social: en las jurisdicciones de alto desempeño el grupo de ESE más bajo declaró tener el mayor uso, mientras que en aquellas con desempeño más bajo ocurrió lo contrario. Sin embargo, el orden del uso de las TIC para intercambiar

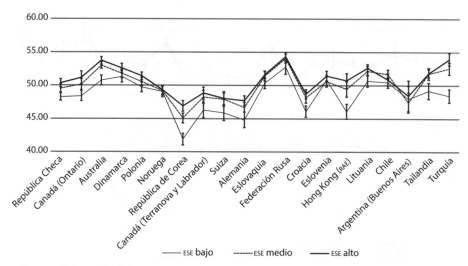

GRÁFICA V.10. *Experiencia: uso de las aplicaciones de las* TIC *específicas por jurisdicciones y* ESE

FUENTE: Elaboración de los autores.
NOTA: M = 50, DE = 10.

GRÁFICA V.11. *Uso de* TIC *para la comunicación social por jurisdicciones y* ESE

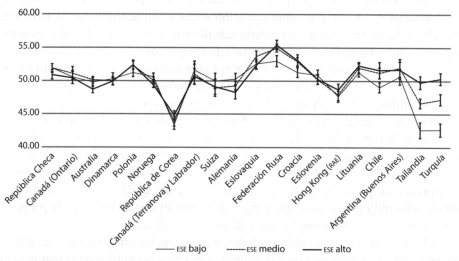

FUENTE: Elaboración de los autores.
Nota: Intervalos de confiabilidad de 95 por ciento.

información no tuvo un patrón consistente para grupos de ESE entre las demás jurisdicciones (gráfica v.12).

Las diferencias entre grupos de ESE descritas hasta ahora han sido principalmente en contextos extraescolares. Una pregunta importante es si los estudiantes de diferentes grupos tienen experiencias distintas con computadoras en los contextos escolares, dado que es probable que asistan a escuelas con diversos grados de recursos de las TIC. En el ICILS, en torno al uso de las TIC durante las lecciones en la escuela, vemos variabilidad entre jurisdicciones pero no entre grupos de ESE (gráfica v.13). En especial, no parece haber una correlación entre el uso de las TIC en las lecciones y las calificaciones CIL. Por ejemplo, en la jurisdicción de más alto desempeño, la República Checa, los estudiantes han informado de niveles más bajos de uso de las TIC en las lecciones, en comparación con dos de las jurisdicciones de desempeño más bajo, Tailandia y Turquía.

IMPLICACIONES

Los hallazgos muestran pruebas consistentes de una brecha digital de género, así como de ESE respecto al acceso, la experiencia y el uso en las 21 jurisdicciones que examinamos. La brecha de género en las calificaciones tiende a oscilar entre 13 puntos en la escala de Rusia, y 38 puntos en la escala en Corea a favor de las

GRÁFICA v.12. *Uso de las* TIC *para el intercambio de información por jurisdicciones y* ESE

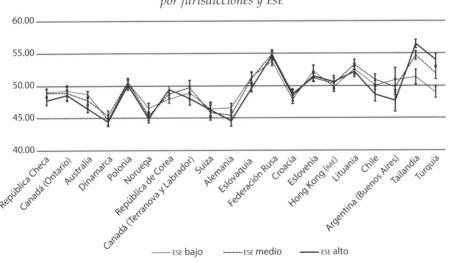

FUENTE: Elaboración de los autores.

GRÁFICA V.13. *Uso de las* TIC *durante las lecciones en la escuela por jurisdicciones y* ESE

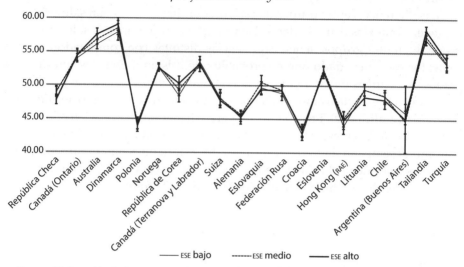

——— ESE bajo　------ ESE medio　——— ESE alto

FUENTE: Elaboración de los autores.
NOTA: Intervalos de confiabilidad de 95 por ciento.

niñas, entre las jurisdicciones en las que se observaron diferencias significativas (Buenos Aires, Suiza, Tailandia y Turquía no mostraron una brecha de género significativa). La brecha de ESE es mayor, ya que oscila entre 24 puntos en la escala para Hong Kong, y 93 puntos en la escala para Tailandia. Aunque el enfoque de este capítulo está puesto en la brecha digital en las jurisdicciones, las diferencias entre ellas en habilidades en las TIC pueden tener implicaciones importantes para la comparación más amplia de estas jurisdicciones en evaluaciones internacionales. Como se mencionó antes, esto importa en el contexto en el cual quizá se estén usando, cada vez más, medios electrónicos digitales para las evaluaciones internacionales. Es importante señalar que las diferencias más grandes en calificaciones CIL se observaron entre las jurisdicciones más que dentro de ellas. Aun cuando 16 de las 21 jurisdicciones tuvieron calificaciones promedio por encima de la media internacional de 500, las cinco jurisdicciones con desempeño más bajo tuvieron calificaciones promedio de por lo menos 100 puntos en la escala, o una desviación estándar de 1, menores que la jurisdicción con mejor desempeño, la República Checa. Las dos con desempeño más bajo, Tailandia (promedio de 373) y Turquía (promedio de 360), tuvieron calificaciones promedio muy cercanas a una desviación estándar de 1.5 más bajas que la República Checa, que mostró el mejor desempeño (promedio de 553).

Estos conjuntos de hallazgos resaltan implicaciones importantes para los sistemas educativos, así como la valoración y las evaluaciones educativas realizadas en entornos digitales. Los resultados respecto a diferencias de ESE confirman hallazgos anteriores sobre la brecha digital en cuanto a dicho estatus; sin embargo, las diferencias de género *se revirtieron* en el ICILS de 2013 en comparación con investigaciones anteriores, donde los niños tendían a desempeñarse mejor que las niñas. Ambos conjuntos de hallazgos destacan implicaciones importantes para los sistemas educativos. En los párrafos que siguen comentamos consideraciones y estrategias para tener en cuenta en la brecha digital en evaluaciones educativas, a fin de minimizar sus efectos en distintos grupos.

Las evaluaciones educativas se emplean para examinar tendencias en brechas respecto al rendimiento y para comparar el desempeño de estudiantes entre grupos étnicos, de idioma y otros, con el paso del tiempo. La existencia de una brecha digital para la CIL entre jurisdicciones y entre grupos de género y de ESE dentro de ellas señala posibles brechas crecientes en el rendimiento en las evaluaciones, lo cual tal vez no sea un reflejo real de las diferencias entre grupos en cuanto a conocimientos, habilidades y competencias no relacionadas con TIC. A medida que llevamos a cabo la transición de evaluaciones con lápiz a evaluaciones digitales, ¿qué podemos hacer para minimizar los efectos de la brecha digital sobre los resultados de las evaluaciones? Recomendamos que se utilicen las siguientes seis estrategias, en combinación unas con otras.

1. Proporcionar tareas/pruebas de práctica para que los estudiantes se familiaricen con el entorno y el modo digital de evaluación, como parte de ella, y, antes de realizarla, distribuir tareas muestra a escuelas y salones de clase. Éstas las pueden usar maestros y educadores en general, en el contexto del salón de clase, y pueden desempeñar un papel importante para proporcionar oportunidades a estudiantes que tal vez no estén familiarizados con formatos de tareas o la plataforma digital, con el fin de que se comprometan con ellos y así minimizar los efectos potenciales de la brecha digital.
2. Proporcionar *tutoriales* ampliamente accesibles y eficaces antes o durante la evaluación. Un tutorial sobre la evaluación que la describa y que al mismo tiempo dé elementos a los estudiantes para poder navegar al realizar la evaluación (cómo usar diferentes herramientas y cómo registrar sus respuestas) puede desempeñar un papel importante para reducir las desventajas de algunos estudiantes debido a la falta de familiaridad con la experiencia de realizar una prueba digital.
3. Llevar a cabo encuestas de acceso y experiencia digitales junto con las evaluaciones para examinar y entender hasta qué grado están relacionadas las habilidades en las TIC con el desempeño en la evaluación. Es poco probable que esto elimine todas las desventajas que quizá produzca la brecha

digital en el desempeño en las evaluaciones. Un paso importante para estudiar el efecto de la brecha sobre la validez de las inferencias se puede explorar examinando hasta qué grado la familiaridad con el desempeño está relacionada en la evaluación.

4. Diseñar pruebas considerando a los examinados con el menor acceso y experiencia, en vez de aprovechar los avances tecnológicos más recientes. Es en verdad un reto encontrar el equilibrio más adecuado entre desarrollar evaluaciones digitales con las que estén familiarizados los estudiantes actualmente y mantener aquellas que seguirán siendo convenientes dentro de varios años, cuando tal vez continúe siendo necesario usar evaluaciones. No obstante, es probable que el diseño de las evaluaciones con la tecnología más avanzada resulte desventajoso para estudiantes que probablemente no hayan tenido oportunidad de usar tal tecnología.

5. Llevar a cabo ensayos, estudios de protocolo de pensar en voz alta o laboratorios cognitivos para examinar el involucramiento de los estudiantes con evaluaciones de base digital. Aunque los principios de diseño mencionados anteriormente tal vez aporten buenas reglas generales, se desconocen los efectos de cada estrategia sobre el desempeño o los efectos de diferentes elementos tecnológicos. Los ensayos dirigidos a pequeña escala, los estudios en voz alta o los laboratorios cognitivos realizados con diversos grupos de estudiantes con distintos grados de habilidades en las TIC pueden ayudar a identificar qué elementos de diseño necesiten alterarse para minimizar los efectos de la brecha digital.

6. Seguir comprobando la posible existencia de una brecha digital y de efectos del modo con el paso del tiempo, ya que se espera que se modifiquen en función del cambiante acceso y experiencia con las TIC. Podemos esperar con certeza cambios tanto en los niveles de competencias en las TIC, como en la magnitud y la naturaleza de la brecha digital, en formas similares a como se han revertido las diferencias de género durante la última década, con un desempeño mejor de las niñas en comparación con los niños. Lo que tal vez parezca tecnología de punta que está al alcance sólo de los estudiantes más aventajados quizá se convierta en algo común y corriente en un breve periodo, tal como lo hemos vivido en los últimos 20 años. Por consiguiente, cualquier desventaja atribuible a la brecha digital posiblemente cambie tanto en su naturaleza como en su magnitud. Entonces, es necesario examinar y actualizar la conveniencia del entorno digital y su potencial efecto en el desempeño de los estudiantes como parte de las investigaciones de validez.

Nota final

Este capítulo tiene el propósito de crear conciencia de una nueva fuente de amenaza potencial a la validez de las valoraciones educativas empleadas en las evaluaciones. Debido a la persistente y profunda brecha digital entre y dentro de las sociedades, tal amenaza debe ser una consideración importante en el diseño de las valoraciones con base digital, y en su uso en las evaluaciones.

BIBLIOGRAFÍA

Attewell, P. (2001), "Comment: The First and Second Digital Divides", *Sociology of Education*, 74 (3), pp. 252-259.

Fraillon, J., W. Schulz y J. Ainley (2013), *International Computer and Information Literacy Study: Assessment Framework*, Ámsterdam, International Association for the Evaluation of Educational Achievement.

Hesseldahl, A. (31 de diciembre de 2008), "Bringing Broadband to the Urban Poor", *Bloomberg Business Week*, recuperado de <http://bloomberg.com/news/articles/ 2008-12-31/bringing-broadband-to-the-urban-poorbusinessweek-business-new-stock-market-and-financial-advice>.

Hohlfeld, T., A. Ritzhaupt, A. Barron y K. Kemker (2008), "Examining the Digital Divide in K-12 Public Schools: Four-year Trends for Supporting TIC Literacy in Florida", *Computers & Education*, 51 (4), pp. 1648-1663.

Hargittai, E., y S. Shafer (2006), "Differences in Actual and Perceived Online Skills: The Role of Gender", *Social Science Quarterly*, 87 (2), pp. 432-448.

Imhof, M., R. Vollmeyer y C. Beierlein (2007), "Computer Use and the Gender Gap: The Issue of Access, Use, Motivation, and Performance", *Computers in Human Behavior*, 23 (6), pp. 2823-2837.

Jackson, L. A., Y. Zhao, A. Kolenic III, H. E. Fitzgerald, R. Harold y A. Von Eye (2008), "Race, Gender, and Information Technology Use: The New Digital Divide", *Cyber Psychology & Behavior*, 11 (4), pp. 437-442.

Zhong, Z. J. (2011), "From Access to Usage: The Divide of Self-reported Digital Skills among Adolescents", *Computers & Education*, 56 (3), pp. 736-746.

COMENTARIO

Teresa Rojano*

Como un antecedente fundamental para abordar el tema de la evaluación educativa en la era digital, en su presentación los autores brindan un panorama muy completo de los interesantísimos resultados del estudio comparativo *International Computer and Information Literacy*, algunos de los cuales señalan que "las diferencias socioeconómicas están significativamente asociadas al acceso, la experiencia y el uso de las TIC".

Los autores, por una parte, nos advierten que la relación entre el estrato socioeconómico (ESE) y el acceso y la familiaridad con la tecnología puede afectar el desempeño de los estudiantes ahora que estamos transportando las evaluaciones (o pruebas) a entornos digitales, y que, por lo tanto, habrá que considerar este factor al interpretar y utilizar los resultados (las calificaciones) de tales evaluaciones.

Por otra parte, en el texto se hace la distinción entre "acceso y familiaridad con la tecnología" y la "Alfabetización Computacional y de la Información" —*Computer Information Literacy* (CIL)—;** esta última es definida como la habilidad del individuo para usar la computadora para investigar, crear y comunicar, a fin de participar de manera efectiva en el hogar, la escuela, el lugar de trabajo y la sociedad. Es decir, la Alfabetización Computacional y de la Información se refiere a un tipo de habilidad tecnológica orientada a fines específicos, uno de los cuales tiene que ver con el uso efectivo de la tecnología en la escuela.

Una vez establecida esa diferencia, es posible conjeturar que si el ESE está (significativamente) asociado al acceso y la familiaridad con la tecnología —como se desprende del Estudio Internacional de Alfabetización Computacional y Manejo de Información (ICILS, por sus siglas en inglés)—, entonces también estará asociado a la Alfabetización Computacional y de la Información y, en particular, quizás, al uso de la tecnología en la escuela.

En este punto, quisiera referirme a los riesgos de interpretaciones simplistas, tanto de las bondades didácticas de la tecnología como de los resultados de las evaluaciones en educación cuando hay tecnología de por medio. Para ello, retomo los señalamientos de los autores en un terreno muy específico, el del aprendizaje y la enseñanza de las matemáticas. Comienzo con el riesgo de las interpretaciones simplistas sobre las virtudes de la tecnología y llamo a esta breve sección:

---

* Profesora investigadora del Departamento de Matemática Educativa, Cinvestav-IPN, México.
** El traductor del artículo que se comenta se refiere a este concepto como "competencias en computación e informática" en referencia al estudio internacional en el que se basan los autores.

Democratización del saber por medio de las TD

Sucede que, cuando se recurre a la lente de estudios cualitativos sobre el uso de las tecnologías digitales (TD) para la enseñanza y el aprendizaje de dominios de conocimiento específicos, se revelan virtudes (cualidades) de la tecnología que no siempre aparecen en estudios cuantitativos a gran escala.

Así, en el área de las matemáticas, más de tres décadas de investigación intensiva han mostrado una enorme potencialidad de las tecnologías computacionales (o digitales) como entornos de aprendizaje (Drijvers, Kieran y Mariotti, 2010), lo cual se traduce en:

- Un impacto en el nivel epistemológico, dada la posibilidad de un acercamiento experimental y práctico al aprendizaje de conceptos matemáticos.
- La factibilidad de una iniciación temprana al pensamiento algebraico y al estudio de las Matemáticas de la variación.
- Una aproximación a la enseñanza de las matemáticas por vía de la modelación de fenómenos del mundo físico.
- El logro de la transversalidad en la enseñanza de distintas materias de estudio.
- La emergencia de nuevas prácticas de aula.
- La posibilidad de la inclusión de nuevos temas en el currículo de matemáticas de distintos niveles escolares (por ejemplo, recursividad, generalización y matemática del cambio en la educación básica, y geometría tridimensional y estadística inferencial en la educación preuniversitaria y universitaria, manipulando datos auténticos).

En un escenario rico en innovaciones, teorizaciones y trabajo experimental, se gestó la corriente conocida como *acceso democrático a ideas poderosas en Matemáticas* mediante la tecnología. El acceso democrático se refiere a que grupos más amplios de estudiantes (por ejemplo, los de educación básica) pueden acceder a dominios de conocimiento matemático que tradicionalmente estaban reservados a aquellos que llegaban a cursar una carrera universitaria en ciencias exactas o en disciplinas afines.

Sin embargo, resultados como los del ICILS (el estudio que presentan los autores) colocan en una situación delicada esa condición de las TD como agente democratizador del saber matemático, ya que si el acceso y el uso de dichas tecnologías tienen una asociación tan fuerte con el ESE de los estudiantes, entonces el paso a ideas poderosas por medio de la tecnología tendría mayor impacto en los ESE medio y alto, y con ello se haría más profunda la llamada brecha digital.

Con lo anterior se llega a la paradoja de que a mayor potencialidad de la tecnología como medio democratizador del saber, mayor es su contribución a ahondar la llamada brecha digital.

Paso ahora a comentar sobre los riesgos de las interpretaciones simplistas de los resultados de la evaluación.

Enseñanza con TD y evaluación del aprendizaje

Regresando al tema de la evaluación educativa y teniendo en cuenta que la tecnología puede tener un impacto (positivo) en el aprendizaje en el nivel epistemológico (como en el caso de las matemáticas), se corre el riesgo de que las calificaciones de las pruebas aplicadas a estudiantes con acceso a entornos tecnológicos de aprendizaje no reflejen lo que realmente éstos saben de matemáticas, por dos razones:

1. Porque se están evaluando conocimientos y destrezas que tradicionalmente son enseñados o desarrollados sin tecnología (matemática de papel y lápiz), siendo que los conocimientos construidos en entornos tecnológicos son de naturaleza distinta y sus expresiones externas también (representaciones dinámicas contra expresiones inertes).
2. Porque los estudiantes deben resolver las evaluaciones fuera de los entornos tecnológicos (micromundos) en los que tuvo lugar el aprendizaje.

Así, la evaluación educativa, enfocada a evaluar ya sea conocimientos, competencias o habilidades, debe ahora agregarle a su de por sí compleja tarea consideraciones puntuales y precisas respecto de la presencia de la tecnología, ya sea como vehículo de aplicación de las pruebas y como antecedente en la experiencia de los estudiantes (como lo advierte ICILS), o bien como entorno de aprendizaje.

Estos comentarios llevan la intención de contribuir a las reflexiones sobre las implicaciones del uso de las TD con fines educativos en áreas de conocimiento específicas, a partir de los resultados de estudios a gran escala bien documentados, como el que exponen los autores.

BIBLIOGRAFÍA

Drijvers, P., C. Kieran y M. A. Mariotti (2010), "Integrating Technology into Mathematics Education: Theoretical Perspectives", en C. Hoyles y J.-B. Lagrange (eds.), *Mathematics Education and Technology—Rethinking the Terrain*, Nueva York, Springer, pp. 89-132.

VI. HACIA UNA EVALUACIÓN CON ENFOQUE INTERCULTURAL. AVANCES, DILEMAS Y RETOS
Una mirada desde el Instituto Nacional para la Evaluación de la Educación de México

Sylvia Schmelkes*

Introducción

Entendemos por evaluación con enfoque intercultural aquella que parte de reconocer y valorar la diversidad cultural y lingüística de cualquier territorio, y México es especialmente diverso. Según datos del Instituto Nacional de Geografía y Estadística (INEGI), 26 millones de mexicanos (21%) se consideran indígenas, y conforme al catálogo lingüístico del Instituto Nacional de Lenguas Indígenas (Inali), existen 68 grupos etnolingüísticos originarios, claramente diferenciados, y 7.3 millones de mexicanos hablan 364 variantes de esas 68 lenguas. Pero la diversidad que existe en México no es la excepción, pues un buen número de países de América Latina tiene también pueblos indígenas, y en muchos otros del mundo esta diversidad existe y crece como producto de la migración. El enfoque intercultural en evaluación, por lo tanto, no debe ser privativo de los países que cuentan con pueblos originarios.

Asimismo, la evaluación con enfoque intercultural es aquella que concibe que la evaluación educativa debe servir para comprender y atender la diversidad. Ningún enfoque suyo debe partir del falso supuesto de que la población es homogénea, ni conviene que artificialmente simplifique una realidad que en sí misma es compleja, en parte precisamente por esta diversidad.

La evaluación que pretende comprender y atender la diversidad tiene al menos dos propósitos: obtener información que permita descubrir y, por tanto, combatir las inequidades educativas, incluyendo las que se derivan de pertenecer a grupos lingüísticos y culturales que no forman parte de la cultura dominante de un país, y respetar y atender las particularidades lingüísticas y culturales.

El objetivo de toda evaluación educativa debe ser contribuir a mejorar la educación. Y asumiendo este principio, las evaluaciones con enfoque intercultural deben servir para mejorar la calidad de la enseñanza y del aprendizaje —así

* Consejera de la Junta de Gobierno del Instituto Nacional para la Evaluación de la Educación (INEE), México. Miembro de la Academia Internacional de la Educación.

como de otros indicadores educativos, el acceso y la permanencia en la escuela—, para disminuir las brechas de desigualdad en estos indicadores y en el logro educativo y para favorecer la construcción de una sociedad que valore su diversidad.

El Instituto Nacional para la Evaluación de la Educación (INEE)[1] ha definido el enfoque de derechos como su marco de referencia, y en concreto el derecho de todos a una educación de calidad. Dentro de este gran marco sostiene que la evaluación debe responder a cinco principios, todos ellos aplicables a una evaluación con enfoque intercultural. Estos principios son los siguientes:

1. La evaluación es para mejorar.
2. La evaluación persigue la equidad.
3. La evaluación valora la diversidad y la atiende.
4. La evaluación es justa porque debe ser válida y confiable.
5. La evaluación se define con la participación de la sociedad y de manera especial con la de aquellos que se ven implicados en el proceso de evaluación.

El INEE tiene como mandato evaluar el Sistema Educativo Nacional y todos sus componentes, procesos y resultados: el logro académico de los alumnos, el desempeño de docentes y directivos, las características de la oferta educativa, la eficacia de los programas educativos y la pertinencia de las políticas educativas.

Otro mandato del instituto es coordinar el Sistema Nacional de Evaluación Educativa, que él mismo echa a andar, constituido por la autoridad educativa federal, las autoridades educativas estatales y el propio INEE. Su propósito es definir una política nacional de evaluación educativa y articular las evaluaciones de sus actores en torno a ella, con la mira puesta en que dicha evaluación sirva para mejorar la calidad y la equidad de la educación.

El INEE es el organismo rector de la evaluación educativa en el país. A él le corresponde emitir lineamientos sobre la misma, los cuales tienen carácter vinculante, pues a ellos deberán sujetarse las autoridades educativas.

El instituto también tiene un mandato de gran importancia: emitir directrices de política educativa con base en evidencias, un canal mediante el cual la evaluación puede servir para mejorar la educación: su calidad, su equidad, su pertinencia, su relevancia, su eficacia y su eficiencia. El otro canal por el que se

---

[1] El INEE de México fue creado en 2002 como organismo descentralizado de la Secretaría de Educación Pública (SEP) para realizar evaluación de la educación, fundamentalmente de alumnos. En 2013 se convirtió en un organismo autónomo por definición constitucional (artículo 3°), y se ampliaron notablemente sus funciones. Está dirigido por una Junta de Gobierno compuesta por cinco académicos cuyos cargos duran cinco, seis o siete años; como colegiado, trasciende las administraciones políticas. Cuenta con direcciones en las 32 entidades federativas.

espera incidir en la mejora de la educación es el uso de los resultados de las evaluaciones sobre la innovación en la escuela y en el aula.

Por último, el INEE tiene el cometido de difundir la información que genera,
propiciar su uso para la mejora educativa y desarrollar en el país una cultura de la
evaluación.

LOS AVANCES DEL INEE EN EL ENFOQUE INTERCULTURAL EN LA EVALUACIÓN

¿De qué manera ha enfrentado una institución teniendo en cuenta atribuciones
como las descritas y el marco de referencia del derecho a la educación, la evaluación con enfoque intercultural? La respuesta a esta pregunta es que se trata de
un proceso incipiente, sobre todo porque lo que hay que hacer al respecto es
prácticamente inédito, por lo que es necesario desarrollar, innovar y probar metodologías e instrumentos. En los primeros cuatro años, a partir de que se convirtió en una institución autónoma con estos mandatos, ha procurado atender el
enfoque intercultural desde:

1. La evaluación de programas y la formulación de directrices, que van juntas. Las directrices se fundamentan de manera muy importante en la evaluación de programas y políticas educativas, pero además tienen en cuenta resultados de otras evaluaciones junto con la investigación educativa
pertinente que se realiza en el país y fuera de él. A la fecha en la que se
escribe esto, el INEE ha emitido tres conjuntos de directrices. El primero
se derivó de la información generada a partir de la primera evaluación de
docentes para el ingreso al servicio, y se refiere a su formación inicial. Los
otros dos conjuntos están orientados a atender la diversidad: uno, a la
atención educativa a niños, niñas y adolescentes hijos de familias de jornaleros agrícolas migrantes, 40% de los cuales son indígenas; el otro, precisamente, a la atención educativa a niños, niñas y adolescentes indígenas.
Estos conjuntos de directrices tienen entre sus fundamentos una Consulta
Previa, Libre e Informada a Pueblos y Comunidades Indígenas sobre la
educación y la evaluación educativa, a la que nos referiremos abajo, en el
punto 6.
2. El diseño de evaluaciones estandarizadas de alumnos. En 2006, el director
de una escuela indígena levantó una demanda ante el Consejo Nacional
para Prevenir la Discriminación en contra de la prueba estandarizada de
logro que se aplicaba en ese entonces: la Evaluación Nacional del Logro
Académico en Centros Escolares (ENLACE). La demanda respondía a considerar que era injusto que una prueba de logro que se aplicaba en español

y que tenía sesgo cultural tuviera las mismas consecuencias entre docentes indígenas que entre no indígenas, pues los resultados se utilizaban para definir incentivos económicos a maestros y directivos, y parcialmente para determinar si ascenderían en el esquema de promoción horizontal llamado "carrera magisterial".

Una de las primeras acciones del INEE autónomo, en 2013, fue encargar una evaluación externa de las pruebas ENLACE y los Exámenes de la Calidad y el Logro Educativos (Excale) —esta última es una prueba estandarizada que el instituto aplicó durante varios años, antes de ser autónomo, a muestras de alumnos de grados clave—. Como consecuencia de esta evaluación se generó una nueva prueba, llamada Plan Nacional para la Evaluación de los Aprendizajes (Planea), cuya primera característica fue que no tendría consecuencias sobre promociones o incentivos de docentes. Con ello se eliminaba la causa fundamental de la injusticia que originó la demanda contra la prueba ENLACE.

Más allá de eso, sin embargo, se llevaron a cabo varias modificaciones a las pruebas anteriores. Se definió que éstas evaluarían "aprendizajes clave", entendiendo por esto aquello que todo niño debe saber, independientemente de la cultura a la que pertenezca, y cuya definición no se veía afectada por cambios en el currículo. Los aprendizajes clave se refieren fundamentalmente a habilidades, pero incluyen algunos conocimientos; por ejemplo, los propios del funcionamiento del cuerpo humano, o bien el dominio de algunos conceptos indispensables para operar en lenguaje o en matemáticas. Así entendidas, las pruebas cumplen un importantísimo papel en la detección de desigualdades de logro escolar.

Por último, se diseñó, con un equipo de expertos internacionales, un protocolo de validez cultural que tiene el propósito de controlar el sesgo cultural en el proceso de construcción de la prueba. Este grupo comienza por asegurar la presencia de antropólogos, lingüistas y maestros indígenas desde el diseño de la tabla de especificaciones hasta la construcción y la validación de reactivos. Se cuida la información gráfica y contextual incluida en los reactivos. Un equipo de jueces se aboca específicamente a revisar la presencia de un potencial sesgo cultural en los reactivos. Las pruebas piloto se llevan a cabo sobrerrepresentando a la población indígena. Se realiza un análisis estadístico de sesgo y pruebas basadas en la teoría de la *generalizabilidad*[2] para diferentes grupos culturales. Con esto

---

[2] La teoría de la generalizabilidad (teoría G) permite medir la confiabilidad de una prueba por medio de la cuantificación de la importancia de cada una de sus fuentes de variabilidad. Se redefine el error, como condición o faceta de medición, utilizando el coeficiente de generalizabilidad como medida para estimar la confiabilidad (Zúñiga-Brenes y Montero-Rojas, 2007).

se pretende asegurar que se compara lo que puede compararse, y que lo que se mide refleja la realidad (es válido), porque no está filtrado por el sesgo cultural de los contenidos de las pruebas.

A pesar de lo anterior, no se logra que las pruebas tengan un enfoque intercultural, sino apenas se busca asegurar que no discriminen por razones de pertenencia a grupos culturales distintos. No atienden los aspectos vinculados con la diversidad lingüística ni las dificultades que pueden tener los alumnos para responder la prueba cuya lengua materna no es el español.

3. La evaluación de docentes para el Servicio Profesional.[3] Hasta 2014 los profesores que laboraban en escuelas indígenas eran bachilleres que recibían un curso de inducción a la docencia bilingüe intercultural de seis meses de duración, después del cual eran enviados al aula. Ya en servicio debían cursar la Licenciatura en Educación Preescolar y Primaria para el medio indígena, en modalidad semiescolarizada, en la Universidad Pedagógica Nacional (UPN). Esto, sin duda, representó una injusticia para los alumnos de los pueblos indígenas, pues, a diferencia de los alumnos de escuelas regulares, los maestros que los atienden no son profesionales de la educación, igual que en el caso de quienes habitan en pequeñas comunidades y son atendidos por instructores comunitarios —ahora "Líderes de Educación Comunitaria" con el sistema de Cursos Comunitarios del Consejo Nacional del Fomento Educativo (Conafe)—. Ahora bien, antes de 2014 no había manera de asegurar que los maestros indígenas fueran asignados a una comunidad que hablara su misma lengua materna. Alrededor de 30% de los docentes indígenas se encuentra desubicado lingüísticamente, y casi 50% no habla una lengua indígena (INEE, 2016a). De esta manera, si bien en el inicio del subsistema de educación indígena, en 1978, se decidió contratar a bachilleres porque no había docentes profesionales indígenas (aunque al menos se aseguraba que hablaran la lengua de sus alumnos), con el tiempo ocurrió una mayor injusticia: muchos maestros ni eran profesionales ni hablaban la lengua de sus alumnos.

A partir de 2014, y con el Servicio Profesional Docente, los nuevos docentes aceptados en el servicio (evaluación de ingreso) para atender a la población indígena que asiste a escuelas de dicho subsistema debían con-

[3] La Ley General del Servicio Profesional Docente se emitió en septiembre de 2013 y regula el ingreso, la promoción, el reconocimiento y el desempeño docentes. La evaluación, normada y supervisada por el INEE, es el mecanismo central para la definición de estos procesos. Al definir el mérito como la base para el acceso, la promoción y la permanencia en el servicio, esta ley busca coadyuvar a mejorar la profesionalización de docentes y directivos, con ello su práctica y, como consecuencia, la calidad de los aprendizajes y su equidad (INEE, 2015a).

tar con una licenciatura en educación o con una carrera afín, igual que los docentes que atenderían a alumnos en el subsistema regular. Pero lo que es pertinente a nuestro tema es que, además de presentar una evaluación de conocimientos curriculares y de habilidades intelectuales y responsabilidades ético-profesionales como todos los que aspiran a ser docentes, deben presentar un examen de lengua indígena aplicado por hablantes de la lengua en cuestión de comprensión y expresión oral, lectura en voz alta y comprensión de lectura en lengua indígena. Las listas de prelación que se conforman para ordenar el ingreso a la docencia de quienes tienen resultados idóneos en esta evaluación se elaboran en lengua indígena, de manera que desde 2014 debían ser asignados a comunidades que hablaran su misma lengua materna. Se trata de un primer paso para asegurar un enfoque intercultural en la evaluación, en este caso de docentes indígenas.

Al momento de escribir este texto se había decidido postergar la Evaluación del Desempeño Docente para profesores indígenas en 2018, precisamente porque se está consciente de la dificultad implícita en el hecho de que dicha evaluación tenga estándares similares para todos los docentes a fin de no reproducir las inequidades educativas, pero también de la imperiosa necesidad de tener en cuenta sus condiciones específicas de trabajo en entornos culturales diversos y muchas veces en condiciones de pobreza tanto de la población atendida como de la escuela en la que laboran.[4]

El diseño de la evaluación de desempeño 2017 ya permite que el propio docente contextualice su realidad, su escuela y su grupo, y califica su capacidad de adaptar la planeación de la enseñanza al contexto específico y a las condiciones de la misma. En el caso de los docentes indígenas, habrá que evaluar además el dominio y la enseñanza de la lengua indígena, así como la introducción de la cultura de la comunidad al currículo, a fin de enseñar con enfoque intercultural. Estas definiciones están pendientes, pero se sabe que deben desarrollarse.

4. La evaluación de la oferta educativa. En 2015 el INEE llevó a cabo la evaluación de las condiciones de enseñanza y aprendizaje en escuelas primarias (INEE, 2016b), que tuvo el cuidado de incluir una sobrerrepresentación muestral de escuelas indígenas a fin de poder profundizar en sus condiciones sobre la base de un número suficiente de casos estudiados. Dicho estudio devela los problemas de infraestructura, equipamiento,

---

[4] El estudio de Evaluación de las Condiciones de Enseñanza y Aprendizaje realizado en escuelas primarias en 2015 por el INEE (2016b), al que me referiré más adelante, muestra con claridad la situación de desventaja que tienen las escuelas indígenas en materia de infraestructura, equipamiento y materiales.

gestión escolar, gestión del aprendizaje y clima de convivencia, que en muchos casos están más presentes en escuelas indígenas que en las de otro tipo. En la dimensión relativa al clima de convivencia, el estudio indaga sobre los castigos que se imponen a los alumnos por razones diversas. Pregunta, entre otras cosas, si los niños han experimentado castigos por hablar la lengua indígena en la escuela o en el aula. Descubre, para la sorpresa de todos, que estos castigos están presentes en 5% de los casos en los que hay alumnos hablantes de lengua indígena en la escuela, pero que están mucho más presentes (11%) en las escuelas indígenas.

5. La construcción de indicadores sobre la marcha del Sistema Educativo Nacional. Tradicionalmente el INEE, desde sus comienzos como institución descentralizada de la SEP en 2002, ha generado indicadores sobre el Sistema Educativo Nacional que publica anualmente en el *Panorama Educativo de México*. En el correspondiente a 2014, el *Panorama* contiene un capítulo especial sobre alumnos indígenas (INEE, 2015b). Debido a estos antecedentes, la Organización de Estados Iberoamericanos (OEI) le solicitó que coordinara el informe *Miradas,* un informe temático sobre la educación de los pueblos indígenas y afrodescendientes en Iberoamérica, que también se publica anualmente para dar cuenta de los avances en el cumplimiento de las metas 2021. Además, con el apoyo del Fondo de las Naciones Unidas para la Infancia (UNICEF), el INEE publicó el *Panorama Educativo de la Población Indígena* (INEE, 2016a, 2017a), que a partir de ese año es una publicación de periodicidad también anual.

6. La Consulta Previa, Libre e Informada a Pueblos y Comunidades Indígenas sobre la Evaluación Educativa. En respuesta al principio ya mencionado de que la evaluación debe valorar la diversidad y atenderla, durante 2014 y 2015 el instituto llevó a cabo una Consulta Previa, Libre e Informada sobre evaluación educativa (INEE, 2016c) y, necesariamente, también sobre educación, con 49 comunidades indígenas pertenecientes a 28 pueblos, a fin de obtener su visión acerca de cómo debían evaluarse el logro educativo y el desempeño docente y directivo en esos contextos. Para llegar a esto, sin embargo, fue necesario preguntar a dichas comunidades sobre lo que piensan de la educación que reciben y acerca de la educación que desean recibir. Ésta es, en última instancia, la que interesaría evaluar. La consulta tuvo tres etapas: una de información a las comunidades para que pudieran decidir si deseaban participar en ella, que duró dos meses; otra propiamente de consulta, en la que se trabajó en la lengua en uso en las comunidades y respetando sus formas tradicionales de toma de decisiones, que duró otros dos meses, y una última de sistematización y devolución de los resultados. La consulta fue llevada a cabo por indígenas de

la comunidad o de comunidades cercanas, hablantes de la lengua y conocedores de la cultura comunitaria, que fueron aceptados por las comunidades, y especialmente formados en la metodología diseñada con este fin. En las comunidades en las que las mujeres no participan en las asambleas comunitarias se hicieron reuniones de consulta específicamente con ellas. Además, en todas las comunidades se consultó también a niños, niñas y adolescentes con una metodología especial de naturaleza lúdica que el UNICEF había diseñado y probado previamente en contextos similares.

Las comunidades aportaron su visión de cómo debía ser la evaluación educativa. Así, respecto de la evaluación de los aprendizajes de los alumnos, plantearon que ésta tenía que ser sobre los contenidos que se enseñan en la escuela, incluyendo la lengua y demás elementos de la cultura comunitaria, de las actitudes y los comportamientos y, entre estos últimos, la participación en prácticas comunitarias. Las evaluaciones deben adaptarse al contexto de los estudiantes. Se propone que no sólo se usen exámenes, sino formas múltiples de evaluación que permitan una mejor apreciación de los aprendizajes: orales, escritos, de ejecución, observación de actitudes; dentro y fuera del aula; de manera individual y colectiva; frente a los padres de familia y la comunidad; autoevaluación y evaluación entre pares. Se subraya que la evaluación sirva para mejorar el trabajo escolar. Además de los maestros, los padres de familia también deben participar en esta evaluación, para lo cual deben informarse sobre los propósitos educativos de la escuela.

En cuanto a la evaluación de los docentes, las comunidades consideran que se deben evaluar todos los aspectos que ellos estiman deseables en un maestro, desde la formación hasta la participación comunitaria, pasando por su desempeño en el aula y sus actitudes. Se proponen diferentes actividades de evaluación: observación de clases, entrevistas con estudiantes y padres de familia, seguimiento al avance en el programa de trabajo, observación del avance de los aprendizajes. Asimismo, consideran que el director es la figura directamente responsable de la Evaluación del Desempeño Docente, pero en varias comunidades se propone que también evalúen los padres de familia y las autoridades comunitarias, los demás docentes, inclusive los estudiantes. En otras se demanda que la comunidad sea informada del avance obtenido y que se escuche su opinión sobre el desempeño de los maestros. También podrían participar las autoridades de niveles superiores en la estructura educativa y especialistas.

En lo que respecta a la evaluación de directores, se coincide en que éstos deben ser evaluados a partir del funcionamiento de los diferentes aspectos de las escuelas: cumplimiento docente, aprendizaje de los estudiantes (incluyendo el aprendizaje de la cultura y los valores de la comunidad), mejora de la infraestructura, vinculación con la comunidad. Pero también es necesario considerar aspectos actitudinales, así como su vinculación con la comunidad y respeto a sus valores y cultura. Se espera que el director informe a la comunidad sobre el funcionamiento escolar y reciba de ella la valoración de su desempeño. Las asambleas comunitarias serían el espacio para ello. Asimismo, los profesores podrían opinar sobre el desempeño directivo, y las autoridades educativas evaluarían también a los directivos.

Por último, y en relación con la evaluación de la escuela, las comunidades piensan que se deben tener en cuenta todos los rasgos presentados antes, tales como: los aprendizajes de los contenidos nacionales y comunitarios; el comportamiento de los estudiantes, en particular, su participación en la vida comunitaria; las condiciones físicas de la escuela; la cantidad de docentes en relación con el número de estudiantes; el cumplimiento de la normatividad, y la vinculación escuela-comunidad. Los supervisores deben evaluar visitando frecuentemente las escuelas y teniendo en cuenta lo anterior, pero las comunidades también deben participar en esta evaluación, igual que otras autoridades educativas.[5]

Como ya indicábamos, la consulta fue fundamento central de las directrices de atención educativa a niños, niñas y adolescentes indígenas (INEE, 2017b), que fueron publicadas y respondidas, como indica la ley, dentro de un plazo de 60 días naturales, por la autoridad educativa federal y por las 32 autoridades educativas estatales, 17 de las cuales acompañaron su respuesta con un plan de trabajo. Todas las autoridades educativas aceptaron las directrices.

La evaluación que se puede interculturalizar es la formativa

El planteamiento que hacemos en este escrito no descarta la posibilidad de profundizar en los intentos, como los mencionados arriba, para hacer más interculturales las evaluaciones de alumnos, de docentes, de directivos y de escuelas. Sin embargo, también sostenemos que la evaluación verdaderamente intercultural tiene características formativas, es decir, no consiste en la evaluación estandarizada con fines de rendición de cuentas o sumativa. Más bien, es la evaluación

---

[5] Ésta es una apretada síntesis de los resultados de la consulta. La versión completa de la misma aparece en INEE (2016c).

que se hace en la escuela y en el aula, de manera continua, que cuenta con la participación comunitaria y que incorpora sus aspiraciones y preocupaciones respecto a la escuela, que sirve para mejorar la práctica docente; que obtiene elementos para contextualizar mejor la enseñanza a la realidad y a la cultura comunitaria y que permite mejorar la marcha de la escuela. Ésta es la evaluación que en realidad puede aspirar a ser plenamente intercultural. Realizar una evaluación de esta naturaleza requiere una formación de los docentes y los directores en los propósitos y en las metodologías de la evaluación formativa, así como un apoyo permanente para lograrlo por parte de la mesoestructura; esto obedece a la propuesta de poner a la escuela en el centro del funcionamiento del Sistema Educativo Nacional y a los planteamientos de la Ley General del Servicio Profesional Docente acerca del Servicio de Asistencia Técnica a la Escuela, que deberá adoptar también un enfoque intercultural.

En respuesta a esta preocupación, el INEE está llevando a cabo un proyecto piloto[6] de autoevaluación de escuelas, con 30 escuelas primarias de diferente tipo en tres entidades federativas (Querétaro, México y Puebla). Este proyecto recoge las propuestas de la consulta y busca desarrollar herramientas para utilizar los resultados de la evaluación externa y de la propia, tanto de la escuela como de los alumnos, a fin de ir mejorándola en su capacidad de gestión y en la práctica docente. Este proyecto está en marcha y aún no podemos brindar resultados. No obstante, esperamos, como producto de su aplicación, durante un ciclo escolar, el diseño de una caja de herramientas que pueda ser presentada como un menú de procedimientos evaluativos, para que las escuelas de diverso tipo tomen de ahí lo que mejor responda a sus procesos y realidades, a fin de poner la evaluación formativa al servicio de la mejora de la educación que imparten.[7]

Los dilemas

Quisiera terminar este escrito con una reflexión libre acerca de lo que considero que son los dilemas que se plantean cuando se vinculan los dos grandes temas de evaluación educativa y del enfoque intercultural en educación.

Un primer dilema central se refiere a las pruebas estandarizadas de logro escolar, en particular a la compaginación entre la estandarización y la atención a la diversidad. La pregunta que corresponde plantear es: ¿cómo atender la diversidad, mediante pruebas estandarizadas, sin atentar contra la equidad? Atender la diversidad podría entenderse como "evaluar a la medida". El problema es

---

[6] Este proyecto cuenta con el apoyo del Prosperity Fund, de Gran Bretaña, y de la OEI, México.
[7] Los hallazgos del proyecto han podido traducirse parcialmente en un curso de autoevaluación que ofrece la SEP a todos los maestros del país.

cuando ello implica no sólo modificar los estándares, sino también reducirlos. Lo cual tiene severas implicaciones para la equidad educativa a escala nacional.

Un segundo dilema se plantea en el caso de la Evaluación del Desempeño Docente; las grandes preguntas se refieren a la forma en que se puede considerar el contexto en el que se trabaja, más allá de lo que ya se hace y hemos descrito, y últimamente cómo dar cuenta de las desigualdades en las condiciones de trabajo a las que se enfrentan. Y en un nivel más profundo habría que preguntarse si es posible plantear la interculturalización de estas evaluaciones. Probablemente no se pueda esperar más de una prueba estandarizada cuya finalidad es poder comparar. Son indispensables las evaluaciones de naturaleza local y con finalidades formativas, que complementan a las estandarizadas y de dimensión nacional, también necesarias.

En relación con los dos dilemas anteriores, es necesario considerar que, cuando la realidad es heterogénea —como claramente lo es en el caso de México y de muchos otros países del globo—, es imposible que un mismo instrumento dé cuenta de las diferentes realidades y atienda con pertinencia las prioridades de todos. Cuando las evaluaciones indagan sobre cuestiones que no son pertinentes para ciertos grupos, ¿qué nos dicen estas evaluaciones? Y quizá la pregunta más trascendente es: ¿para qué nos sirven?

Una pregunta derivada de la anterior es cómo hacer evaluaciones estandarizadas que sí sean pertinentes a quienes las presentan, que pertenecen a grupos muy diversos. Los maestros se quejaron de los exámenes basados en casos complejos, a partir de los cuales se formulaba una serie de preguntas de opción múltiple, para cuya solución los docentes debían echar mano de sus conocimientos curriculares y pedagógicos y de sus orientaciones éticas. Se optó por esta modalidad de examen porque se pensó que los casos podían acercar las preguntas a realidades específicas vividas por los maestros. Sin embargo, les pareció, en términos generales, que los ejemplos propuestos y que las preguntas de la evaluación no reflejaban su realidad, y no tenían por qué saberlas;[8] es decir, se ponía en desventaja a aquellos maestros que enfrentaban situaciones muy distintas a las planteadas en cualquiera de estos reactivos múltiples, ya que ni siquiera habían tenido la oportunidad de reflexionar sobre esos asuntos.[9] Las dudas que surgen de las anteriores circunstancias preocupan sobre todo cuando los exá-

[8] Estas quejas de los docentes condujeron a un replanteamiento de los exámenes de conocimientos curriculares y pedagógicos, que ya no serán con base en casos, sino en reactivos más ortodoxos.

[9] Dos ejemplos vienen a cuento: uno es cuando el caso en cuestión se refiere al desbordamiento de una presa en la comunidad —los maestros sostienen que ello no les atañe porque en su comunidad no hay presas—. Otro más tiene que ver con la presencia de un alumno con síndrome de asperger en el salón de clase; los maestros indican que ellos no tienen alumnos con esas características y que no tienen por qué saber responder las preguntas alusivas al caso.

menes tienen consecuencias sobre los sujetos —es el caso de la Evaluación de Desempeño Docente— o bien cuando lo que se busca es poder utilizar los resultados de las evaluaciones para mejorar la enseñanza y los aprendizajes.

UNA CUESTIÓN PENDIENTE: EVALUAR LA INTERCULTURALIDAD
DE TODOS LOS ALUMNOS

Cuando hablamos de la evaluación con enfoque intercultural no podemos dejar de mencionar este último asunto, al que próximamente habrá que darle atención: cómo estamos logrando la interculturalidad entre la población estudiantil como un todo. En países multiculturales como el nuestro —y como en casi todos los países del planeta, y cada vez más— el respeto al otro diferente y su valoración son componentes esenciales de la ciudadanía nacional y global. No entro en el detalle de lo que ello implicaría, pues no es el propósito de este escrito. No obstante, el tema tratado impide cerrar sin señalar su importancia e identificar su desarrollo como un tema de agenda en el futuro inmediato.

BIBLIOGRAFÍA

INEE (2015a), *Reforma Educativa: Marco Normativo*, México, INEE, recuperado de <http://publicaciones.inee.edu.mx/buscadorPub/P1/E/101/P1E101.pdf>.

———— (2015b), *Panorama Educativo de México: Indicadores del Sistema Educativo Nacional 2014*, México: autor, recuperado de <http://publicaciones.inee.edu.mx/buscadorPub//P1/B/114/P1B114_01E01.pdf>.

———— (2016a), *Panorama Educativo de la Población Indígena 2015*, México, INEE, recuperado de <http://publicaciones.inee.edu.mx/buscadorPub/P3/B/106/P3B106.pdf>.

———— (2016b), *La Educación Obligatoria en México. Informe 2016*, México, INEE, recuperado de <http://www.inee.edu.mx/images/stories/2016/informe_2016/Informe2016-4.pdf>.

———— (2016c), *Consulta Previa, Libre e Informada a Pueblos y Comunidades Indígenas sobre Evaluación Educativa*, México, INEE, recuperado de <http://publicaciones.inee.edu.mx/buscadorPub/P1/D/245/P1D245.pdf>.

———— (2017a), *Breve Panorama Educativo de la Población Indígena*, México, INEE, recuperado de <http://publicaciones.inee.edu.mx/buscadorPub/P3/B/107/P3B107.pdf>.

———— (2017b), *Directrices para Mejorar la Atención Educativa a Niños, Niñas y Adolescentes Indígenas*, México, INEE, recuperado de <http://publicaciones.inee.edu.mx/buscadorPub/P1/F/104/P1F104.pdf>.

Zúñiga-Brenes, M. E., y E. Montero-Rojas (2007), "Teoría G: Un futuro paradigma para el análisis de pruebas psicométricas", *Actualidades en Psicología,* 21 (108), recuperado el 28 de agosto de 2017 de <http://pepsic.bvsalud.org/scielo.php?script=sci_arttext&pid =S0258-64442007000100006>.

COMENTARIO

Ruth Paradise*

La introducción de un enfoque intercultural en los procesos de evaluación del Sistema Educativo Nacional pone en primer plano la necesidad de reconocer, apreciar y validar la rica diversidad cultural que existe en México. Con este enfoque el Instituto Nacional para la Evaluación de la Educación (INEE) propone contribuir a combatir inequidades educativas al tener en cuenta las particularidades lingüísticas y culturales de la población y promover prácticas y herramientas para la evaluación que respeten y atiendan a esa diversidad.

En su texto Sylvia Schmelkes reconoce que se trata de un proceso "incipiente", e identifica algunos de los avances logrados hasta la fecha por el INEE en la elaboración de este enfoque y en la construcción de procesos de evaluación que lo pueden reflejar. En lo que se refiere a la población indígena, menciona que en 2014 y 2015 el instituto llevó a cabo una consulta previa de alcance nacional con 49 comunidades indígenas. A partir de los resultados de esta consulta,

> Se propone que no sólo se usen exámenes, sino formas múltiples de evaluación que permitan una mejor apreciación de los aprendizajes: orales, escritos, de ejecución, observación de actitudes; dentro y fuera del aula; de manera individual y colectiva; frente a los padres de familia y la comunidad; autoevaluación y evaluación entre pares [p. 232].

La intención es ampliar en muchos sentidos las formas de evaluación que existen, para que sea un proceso más inclusivo y con mayor variedad en cuanto a cómo reconocer y evaluar el aprendizaje. Se busca generar prácticas para detectar y medir lo aprendido, en las que participen los mismos alumnos, padres de familia y comunidad.

En lo que sigue espero poder dimensionar el reto que significa entablar este proceso. Trato de indagar en algunos de los problemas que esto implica las dificultades e incluso las contradicciones que supone construir prácticas de evalua-

---

* Profesora investigadora del Departamento de Investigaciones Educativas, Cinvestav-IPN, México.

ción con enfoque intercultural. Señalo dos dimensiones de estas problemáticas. En primer lugar, considero el sesgo cultural "occidental" que subyace y define profundamente el sentido común de las políticas educativas actuales, tanto internacionales como nacionales, y que obstaculiza el reconocimiento pleno del *otro* que implica un enfoque intercultural. En segundo lugar, comento sobre lo que puede encontrarse cuando intentamos buscar y desarrollar prácticas concretas de evaluación y procesos novedosos, que respondan a las necesidades identificadas en la consulta arriba mencionada.

Un enfoque intercultural en un mundo dominado por valores universales

Cuando hablamos de la evaluación educativa nos referimos a prácticas escolares muy enraizadas. Se consideran necesarios los exámenes u otras medidas que permitan saber si los alumnos han aprendido o no los conocimientos y las habilidades que se intenta enseñar; constituyen así un componente imprescindible de la educación escolar. La sencillez del planteamiento y la aceptación universal de la necesidad de la evaluación como parte esencial de la educación escolar tienden a ocultar que se trata de una práctica demasiado compleja y contradictoria. Aplicar exámenes a estudiantes es, casi siempre, hacer uso de una espada de doble filo: pueden causar mucho daño aunque sean, a la vez, útiles y necesarios. En muchos sentidos llevan a reforzar injusticias ya existentes, tanto las que sufren los individuos como los grupos sociales marginados. Ayudan a que se establezcan barreras y que se mantengan condiciones desiguales en el acceso a la educación; dañan la autoestima.

Que las pruebas escolares se diseñen y se califiquen para que los resultados puedan ajustarse a una curva de distribución normal es una anomalía, aunque se entienden bien las razones que lo justifican. De hecho, el uso casi universal de esta curva para la calificación y la medición de validez de los exámenes se relaciona con una de las funciones más propias de la escuela: la de contribuir a la estratificación de los alumnos. Tienen que establecerse distintos niveles de éxito y de fracaso para lograrla. Hay que notar que no existe el fracaso en el aprendizaje en contextos no escolares de la misma manera. En otros sistemas educativos lo normal es que todos aprenden lo que necesitan saber —en más o menos tiempo, pero todos aprenden—. Sólo en la escuela esperamos encontrar que algunos niños no van a aprender. Incluso buscamos controlar el nivel de fracaso para que sea conforme a una norma estadística, como si en la escuela fuera normal que cierta proporción de niños no pueda aprender. Al parecer, programamos el fracaso.

Además, cuando hacemos referencia a los exámenes que toman los alumnos, lo más apropiado sería no hablar de la "evaluación educativa" y de "evaluación de conocimientos", sino usar el término "evaluación de rendimiento escolar", por ser más preciso. Esto nos puede ayudar a recordar que la escuela no es la única institución social que se encarga de la educación de los niños. Es mejor hablar de "evaluación de rendimiento escolar", de "evaluación de aprendizaje escolar" o de "conocimientos escolares" cuando se aplican exámenes a los alumnos.

Hacer esta distinción ayuda, por un lado, a recordar que hay conocimientos complejos especializados que se aprenden fuera de la escuela, que no son escolarizados. Podemos estudiar los muchos procesos de aprendizaje que suceden fuera de la escuela y buscar allí medios de retroalimentación que existen para monitorear y guiar el aprendizaje. ¿Cómo se dan cuenta en otros contextos si los niños han aprendido o no? ¿Cómo verifican si ya saben lo que necesitan saber? Al parecer, en la educación fuera de la escuela no hay necesidad de diseñar instrumentos especiales para medir el conocimiento, porque la evaluación se integra al mismo proceso de aprendizaje. En gran parte son los aprendices quienes identifican y calculan sus avances. Por supuesto, esto funciona cuando se puede confiar en que el aprendiz quiere aprender, lo que no siempre se da en el caso en la escuela.

Por otro lado, habrá que tener en cuenta que en el contexto escolar están en juego muchos conocimientos socioculturales y sociolingüísticos que se introducen desde fuera. Estos conocimientos, identificados por maestros tanto como por sociolingüistas y antropólogos, son llevados a la escuela por los mismos niños en su calidad de personas con sus propios parámetros y expectativas culturales sobre la interacción social y el aprendizaje. Son conocimientos que tienden a ser ignorados, si no descalificados o reprimidos; a veces llegan a producir conflictos. Aunque los maestros tengan como meta lograr el aprendizaje de contenidos escolares a partir de lo que saben los niños, rara vez se tiene en cuenta este tipo de conocimiento sociocultural, y cuando se hace no es tanto por su valor en sí, sino sólo por considerarlo un puente que llevará al conocimiento reconocido como legítimo. El ejemplo clásico de esto es la enseñanza en lenguas indígenas como paso para llegar a la enseñanza del español. Lo mismo se aplica a contenidos étnicos que sirven para enseñar mejor el conocimiento escolar legítimo, lo que se considera "aprendizajes clave". Como señala Sylvia Schmelkes, el verdadero reto es respetar y atender las particularidades lingüísticas y culturales. Esto sólo se puede lograr al diseñar una educación intercultural que incorpore como legítimos muchos tipos de conocimiento, incluyendo otras maneras de interactuar, aprender y evaluar. Una educación no puede ser intercultural sin ser al mismo tiempo multicultural.

Cuando consideramos la práctica escolar desde una perspectiva histórica podemos apreciar el reto formidable que significa adoptar un enfoque intercultural en la escuela y en la evaluación de los conocimientos escolares. Implica incluir conocimientos, procesos de aprendizaje y valores que no son parte de la escuela tradicional empapada por la cultura "occidental". La propuesta intercultural se basa en metas loables, necesarias: apertura a otros y sus maneras de ser y vivir, la convivencia, el respeto mutuo, la erradicación de discriminación, y la equidad. Sin embargo, es imprescindible tener en mente siempre que estamos trabajando, necesariamente, desde un contexto cultural específico, con sus valores, creencias y prácticas particulares, los cuales definen la escuela y subyacen en la experiencia escolar.

Como se ha señalado en algunos de los otros trabajos presentados, no puede existir tal cosa como una propuesta de evaluación neutral. Esto es más notable en una realidad de mucha diversidad social y cultural. Aunque una medida de evaluación se plantea de la manera más amplia e inclusiva posible, mientras el mundo no sea social y culturalmente homogéneo esa propuesta reflejará la perspectiva social y cultural dominante desde la cual surge, y es ésa la que determinará qué es lo que deben aprender los niños y cómo deben aprenderlo. Por lo tanto, habrá inevitablemente un sesgo social y cultural. En el caso de la propuesta de una evaluación con perspectiva intercultural, el contexto o sesgo cultural es el del mundo "occidental" moderno, o posmoderno si se quiere, caracterizado por la capitalización y la globalización, un mundo hoy en día bastante hegemónico. Así, lo que identificamos como necesidades educativas es, de principio a fin, definido desde el marco cultural de una sociedad que pertenece a este mundo posmoderno globalizado. Los "aprendizajes clave" que todo niño debe lograr implican valores y vivencias que están enraizados en este mundo y no pueden considerarse conocimientos y destrezas culturalmente neutrales o de interés y relevancia universal. Creo que cuando hablamos de la evaluación con enfoque intercultural no debemos olvidar esto, aunque va contra lo que aparezca lo más común, obvio e incuestionable.

Así, cuando se introduce un sistema de educación (y los procesos de evaluación que conlleva) a personas y grupos que no comparten plenamente el mismo marco cultural del mundo "occidental" globalizado sino que se orientan por otros distintos, habrá desconocimiento, confusión y conflicto. Esto es cierto aun cuando estas personas y grupos estén abiertos a la idea de que sus hijos aprendan en la escuela y sean integrados en ese mundo. Al reconocer la perspectiva cultural que la escuela presenta de manera inevitable, estamos apostando a que los niños y sus papás acepten conocer y participar, más o menos plenamente, en este mundo moderno global. Hay que destacar que esta aceptación no es dada ni obvia; hay otros mundos, modernos e indígenas, por los cuales optar, mundos que no se orientan por los mismos valores "universales".

Para resumir, creo que, cuando hablamos de la educación intercultural y de la evaluación con enfoque intercultural, es necesario reconocer el sesgo cultural "occidental" y globalizado que subyace y define, profundamente, el sentido común de las políticas educativas actuales del Sistema Educativo Nacional. Será difícil tomar acciones que sean efectivas si disfrazamos, ignoramos u ocultamos el hecho de que partimos de un sesgo cultural; los aprendizajes clave y las prácticas de evaluación con enfoque intercultural no pueden ser neutrales ni son valorados de la misma manera por todos.

SE JUNTAN 25 CABEZAS Y 50 OJOS A RESOLVER UNA PRUEBA

Presento un ejemplo concreto que nos habla de la relevancia de los conocimientos culturales que, aunque no caben dentro de la lógica escolar, sí aparecen en contextos escolares y causan cierto escándalo. Se trata de conocimientos que tienen que ver con la manera en que se organizan socialmente el aprendizaje y su evaluación.

Sabemos que en la escuela se subraya el aprendizaje individual y que en algún momento dado cada niño tiene que mostrar su conocimiento, un conocimiento que supuestamente tiene en la cabeza. Si se trata de trabajo en equipo, se considera eficaz por ser un medio que permita a todos aprender: los niños que no saben tanto o que no son tan hábiles pueden aprender de los que saben más y entienden mejor. O se considera que hay ciertos aprendizajes que son más fáciles de comprender si los niños los trabajan en equipo. Pero no se cuestiona que la meta es, finalmente, que cada quien, como individuo, sepa lo que hay que saber, que lo tenga dentro de su cabeza, por describirlo de manera coloquial.

De hecho, el trabajo "en equipo" puede organizarse de muchas maneras; también puede entenderse de muchas maneras en cuanto a la meta que debe conseguirse. Carlos Lenkersdorf, antropólogo y lingüista, habla de "la presencia del NOSOTROS en la educación" tojolabal; dice que "el aprendizaje se realiza comunitaria… mente", y da un ejemplo de cómo lo ven y lo explican los tojolabales, en particular en lo que se refiere a la realización de una prueba.

Estamos en una comunidad de la montaña para preparar maestros de educación informal en tojolabal […] Un día un alumno dice: "Hermano Carlos, danos un examen". Sin reflexionar sobre la solicitud […] presentamos a los alumnos un problema para el examen solicitado. Apenas escucharon el problema, de modo espontáneo los alumnos se levantaron para juntarse en un rincón y resolver el examen en grupo. Hablaron entre sí de modo muy animado y dentro de poco tiempo regresaron a sus asientos y anunciaron la solución del problema [2004, p. 73].

Cuando el hermano Carlos les dijo que en la escuela no se resuelven los exámenes de esta manera, los alumnos tojolabales le explicaron por qué lo hicieron así: "Porque mira, aquí somos 25 alumnos con 25 cabezas. Dinos tú, ¿quién piensa mejor, una cabeza o 25? Además tenemos 50 ojos. ¿Cuáles ven más claro, 2 ojos o 50?" (2004, p. 73). De acuerdo con Lenkersdorf (2004, p. 73), "los alumnos mostraron conscientemente una concepción de la educación nosótrica y no individualista, tan característica de la educación occidental".

Este ejemplo tiene muchas implicaciones. En primer lugar, habría que subrayar que, al expresar "¿quién piensa mejor, una cabeza o 25?" y "Además tenemos 50 ojos", no están diciendo que hay alguien o algunos que hayan logrado la solución para después compartirla con los demás; más bien están diciendo que "piensa mejor" el grupo porque lo hace como conjunto, como un "nosotros", para seguir la terminología usada por Lenkersdorf.

Este tipo de trabajo en equipo implica un intercambio de ideas que no se describe adecuadamente por los dibujos que a veces ofrecen psicólogos para representar de manera esquemática la intersubjetividad: dos o más personas, o sus cabezas, con flechitas pasando de una cabeza a otra. Cuando resuelven la prueba los alumnos tojolobales, no están pensando como una colección de 25 cabezas, sino como una colectividad constituida por 25 cabezas y con una sola mirada conformada por 50 ojos. Lenkersdorf reconoce que están intentando explicarle que se trata de un proceso social de intersubjetividad, una manera de pensar juntos que nos cuesta reconocer.

He observado que durante un examen un alumno comparaba constantemente su trabajo con el de su compañero de banco. Cuando le pregunté a su maestra mazahua sobre este tipo de "colaboración", me aseguró que los alumnos no estuvieron copiando, pues ellos no copian uno de otro. He visto un grupo de alumnos trabajando en el aula, resolviendo cada quien el ejercicio en su cuaderno mientras mantenían, simultáneamente, una interacción constante, tanto verbal como física. Se juntaban de manera espontánea en grupos de cuatro o cinco alrededor de sus bancos. Se consultaban con quienes estuvieran más cerca o simplemente comentaban sobre el ejercicio en voz alta, dirigiéndose a todos y a nadie en particular. Hubo momentos en que al parecer todos hablaban a la vez, haciendo comentarios rápidos y breves. No hubo un trabajo organizado por equipo y cada quien trabajaba en su propio cuaderno; sin embargo, sus interacciones introdujeron un espíritu colectivo palpable, que transformó la realización de la actividad en un esfuerzo cooperativo. Un grupo de alumnos que trabaja así da la impresión de ser una sola persona que se habla a sí misma.

Creo que estos ejemplos muestran un camino a tomar en la búsqueda de nuevas opciones para la evaluación educativa con perspectiva intercultural. Como menciona Sylvia Schmelkes, hace falta usar formas múltiples de evaluación que se apliquen en muchos espacios y con la participación de todos, incluyendo padres de familia y miembros de la comunidad, y que, además, sirvan para mejorar el trabajo escolar. Implica el desarrollo de prácticas de evaluación flexibles que den lugar a otras metas educativas y otras maneras de organizar el aprendizaje. Implica también hacer visibles y adoptar prácticas de evaluación que ya existen y que surgen con cierta espontaneidad en las aulas; aunque tengan sus raíces en prácticas no escolares y vayan en contra de lo que es la lógica y las expectativas escolares, pueden identificarse para luego legitimarse.

Sin duda se trata de una tarea formidable, un desafío que requiere planteamientos que sean, en muchos sentidos, revolucionarios. Se trata de cambios de conciencia, de aperturas y de un reconocimiento del valor y de la validez de conocimientos no escolares y no occidentales. Sobre todo, se dará un impulso fuerte a este proyecto si se reconoce plenamente el sesgo "occidental" globalizado que es nuestro punto de partida, desde el cual surgen, en un primer plano, las propuestas. El reto más inmediato, tal vez, sea evitar que la interculturalidad como enfoque educativo (en este caso aplicado a la evaluación), con el tiempo, empiece a identificarse sólo como el discurso más reciente de una política educativa indigenista —que siga siendo en esencia colonialista, aunque ya no de un colonialismo nacionalista, sino de un colonialismo global—. Quizás sea inevitable, pero esto no impide lograr un paso adelante en la búsqueda de equidad y respeto a la diversidad. Como ha señalado Sylvia Schmelkes, este propósito es lo que subraya la propuesta de evaluación con enfoque intercultural, es lo que le da sentido.

BIBLIOGRAFÍA

Lenkersdorf, C. (2004), *Conceptos tojolabales de filosofía y del altermundo*, México, Plaza y Valdés.

Tercera Parte

PROBLEMAS Y PERSPECTIVAS DE LA EVALUACIÓN DE LOS PROFESORES DE EDUCACIÓN BÁSICA

VII. LA EVALUACIÓN DE LOS PROFESORES DE EDUCACIÓN BÁSICA. TENSIONES POLÍTICAS Y OPOSICIONES RADICALES*

María de Ibarrola Nicolín**

INTRODUCCIÓN

El escenario

En diciembre de 2012 el presidente entrante de México[1] propuso un Pacto por México, que fue firmado por los líderes de los tres principales partidos políticos; incluía tres grandes reformas estructurales: una reforma a las comunicaciones, una reforma fiscal y una reforma educativa.

Las tres reformas propuestas fueron enviadas de inmediato al Congreso Federal para ser legisladas al más alto rango. En el caso de la Reforma Educativa, ésta se legisló mediante un cambio constitucional, una reformulación de la Ley General de Educación (LGE), una reformulación de la Ley del Instituto Nacional para la Evaluación de la Educación (INEE) y una nueva ley que estableció el Servicio Profesional Docente (SPD). Un aspecto muy sensible fue la introducción, en la Constitución Política de los Estados Unidos Mexicanos, de los exámenes de oposición como la única vía de ingreso y promoción en el SPD, así como la Evaluación del Desempeño de los maestros en servicio de educación básica y media cada cuatro años como condición de la definitividad.

Desde que se legisló esta propuesta y comenzó su implementación, diferentes actores, individuales y colectivos, se han enfrentado con ideologías, intereses y acciones opuestas, orientadas a apoyar o a rechazar no sólo la evaluación de los maestros, sino la Reforma Educativa en general. La evaluación de los maestros se convirtió en el asunto público más visible debido a las diferentes fuerzas

* Agradezco los comentarios de Lorin Anderson y Maris Vinovskis para la redacción del capítulo.

** Profesora investigadora del Departamento de Investigaciones Educativas (DIE)-Cinvestav-IPN. México. Miembro de la Academia Internacional de la Educación. Agradezco la colaboración de Enrique Bernal y en particular de Elena Torres, del mismo departamento, en el seguimiento y el registro de la información de prensa que se utiliza.

[1] El licenciado Enrique Peña Nieto tomó posesión del cargo el 1º de diciembre de 2012, para un periodo presidencial de seis años.

que defendían posiciones opuestas, ya fuera que favorecieran la "estricta aplicación de la ley" (incluyendo el uso del ejército, la policía y la marina para ello) o que recurrieran a diferentes actos legales o ilegales, como movilizaciones sociales, cierre de escuelas, marchas, demostraciones, bloqueo de carreteras y de edificios públicos y secuestro de transporte público. Todo ello acompañado de una enorme cobertura mediática por la prensa, la radio y la televisión.

El contexto

El Sistema Educativo Nacional (SEN) es grande y complejo, como puede esperarse en una nación con 127 millones de habitantes, el undécimo país más poblado del planeta. De acuerdo con las estadísticas de 2015 (INEE, 2016), había más de 34 millones de estudiantes en el sistema, 26 millones en los 12 grados que incluyen la educación básica: tres de preescolar, seis de primaria y tres de secundaria. En 2012 los tres grados del ciclo medio superior también fueron declarados parte de la escolaridad obligatoria para todos los mexicanos;[2] actualmente hay casi cinco millones de estudiantes en este ciclo.

Hoy las oportunidades de escolaridad benefician a 71.3% del grupo de edad de tres a cinco años, a 99.4% de la población entre seis y 11 años, y a 54.8% de la población entre 15 y 17 años. La educación superior y el posgrado cuentan con un total de 3.5 millones de estudiantes, lo que beneficia sólo a cerca de 24% del grupo de edad correspondiente.[3] Una interpretación correcta de esos números, sin embargo, debe tomar en consideración algunos problemas muy serios, en particular la extrema desigualdad socioeconómica, que afecta a la población rural (22%), a los grupos indígenas (7-12%)[4] y a la población pobre del país en general (casi 50% del total). Deben considerarse también las serias desigualdades entre los diferentes estados del país. Estas disparidades se correlacionan claramente con la precariedad y la pobreza de las oportunidades de escolaridad y con los magros resultados en las pruebas de desempeño y las deficiencias en las trayectorias escolares.

El conflicto

Descubrir el comienzo de un conflicto es difícil. ¿Por dónde empezar? ¿Usamos criterios cronológicos o lógicos? ¿Qué tan lejos debemos irnos en la búsqueda de

---

[2] A lograrse progresivamente en 2022.

[3] La inscripción en este nivel educativo no se restringe a un grupo de edad, por lo que la tasa reportada no es exacta.

[4] El porcentaje depende de los criterios de clasificación que se utilizan: el lenguaje, 7%; otros criterios culturales, 12 por ciento.

las razones históricas que podrían explicar el conflicto tan violento que ha rodeado esta reforma? ¿Cuántas causas se pueden identificar? ¿Cuántos efectos, y cuál es su naturaleza en el momento actual?

Un punto de partida que puede reconciliar estas dificultades, desde la perspectiva de las ciencias sociales y no necesariamente de las teorías y metodologías de la evaluación, es el breve periodo que va de la firma del Pacto por México, que se publicó el 2 de diciembre de 2012,[5] a la aprobación por el Congreso Federal de cambios al artículo 3° constitucional el 8 de febrero de 2013,[6] y la subsecuente aprobación de las tres leyes generales en septiembre de ese mismo año.[7]

En las últimas décadas dos grandes actores habían determinado las políticas que afectan el sistema educativo: el gobierno federal y el Sindicato Nacional de Trabajadores de la Educación (SNTE).

- De conformidad con la Constitución y la LGE, el Ejecutivo federal, por la vía de la SEP, tiene la facultad exclusiva de determinar los planes y los programas de estudio, el calendario escolar, la producción o la aprobación de los libros de texto gratuitos para los tres niveles de la educación básica y para la educación normal y todo lo referente a la formación de los profesores de educación básica. Estas facultades, junto con la administración de la operación del SEN por un muy largo periodo, dan cuenta en los hechos de un sistema educativo altamente centralizado. Algunas facultades administrativas y pedagógicas se transfirieron a los estados de la República en 1993 como parte de una "modernización" del sistema.
- El SNTE aglutina a todos los maestros y trabajadores del sistema educativo público, alrededor de 1.4 millones de miembros.[8]
- Se creó en 1943 en medio de los movimientos sindicales y de trabajadores que surgieron después de la Revolución mexicana y como parte de la consolidación de un Estado mexicano corporativo, fuertemente aliado con el Partido Revolucionario Institucional (PRI), que hasta el año 2000 había sido el único partido dirigente en el México posrevolucionario.
- El SNTE se ha convertido en un actor político extremadamente poderoso y

[5] El Pacto por México fue firmado por el presidente entrante y los líderes de los tres principales partidos políticos del país. Véase <pactopormexico.org>.

[6] Los cambios a la Constitución en México son los más complejos. Sin embargo, el artículo 3°, referido a la educación como garantía social, ha tenido nueve grandes cambios. Recuperado de <https://es.slideshare.net/yolandaortiz39/historia-del-artculo-tercero-constitucional>.

[7] El texto completo de las leyes y los cambios acordados ese año se analiza conforme al libro publicado por el INEE y la LXII Legislatura de la Cámara de Diputados (2015).

[8] Recuperado de <http://www.snte.org.mx/web/>.

ha acumulado una gran cantidad de prerrogativas durante sus más de 70 años de existencia, incluyendo una enorme riqueza.[9]

- Algunas de las prerrogativas están establecidas en la Ley Federal del Trabajo[10] y amparan a todos los sindicatos de trabajadores del Estado; destacan la definitividad (plaza laboral) de por vida después de seis meses en el trabajo y la participación equitativa por comisiones bilaterales en las decisiones que tienen que ver con la contratación y la promoción de los trabajadores. Por medio de las negociaciones colectivas, todos estos sindicatos han de conseguir la prerrogativa de heredar la plaza de un trabajador fallecido (en este caso de un maestro) a un miembro de la familia, que se justifica por el principio de solidaridad entre trabajadores.
- En lo que se refiere específicamente al sector de la educación pública, el sindicato obtuvo otros privilegios; por ejemplo, el ingreso automático a la plaza docente para los egresados de las Escuelas Normales Públicas, o el reglamento que autorizaba el desempeño y la posesión de dos plazas, hecho que permitía así la obtención de dos sueldos en un horario de ocho horas dedicado completamente a tareas docentes frente a dos grupos diferentes.[11]

En las últimas dos décadas la SEP y el SNTE han acordado dos grandes reformas educativas nacionales, aceptadas legal y formalmente por todos los estados. Se trata de las siguientes:

- En 1992 el Acuerdo Nacional para la Modernización de la Educación Básica (ANMEB) fue firmado por el presidente de la República y la secretaria general del sindicato. El acuerdo consideraba tres grandes rubros: *1)* la reorganización del sistema educativo (denominada federalización) mediante la trasferencia a los estados de la operación técnica y administrativa de la educación básica (administración de escuelas, maestros y alumnos), previamente controlada por el gobierno federal;[12] *2)* una reformulación de los contenidos y los materiales educativos, y *3)* la revaloración de la profesión docente.[13]

---

[9] Recibe 1% de la nómina como pago de cuotas sindicales, adicional a diversos fondos negociados cada año para diferentes actividades sindicales.

[10] La Constitución establece una diferencia en la Ley Federal del Trabajo, al considerar un Apartado B, para todos los trabajadores al servicio del Estado, y un Apartado A, para todos los demás.

[11] En 2014, de los 883 771 maestros, 23.4% tenía dos y hasta cuatro posiciones docentes, mientras que 7.1% se desempeñaba en otras ocupaciones en el sector (INEGI y SEP, 2014).

[12] Algunos investigadores educativos todavía argumentan que uno de los objetivos de la descentralización era dividir al SNTE en 32 sindicatos locales. Sin embargo, la propia ley otorgó la titularidad del contrato colectivo de trabajo a "la organización sindical en los términos de su registro vigentes" (LGE, 1993, transitorio 6°; LGE, 2016, transitorio artículo 6°).

[13] Cinco rubros conforman esta política de revalorización del magisterio: formación inicial de los

- En 2008 la Alianza por la Calidad de la Educación (ACE) fue firmada por el presidente en turno del país y por la presidenta vitalicia del SNTE en ese entonces.[14] Convocó a todos los actores educativos a apoyar la alianza y propuso cuatro grandes compromisos para mejorar la calidad de la educación: la modernización de la infraestructura y el equipamiento de las escuelas, la profesionalización de maestros y funcionarios, el bienestar y el desarrollo integral de los estudiantes y el entrenamiento a lo largo de la vida para ésta y el trabajo.

La enseñanza y los maestros han sido, por lo tanto, una preocupación principal para ambos actores. Una evaluación voluntaria del desempeño de los docentes se aprobó inicialmente en 1993 —derivada, por cierto, de una propuesta sindical—como parte de la revalorización de la profesión docente. Se trataba de evaluar los méritos profesionales de los maestros de grupo y de crear un sistema general de promociones para otorgar niveles progresivos de reconocimiento y de remuneración[15] (hasta 198% más sobre el sueldo base). Este programa ha estado operando por casi 23 años, con cambios diferentes en la naturaleza, el contenido y el peso de los criterios de evaluación: antigüedad, grados académicos, cursos de capacitación y desempeño profesional en el aula y en la escuela.[16] Las nuevas leyes aprobadas en 2013 decretaron remplazar todo el proceso de promoción, pagos por mérito y definitividad mediante nuevas formas de evaluación.

Lo más importante es que la Reforma Educativa no reconoció ninguna participación al Sindicato en los nuevos procesos de evaluación;[17] al contrario, no aparece ni siquiera mencionado en las nuevas leyes. La evaluación de los maestros para el ingreso, la promoción y la definitividad queda facultada exclusivamente a la SEP (por la vía de la coordinación del SPD) bajo la autoridad académica del INEE. Esta institución, creada en 2002, obtuvo durante la reforma nuevas facultades y una elevada autonomía institucional (LINEE, artículo 28).

---

maestros, capacitación y formación continua de los maestros en servicio, salario profesional, vivienda, y carrera magisterial.

[14] Una distinción que también se había otorgado al anterior secretario general.

[15] En la década de 1980 el salario base de los maestros descendió a un mínimo histórico de 1.4 salarios mínimos al mes (De Ibarrola y Silva, 1996; De Ibarrola, Silva y Castelán, 1997).

[16] En 2016, 853 624 plazas de maestros estaban recibiendo el pago adicional por mérito otorgado por la vía de carrera magisterial. Nótese que un número importante de docentes tiene más de una plaza y posiblemente el pago adicional en cada una. Recuperado el 5 de febrero de 2016 de <www.senado.gob.mx/index.php?ver=cp&mm=4&id=64440>.

[17] El último acuerdo al respecto fue firmado por el SNTE y la SEP el 31 de mayo de 2011 (SEP, 2011).

PRIMERA PARTE. EL CONTENIDO LEGAL Y EL ALCANCE
DE LA REFORMA ESTRUCTURAL DE LA EDUCACIÓN

Los cambios constitucionales y las leyes promulgadas por la Reforma Educativa introdujeron la obligación para el Estado mexicano de garantizar una educación de calidad en todos los niveles obligatorios (y así un derecho para todos los estudiantes), y decretaron varios tópicos complejos para asegurar el cumplimiento de esa obligación:[18] un sistema nacional para evaluar la calidad, el desempeño y los resultados del SEN en la educación preescolar, primaria, secundaria y media superior; la obligatoriedad de la educación media superior; el ingreso, la promoción y la definitividad de los maestros por la vía exclusiva de la evaluación de méritos; una revisión completa del "modelo educativo" y la creación de uno nuevo —planes y programas de estudios, libros de texto, autonomía escolar, transparencia escolar—; participación social, alimentación sana dentro de las escuelas, el Sistema de Información y Gestión Educativa (Siged), y el Sistema de Asistencia Técnica a la Escuela (SATE).

Sin embargo, aunque la agenda pública reconoce los problemas educativos multidimensionales y de larga data que debería enfrentar una Reforma Educativa estructural, la evaluación de los maestros se convirtió, en los hechos, en el mecanismo más importante para resolverlos.

La Ley General del Servicio Profesional Docente (LGSPD)

Los concursos de oposición y las evaluaciones, como los únicos procedimientos válidos para el ingreso, la promoción y, en particular, la definitividad constituyeron una innovación tan importante que se promulgó una nueva ley con los cambios constitucionales y los de la LGE, con las facultades complementarias y concomitantes del INEE.[19]

Los exámenes de oposición para el ingreso fueron aprobados gradualmente en diferentes estados de la República, como parte de las políticas de descentralización de la década de 1990, en oposición a la plaza que se había otorgado de manera automática a los egresados de las Escuelas Normales (acotado desde esas fechas a los estudiantes locales y las plazas locales dentro de los límites de cada estado).

Las nuevas leyes abren la oportunidad de ingreso al servicio docente a cual-

---

[18] Interesa señalar que las leyes sobre la educación superior no se han modificado desde 1978.
[19] LGSPD, 11 de septiembre de 2013.

quiera que cumpla con el perfil y los requisitos establecidos en las convocatorias de los exámenes. De hecho, dan por terminado el monopolio que habían tenido las Escuelas Normales y la Universidad Pedagógica Nacional (UPN) en la formación y la colocación de los maestros de educación básica.[20]

La evaluación para la definitividad se aplica, a partir del momento de promulgarse de la ley, cada cuatro años a *todos* los docentes en servicio. Si los resultados no son aceptables, el maestro tendrá una segunda e incluso una tercera oportunidad de evaluarse para ser declarado calificado para un nuevo periodo de cuatro años.

La evaluación para la promoción es voluntaria, pero no podrá haber promoción a los puestos de director, subdirector, supervisor, inspector, jefe de área, jefe de enseñanza o asesor pedagógico sin haber concursado en el examen correspondiente. Y una Evaluación del Desempeño en ese puesto es obligatoria dos años después de haber obtenido la nueva posición.

Formación y capacitación continuas. Las leyes establecen programas de formación y capacitación continuas como contraparte de las evaluaciones: *1)* los maestros de primer ingreso tendrán un tutor por un periodo de dos años, designado por los funcionarios educativos; *2)* los maestros que no obtengan los resultados suficientes en su evaluación cuatrienal tendrán hasta tres oportunidades para ello, ayudados por programas diseñados a la medida, según los resultados de la evaluación; *3)* de conformidad con las leyes, la evaluación interna deberá ser una actividad permanente que conduzca a la mejora de las prácticas profesionales de enseñanza.

El SATE apoyará a los maestros en su práctica cotidiana, en el uso y la interpretación de las evaluaciones externas y en el establecimiento de compromisos verificables para mejorar la enseñanza.

Las leyes abren las puertas al despido legal de los maestros: aquellos que rehúsen ser evaluados o que no cumplan los programas compensatorios de formación podrán ser despedidos,[21] y quienes reprueben las evaluaciones por tercera ocasión consecutiva serán separados del servicio docente.[22]

---

[20] La formación de los futuros maestros ya no es función exclusiva de las Escuelas Normales: las universidades tienen también una responsabilidad fundamental con la educación obligatoria (Notimex, 2016).

[21] LGSPD (2013), artículo 8º transitorio: reprobar una evaluación no es causa de despido del servicio público; no someterse a las evaluaciones obligatorias sí lo es, aclaró la presidenta de la Junta de Gobierno del INEE.

[22] Dado el privilegio de la plaza de por vida establecido en la Ley Federal de los Trabajadores al Servicio del Estado, los maestros que no aprueben la evaluación en su tercera oportunidad no perderán su trabajo, sino que serán reasignados a tareas administrativas. La evaluación de los maestros está legalmente establecida en leyes de diferente categoría: constitucional, leyes generales, decretos, programas, y aún hay ciertas contradicciones por resolver.

Hasta este punto se ha descrito el contenido básico de la Reforma Educativa, promulgada de conformidad con todos los procedimientos legales establecidos.[23] Como se verá más adelante, sí se implementó la evaluación de los maestros (incluso con el apoyo del ejército), pero otros aspectos de la ley no se han cumplido.

SEGUNDA PARTE. EL ANÁLISIS POLÍTICO
DE UNA REFORMA EDUCATIVA

Los investigadores educativos siempre han defendido la necesidad de reconocer las dimensiones políticas en el diseño y la implementación de las reformas. Un artículo muy reciente sobre el tema plantea que "Sostener políticamente una reforma depende de una política bien diseñada y de su efectiva implementación, y el apoyo político y la oposición (a las mismas) son dinámicos, cambian a menudo de intensidad y de configuración durante las diferentes partes del proceso político" (McDonnell y Weatherford, 2016, p. 233).

Los autores proponen tres características centrales para explicar las diferencias entre el diseño y la promulgación legal de una política en comparación con su implementación: el marco de temporalidad, los lugares (sitios) de la toma de decisiones y las coaliciones basadas en intereses (McDonnell y Weatherford, 2016, p. 235).

El análisis de las políticas de evaluación de los maestros promulgadas e implementadas en México desde 2012-2013 se beneficia de este enfoque, igual que de las categorías analíticas planteadas por otros autores.[24] De acuerdo con ellos, en este texto se proponen cinco categorías analíticas:

- *Los elementos de una política*
  - Proyectos: finalidades, objetivos, posibilidades expresadas en leyes, normas, reglamentos, decretos, documentos.
  - Las instituciones que incorporan esas finalidades y objetivos regulan y administran los recursos humanos, los presupuestos, los recursos técnicos, financieros y materiales, las evaluaciones y las certificaciones.
- *El proceso político*
  - El proceso político se desarrolla en etapas, pero éstas pueden ser supuestas, superpuestas, condensadas, anticipadas, repetidas, retrasadas e incluso ignoradas (Aguilar Villanueva, 1993; Flores Crespo y Mendoza, 2012;

---

[23] La aprobación por ambas cámaras y los congresos de la mayoría de los estados de la república.
[24] Me refiero a la bibliografía básica del curso de posgrado sobre Problemas Educativos y Políticas Públicas, que he enseñado a lo largo de los últimos 20 años en el Departamento de Investigaciones Educativas (DIE), y a los análisis sistemáticos realizados con diferentes grupos de alumnos.

Parsons, 2007). McDonnell y Weatherford (2016, p. 235) sugieren que la promulgación es episódica, pero la implementación es un proceso continuo. También consideran la diferencia entre los lugares de decisión y de implementación: la primera puede suceder en uno o dos sitios y puede ser visible únicamente para las élites políticas; la segunda requiere múltiples lugares con considerables variaciones, infinidad de decisiones pequeñas e información difusa y anecdótica.

- *Los actores*
  - El análisis requiere la identificación de los actores (Reimers y McGinn, 1997; Parsons, 2007; McDonnell y Weatherford, 2016). Un análisis que profundiza esta recomendación conduce a preguntas más complejas: ¿cuál es el origen de su poder? ¿Se trata de un poder legítimo?, ¿moral?, ¿ideológico?, ¿legal? ¿Se basa en la cantidad de personas que lo apoyan? ¿Cuál es la posición que defiende? ¿Cuándo y cómo se expresan? ¿Con quién, cuándo, dónde y cómo interactúan?
  - El papel de los medios de comunicación es fundamental, como lo propone Wayne Parsons (2007, p. 150): es importante en la creación de la agenda pública, en su impacto, en los diferentes ciclos o fases de atención pública al problema.
- *Las circunstancias*
  - Las circunstancias específicas de un país, no hay duda, explican variaciones en la promulgación e implementación de la política de evaluación de los maestros y en la participación de los actores: las elecciones para el Congreso Federal en 2015 o las elecciones para gobernadores en diferentes estados y los cambios en el gabinete presidencial en 2014-2016 incrementaron la participación y la polarización de diferentes actores.
  - Eventos nacionales, como la desaparición de 43 estudiantes normalistas (Ayotzinapa, septiembre de 2014) y la matanza de seis manifestantes en Nochixtlán (junio de 2016).[25]
- *Las consecuencias de la política*
  - No sólo educativas, sino también sociales, políticas, económicas, etcétera.

[25] El 26 de septiembre de 2014, 43 estudiantes varones de la Escuela Normal de Ayotzinapa desaparecieron en Iguala, Guerrero. Lo que sucedió durante un enfrentamiento con la policía municipal y posteriormente a ello no se ha aclarado, tampoco se ha localizado a los estudiantes ni sus cuerpos. El gobierno ha estado reticente a aclarar la investigación sobre el tema, al tiempo que los padres de los estudiantes han solicitado el apoyo de diferentes organizaciones nacionales e internacionales. Recuperado el 7 de febrero de 2017 de <https://en.wikipedia.org/wiki/2014_Iguala_mass_kidnapping; http://ayotzinapa-mas-alto-dar-conocer-la-verdad-rector-ibero/ladobe.com.mx/2017/02/costo-politico-no-investigar>.

En Nochixtlán, Oaxaca, el 19 de junio de 2016 un intento por remover un bloqueo carretero dejó seis civiles muertos y 43 oficiales de policía y 53 civiles heridos (Animal Político, 2016).

Estas categorías analíticas propias de un enfoque político permitieron construir, hace ya varios años, el concepto de "proyecto socioeducativo". El concepto propicia la integración de las diferentes categorías previas y se enfoca en los actores que dirigen y participan en una determinada política.[26] El propósito es identificar, describir y valorar las intenciones y los objetivos que persiguen los actores, la lógica y la racionalidad de sus argumentos, así como la naturaleza del poder que usan para defender e implementar su proyecto. Los proyectos socioeducativos no necesariamente constituyen una propuesta acabada ni tampoco consistente en su interior, ni implican un consenso pleno entre los diferentes actores que los apoyan; ello es especialmente notorio cuando el tiempo de observación no es muy prolongado. El concepto permite distinguir los diferentes tipos de fuerza que apoyan a los actores y las tensiones y las contradicciones entre lo que proponen o no proponen, y lo que hacen o no hacen, más allá de la legalidad e incluso la legitimidad de las propuestas o de las acciones que defienden.

Proyectos socioeducativos en conflicto

Es fácil identificar el enorme proyecto socioeducativo del Estado mexicano para la trasformación del sistema educativo del país, tal y como lo propuso en la Reforma Educativa, aprobada en 2013.

Sin embargo, la oposición a esta reforma evidencia la existencia de un proyecto diferente, dirigido no por el SNTE, sino por un ala radical del mismo: la Coordinadora Nacional de Trabajadores de la Educación (CNTE), que se opuso a los objetivos y los argumentos de la reforma con una fuerza sorprendente y contó con la aprobación de maestros, estudiantes, padres de familia y otros actores políticos y sociales en varias regiones del país. Entre ambos proyectos es posible observar un tercero, velado en cuanto a su magnitud, dirigido por una poderosa organización no gubernamental: Mexicanos Primero, que aparentemente apoya el proyecto del Estado, pero cuyas intenciones, argumentos y fuerza favorecen una visión muy conservadora de la educación pública.

El propósito principal de este texto es demostrar que tanto la promulgación de las leyes que aprobaron la Reforma Educativa como su implementación detonaron una confrontación radical entre dos proyectos socioeducativos, cada uno de alcance nacional. Las protestas que se han manifestado no son aisladas o esporádicas. El hecho de que se trate de proyectos antagónicos explica el caos que

---

[26] Originalmente el concepto se propuso para analizar la formación de los técnicos medios agropecuarios en el país, desde la política de diseño y la creación de nuevas escuelas, el equipamiento propuesto, el diseño curricular, el reclutamiento de maestros y estudiantes, hasta el trabajo previsto y el logrado por los egresados de estas escuelas (Ibarrola, 1994).

ha estado viviendo el SEN y el impasse en el que ha caído la solución en estos últimos momentos del análisis. Se trata de proyectos que van más allá de propuestas educativas, que conllevan un debate sobre el papel de la educación en la sociedad mexicana e incluso sobre el futuro del país. El análisis se centrará, sin embargo, en las propuestas sobre la evaluación de los maestros.

El periodo de implementación observado cubre desde la firma del Pacto por México en diciembre de 2012, hasta agosto de 2016, fecha en que debió presentarse este texto.[27]

1. La Reforma Educativa estructural, un nuevo proyecto socioeducativo del Estado mexicano[28]

La Reforma Educativa, como se mencionó previamente, es parte de un terceto de reformas estructurales propuestas por el presidente del país, que asumió el cargo en diciembre de 2012. Se concibió como "la fuerza transformadora del país". La intención fundamental de la reforma, declarada públicamente por el Estado, ha sido doble: por un lado, transformar el sistema educativo del país para ofrecer una escolaridad obligatoria más prolongada, centrada en una educación de calidad, que permita a las nuevas generaciones de mexicanos enfrentar con éxito los desafíos del siglo XXI;[29] por otro lado, recuperar la rectoría del Estado sobre la educación nacional.

El principal argumento que justifica ambos objetivos se basa en el "derecho superior de los niños a recibir una educación de calidad". Esta frase fue acuñada por la Convención Internacional de Derechos de los Niños y adoptada por la Suprema Corte de Justicia de México,[30] dado que se considera que los derechos de los niños son el criterio básico orientado en todas las leyes y normas que les conciernen. En relación con la Reforma Educativa, el principio tiene dos aspectos importantes: el derecho de los niños a una educación de calidad se convierte en una garantía constitucional, y el derecho superior de los niños antecede a cualquier otro derecho previo, en particular los derechos laborales de los docentes.

Ambos aspectos apoyan la evaluación de los maestros para el ingreso, la

---

[27] La observación realizada durante este periodo y la información analizada se basa en documentos gubernamentales, documentos formales elaborados por los diferentes actores, el monitoreo de la prensa y la participación personal en grupos de análisis académicos, sindicales y gubernamentales.

[28] De conformidad con esta categoría sería posible identificar diferentes proyectos del Estado mexicano a partir de la Revolución.

[29] Esta declaración se encuentra en el nuevo modelo pedagógico y curricular que se publicó en julio de 2016 (SEP, 2016).

[30] Recuperado el 5 de febrero de 2017 de <http://sjf.scjn.gob.mx/sjfsist/Documentos/Tesis/172/1>.

promoción y la definitividad en la profesión docente como el procedimiento más importante para alcanzar la transformación propuesta.

Sobre la calidad de la educación
De acuerdo con los documentos legales, la calidad de la educación se entiende como:

- Mejorar el desempeño de los estudiantes mexicanos en las pruebas internacionales (Pacto por México).
- La constante mejora y el máximo aprovechamiento académico de los alumnos, basada en métodos educativos, materiales e infraestructuras, y la adecuación de maestros y directivos (Constitución Política de los Estados Unidos Mexicanos, artículo 3°).
- La consistencia entre los objetivos, los resultados y los procedimientos dentro del sistema educativo, de conformidad con los criterios de efectividad, eficiencia, relevancia y equidad (LGE, artículo 8°, fracción IV).

Recuperar la rectoría del Estado mexicano sobre la educación nacional
Esta frase, "recuperar la rectoría del Estado sobre la educación nacional", se menciona explícitamente en el Pacto por México; ha aparecido con frecuencia en los medios y se ha usado y aceptado ampliamente.[31] También es una opinión común, a veces abiertamente reconocida por la prensa y por varios investigadores educativos, que el SNTE fue el que usurpó esta rectoría.[32]

Recuperar la rectoría del Estado significa, por tanto, acabar con la del sindicato y:

- Su control sobre las contrataciones, las promociones y las definitividades de los maestros (y de todos los trabajadores de la educación). Al respecto, la ley laboral establece una participación bilateral equitativa entre el Sindicato y el Estado.
- Su participación bilateral en todo tipo de decisiones de política educativa con base en la igualdad.
- Su imposición en el nombramiento y la designación de los funcionarios educativos en muchos estados de la República.

---

[31] Utilizado inicialmente en el documento de la Organisation for Economic Co-operation and Development (OECD, 2010) sobre la educación mexicana.

[32] Esta afirmación obligaría a buscar la pérdida de la rectoría del Estado mexicano en la larga historia de acuerdos y negociaciones entre el gobierno federal, los gobiernos de los estados y el sindicato. Véase a diferentes autores que han tratado este asunto: A. Arnaut, G. Guevara Niebla, A. Loyo, C. Ornelas y R. Rodríguez.

- La comisión (asignación) de maestros a posiciones que comprenden actividades políticas en el sindicato o incluso en los diferentes partidos políticos
(al tiempo que conservan sus ingresos y definitividad como maestros).

La noción de "educación de calidad" había sido previamente explicitada en
el Plan Nacional de Educación 2006-2012, que entonces se incluyó como "educación de *buena* calidad"; como derecho constitucional en 2013 se convirtió en el
principal argumento para la legitimidad de la reforma.

La calidad de la educación mexicana fue cuestionada incluso desde antes
del Acuerdo Nacional para la Modernización de la Educación Básica en 1992
(ANMEB), y la "evidencia" de la mala calidad se fue haciendo pública gradualmente por medio de los resultados de las pruebas internacionales estandarizadas
que medían el desempeño de los estudiantes mexicanos.[33]

Pero el argumento concluyente que alertó a la opinión pública se basó en los
resultados de las pruebas internacionales, como el Programa para la Evaluación
Internacional de Alumnos (PISA) y el Estudio Internacional de Tendencias en Matemáticas y Ciencias (TIMSS), que se hicieron públicos por primera vez en el país
en 2000.[34] México, miembro de la Organización para la Cooperación y el Desarrollo Económicos (OCDE) desde 1993, siempre ha ocupado la última posición en
las evaluaciones periódicas de este organismo, y sus resultados están entre los
más pobres cuando se comparan con los de todos los países que ahora participan en las evaluaciones de PISA.

Respecto a la recuperación del control de la educación pública por parte del
Estado, tanto este último como la opinión pública argumentan una corrupción
generalizada en la venta de posiciones de maestros, promociones, apoyos inade-
cuados a la herencia de las plazas, el encubrimiento de ausencias e incumplimien-
tos por parte de los maestros y de su falta de preparación. Las acusaciones de
corrupción incluyen intercambio de favores sexuales, extorsión, acoso e incluso
lavado de dinero.[35]

La falta de calidad de la educación nacional (como lo demuestran los relativamente pobres resultados alcanzados en las pruebas internacionales) se adjudi-

---

[33] Previamente lo que se había cuestionado eran los recursos insuficientes asignados a la educación: falta de escuelas, infraestructura precaria, presupuestos insuficientes y los maestros necesarios para garantizar el acceso y la permanencia en los niños y jóvenes hasta el fin de la escolaridad
obligatoria.

[34] En esa fecha se dio un debate público entre investigadores educativos y funcionarios de la SEP
que obligó a que estos últimos hicieran abiertos los resultados de esa evaluación. El debate ahora se
centra en dar a conocer los resultados individuales, como lo solicita, por ejemplo, Mexicanos Primero.

[35] Si el principal problema es la corrupción, ¿por qué no enfrentarlo con leyes anticorrupción?
La doctora R. Glazman, reconocida investigadora educativa en el país, me planteó este argumento en
un diálogo abierto.

có fácilmente a los maestros, a pesar de las correlaciones entre el desarrollo económico del país (o el desarrollo desigual de los diferentes estados de la república) y su presencia consistente en los resultados de las pruebas internacionales. En México hay amplias evidencias de las condiciones materiales tan precarias de las escuelas y de la pobreza de los estudiantes y de muchos maestros. A pesar de lo anterior, la Evaluación del Desempeño de los docentes y la subsecuente selección de "mejores maestros", así como la adecuada capacitación constante de los maestros en servicio, fue fácilmente aceptada como la manera de solucionar estos problemas. El argumento de Finlandia respecto del papel tan importante que desempeñan sus maestros en los resultados que alcanzan los estudiantes de ese país confirmó también esa noción (Hope, 2008).

Adicionalmente a la aceptación de los objetivos y la racionalidad del proyecto del Estado, su fuerza se basa en:

• El apoyo político general de los principales partidos políticos que firmaron el Pacto por México.
• El apoyo del Congreso Federal y su rápida aprobación y promulgación de leyes del más alto rango. Importa recalcar la urgencia con la que todas estas leyes se aprobaron: dos enmiendas constitucionales y tres leyes generales aprobadas en el curso de sólo 10 meses.
• El apoyo de los congresos de los estados de la República.[36]
• El apoyo de la ocde, un poderoso actor internacional, cuyas recomendaciones a México en 2010 coinciden de manera considerable con el contenido de las leyes en lo que respecta a la evaluación de los maestros (oecd, 2010).[37]
• Las facultades generales que se otorgaron por ley a la sep y a la Secretaría de Gobernación.
• La creación, el empoderamiento y la operación de dos instituciones nacionales: el inee (creado en 2002 pero con nueva autonomía y nuevos poderes) y la Oficina para la Coordinación del Servicio Profesional Docente, cuyas facultades e institucionalidad están resguardadas por la Constitución.[38] Ambas instituciones cuentan con todos los recursos humanos, los presupuestos y las capacidades técnicas, operacionales y administrativas necesarias para llevar a cabo sus funciones.

[36] Una enmienda constitucional requiere ser ratificada por dos terceras partes de los congresos estatales. El Congreso de Oaxaca no ratificó la enmienda, pero el de Chiapas sí.
[37] Es interesante señalar que el actual secretario general de la ocde, José Ángel Gurría, fue secretario de Hacienda en México.
[38] El diseño completo del nuevo inee se estableció en la Constitución, lo que agregó de esta manera más de dos páginas al texto del artículo sobre educación.

- El poder y los recursos para implementar la reforma, incluyendo el uso de la fuerza pública (la policía e incluso el ejército y la marina, en algunos casos) para proteger y transportar a los maestros que aceptaban ser evaluados.
- El presupuesto federal asignado a estos propósitos.[39]
- Por ley, el gobierno federal recuperó el control total y la administración de la nómina magisterial en todo el país (que había sido previamente descentralizada a los gobiernos de los estados) y pudo imponer sanciones económicas, suspensión de pagos e incluso despidos a los maestros que hicieron los paros.
- Acciones legales contra los líderes del movimiento opositor, acusaciones de corrupción, uso indebido de fondos federales y otros delitos.

2. El proyecto socioeducativo de la CNTE

Sorprendentemente, la oposición a la Reforma Educativa no vino del SNTE, sino de un ala disidente dentro del mismo, la CNTE, que controla las secciones sindicales de los estados más pobres de la República: Oaxaca (sección 22), Michoacán (sección 18), Guerrero (sección 14) y Chiapas (sección 7),[40] además de un sustancioso número de maestros dispersos a lo largo del país (en particular maestros de la Ciudad de México, que en varias manifestaciones se unieron a la oposición).

No es una simple coincidencia que los cuatro estados controlados por la CNTE sean los más pobres del país al final de las clasificaciones en desarrollo humano,[41] condiciones de vida, condiciones de las escuelas y desempeño de los estudiantes (INEE, 2016).

En mayo de 2012 la CNTE presentó al secretario de Gobernación (¿por qué al secretario de Gobernación?) un documento titulado *Hacia la educación que requieren los mexicanos*. Este documento y otros más, en particular el Plan para la Trans-

---

[39] Prácticamente no ha habido análisis de los costos de la evaluación o del presupuesto federal que se le asignó. El confiable principio político de "seguir el dinero" proporcionaría importante información sobre el tema.

[40] La CNTE es un ala radical creada en 1989 en el seno del SNTE como una alternativa ideológica. Se organiza dentro de la estructura legal, las leyes, los poderes y las prerrogativas de este último. De 52 secciones que conforman el sindicato, la CNTE controla las cuatro mencionadas.

[41] El índice de desarrollo humano para México (salud, ingreso y educación) es de 0.746 en promedio. Estos cuatro estados están muy por debajo: Michoacán: 0.700; Oaxaca, 0.681; Guerrero, 0.679; Chiapas, 0.667. Este último está 19.6% por debajo del índice de desarrollo de la Ciudad de México (PNUD, 2015).

formación de la Educación Pública en el Estado de Oaxaca[42] y los reportados por la prensa, evidencian las dos grandes posiciones defendidas por este grupo de maestros: *a)* el rechazo total a la Reforma Educativa, basado en una crítica radical a la misma, y *b)* la propuesta de una verdadera transformación educativa que debería resultar de un debate nacional y popular sobre la situación de la educación nacional y los medios para mejorarla y fortalecerla (CNTE, 2013a).

La Reforma, según la CNTE, debería ser plenamente rechazada porque:

- Fue impuesta cupularmente por la élite política y los empresarios, dirigidos por la OCDE.
- Se implantó sin consultar a los maestros.
- Se trata de una reforma laboral, administrativa y empresarial, punitiva en su naturaleza, orientada a quebrar los derechos laborales de los maestros.
- Somete la educación pública a los intereses privados y evade el compromiso del Estado con una educación pública y gratuita.[43]
- Introduce un concepto muy ambiguo para valorar la educación pública, el de calidad.
- Pone en práctica una evaluación unilateral y autoritaria.

La reforma no representa una "verdadera trasformación de la educación pública" porque (CNTE, 2013b; IEEPO / SNTE, 2012):

- No instituye una educación humanística opuesta a los valores del mercado, basada en la memoria histórica y aprobada por una intensa participación popular.
- No promueve una educación contextualizada, adecuada y relevante para los rasgos culturales y étnicos específicos de la población.
- No considera una evaluación no estandarizada: autoevaluación, evaluación por pares, evaluación por los padres y las comunidades, evaluación de las autoridades y de todo el sistema educativo.[44]
- No incluye la formación del prototipo del maestro investigador en las Escuelas Normales.

[42] Este plan fue aprobado por el Congreso del Estado de Oaxaca, pero nunca llegó a ser debatido en el Congreso Nacional.

[43] De manera sorprendente, un rumor propagado por la CNTE en el sentido de que los libros de texto gratuitos tendrían que ser comprados por los padres de familia fue aceptado por muchos padres y maestros. Es más sorprendente que la Secretaría de Educación no hubiera podido contrarrestar ese rumor.

[44] La CNTE no está en contra de la Evaluación del Desempeño de los maestros: propone para ello estos tipos de evaluación, pero solamente para mejorar la formación y el desempeño de los docentes.

- No acepta el acceso automático de los egresados de estas escuelas a las plazas docentes.
- No permite una administración colectiva de la escuela: el "colectivo Proyecto", como el eje operativo de la reforma.
- No proporciona suficiente infraestructura adecuada a las condiciones geográficas y climáticas de las diferentes regiones del país.

La fuerza del proyecto desarrollado por la oposición, aunque aparentemente limitada a los estados de Chiapas, Guerrero, Michoacán y Oaxaca, y algunas otras partes del país y de la Ciudad de México, reside en los siguientes hechos y características:

- La habilidad para defender una posición educativa opuesta a la del Estado. La propuesta de la CNTE ha sido apoyada por diversos grupos populares, algunos intelectuales y académicos, porque proyecta una imagen de superioridad moral al oponerse a las políticas educativas identificadas como neoliberales y favorables a la privatización de la educación.
- La CNTE convocó a debates populares nacionales y organiza foros populares masivos en diversas partes del país.
- Continuamente denunció la reforma como punitiva y tendente a la privatización, y trató de convencer a grupos de maestros y padres de que ésa es la naturaleza de la reforma propuesta por el Estado.
- Inició acciones legales contra la reforma, particularmente en lo referente a los posibles efectos negativos sobre los derechos laborales de los maestros.
- Cerró escuelas por semanas (supuestamente con el apoyo de los padres de familia).[45] Hubo manifestaciones masivas, grandes demostraciones, marchas, bloqueos de carreteras, calles y edificios públicos, secuestro de autobuses públicos y privados. Todo ello al amparo de las luchas populares tradicionales, los derechos laborales de los maestros y la libertad de expresión y de manifestación pública.
- Esta demostración de fuerza, más bien violenta, fue difundida exponencialmente por los medios de comunicación y rápidamente se convirtió en un asunto público de interés nacional. Debido a experiencias previas en las que los representantes de las fuerzas públicas habían sido duramente criticados por los diferentes elementos que deberían imponer la ley, no se opusieron a estas manifestaciones, argumentando también la libertad de reunión.

---

[45] Las escuelas fueron cerradas con frecuencia, pero la CNTE tomó la decisión formal de cerrarlas en mayo de 2016, y permanecieron cerradas hasta unas dos semanas posteriores al inicio oficial del nuevo año escolar, en agosto de ese año.

Debido a estas diferentes fuerzas, el proyecto de la CNTE, aunque aparentemente limitado a los estados de Chiapas, Guerrero, Michoacán y Oaxaca, tuvo un impacto nacional.

3. La contundente intervención de Mexicanos Primero, ¿un tercer proyecto?

La organización no gubernamental Mexicanos Primero, directamente financiada por la más importante corporación televisiva del país, y dirigida por uno de los herederos de la fortuna de la corporación, desempeñó un papel clave para modelar el contexto y el contenido del conflicto y en la construcción de lo que podría considerar un tercer proyecto socioeducativo. La organización se describe a sí misma como "una iniciativa ciudadana, independiente, plural, cuyo objetivo principal es promover el derecho a una educación de calidad a través [sic] de la acción civil y el ofrecimiento de los medios para demandarla".[46]

Esta organización:

- Ha elaborado una propuesta de una "educación de calidad" para todo el país, que se muestra explícitamente en su página de internet y en diferentes documentos que ha hecho públicos, apoyada por importantes grupos nacionales.[47]
- Defiende el derecho de los niños y de los jóvenes a una educación sin interrupciones (asistencia de 200 días de clase, siete horas y media cada día), y está en favor de la equidad, de mayores recursos para la formación de profesores, de la evaluación de maestros, estudiantes y escuelas sin excepciones, la contratación de maestros con base en concursos de oposición, la transparencia de la nómina magisterial y de las operaciones cotidianas de las escuelas y de un sistema accesible de quejas y sugerencias en cada escuela.

La posición de esta organización y una posible tercera propuesta se basa en que:

- Comparte componentes clave del proyecto del Estado: una educación de calidad y la recuperación del control de la educación por parte del Estado.[48]

---

[46] Recuperado de <www.mexicanosprimero.org>.

[47] "Diez compromisos por la calidad de la educación", texto presentado a los gobernadores de los estados. Posteriormente la organización ratificó estos principios en un manifiesto público: "Las escuelas que queremos, cómo lograrlas" (22 de agosto de 2016).

[48] ¿Son coincidencias, sugerencias? ¿Quién está detrás de los propósitos y quién aporta los fondos? ¿El Estado? ¿La OCDE? ¿Mexicanos Primero?

- Exige la aplicación de exámenes individuales y la publicación de los resultados individuales.
- Cuenta con un nivel muy elevado de capacidad técnica que le ha permitido hacer investigaciones nacionales sobre el desempeño de los maestros, las condiciones de las escuelas, los presupuestos educativos y ofrece bases de datos abiertas al público como evidencia sólida de sus demandas.[49]
- Ha conducido una campaña muy exitosa sobre la mala calidad de la educación pública y la muy deficiente formación de los maestros mexicanos, acusando claramente al sindicato de su responsabilidad en ambos temas.[50]

Adicionalmente, la organización ha emprendido acciones legales en contra de:

- Funcionarios locales y federales de la educación, incluyendo al presidente de la República, por firmar acuerdos ilegales con el sindicato, suspender la aplicación de la reforma y no hacer cumplir las leyes en lo que refiere al cierre de escuelas o los bloqueos de carreteras.
- El SNTE y la CNTE por actos de corrupción y actos violentos e ilegales asociados a su movimiento.

Finalmente, la organización

- Ha conducido una intensa campaña de comunicación pública, propaganda continua y páginas completas denunciando la irracionalidad de las acciones de la CNTE y los fracasos del gobierno federal, tales como tolerar las pérdidas económicas provocadas por las acciones de los maestros.
- Cuenta con un presupuesto garantizado por el apoyo de organizaciones empresariales.
- Ha creado alianzas con otras organizaciones no gubernamentales y con las mayores corporaciones privadas del país.[51]

---

[49] Por ejemplo, la creación de un *Índice de Desempeño Educativo Incluyente* (IDEI), recuperado de <http://www.mexicanosprimero.org/images/stories/idei/IDEI_2009-2012.pdf>.

[50] Un ejemplo claro fue la película *De panzazo* (similar a la película estadunidense *Waiting for Superman*), que se exhibió en todos los cines comerciales a lo largo del país en 2012. En lo personal fui testigo de maestros llorando después de ver la manera en que la película los describía.

[51] Sus desplegados a página completa fueron apoyados por más de 126 asociaciones civiles nacionales, de industria, comercio y servicios, organizaciones privadas e instituciones educativas privadas —la Cámara Nacional de la Industria de la Transformación (Canacintra); la Confederación de Cámaras Nacionales de Comercio (Concanaco); la Confederación Patronal de la República Mexicana (Coparmex), etcétera.

4. Otros actores importantes

El SNTE

Los dirigentes sindicales de nivel nacional NO se han opuesto a la reforma, al menos no públicamente; aceptan el logro y el mérito académicos como la base para la contratación y la promoción de los maestros y han apoyado siempre y exigido que el Estado cumpla plenamente su responsabilidad de formar a los maestros, junto con el mejoramiento de sus condiciones de trabajo y de ingresos, al tiempo que "respeten plenamente los derechos laborales de los maestros".[52]

A principios de 2013 la entonces "presidenta vitalicia del SNTE", la maestra Elba Esther Gordillo, declaró que los maestros no se oponen a la evaluación; expresó, sin embargo, que la palabra "perversa" es *definitividad*. Mientras que los discursos que alrededor de las nuevas leyes declaran "respeto a los derechos de los trabajadores" violan el derecho a la posesión definitiva de la plaza docente, de por vida, establecida en la Ley Federal de los Trabajadores al Servicio del Estado.[53]

La mayoría de los maestros cree firmemente que perderá el privilegio de la plaza de por vida y el de heredar sus posiciones docentes a sus hijos, puesto que la ley establece que serán evaluados cada cuatro años (sin excepciones) y que el resultado de esa evaluación es un documento que acredita su permanencia sólo por cuatro años más. Como dijo un maestro anónimo: "Nuestro contrato laboral ya no refiere a una plaza de por vida, sino a una posición pagada a plazos".

En efecto, la evaluación del desempeño se aplicará cada cuatro años a todos los maestros, sin importar su antigüedad o su carrera, y la ley no prevé un momento a lo largo de la misma en el que la obligatoriedad de la evaluación ya no se aplique (Guevara Niebla, 2016).

Los investigadores educativos y los académicos

Uno de los aspectos más interesantes de la relación entre los investigadores educativos y los tomadores de decisiones en México es el hecho de que muchos funcionarios han formado parte de los primeros, tanto en la SEP como en las nuevas instituciones creadas por la reforma. De hecho, los cinco miembros de la Junta de Gobierno del INEE fueron propuestos por la comunidad de investigadores, y su designación, evaluada y aprobada por el Senado de la nación.

---

[52] Una acción seguramente relacionada con el silencio del sindicato fue la puesta en prisión de su lideresa nacional en febrero de 2013, acusada de corrupción. Un funcionario del INEE me informó que otros miembros del sindicato habrían recibido serias llamadas de atención.

[53] La señora Gordillo fue puesta en prisión algunos días después y espera todavía el juicio. Se le acusó de uso indebido de fondos públicos y lavado de dinero, crímenes que hasta la fecha no se le han probado. No ha intervenido de manera pública en temas educativos desde su arresto.

Los investigadores en lo individual fueron invitados por muchos y muy diferentes grupos de análisis, y asesoraron a la SEP, al INEE, al Senado, a la Secretaría de Gobernación; otros fueron asesores de la CNTE. Mayormente actuaron como abogados de la necesidad de un diálogo efectivo y criticaron al secretario de Educación por su posición inflexible al respecto y su apresuramiento por implementar una evaluación masiva sin las debidas pruebas piloto.

Hubo muchas publicaciones en la prensa,[54] la televisión, programas de noticias, pero no hubo manifestaciones públicas de los investigadores organizados.

Los medios de comunicación

De acuerdo con Parsons (2007), en el análisis de las políticas públicas, los medios desempeñan un papel muy significativo al establecer los ciclos de atención pública a los conflictos. Según la inclinación de los medios, las noticias se basaban en las fuentes oficiales de información; otras, en las declaraciones de maestros de la oposición. Se centraron en las demostraciones masivas de los docentes o en las acciones de aplicación de la ley en su contra. Los análisis y los debates aparecieron en las páginas editoriales.

TERCERA PARTE. LA IMPLEMENTACIÓN DE LA REFORMA EDUCATIVA
(Y DE LA EVALUACIÓN DE LOS MAESTROS): UNA CRONOLOGÍA BÁSICA

La mayor parte de las leyes promulgadas incluyeron un calendario que estableció fechas obligatorias para la aplicación de la evaluación. Estas fechas refirieron a la operación del Sistema de Información y Administración, a la creación del nuevo modelo educativo (y curricular), a la implementación del sistema de apoyo técnico y pedagógico a las escuelas, y a la renovación de la infraestructura escolar. En el caso de la evaluación de los maestros, los artículos transitorios de la ley establecieron fechas apresuradas, urgentes y perentorias. Con base en ese calendario legalmente establecido, se puede identificar lo que se ha cumplido o lo que se ha descuidado, o incluso pospuesto.

1. En septiembre de 2012 se creó un fideicomiso para la renovación de la infraestructura escolar, pero no se puso en operación.
2. La Oficina Nacional para la Coordinación del Servicio Docente Nacional

---

[54] Por lo menos cuatro investigadores educativos de alto prestigio han hecho publicaciones semanales al respecto: Carlos Ornelas, en *Excélsior*; Manuel Gil y Alberto Arnaut, en *Educación Futura*, y Gilberto Guevara Niebla en *Nexos*.

se creó como una agencia dentro de la SEP con autonomía técnica, operacional y administrativa (14 de noviembre de 2013).[55]

3. El Sistema de Información se puso en marcha por la vía de un censo nacional de escuelas, maestros y estudiantes, que llevó a cabo el Instituto Nacional de Geografía y Estadística (INEGI)[56] en 2013 y 2014:

• El censo demostró una serie de deficiencias en las condiciones socioeconómicas de los estudiantes, en las condiciones de trabajo de los maestros y en la infraestructura escolar (CEMABE, 2014). Esta información no se pudo tener en cuenta para el diseño y la promulgación de las leyes, pero tampoco para la implementación de las mismas. Sin embargo, la información sobre el número de maestros que no se localizaron en las escuelas o el de comisionados a tareas no docentes fue utilizada en contra de los docentes con verdadero deleite de los medios de comunicación y de Mexicanos Primero. La mayoría de los maestros en servicio, incluyendo aquellos que aceptaron la evaluación del desempeño, explicaba las difíciles condiciones en las que debe trabajar y defendió la idea de que primero se mejoraran y luego se les evaluara.

4. Un primer intento para la creación de un nuevo modelo educativo y curricular 2014:

• La directriz de revisar el modelo educativo y curricular, los planes y los programas de estudios y los materiales educativos de la educación básica se estableció vagamente en la LGE (artículo transitorio 12) para garantizar la calidad demandada a la educación. También se estableció que el modelo debería definir la calidad de la educación considerada por la LGSPD para evaluar el desempeño de los maestros.

• En enero de 2014 el secretario de Educación convocó a la formulación del nuevo modelo nacional que sería propuesto y analizado en 18 foros regionales, en seis diferentes zonas del país. La consulta terminó en junio de 2014, pero la elaboración del modelo se suspendió en noviembre de ese mismo año debido a cambios en la Secretaría, cuando la subsecretaria de Educación Básica y el subsecretario de Planeación Educativa fueron removidos de sus cargos. Para muchos maestros, ser evaluados previamente al establecimiento del nuevo modelo educativo era incongruente, puesto que ese modelo debería ser la referencia general de la evaluación.

[55] Decreto por el que se crea la Coordinación Nacional del Servicio Profesional Docente como un órgano administrativo desconcentrado de la SEP, con autonomía técnica, operativa y de gestión; recuperado de <http://www.dof.gob.mx/nota_detalle.php?codigo=5322028&fecha=14/11/2013>.

[56] Una institución pública autónoma encargada de regular y coordinar toda la información oficial de nivel nacional, y recolectar y distribuir la información que trata del territorio, la población, los recursos y la economía.

5. La implementación de la evaluación de los maestros.[57]

• *Concursos de oposición para el ingreso.* Entre julio y diciembre de 2014 se aplicaron dos exámenes para el ingreso: uno sobre conocimientos y habilidad para la enseñanza; el segundo sobre habilidades intelectuales y responsabilidades profesionales. La mitad de los participantes eran maestros en servicio que no tenían formalmente una posición de enseñantes. La otra mitad fueron candidatos por primera vez. Los instrumentos constaban de dos exámenes estandarizados que contenían diferentes reactivos respecto de las dos finalidades. Ambas pruebas fueron autoadministradas y controladas por un aplicador.

A pesar del pequeño número de maestros calificados que reportaron los exámenes, la SEP no contaba con suficientes posiciones para quienes obtuvieron resultados satisfactorios. "De los 51 471 candidatos que pasaron el examen, 67% no obtendrán la posición docente debido a que no hay disponibles" (Hernández, 2014).

• *Evaluación de la promoción.* De entre 40 318 participantes, 53% pasaron el examen para promoverse como directores, supervisores o asesores técnico-pedagógicos. El resto de ellos, casi 19 000, no alcanzó las calificaciones necesarias (Toribio, 2015).

• *Se suspende la evaluación de los maestros.* El 29 de mayo de 2015 el secretario de Educación anunció la suspensión de la evaluación de los maestros por "tiempo indefinido".[58] La opinión calificada de muchos editoriales fue que la suspensión se había decretado debido a la proximidad de las elecciones federales a la Cámara de Diputados, y a las elecciones para gobernador, congresos locales y presidentes municipales en nueve estados de la república. La reacción en contra de esa decisión fue tan ponderosa (INEE, Mexicanos Primero, el Congreso federal) que un juez federal exigió a la Secretaría la reanudación del proceso (Juárez Pineda, 2015).

En junio de 2015, sin embargo, el secretario de Educación suspendió las evaluaciones en Michoacán y Oaxaca debido al boicot organizado por la CNTE en esos estados y en otros más.

• *Un cambio de secretarios de Educación.* El 25 de agosto de 2015 el secretario de Educación, un político mexicano de la vieja guardia, anunció su renuncia por motivos de salud, y fue designado como nuevo secretario un

---

[57] Las bases originales consideraban los siguientes: exámenes de ingreso, seis tipos diferentes de evaluaciones para la promoción, evaluación de desempeño, reconocimiento de mérito y definitividad por la vía de la Evaluación del Desempeño. La evaluación debería completarse por medio de diferentes instrumentos: exámenes escritos, observación y registro del desempeño de los maestros y sus estrategias de enseñanza, entrevistas, portafolio de evidencia y autoevaluación.

[58] De acuerdo con el adjetivo que se use, puede referirse a toda evaluación.

joven que había coordinado la propuesta para la Reforma Educativa incluida en el Pacto por México, quien defendería la implementación total de las evaluaciones de maestros de conformidad con las leyes.

- *Evaluación del Desempeño.* Un primer periodo de Evaluación del Desempeño de maestros en servicio se implementó de noviembre de 2015 a enero de 2016. Fueron convocados 153 000 maestros de ocho entidades de la república. De este total, 138 000 completaron la evaluación. De acuerdo con el programa publicado en 2015, la Evaluación del Desempeño incluía: cumplimiento de responsabilidad profesional, evidencia de enseñanza, conocimiento del contenido y competencia docente, planeación de la enseñanza y clima en el aula y otros (dominio del inglés). Cada evaluación requería diferentes evidencias: un informe del director de la escuela, un expediente hecho por el maestro describiendo cuatro experiencias de enseñanza, un ensayo para la solución de casos y un plan de enseñanza argumentado.

Las calificaciones reducían esta complejidad a cuatro niveles de desempeño y dos calificaciones generales: insuficiente para todos los que apenas llegaban al nivel I y suficiente para los otros tres niveles.[59]

Para la Evaluación del Desempeño, maestros de diferentes partes de cada estado eran concentrados en enormes centros de convenciones. Los exámenes se llevaban a cabo por medio de complicados instrumentos electrónicos y su respuesta requería hasta seis horas para completarse. El foco del examen estaba en preguntas de opción múltiple, un portafolio con evidencias de procedimientos de enseñanza y el diseño de un plan de clase a escribirse directamente en la computadora (Instituto Belisario Domínguez, 2016). En diferentes partes del país los maestros fueron transportados por personal del ejército o de la marina, y los lugares de la evaluación fueron protegidos por estas fuerzas de la ley.[60]

Un segundo grupo fue convocado en julio de 2016, pero para entonces el conflicto era tan intenso que el INEE propuso revisar el modelo de evaluación y reanudar las evaluaciones al final de 2016 (Poy Solano, 2016).

Al mismo tiempo que se implementaba el calendario de evaluaciones para el ingreso, la promoción y la permanencia de los maestros, en medio de protestas y desafíos de diferentes grupos, el gobierno federal emprendió otras acciones:

---

[59] Recuperado el 24 de mayo de 2017 de <http://www.inee.edu.mx/images/stories/2015/criterios/nov/dof/criteriosdocenciaEB2015-16.pdf>.

[60] Para Oaxaca véase Navarro y Rodríguez (2015); Tlaxcala, Márquez López (2015); Veracruz, Zamudio (2015). Un periódico nacional cuestionó la necesidad de que cinco miembros de la policía acompañaran a cada maestro a la evaluación en el estado de Oaxaca (Hernández, 2015).

- Los principales directivos del Instituto Estatal de Educación Pública de Oaxaca (ieepo), equivalente a la Secretaría de Educación local, fueron despedidos y el gobierno federal tomó el control de las principales posiciones directivas del mismo (julio de 2015).
- Se recuperó el control central de la nómina magisterial nacional, para ser administrada directamente por la Secretaría de Hacienda (federal). Esto se hizo por medio del establecimiento de un registro nacional de maestros, a partir de listas creadas en cada estado de la República y auditadas por el gobierno federal (enero de 2016).
- La federación recuperó el control de los presupuestos educativos de las secretarías de Educación de los estados controlados por los maestros de la oposición.
- Se asumió el control de las posiciones irregulares de maestros dedicados a actividades ajenas a la enseñanza.
- Los maestros que participaron en manifestaciones en contra de la reforma o que no cumplieron con la orden de presentarse a evaluaciones fueron multados e incluso despedidos.
- Varios líderes sindicales fueron enviados a prisión.

Lo que no se implementó

Los programas de capacitación, que serían el fundamento de la transformación y el mejoramiento del desempeño de los docentes tal y como fue revelado por las evaluaciones ("Evaluación para mejorar" era el lema), a pesar de su importancia no se llevaron a cabo en tiempo y no se habían implementado en 2016. Los tutores de los maestros de primer ingreso no fueron proporcionados por la sep, ni tampoco el sate. Se ofrecieron miles de cursos a los maestros, pero no diseñados de conformidad con los resultados de las evaluaciones, como se había ofrecido. La reforma de las Escuelas Normales se anunció continuamente, pero no se puso en marcha. Cada una de estas propuestas fracasadas podría ser objeto de un análisis semejante al que se hace aquí.

Sin embargo, una de las situaciones más dramáticas fue la sustitución del pago por mérito (que había funcionado los últimos 23 años) por un nuevo procedimiento que sería establecido por la lgspd de conformidad con los resultados de las evaluaciones del desempeño.[61] Resultó que los maestros que aprobaron esas evaluaciones recibieron una compensación inferior una vez que la nueva

---

[61] El snte y la sep firmaron un acuerdo sobre la fórmula para calcular el nuevo pago por mérito en febrero de 2015.

fórmula de pago, que separaba el salario de base del pago por mérito, se puso en práctica. Este hecho detonó el enojo de miles de maestros que habían aceptado la evaluación (Senado de la República, 2016).

El conflicto empeora, 15 de mayo de 2016

Los muy visibles errores en la implementación de la evaluación de docentes, pero principalmente el fracaso de la Secretaría en cumplir con las ventajas que se le atribuían, empeoraron el conflicto en mayo de 2016:

- El día del maestro (15 de mayo) se cerraron escuelas en Chiapas y Oaxaca ocho semanas antes del fin del año escolar.
- Se llevaron a cabo bloqueos de carretera, quema de autobuses e intentos de quema de edificios públicos.
- En dos ocasiones, maestros que habían participado en evaluaciones del desempeño fueron humillados públicamente (aunque la CNTE rechazó su participación en ello y lo atribuyó a otros grupos).
- Los estudiantes de las Escuelas Normales de Michoacán se unieron a las marchas, manifestaciones y quema de autobuses en demanda del pase automático a la plaza docente al terminar sus estudios.

La vehemencia del conflicto provocó la acción de nuevos actores que no se habían manifestado previamente.

Por un lado:

- Creciente inquietud por parte de la "opinión pública", especialmente los sectores económicos alimentados por los medios que circulaban, sobre todo, noticias acerca de los bloqueos de carreteras.
- Empresarios y miembros del sector privado, convocados por Mexicanos Primero, lanzaron una campaña mediática que reportaba una pérdida de 75 000 millones de pesos debido al conflicto; amenazaron con dejar de pagar impuestos y cerrar fábricas y tiendas a partir del 8 de agosto de 2016 y exigieron el estricto cumplimiento de la ley "sin derramamiento de sangre".

Por el otro lado:

- El presidente de un partido de extrema izquierda, algunos intelectuales y grupos indígenas declararon su apoyo a la CNTE, a sus maestros, escuelas, estudiantes y padres de familia, y exigieron la derogación de la reforma.

- Un creciente número de intelectuales y académicos insistió en el diálogo entre las partes en conflicto, con la finalidad de analizar detalladamente cada aspecto de la reforma que requería un serio debate. Otros grupos académicos, sociales y educativos, algunos obispos y uno o dos empresarios adoptaron esta posición.

¿Se relajan las hostilidades?

En junio de 2016 la Secretaría de Gobernación (nótese, no la SEP) renovó el diálogo que había sostenido durante 2013 y 2014 y suspendido en 2015. Resulta interesante que en esa fecha se anunciaron no uno, sino dos diálogos:

1. La Secretaría de Gobernación estableció tres mesas diferentes de diálogo con grupos de maestros de la oposición: un diálogo social, uno político y un tercero educativo (que debería ser conducido por el secretario de Educación, pero que no se llevó a cabo). Los diálogos social y político intentaban revisar las medidas que había tomado la SEP en contra de los maestros: despidos, encarcelamiento, suspensión de pago de salarios. Puesto que los acuerdos no fueron públicos, la desinformación y las noticias contradictorias llenaron la prensa. Después de un tiempo el secretario de Gobernación insistió en la suspensión de bloqueos y la apertura de escuelas como requisito indispensable para el diálogo, pero, dado que la CNTE no aceptó las condiciones, el diálogo se suspendió nuevamente.

   El presidente de la República por primera vez durante el conflicto declaró que la Reforma Educativa era "la mejor estrategia para el futuro de la educación mexicana" y ordenó la suspensión del diálogo "hasta que los maestros de la oposición reabrieran las escuelas y empezaran a trabajar normalmente".

2. El secretario de Educación, por su parte, estableció el diálogo, pero no con la CNTE, sino con el SNTE.

El nuevo secretario de Educación había declarado, una y otra vez, que la ley no se negociaba, sino que se aplicaba estrictamente y que el diálogo sólo tendría lugar dentro de los límites legales establecidos por la reforma. Pero la inquietud de los profesores que habían aceptado la evaluación y cuyos ingresos habían disminuido obligó a la Secretaría a firmar un acuerdo con el sindicato por un cambio en la fórmula del pago por mérito y otras consideraciones.

El 6 de julio el SNTE presentó un documento sobre "avances, contradicciones e ineficiencias de la Reforma Educativa" y argumentó en favor de su derecho y autoridad para expresar su posición (SNTE, 2016). El sindicato exigió a la SEP:

- Activar la transformación integral de la infraestructura y equipamiento de las escuelas.
- Diversificar los instrumentos de evaluación de los maestros y establecer criterios acordes con los contextos específicos de las escuelas.
- Establecer de manera inmediata un mecanismo para el análisis riguroso y valoración de las etapas que se habían llevado a cabo.
- Respetar la dignidad[62] de los docentes, tratar con respeto a los maestros y directores sometidos a las evaluaciones.
- Remediar las fallas identificadas y eliminar procedimientos burocráticos en las evaluaciones.
- Identificar nuevos criterios que permitan el cumplimiento de los incentivos y establecer un incentivo especial para la educación continua y la profesionalización de los maestros.
- Incorporar la autoevaluación y la evaluación por pares, la evaluación de los directivos y de los grupos colegiados de maestros en la escuela.
- Llevar a cabo las evaluaciones durante horas laborales.
- Implementar la operación de un sistema nacional de formación inicial y educación continua como condición previa a la evaluación.
- Establecer la participación de los maestros como el criterio principal para decidir sobre cursos gratuitos de capacitación de manera previa a la Evaluación del Desempeño.
- Respetar la autonomía del INEE.[63]
- Llevar a cabo la transformación integral de las Escuelas Normales.

Todas estas demandas fueron aceptadas.[64]

¿Esta reforma ya se acabó?

A principios de agosto de 2016 un profesor anónimo fue citado en la prensa porque declaró que la Reforma Educativa se había acabado. La frase puede ser una buena pregunta para analizar los últimos hechos que se registran en este capítulo.

[62] Esta demanda fue la más sensible expresada por los maestros, y fue recibida con simpatía por muchos grupos, en especial padres de familia.

[63] Una de las fricciones en el interior del proyecto socioeducativo del Estado fue la continua tensión entre el INEE y la Coordinación Nacional del Servicio Profesional Docente, por la premura en las evaluaciones en las que insistió la SEP por la vía de esta coordinación.

[64] Un funcionario del INEE me informó que, de hecho, las demandas habían sido previamente negociadas con las autoridades y se habían publicado en la lista de demandas del sindicato sólo aquellas que ya habían sido autorizadas.

En los hechos, desde principios de julio de 2016 sucedieron varios acontecimientos importantes relacionados con la reforma. El fideicomiso para la renovación de la infraestructura escolar comenzó sus operaciones y se comprometió a renovar 33 000 escuelas en los siguientes tres años. Se había creado cuatro años antes. El 13 de julio la sep publicó finalmente el nuevo modelo educativo, "un modelo que promovería que todos los estudiantes recibieran la escolaridad que demanda la Constitución y adquieran los aprendizajes necesarios para enfrentar con éxito las demandas del siglo xxi".

El modelo fue publicado como un documento terminado, pero no definitivo,[65] que sería sometido a la consideración y el análisis de diferentes grupos de maestros y académicos, antes de su aprobación oficial. Un periodo de diálogo se estableció en cada escuela del 20 de julio al 30 de septiembre. Se abrieron varios foros de consulta con diferentes organizaciones, con el nuevo modelo como objeto de análisis y de diálogo. El modelo sería implementado a partir del año escolar 2018-2019. El snte asumió un papel muy activo en la discusión del nuevo modelo educativo. La sep ratificó la importancia del sindicato como la organización ideal para la defensa de los derechos de los maestros sin afectar los derechos de los niños.

En agosto de 2016, el Instituto de Investigación del Senado de la República publicó un documento severamente crítico de los instrumentos y los procedimientos utilizados para implementar la evaluación, y abrió un Foro Nacional (Instituto Belisario Domínguez, 2016). El Senado abrió la posibilidad incluso de debatir enmiendas a las leyes y convocó al secretario de Educación. Él insistió en que el diálogo se estaba llevando a cabo y ofreció transparencia absoluta en lo referido a los acuerdos que se lograran.

El 25 de agosto el inee publicó una reformulación del modelo de evaluación que "no afecta los estatutos legales" y pospuso la Evaluación del Desempeño de maestros en servicio para 2016. Esta reformulación contiene dos grandes posiciones: a) el inee reconoce los errores, las fallas, las deficiencias, las insuficiencias y las debilidades de la evaluación que se había llevado a cabo; b) propone realizar la nueva Evaluación del Desempeño de los maestros en sus escuelas, ligada a los contextos de los docentes y referida al ambiente de maestros y de sus estudiantes. Enfatiza la capacitación de los maestros antes, durante y después de los procedimientos de evaluación.[66] A finales de agosto los maestros evaluados empezaron a recibir la nueva compensación asignada a quienes obtuvieron los mejores resultados.

---

[65] El modelo se publicó oficialmente en abril de 2017, y se prevé su implementación hacia 2018.
[66] Conferencia de prensa de la Junta de Gobierno del inee (26 diapositivas), agosto de 2016. Véase también Juárez Pineda (2016).

Al mismo tiempo la CNTE confirmó que ocho de sus miembros en prisión habían sido liberados (habían demandado la liberación de 75, incluyendo otros "presos políticos"), y el 25 de agosto, durante una asamblea general, demandó que todo acuerdo logrado fuera escrito y publicado, que los salarios suspendidos y los despidos quedaran sin efecto; también insistió en un diálogo para rechazar la Reforma Educativa y rehusó aceptar el nuevo modelo educativo ("¿Quién lo produjo? ¡Nosotros no!"). Finalmente amenazó con intensificar sus protestas (y atacar a los empresarios) y decidió no reabrir las escuelas en la fecha oficial establecida para el fin de las vacaciones de verano.

El 22 de agosto de 2016 se inició el nuevo ciclo escolar 2016-2017. Con las escuelas abiertas en (casi) todo el país, los maestros de regreso en sus actividades normales y el debate centrado en el nuevo modelo educativo, sujeto a todo tipo de modificaciones y consideraciones, el conflicto se desactivó.

Los maestros de Oaxaca y Chiapas dejaron cerradas las escuelas por varias semanas más, pero a partir de la demanda de los padres de familia las reabrieron; también circularon rumores acerca de diferentes tipos de negociaciones con las autoridades locales, y las actividades educativas normales recuperaron su curso usual.

Las secuelas

Al final del artículo en el que analizan la implementación del *Common Core State Standards*, McDonnell y Weatherford (2016, p. 240) recomiendan: "Para los investigadores que examinan la implementación de [políticas educativas…] la clave para integrar las dimensiones políticas en sus estudios es analizar los factores políticos con la misma sistematicidad que los factores administrativos".

Tal vez una contribución del análisis desarrollado a lo largo de este capítulo sea una comprensión de la complejidad de los factores políticos, siempre relacionados con muchos otros temas nacionales. La propuesta de organizar la enorme cantidad de información sobre los primeros años de la promulgación y puesta en acción de la evaluación de los profesores de educación básica del país, tomando en consideración las finalidades, la argumentación y la fuerza de diferentes grupos de actores, permite entender los proyectos contrarios que han estado en juego. Los criterios de evaluación, los procedimientos, los instrumentos, las calificaciones y la calendarización no fueron los principales objetos de controversia, aunque están escondidos detrás de las raíces de la confrontación. Esta última radica en la evaluación de los maestros en servicio cada cuatro años, la suspensión en los hechos de la definitividad de por vida y las nuevas posibilidades legales de correr a los maestros, legitimadas por la evaluación de mérito de acuerdo con los criterios de calidad establecidos por un instituto autónomo de evaluación de la educación, criterios todos que dejan fuera a los maestros de todas estas decisiones.

Al centrar el análisis en los actores, fue posible entender la variedad de acciones tomadas para integrar y apoyar sus distintos proyectos, sostenidos por argumentos legales, académicos y por la fuerza de que disponen; también se aclara el hecho de que sus objetivos y racionalidades diferentes responden a sus necesidades reales y a ideologías diferentes y en conflicto, y no sólo a "intereses creados", aunque sin duda estos últimos están imbricados de manera sutil.

De acuerdo con McDonnell y Weatherford (2016), el marco temporal, los lugares de decisión y las coaliciones de interés que apoyaron la implementación de la Reforma Educativa, incluyendo la evaluación de maestros, demostraron un interesante grado de consenso que amerita un análisis específico: el gobierno mexicano aprobó estas medidas al más alto nivel en menos de 10 meses.

Pero la implementación apresurada de los procedimientos de evaluación de los maestros en servicio, en detrimento de todas las otras medidas indispensables para mejorar efectivamente la calidad de la educación mexicana, demostró cuál ha sido el objetivo real. Ésta ha estado plagada de obstáculos, elementos ignorados, falta de coordinación y de previsión, una cronología alrevesada y el incumplimiento de muchos elementos básicos.

Sin embargo, haber logrado una enmienda constitucional que establece los exámenes de oposición y desempeño como el único medio para el ingreso, la promoción y la definitividad, y la promulgación de las leyes que complementan este mandato conforman sin duda un derrotero de futuro que será muy difícil modificar. Los poderes asimétricos de los actores son evidentes, pero la diferencia de estrategias y tácticas, incluyendo el uso legal o ilegal de la violencia, y la simpatía o el rechazo de los medios de comunicación y de la opinión pública irán modelando el curso que tome la reforma.

Tal vez un final conveniente para este texto sea el hecho de que el 10 de febrero de 2017 la cnte presentó al Senado de la República una propuesta para rechazar la Reforma Educativa de 2012-2013 a cambio de una de "educación para todos", apoyada por más de 500 000 ciudadanos (México Informa, 2017). Una acción perfectamente legal para debatir y dialogar sobre la reforma que debió hacerse antes de promulgar las leyes. Para la fecha de conclusión de este texto (agosto de 2017), sin embargo, esa propuesta no ha trascendido, y la atención de los actores está puesta en el nuevo modelo educativo, y en los planes y los programas derivados del mismo, mientras que la Evaluación del Desempeño de los maestros ha enfrentado débiles oposiciones en las dos entidades más combativas.

BIBLIOGRAFÍA

Aguilar Villanueva, L. F. (1993), "Estudio introductorio", en L. F. Aguilar Villanueva (comp.), *Problemas públicos y agenda de gobierno*, México, Miguel Ángel Porrúa, pp. 15-71.

Animal Político (20 de junio de 2016), "Los enfrentamientos en Nochixtlán, Oaxaca, narrados con fotografías y videos", recuperado el 20 de junio de 2016 de <http://www.animalpolitico.com/2016/06/los-enfrentamientos-en-nochixtlan-oaxaca-narrados-con-fotografias-y-videos/>.

Censo de Escuelas, Maestros y Alumnos de Educación Básica y Especial 2013 (2014), recuperado el 7 de febrero de 2017 de <http://cemabe.inegi.org.mx/>.

CNTE, Coordinadora Nacional de Trabajadores de la Educación (2013a), *Análisis y perspectivas de la Reforma Educativa. Memorias y resolutivos*, recuperado el 7 de febrero de 2017 de <http://www.rebelion.org/docs/171157.pdf>.

——(2013b), *Hacia la educación que los mexicanos necesitamos*, México, CNTE, recuperado el 7 de febrero de 2017 de <https://cnteseccion9.wordpress.com/2013/05/02/documento-entregado-en-gobernacion-2-mayo-2013/>.

—— (2015), "Pliego petitorio", recuperado el 7 de febrero de 2017 de <https://cronica-desociales.org/2015/05/12/pliego-petitorio-cnte-2015/>.

Ibarrola, M. de (1994), *Escuela y trabajo en el sector agropecuario en México*, México, Miguel Ángel Porrúa/Cinvestav/Instituto Mora/Flacso.

Ibarrola, M. de, y G. Silva (1996), "Las políticas públicas de profesionalización del magisterio en México", *Propuesta Educativa*, 7 (14), pp. 15-31.

Ibarrola, M. de, G. Silva y A. Castelán (1997), *Quiénes son nuestros profesores. Análisis del magisterio de educación primaria en la Ciudad de México 1995*, México, Fundación SNTE.

Flores Crespo, P., y D. C. Mendoza (2012), "La implementación de los concursos de oposición. Formación de coaliciones dentro de un ambiente corporativo", en P. Flores Crespo y D. C. Mendoza, *Implementación de políticas educativas. Los concursos de oposición y la Alianza por la Calidad de la Educación*, México, Gernika / Universidad Iberoamericana, pp. 138-177.

Guevara Niebla, G. (2016), "Sobre el servicio profesional docente", *Nexos*, recuperado de <http://www.nexos.com.mx/?p=27761>.

Hernández, L. (14 de diciembre de 2015), "Enviaron 5 policías por cada maestro evaluado", *Excélsior*, recuperado el 14 de diciembre de 2015 de <http://www.excelsior.com.mx/nacional/2015/12/14/ 1063266>.

Hernández, M. D. (9 de agosto de 2014), "Resultados de la evaluación docente 2014", *Milenio*, recuperado de <http://www.milenio.com/firmas/maria_doris_hernandez_ochoa/Resultados-evaluacion-docente_18_350545017.html>.

Hope, M. E. (2008), "Los secretos de Finlandia, ¿qué podemos aprender?", *Cero en Con-

ducta, 54 (23), recuperado el 11 de mayo de 2018 de <http://www.jornada.unam.mx/2010/04/03/resena.html>.

IEEPO / SNTE / Instituto Estatal de Educación Pública de Oaxaca / Sindicato Nacional de Trabajadores de la Educación (2012), *Plan para la transformación de la educación pública del estado de Oaxaca,* México, IEEPO/SNTE.

Instituto Belisario Domínguez (2016), *La Evaluación del desempeño docente: de lo comprometido a lo realizado,* recuperado el 11 de mayo de 2018 de <http://comunicacion.senado.gob.mx/index.php/informacion/boletines/29311-evaluacion-docente-tambien-debe-valorar-habilidades-y-actitudes-de-cada-profesor-ibd.html>.

INEE, Instituto Nacional para la Evaluación de la Educación (2016), *Panorama Educativo de México 2015. Indicadores del Sistema Educativo Nacional. Educación Básica y Media superior,* México, INEE.

INEE (2013), *Ley del Instituto Nacional para la Evaluación de la Educación,* México.

INEE / LXII Legislatura Cámara de Diputados (2015), *Reforma Educativa, Marco Normativo.* México, Senado de la República/INEE, recuperado el 7 de febrero de 2017 de <http://www.senado.gob.mx/comisiones/educacion/docs/docs_INEE/Reforma_Educativa_Marco_normativo.pdf>.

INEGI / SEP / Instituto Nacional de Estadística y Geografía / Secretaría de Educación Pública (2014), *Censo de escuelas, maestros y alumnos de educación básica y especial. Resultados del CEMABE 2013,* recuperado el 7 de febrero de 2017 de <http://cemabe.inegi.org.mx/>.

Juárez Pineda, E. (31 de diciembre de 2015), "Recuento 2015: Suspensión de la evaluación y la incertidumbre docente", *Educación Futura,* recuperado el 17 de febrero de 2017 de <http://www.educacionfutura.org/recuento2015-suspension-de-la-evaluacion-y-la-incertidumbre-docente/>.

———— (25 de agosto de 2016), "En 2016, evaluación de desempeño será parcialmente voluntaria; presenta INEE replanteamiento de procesos", *Educación Futura,* recuperado el 25 de agosto de 2016 de <http://www.educacionfutura.org/en-2016-evaluacion-de-desempeno-sera-parcialmente-voluntariapresenta-inee-replanteamiento-de-procesos/>.

LGE, Ley General de Educación (2016), recuperado el 7 de febrero de 2017 de <https://www.sep.gob.mx/work/models/sep1/Resource/558c2c24-0b12-4676-ad90-8ab78086b184/ley_general_educacion.pdf>.

LGSPD, Ley General de Servicio Profesional Docente (2013), recuperado el 7 de febrero de 2017 de <http://www.dof.gob.mx/nota_detalle.php?codigo=5313843&fecha=11/09/2013>.

Márquez López, J. (22 de noviembre de 2015), Saldo blanco evaluación de 900 maestros en Centro de Convenciones Gentetlx, recuperado el 22 de noviembre de 2015 de <http://gentetlx.com.mx/2015/11/22/saldo-blanco-evaluacion-de-900-maestros-en-centro-de-convenciones/>.

McDonnell, L., y M. S. Weatherford (2016), "Recognizing the Political in Implementation Research", *Educational Researcher,* 54 (4), pp. 233-243.

Mexicanos Primero (2016), *Índice de Cumplimiento de la Responsabilidad Educativa*, ICRE *(2016)*, México, Mexicanos Primero, A. C., recuperado el 7 de febrero de 2017 de <http://www.mexicanosprimero.org/images/icre/ICRE_2016_E-Book.pdf>.

México Informa (10 de febrero de 2017), "CNTE entrega a senadores iniciativa ciudadana sobre educación", recuperado el 10 de febrero de 2017 de <http://mexicoinforma.mx/index.php/mexico-informa/17998-cnte-entrega-a-senadores-iniciativa-ciudadana-sobre-educacion>.

Navarro, I., y O. Rodríguez (28 de noviembre de 2015), "El traslado de docentes, en camiones con escolta de PF", *Milenio*, recuperado el 28 de noviembre de 2015 de <http://www.milenio.com/politica/traslado-docentes-camiones-escolta-PF_0_636536356.html>.

Notimex (30 de agosto de 2016), "Universidades, parte fundamental en formación magisterial: Nuño Mayer", recuperado el 30 de agosto de 2016 de <http://www.radioformula.com.mx/notas.asp? Idn=622154&idFC=2016>.

OECD (2010), OECD *Perspectives: Mexico Key Policies for Sustainable Development. October 2010*, recuperado el 7 de febrero de 2017 de <http://www.oecd.org/mexico/45570125.pdf>.

Parsons, W. (2007), "Etapas y ciclos: el mapa del proceso de las políticas públicas", y "Meso análisis: Análisis de la definición del problema, el establecimiento de la agenda y la formulación de las políticas públicas", en *Políticas públicas. Una introducción a la teoría y la práctica del análisis de políticas públicas*, México y Buenos Aires, FLACSO/ Miño y Dávila, pp. 111-115 y 117-140.

PNUD, Programa de las Naciones Unidas para el Desarrollo (2015), *Índice de desarrollo humano para las entidades federativas, México 2015*, recuperado el 11 de mayo de 2018 de <http://consulta.mx/index.php/estudios-e-investigaciones/el-mundo/item/635-indice-de-desarrollo-humano-para-las-entidades-federativas-mexico-2015>.

Poy Solano, L. (26 de enero de 2016), "Posponen para noviembre evaluación a segundo grupo de profesores", *La Jornada*, recuperado el 26 de enero de 2016 de <http://www.jornada.unam.mx/2016/ 01/26/politica/014n2pol>.

Reimers, F., y N. McGinn (1997), "The Process of Conducting Research for Policy", en F. Reimers y N. McGinn, *Informed Dialogue. Using Research to Shape Educational Policy* Westport, Connecticut y Londres, Praeger, pp. 25-28.

Senado de la República (20 de julio de 2016), *Gaceta de la Comisión Permanente del Senado*, recuperado el 20 de julio de 2016 de <www.senado.gob.mx/index.php?ver=cp&mm= 4&id=64440>.

SEP, Secretaría de Educación Pública (2011), *Comunicado 058.- Firman SEP y SNTE Acuerdo para la Evaluación Universal de Docentes y Directivos en Servicio de Educación Básica*, recuperado de <http://www.sep.gob.mx/es/sep1/C0580511#.WKygr9LhCJA>.

——— (2016), *El modelo educativo 2016. Planteamiento pedagógico de la Reforma Educativa*, México: SEP, recuperado el 11 de mayo de 2018 de <http://www.gob.mx/cms/uploads/attachment/file/ 116005/Modelo_Educativo_2016.pdf>.

SNTE, Sindicato Nacional de Trabajadores de la Educación (6 de julio de 2016), "Obtiene el SNTE compromiso de la SEP para mejorar la implementación de la reforma educativa", recuperado el 6 de julio de 2016 de <http://www.snte.org.mx/web/vernoticias/12992/32/obtiene-snte-compromiso-sep-mejorar-implementacion-reforma-educativa>.

Toribio, L. (27 de julio de 2015), "Reprueban examen casi 19 mil docentes", recuperado el 27 de julio de 2015 de <http://www.excelsior.com.mx/nacional/2015/07/27/1036827>.

Vidal, R. (2009), "¿ENLACE, EXANI O PISA?", CENEVAL, México, recuperado de <https://es.scribd.com/document/21025640/Vidal-Enlace-Exani-Excali-Pisa-CENEVAL>.

Zamudio, I. (22 de noviembre de 2015), "Blindan Veracruz por evaluación docente", *Milenio*, recuperado el 22 de noviembre de 2015 de <http://www.milenio.com/estados/operativo_seguridad_evaluacion-evaluacion_docente_veracruz_0_632936804.html>.

COMENTARIO

GILBERTO GUEVARA NIEBLA*

Lo que pasa en México es muy similar a lo que pasa en Europa y en los Estados Unidos. Hay una crisis de la política, pero en México esto sorprende porque acabamos apenas de lograr la democracia. La caída del viejo sistema autoritario se remonta a 1977 y recientemente, en el año 2000, se dio la alternancia de partidos en el Ejecutivo. En la actualidad el país no está gobernado por un solo partido, sino prácticamente por todos los partidos políticos activos. La hegemonía del viejo Partido Revolucionario Institucional (PRI) ha desaparecido; hoy la presidencia está en manos de un PRI más débil. Las elecciones de junio de este año demuestran lo que está realmente ocurriendo: el PRI perdió seis gubernaturas. El viejo sistema autoritario ha sido desmantelado y las antiguas corporaciones —la Confederación Nacional Campesina (CNC), la Confederación de Trabajadores de México (CTM), la Confederación Nacional de Organizaciones Populares (CNOP), la Confederación de Jóvenes Mexicanos (CJM)— han sido despojadas del poder que tuvieron. Lo que no cambia es la escenografía. Frente a nosotros tenemos las mismas imágenes: un presidente que sobreactúa, un Congreso atrapado en formalismos, etc. En términos de imagen, parece que nada ha cambiado, cada componente preserva su lugar.

Pero los cambios que hemos vivido son muy profundos: por un lado, construimos un sistema electoral democrático; por otro, la práctica política ha sufrido

* Consejero de la Junta de Gobierno del Instituto Nacional para la Evaluación de la Educación (INEE), México.

transformaciones radicales. Enfatizo esto último. El derrumbe del comunismo (fines de la década de 1980) borró de golpe los referentes tradicionales de la política o del discurso político. Los términos derecha e izquierda dejaron de tener su significado habitual. En los países desarrollados la política se ha polarizado entre los defensores del sistema y los enemigos del sistema. En este marco debe inscribirse la crisis política de México. El acontecimiento que ilustra en forma dramática esta crisis es la desaparición de los estudiantes de Ayotzinapa. Pero hay múltiples signos de ella: desconfianza en los políticos, en los partidos políticos, etcétera.

Todo esto confiere mayor complejidad al conflicto en torno a la reforma educativa. Sin embargo, creo que no es correcto pensar que la Coordinadora Nacional de Trabajadores de la Educación (CNTE) es portadora de un proyecto educativo. Sería concederle un espíritu constructivo que no ha mostrado; por el contrario, se expresa con medios muy rudimentarios y recurre sistemáticamente a la violencia como forma de presión. La historia de sus acciones violentas en Oaxaca es antigua (se remonta a 1977). Además, su discurso se ha sustentado en mitos: se ha dicho que la reforma es obra original de Mexicanos Primero, o se dice que es algo impuesto por el extranjero —la Organización para la Cooperación y el Desarrollo Económicos (OCDE)—, etc. Es verdad que se han publicado algunos "proyectos educativos" de la CNTE, pero se trata de planteamientos deshilvanados, sin fuerza. Lo "alternativo" es un lugar común en educación, y el calificativo puede referirse a cualquier cosa. Lo que preocupa, sobre todo, es la polarización que se ha dado entre simpatizantes y adversarios de la reforma educativa. Esto es lo más grave.

VIII. ENTRE ESCILA Y CARIBDIS: REFLEXIONES SOBRE PROBLEMAS ASOCIADOS CON LA EVALUACIÓN DE MAESTROS EN UNA ÉPOCA DE MEDICIONES*

David C. Berliner**

Introducción

Según la mitología griega, Escila era una monstruosa mujer con 12 pies y seis cabezas sobre largos cuellos serpentinos; cada una tenía una hilera triple de dientes parecidos a los de un tiburón. Los lomos de esta dama sumamente seductora estaban rodeados por cabezas de perros aulladores. Habitaba a un lado de un estrecho paso marítimo entre Sicilia y la bota de Italia. Salía de su cueva para devorar cualquier nave que se pusiera a su alcance.

Otra gran dama de aquellos tiempos, Caribdis, merodeaba debajo de una higuera en la orilla opuesta a Escila. Bebía y escupía las aguas de aquella región tres veces al día. Así, como creadora de furiosos remolinos, también representaba un peligro para las naves que surcaban las aguas de esa zona.

¿Por qué evaluar a los maestros?

Antes de meditar más acerca de que Escila y Caribdis son descripciones acertadas de los métodos para evaluar a los maestros, quiero señalar algunas diferencias entre las razones por las cuales evaluamos al personal en el comercio y la industria y en la educación. Por ejemplo, en los negocios, por lo general, evaluamos a los empleados para decidir sobre la remuneración por el trabajo que realizan, especialmente si ha habido cambios en las tareas y la responsabilidad del puesto. Este tipo de evaluaciones también ayuda a decidir gratificaciones o recompensas adicionales, si es que la organización las otorga por un trabajo ejem-

* Traducción del inglés de Audón Coria.

El autor agradece la lectura esmerada y la retroalimentación proporcionada por los profesores Lorin Anderson y Richard Shavelson. Mejoraron lo que fue originalmente un discurso y lo convirtieron en un documento mucho mejor. No obstante, todas las fallas que quedan son mías.

** Profesor emérito regente de la Universidad Estatal de Arizona, Estados Unidos. Miembro de la Academia Internacional de la Educación.

CUADRO VIII.1. *Entre Escila y Caribdis*

	Escila	Caribdis
	Juicios sobre la competencia de maestros a partir de pruebas estandarizadas de aptitud (MVA)*	Juicios sobre la competencia de maestros con base en instrumentos de observación
¿Qué estamos midiendo?	Aprovechamiento de alumnos, que luego atribuimos a los maestros	Calidad y cantidad de fenómenos en el salón de clases, conductas tanto de maestros como de alumnos
Dictamen sobre desempeño	Con referencia a normas, con una distribución de competencia forzada	Con referencia a criterios. No hay una distribución predeterminada de competencia
Información necesaria para tomar decisiones razonables	Múltiples años de datos de pruebas de aprovechamiento para estudiantes	Múltiples observaciones de duración suficiente por múltiples observadores
Fuentes importantes de errores	Contenidos y momento de realización de la evaluación, número de estudiantes en el grupo y sus características, método para asignarlos a ese maestro	La frecuencia y la duración de las observaciones, la capacitación de los evaluadores, la frecuencia del comportamiento evaluado, y si es una variable de alta o baja inferencia
Confiabilidad de la medición	No es alta de un año a otro, ni entre diferentes cursos impartidos durante el mismo año	Estabilidad para conductas de alta inferencia, menos para las de baja inferencia
Ajustes por el contexto	Sólo por estadísticas	Se usa juicio humano
Evaluadores y objetividad	No hay evaluadores. Es poco probable que haya problemas con la calificación	Un problema mínimo si se capacita, certifica y calibra regularmente

FUENTE: Elaboración propia.
* Modelos de valor agregado.

plar. Para los maestros, sin embargo, con frecuencia el salario se determina por medio de una escala burocrática de niveles salariales, que se relaciona a menudo con el número de años de servicio, títulos obtenidos y cursos que se hayan tomado. Y a los maestros rara vez les otorgan gratificaciones en efectivo por su trabajo. Cuando esto se ha intentado, las compensaciones por lo general han sido asociadas a las calificaciones de los estudiantes en las pruebas. Éstas, claramente, no han funcionado bien en la educación (Madaus, Ryan, Kelleghan y Airasian, 1987; Amrein-Beardsley y Collins, 2012). En su gran mayoría, la docencia es una profesión "plana", con pocas oportunidades para hacer otra cosa que no sea enseñar. Por lo tanto, las razones para participar en la evaluación de estos empleados con el fin de "atinarle" a la compensación de acuerdo con el tipo y la calidad de las tareas que realizan son mucho menos relevantes en el caso de la profesión docente que en el comercio y la industria.

También evaluamos a los empleados para determinar el desarrollo profesional que necesita el personal de nuestras empresas, de manera que puedan desempeñar mejor su trabajo. Esto resulta especialmente cierto si se avecinan cambios, como una nueva tecnología. Por desgracia, los sistemas educativos rara vez cuentan con el dinero para proporcionarles a los maestros oportunidades de desarrollo profesional que tal vez los hagan mejores o los preparen para cambios en el currículo y en la enseñanza. Un buen ejemplo de este problema en el contexto de los Estados Unidos es el (constante) conjunto de problemas asociados a la implementación de los relativamente nuevos *Common Core State Standards* (ccss), o Estándares Académicos Estatales Fundamentales. Si bien la industria a veces está dispuesta a invertir en la preparación de sus empleados para el cambio, la educación por lo general no lo hace. Así, una buena parte de la hostilidad hacia los ccss se ha generado por los cambios que se exigen en el currículo y la enseñanza, con escasa o nula asignación de fondos para preparar a los maestros a fin de que se adapten a esas modificaciones.

La evaluación de los maestros en los Estados Unidos difiere, fundamentalmente, de la que se lleva a cabo para el personal de comercio y la industria. Se hace *primordialmente* para deshacerse de los "malos" maestros; en realidad, éste es el tema que preocupa al público y a los docentes de todo el mundo. Existe, por supuesto, un acuerdo generalizado de que debemos proteger a nuestros niños de esos maestros y, por lo tanto, por lo menos en dicho país, nadie discute sobre la necesidad de evaluarlos y el derecho de los distritos escolares a despedir a los que son "malos".

Con todo, ¿cuántos docentes "malos" hay en los Estados Unidos? ¿Existe alguna estimación confiable de la tasa de referencia al respecto? Hace unos cuatro años declaré como testigo en un litigio sumamente difundido sobre los derechos de la definitividad en el magisterio en California. El juez me pidió que estimara el porcentaje de "malos" maestros en el estado. Inventé la respuesta: "¡1, 2 o 3 %!" La cifra se basaba en mis propias observaciones en el salón de clase a lo largo de muchos años.

Desde entonces he seguido trabajando sobre este tema y aún no tengo datos confiables que compartir. No obstante, creo que esa tasa en la nación estadunidense es extraordinariamente baja, aunque el sistema para identificarlos es costoso, insensible e insultante. La creencia de que un gran número de maestros estadunidenses son "malos" (o, para expresarlo de otra manera, que la tasa de referencia de docentes malos en el sistema escolar desde el jardín de niños hasta el duodécimo grado sea alta) quizá se parezca a las "reinas de la asistencia social" *(welfare queens)* a las que hacía referencia Ronald Regan,* en el sentido de quienes hacen trampa con la incapacidad laboral que mencionan las empresas de seguros, y a los votantes fraudulentos a los que aluden nuestros congresistas republicanos. Es posible que, sencillamente, no existan en grandes números.

Estimaciones del porcentaje de maestros "malos"

En los cuatro años subsiguientes la misma pregunta que me hizo el juez se la he hecho a cientos de administradores escolares, integrantes de los consejos escolares y maestros. La planteo de esta manera: por "malo" no quiero decir un maestro que sea demasiado estricto o permisivo según el gusto de cada quien, ni uno que use el método fonético cuando nosotros creemos en la lengua completa, o viceversa, y tampoco me refiero a uno que la está pasando mal temporalmente por un divorcio o una enfermedad; mucho menos aludo a un docente que no se sienta tan seguro en matemáticas o en ciencias como nos gustaría. Por mal maestro me refiero a alguien que les hará daño a sus alumnos y que retrasará significativamente su progreso porque él no posee un conocimiento suficiente de lo que enseña, o bien porque utiliza métodos o tiene actitudes que perjudican a algunos o a todos los niños, o porque tiene otro empleo o una vida en su hogar difícil y no puede dedicar el tiempo necesario para planear sus clases adecuadamente, ni puede tener la energía requerida para trabajar una jornada como es debido en un empleo que exige empatía y atención constantes.

Les pido a mis lectores, dada su experiencia, que calculen qué porcentaje de los maestros con quienes se han encontrado son "malos", teniendo en cuenta la definición vaga (pero razonable) que acabo de dar.

---

* Se trata de un término peyorativo aplicado a las mujeres que supuestamente reciben exceso de pagos o beneficios de asistencia social. Se relaciona con fraudes a la asistencia social. Recuperado el 1º de agosto de 2017 de <https://en.wikipedia.org/wiki/Welfare_queen>. [T.]

De las cientos de personas a quienes les he hecho esta pregunta obtengo una estimación media de alrededor de 3%, con sólo una estimación excepcional que rebasa 7%. Charlotte Danielson (2007), quien desarrolló la herramienta más popular para observar y evaluar a los maestros, estima que 6% de los muchos miles de docentes que se han evaluado con su herramienta necesita corregirse. La necesidad de corrección, para ella, se relaciona con un desempeño inferior a sus estándares para ciertas conductas: esto no es lo mismo que ser "malo". No es poco razonable suponer que los maestros verdaderamente *malos*, entre aquellos que caen en la categoría de "necesitan corregirse", podrían ser la mitad de quienes sí necesitan alguna forma de corrección, refuerzo o apoyo. Peter Greene (2016), quien escribe como el bloguero *curmudgeon* [cascarrabias], piensa que la estimación de Danielson es demasiado alta, y, por lo tanto, tal vez también piense que 3%, o menos, sea una estimación razonable de la tasa de referencia de "malos" maestros.

Para el niño que se encuentre en la clase de un mal maestro, y para sus padres, es poca consolación enterarse de que la mayoría no son "malos" en absoluto. Necesitamos tener en mente lo siguiente: que el número de malos maestros, reinas de la asistencia social, personas que hacen trampa para recibir beneficios de incapacidad laboral y votantes fraudulentos quizá sea producto de nuestros temores. Sus tasas de referencia no han sido determinadas por investigaciones sólidas, y probablemente sean bastante bajas.

¿Por qué es probable que esta tasa de referencia baja de maestros "malos" que sostengo sea una estimación correcta? Primero, porque quienes se convierten en docentes no son una muestra representativa aleatoria de los ciudadanos. Elegir una especialización en educación en una universidad respetada, por lo general, requiere un promedio "razonable"; en tales instituciones, una calificación de B o más alta, después de dos años de estudio, es el promedio general común que se necesita para ingresar en programas de formación docente. Debido a eso, se reduce notablemente la probabilidad de que egrese un maestro "tonto". Sin embargo, hay que considerar que quizá éste no sea el caso en programas de formación docente de instituciones muy pequeñas, privadas, con fines de lucro o que proponen programas alternos. En algunos estados, muchas de estas instituciones pequeñas, con estándares de ingreso más bajos, aportan un número considerable de maestros a sus escuelas.

Segundo, porque desde el año 2000 ha habido un aumento continuo en el número de maestros con calificaciones SAT y ACT* en el tercio superior de sus distribuciones. Aproximadamente 40% de los que se especializan en formación

---

* Se refiere a dos exámenes estandarizados de ingreso a las universidades estadunidenses. El SAT evalúa el razonamiento y aptitud; el ACT, conocimiento e información. Recuperado el 1º de agosto de 2017 de <http://pasoalauniversidad.weebly.com/satact.html>. [T.]

docente provienen del tercio superior de esas distribuciones, mientras que menos de 20%, del tercio inferior (Lankford, Loeb, McEachin, Miller y Wycoff, 2014; Goldhaber y Walch, 2014). Por ser una profesión con frecuencia menospreciada, con salario relativamente bajo en relación con la preparación universitaria que se requiere, la educación en realidad atrae a una colección de talento mucho mayor de la que se esperaría.

Tercero, la mayoría de los programas universitarios actuales se basa en gran medida en la clínica o en la práctica (Hammerness *et al.*, 2005; NCATE, 2010; American Association of Colleges for Teacher Education, 2010). Por lo tanto, la probabilidad de tener un maestro con poca o ninguna experiencia en el salón de clase se reduce considerablemente. No obstante, quizá esto no sea cierto respecto a los programas de formación docente privados y con franquicia o patente, cuyo número se ha incrementado de manera importante debido a la escasez de maestros. Y desde luego tampoco es cierto en torno a la mayoría de los maestros provenientes del programa *Teach for America* (Veltri, 2010).[1]

Cuarto, en nuestro programa de formación docente, en la Universidad Estatal de Arizona, cuando teníamos matrícula completa convencíamos de que abandonaran la carrera a alrededor de 10% de los maestros que habíamos permitido ingresar en el programa inicialmente. Esto tal vez logre, desde luego, reducir la probabilidad de tener un mal maestro. En el pasado, esta tasa no era rara para los programas de formación docente en buenas universidades. (Sin embargo, la reciente disminución de candidatos a los programas de formación docente y las preocupaciones actuales respecto a una escasez de maestros hacen muy probable que haya una supervisión menos rigurosa de practicantes y maestros principiantes.)

Quinto, durante los primeros años en la carrera de un maestro principiante, los directores de plantel y otro personal distrital y escolar convencen de dejar la carrera a un número considerable de los que perciben como "malos" maestros, o no los vuelven a contratar. Sin embargo, sólo lo hacen cuando existen docentes para todos sus grupos. Los directores de plantel que he entrevistado dicen que preferirían quedarse con un maestro apenas aceptable que no contar con ninguno para encargarse de un grupo a principios de año. La actual escasez de docentes en los Estados Unidos sugiere que se conservará a más maestros apenas aceptables y que incluso tal vez logren la plaza definitiva, en comparación el caso de que hubiera una oferta más adecuada.

Otros maestros principiantes que se sienten fracasados, y aquellos que se dan cuenta de que no disfrutan de la vida en el salón de clase, también abando-

---

[1] *Teach For America* es una red diversa de líderes que confrontan la desigualdad educativa por medio de la enseñanza y trabajan con compromiso incansable desde todos los sectores sociales para crear una nación libre de esta injusticia. Recuperado de <https://www.teachforamerica.org/>.

nan la profesión durante los primeros cinco años. Esto también reduce el número de aquellos que tal vez, con el tiempo, queden etiquetados como "malos maestros". La tasa de abandono de la carrera en el primer año es alrededor de 10%, y acumulativamente, para el cuarto año, es de 17% (Gray y Taie, 2015). Sin embargo, estos datos se obtuvieron *durante* la reciente recesión. Antes de ella, cuando los empleos eran mucho más abundantes, la tasa de maestros que dejaban la profesión durante los primeros cinco años, por cualquier razón, era de aproximadamente 40% o 50% (Ingersoll, 2003; Di Carlo, 2011).

Cualquiera que sea la tasa, existen pruebas que demuestran que un porcentaje más alto de aquellos que abandonaron la docencia era menos efectivo que los maestros que se quedaron (Boyd, Grossman, Lankford, Loeb y Wykoff, 2009). De nuevo, esto reduce el número de malos maestros en los salones de clase de los Estados Unidos.

Tasas de referencia de "malos profesionales" en otras profesiones

¿Es posible que el porcentaje de malos profesionales en otros campos sea igual al de la educación? Es difícil saberlo. No obstante, en medicina se encontró, recientemente, que 1% de los doctores representaba 32% de las reclamaciones pagadas por negligencia en el transcurso de los últimos 10 años (Studdert, Bismark, Mello, Singh y Spittal, 2016). Esto indica un número pequeño de "malos" médicos. En otro estudio, de Public Citizen, se habían hecho cuando menos 31 pagos por negligencia entre 1993 y 2005, que sumaban más de 10 millones de dólares en daños y perjuicios, a nombre de un solo doctor, el médico núm. 33 041. Así que la tasa de negligencia, que indica un gran número de "malos" médicos, es bastante baja, aunque el daño que pueden provocar es considerable y, literalmente, a veces mortal. Sin embargo, el hallazgo clave en este caso es que la tasa de "malos" médicos parece ser baja. Tristemente, también es bajo el número de aquellos que pierden su licencia debido a la incompetencia. Mientras que al público le preocupan los malos maestros que siguen empleados, tenemos pruebas de que hay médicos que han sido declarados incompetentes en múltiples ocasiones y que, con frecuencia, siguen ejerciendo su profesión. Y pueden hacer mucho más daño.

Cuando se trata de la profesión jurídica, vemos un fenómeno similar. California cuenta con alrededor de 190 000 abogados en ejercicio (State Bar of California, 2017). En 2016 su Consejo de Ética recibió unas 15 000 quejas sobre los juristas. Es una tasa anual de clientes insatisfechos de alrededor de 8%. Con todo, se consideró que unas 13 000 de estas quejas carecían de suficientes evidencias para preocuparse respecto a una conducta "mala" o "poco ética" de los abogados. Como en la educación y en la medicina, se presentan muchas quejas sobre la profesión jurídica, pero el hecho de que la insatisfacción de un cliente llegue al nivel de justificar una acusación de incompetencia es un asunto muy distinto. Por lo tanto, la barra de abogados de California presentó quejas sólo contra 672 abogados, las cuales resultaron en 444 inhabilitaciones para ejercer el oficio, lo que sugiere que la tasa anual de abogados realmente incompetentes es de menos de 1 por ciento.

En los Estados Unidos, ya sea que nos refiramos a trabajadoras sociales, enfermeras, médicos, abogados o maestros, estamos identificando a individuos que ingresan en sus profesiones no sólo para ser exitosos, ¡sino también para marcar una diferencia positiva en la vida de los demás! De esta manera, bien podría esperarse que las tasas de incompetencia y de conducta poco ética entre profesionales tan moralmente comprometidos y entregados sean, en realidad, notablemente bajas. Sabemos que tal comportamiento se da en la educación. Nos enteramos, una y otra vez, de maestros que hacen trampa en los exámenes, o que tienen contacto físico inapropiado con un alumno, o que se comportan de manera prejuiciada con algunos grupos de estudiantes. Sin embargo, si las tasas de referencia en la educación y en estos otros campos son en realidad bajas, debemos tener la certeza de que el sistema es capaz de identificar a los pocos incompetentes que hay, sean maestros, médicos y jurídicos, sin destruir la vida profesional de quienes se dedican a esos oficios. Parece que existe una política de "encontrar y eliminar" a los incompetentes que están perjudicando al gran número de profesionales trabajadores y comprometidos con la educación, la medicina y otros campos.

La médica y doctora en filosofía Danielle Ofri, en un artículo en el *New England Journal of Medicine* (2010), señala lo siguiente:

> Los analistas cuantitativos considerarán una señal de arrogancia médica que los facultativos insistan en que todo el mundo debe confiar simplemente en que haremos lo correcto porque somos personas tan listas y nobles. Siempre he querido preguntarles a estos analistas cómo eligen a un médico para su hijo o su padre enfermo. ¿Se meten a internet y consultan las estadísticas de hemoglobina glicosilada de los facultativos? ¿Consultan las listas de los mejores médicos de alguna revista? ¿O les piden a amigos y familiares que les recomienden a un doctor en quien confíen? Esa confianza depende de un sinnúmero de variables: experiencia, juicio, consideración, ética, inteligencia, diligencia, compasión, perspectiva, que se pierden por completo entre las mediciones de calidad actuales (de médicos y enfermeras). Estas características difíciles de medir resultan, en términos generales, ser los elementos decisivos en el cuidado de los pacientes.

Creo que la doctora Ofri tiene razón. Experiencia, juicio, consideración, ética, diligencia, compasión, perspectiva y muchos otros atributos como éstos son los sellos distintivos del buen ejercicio profesional de la medicina, así como de la educación. Sin embargo, estos atributos no se pueden medir de manera confiable ni en la medicina ni en la educación.

Así que iniciamos este examen de la evaluación de maestros con dos advertencias. Primero, la tasa de referencia de los malos maestros en los Estados Unidos tal vez sea muy baja, y las razones de ello son por demás sensatas. Debo señalar, sin embargo, que el juez que mencioné antes dijo que si 3% de los 250 000 maestros (más o menos) de California fueran en verdad "malos", eso significaría que existen 7 500 "malos" maestros, y por lo tanto hay que acabar con las leyes sobre la definitividad porque, según afirmó, pueden protegerlos con demasiada facilidad.

Una manera distinta de ver estos mismos datos, si se acepta mi cifra totalmente inventada de 3% de malos maestros, es que California puede afirmar que su sistema es tan notablemente bueno que ¡97% de los maestros del estado son aceptables o sobresalen en sus labores! ¡Es posible que ése sea realmente el caso! Sin embargo, es difícil venderle esa idea a un padre de familia enojado que está convencido de que su hijo está en manos de uno de esos otros maestros. También vale la pena mencionar que el fallo del juez fue desestimado por un tribunal superior, aunque son constantes las disputas legales sobre este tema.

La segunda advertencia es que las características que conforman el tipo de conducta profesional que admiramos en los médicos, las enfermeras, los abogados y los maestros son, con frecuencia, bastante difíciles, tal vez imposibles, de medir de manera confiable. Cuando recurrimos a mediciones más confiables para valorar las características de su aptitud profesional, podríamos descubrir que esas herramientas más confiables son menos válidas para determinar las competencias de los profesionales que tratamos de evaluar.

Los dos enfoques cuantitativos más importantes para valorar y evaluar a los maestros son por medio de pruebas de rendimiento estandarizadas y con herramientas de observación en el salón de clase. Éstas son la Escila y la Caribdis a las que me refiero en lo que sigue.

*Escila: ¿qué problemas existen con el uso de pruebas de rendimiento
estandarizadas para evaluar la aptitud de maestros?*

He argumentado en otros trabajos (Berliner, 2014, 2015) que las pruebas de rendimiento estandarizadas tienen varios problemas, sobre todo cuando se usan en evaluaciones con modelos de valor agregado (MVA). Sencillamente, no deberían usarse para evaluar la aptitud de maestros. Permítaseme compartir sólo algunos de estos problemas.

Primero, y lo más importante, es que la Asociación Estadunidense de Estadística (American Statistical Association, 2014) ha encontrado que sólo entre 1 y 14% de la varianza en las pruebas de rendimiento estandarizadas se puede atribuir al maestro. Por lo tanto, la razón más importante para no usarlas es que apenas miden los efectos de los docentes en los estudiantes. Uno de nuestros mejores estudiosos de la medición, Ed Haertel (2013), sugiere que en los MVA donde se aplican dos pruebas de rendimiento estandarizadas con, digamos, un año de diferencia, en promedio, podemos esperar que los maestros representen sólo 10% de la varianza en estas pruebas.

Sostiene que, en promedio, los factores extraescolares y los escolares que ocurren fuera del salón de clase probablemente influyan ¡en 70% de la varianza de estas pruebas! ¿Cuáles podrían ser algunas de estas influencias? Atención médica, dental y de la vista inadecuada en la familia y en el vecindario; porcentaje de niños con bajo peso al nacer en el vecindario; inseguridad alimentaria en la familia; contaminantes ambientales en el hogar y en el vecindario; relaciones y estrés familiares; porcentaje de madres solteras o adolescentes o que no posean certificado de preparatoria; idioma que se habla en el hogar; tasas de movilidad de las familias en el vecindario; no disponibilidad de educación temprana de alta calidad, y así sucesivamente. Otros factores que afectan las calificaciones en las pruebas de rendimiento estandarizadas, pero que tampoco están bajo el control de los maestros, incluyen tamaño de los grupos, tasas de rotación de docentes o de alumnos, calidad y frecuencia de oportunidades de desarrollo profesional, disponibilidad de orientación y de servicios de educación especial para los alumnos, disponibilidad de bibliotecarias y de enfermeras escolares, nivel de compromiso de los padres de familia, y así sucesivamente.

Por una parte, si pensamos como político o como padre de familia, parece difícil aceptar la idea de que los maestros no afectan mayormente las calificaciones en las pruebas de rendimiento estandarizadas. Pero pensemos en esto de la siguiente manera: supongamos que aplicamos una prueba de este tipo en cuarto grado y luego, un año después, una en quinto a los mismos niños de primaria. Lo hacemos para medir el "valor agregado" por el maestro de quinto grado al ya impresionante conjunto de logros de los alumnos. Las calificaciones de la prueba de cuarto grado se correlacionarán con las de quinto grado más o menos en 0.7 o más. El cuadrado de eso es aproximadamente 0.5, lo que indica que 50% de la varianza en la segunda prueba, la que tal vez queramos usar para juzgar el valor agregado por el maestro, ya está representada por los que el niño ha tenido en años pasados, junto con la clase social familiar y las oportunidades para el aprendizaje y el desarrollo que confiere la clase social. Así, la mitad de la varianza que posiblemente deseemos atribuir al maestro ya está tomada en cuenta.

Por otra parte, es probable que la segunda prueba tenga algunos errores, como los tienen todas las mediciones en las ciencias sociales, y eso representará alrededor de otro 10% de la varianza en las pruebas de quinto grado. Ahora sólo queda por explicar 40% de la varianza, y desde luego los acontecimientos familiares de este año, que tal vez incluyan enfermedades, fallecimientos, nacimientos, divorcios o pérdida de empleo, también influirán en las calificaciones de las pruebas de quinto año. Luego están, como ya se señaló, los muchos acontecimientos en la comunidad que podrían influir en las calificaciones durante el año en que el niño pasa del cuarto al quinto grado, como epidemias de influenza y balaceras. Como si esto fuera poco, hay eventos escolares que influyen en el rendimiento en un año determinado, como la rotación o la estabilidad de maestros, el despido o la incorporación de bibliotecarias y orientadoras al personal de la escuela, reducciones o aumentos en el tamaño de los grupos, e incluso el número de niñas en el grupo. (De hecho, se ha encontrado que esto último es un predictor más que confiable de las calificaciones en las pruebas, ya que un mayor número de niñas equivale a calificaciones más altas.) Por lo tanto, parece difícil desechar estadísticamente esta fuente de varianza (Newton, Darling-Hammond, Haertel y Thomas, 2010).

Para el maestro de quinto grado que se está valorando y evaluando, cuyo valor agregado a los conocimientos y habilidades totales de sus alumnos es lo que deseamos calcular, todo esto significa que la varianza en las pruebas de rendimiento estandarizadas que queda para atribuírsele es mínima (Fantuzzo, LeBoeuf y Rouse, 2014).

Escila es un demonio: destruye métodos de evaluación al igual que embarcaciones.

Además, el hecho de que no haya una sola prueba estandarizada de rendimiento que haya demostrado que sus ítems sean sensibles a la enseñanza hace difícil juzgar la aptitud de un maestro con una prueba de ese tipo. Imaginemos que algunos de los ítems de la prueba sean idóneos para una determinada unidad de enseñanza. Supongamos, además, que esta unidad de enseñanza la imparte el mejor maestro del estado. ¿Aumentaría la tasa de aprobación respecto a estos ítems por encima de lo que se determinó en los ensayos de la valoración? La duda es si éstos responden realmente a la buena enseñanza. Si queremos juzgar la aptitud de los maestros, debemos contar con una medición que sea sensible a la enseñanza, de lo contrario no se puede justificar la inferencia respecto a su aptitud docente. En la actualidad no hay manera de saber si tenemos o no ítems que respondan a la enseñanza. Nadie entre quienes desarrollan las pruebas lo ha comprobado. Nadie.

Usar pruebas estandarizadas de rendimiento para juzgar la aptitud de los maestros también establece las condiciones para que entre en juego la ley de Campbell (1975): "Cuanto más se use un indicador social cuantitativo para la toma de decisiones sociales, más sujeto estará a presiones corruptoras y más probablemente distorsione y corrompa los procesos sociales que pretende vigilar". Por lo tanto, podemos esperar que se manipule el sistema de evaluación empleado, e incluso que hagan trampa maestros y administradores para lograr las calificaciones que necesiten a fin de que se les considere competentes, sobre todo si podrían despedirlos u otorgarles gratificaciones (Nichols y Berliner, 2007).

Además de lo anterior, en los sistemas que usan calificaciones de pruebas de rendimiento estandarizadas para juzgar la aptitud los maestros tal vez confundan con demasiada facilidad la enseñanza exitosa con la que es buena. La enseñanza "exitosa" tiene que ver con obtener altas calificaciones en las pruebas, digamos, por medio de una excesiva preparación para ellas. Por lo contrario, es posible que se sacrifique la "buena" enseñanza —el uso de debates, el trabajo en grupos pequeños, el aprendizaje basado en proyectos, y así por el estilo— por las calificaciones más altas en las pruebas, que son necesarias para conservar el empleo o para obtener gratificaciones.

Hay muchas otras razones por las que no deben usarse las pruebas de rendimiento estandarizadas para evaluar a los maestros (Berliner, 2015), y me parece que éstas tienen sólo dos ventajas. Una es que parecen estar relacionadas lógicamente con la efectividad de los maestros, por lo que al público, a los medios y a los políticos les gusta utilizarlas, aunque la gran mayoría de la comunidad de investigadores dice que no es posible hacer válidamente las inferencias deseadas a partir de los datos que las pruebas obtienen.

La segunda ventaja importante de estas pruebas es que su uso es notablemente barato. Los datos ya fueron recabados como parte de los sistemas de rendición de cuentas utilizados en estados y distritos escolares para evaluar la aptitud de los alumnos. Entonces, parece sensato pagar sólo un poco más para llevar a cabo un mayor análisis de los datos existentes, y luego convertir las calificaciones en MVA de un tipo o de otro para evaluar a los maestros igual que a los alumnos. Lo que desconoce la mayoría de las personas que apoyan esta idea aparentemente sensata es que una prueba diseñada para ser válida para un propósito (valorar estudiantes) tal vez no lo sea para otro (American Educational Research Association, American Psychological Association y National Council on Measurement in Education, 2014).

Hay que reconocer, no obstante, que existe un fuerte apoyo de parte de los padres de familia y de quienes elaboran las políticas para la evaluación regular por medio de pruebas estandarizadas. En comparación con los estándares que se han creado para orientar el aprendizaje en ciertos niveles escolares, las pruebas de rendimiento bien diseñadas sí proporcionan una mejor comprensión del desempeño de los alumnos y de las escuelas a las que asisten. Tales pruebas son una medición directa de lo que espera el público que logren las escuelas. Mis preocupaciones tienen que ver con las fuentes de influencia en las calificaciones de esas pruebas, sobre todo con la que tienen los maestros.

En última instancia, me parece que el factor más importante que nos impide usar mejores métodos para evaluar a los maestros de los Estados Unidos es el costo de las evaluaciones. Los ciudadanos estadunidenses quieren que a los maestros se les evalúe, así como que se arreglen los baches en las calles en que circulan. Pero no quieren pagar mucho por ninguna de las dos cosas.

Caribdis: ¿Qué problemas existen para usar sistemas de observación
para evaluar la aptitud de los maestros?

Las pruebas de rendimiento estandarizadas son mediciones indirectas y lejanas de la capacidad docente; en cambio, los sistemas de observación son mediciones directas y cercanas de la capacidad docente. Por lo tanto, las mediciones observacionales pueden tener mayor validez para la evaluación de maestros. Hay muchas herramientas de observación en los Estados Unidos, pero son dos las que se han ganado una estimación especial. Una es el Classroom Assessment Scoring System (Class) [sistema de puntajes para evaluaciones en el salón de clase].

Se trata de un marco multidimensional que codifica indicadores de calidad en 10 dimensiones de la interacción eficaz en el salón de clase, y luego los engloba en tres esferas muy razonables: apoyo emocional, organización en el salón de clase y apoyo a la enseñanza (Pianta, La Paro y Hamre, 2008). Se desarrolló para grupos preescolares y otros que atienden a alumnos pequeños, pero se ha expandido su implementación y ahora abarca desde preescolar hasta preparatoria inclusive. Cuenta con una larga historia de uso, muchos admiradores, y un cierto apoyo investigativo sólido (Gitomer *et al.*, 2014).

Un segundo instrumento, que se usa incluso con mayor frecuencia en el desarrollo profesional y en la investigación, fue elaborado por Charlotte Danielson (2007) y se llama *Framework for Teaching* (FFT) [Marco para la Docencia].

El FFT se basa en un modelo constructivista de la enseñanza y requiere observaciones en cuatro esferas de la vida profesional de los maestros.

Estos dos instrumentos y otros más logran suficientes niveles de confiabilidad entre evaluadores después de una considerable capacitación en la codificación de las conductas que interesan. Y los datos obtenidos sí muestran correlaciones bajas con el rendimiento de los alumnos, el resultado más valorado en la educación. Todo esto es bueno. Sin embargo, Caribdis se encuentra

Cuadro VIII.2. *El sistema de puntajes para la evaluación en el salón de clases*

Esfera	Dimensión	Descripción de la dimensión
Apoyo emocional	Clima positivo	Refleja la conexión emocional y las relaciones entre maestros y estudiantes, además del calor, el respeto y el placer comunicados por interacciones verbales y no verbales
	Sensibilidad del maestro	Refleja la capacidad de respuesta del maestro a las necesidades académicas y sociales/emocionales y a los niveles de desarrollo de los alumnos en lo individual y del grupo entero, y las formas en que estos factores repercuten en las experiencias de los alumnos en el salón de clases
	Respeto por los puntos de vista de los adolescentes	Se centra en el grado en que el maestro es capaz de satisfacer y aprovechar las necesidades sociales y de desarrollo, además de las metas de los adolescentes, lo cual proporciona oportunidades para la autonomía y el liderazgo de los alumnos; también se toma en cuenta el grado en que se valoran las ideas y las opiniones de los alumnos y en que los contenidos se hacen útiles y relevantes para los adolescentes
Organización del salón de clases	Clima negativo	Refleja el nivel general de negatividad entre maestros y alumnos en el salón; es importante observar la frecuencia, la calidad y la intensidad de la negatividad de maestros y alumnos
	Manejo de conducta	Abarca el uso por parte del maestro de métodos eficaces para fomentar la conducta deseable y para evitar y redirigir el mal comportamiento
	Productividad	Considera lo bien que el maestro maneja el tiempo y las rutinas para maximizar el tiempo de aprendizaje; capta el grado en que se maneja de manera efectiva el tiempo de aprendizaje y se minimiza el tiempo muerto para los alumnos; no es un estándar para el compromiso de los alumnos ni tiene que ver con la calidad de la enseñanza o las actividades

Esfera	Dimensión	Descripción de la dimensión
	Formatos de aprendizaje	Se enfoca en las maneras en que el maestro maximiza el compromiso de los alumnos en el aprendizaje por medio de una presentación clara de materiales, facilitación activa y el suministro de lecciones y materiales interesantes y atractivos
	Comprensión de contenidos	Se refiere tanto a la profundidad del contenido de las lecciones como a los enfoques empleados para ayudar a los alumnos a comprender el marco, las ideas clave y los procedimientos en una disciplina académica; en un nivel elevado, se refiere a las interacciones entre el maestro y los alumnos, las cuales conducen a una comprensión integrada de hechos, habilidades, conceptos y principios.
Apoyo a la enseñanza	Análisis y resolución de problemas	Evalúa el grado en que el maestro facilita el uso de habilidades de pensamiento superior por parte de los alumnos, como el análisis, la resolución de problemas, el razonamiento y la creación por medio de la aplicación de conocimientos y habilidades; también se incluyen oportunidades para demostrar metacognición (es decir, pensamiento sobre el pensamiento)
	Calidad de retroalimentación	Evalúa el grado en que la retroalimentación expande y extiende el aprendizaje y la comprensión, y estimula la participación de los alumnos en los salones de clase de secundaria; los pares también pueden proporcionar retroalimentación significativa, independientemente de la fuente; el enfoque aquí debe ponerse sobre la naturaleza de la retroalimentación que se proporciona y el grado en que "empuja" el aprendizaje

FUENTE: Pianta, La Paro y Hamre (2008).

allá afuera, aguardando para hundir naves e instrumentos de observación por igual.

Primero, y para decirlo de manera sencilla, si el constructo que nos interesa es la eficacia del maestro para que los alumnos aprendan un currículo asignado, entonces cada una de estas mediciones y las calificaciones de pruebas que obtenemos de los alumnos deben correlacionarse razonablemente. Tanto las pruebas de rendimiento como los instrumentos de observación afirman medir algún aspecto de ese constructo que llamamos enseñanza adecuada o eficaz o buena. Sin embargo, y de hecho, no están altamente correlacionadas en absoluto.

En el multimillonario estudio *Measuring Effective Teachers* (MET) [Midiendo la efectividad de los maestros], financiado por la Fundación Bill y Melinda Gates (Kane, McCaffrey, Miller y Staiger, 2013), cuatro de las herramientas de observación se correlacionaron con los MVA derivados de las calificaciones de pruebas de rendimiento en matemáticas. Estas correlaciones fueron: 0.12, 0.18, 0.25 y 0.34. Con las de los MVA de Lectura/Artes Lingüísticas, tres de los instrumentos de observación tuvieron correlaciones de 0.12, 0.11 y 0.09. La varianza en común es el cuadrado de estos coeficientes, lo que indica que tal vez no estén midiendo constructos similares en absoluto, a pesar de lo que afirman. Uno o ambos de los constructos que tienen que ver con la eficacia, según se mida por medio de las observaciones o por medio de las evaluaciones, no están bien representados.

En otro estudio secundario de instrumentos de observación y pruebas estandarizadas, realizado también bajo los auspicios de la Fundación Gates, un instrumento especial de observación de las artes del lenguaje se correlacionó con la prueba de rendimiento estandarizada de alcance nacional, llamada SAT 9, así como con la prueba de rendimiento idónea para el estado donde se realizó el estudio. Las dos correlaciones entre una medición observacional de excelencia en la docencia y ambas mediciones de excelencia en la docencia derivadas de los MVA fueron 0.16 y 0.09 (Grossman, Cohen, Ronfeldt y Brown, 2014). En un estudio reciente de Strunk, Weinstein y Makkonen (2014), las correlaciones entre datos observacionales y MVA para lectura y matemáticas, en el transcurso de un año, fueron 0.216 y 0.178. Cuando se acumularon los MVA a lo largo de tres años, para contar con un indicador más confiable de la aptitud docente (porque los MVA de un solo año no son muy confiables), las correlaciones resultaron ser todavía más bajas, alrededor de 0.14, tanto en lectura como en matemáticas. La varianza que tenían en común las mediciones de competencia docente por medio de instrumentos de observación y de pruebas de rendimiento estandarizadas fue inferior a 5% en los cuatro análisis que se emprendieron. Otro estudio reciente de Morgan, Hodge, Trepinski y Anderson (2014) encontró correlaciones entre observaciones y pruebas que eran de aproximadamente 0.20 y 0.40, lo que indica que estas dos mediciones distintas para definir a los maestros ejemplares tienen en común sólo entre 4 y 16% de la varianza observada. Estos investigadores señalaron que ni el desempeño docente en el salón de clase ni la eficacia docente, según se valora con calificaciones de pruebas, fueron muy estables en el lapso de los varios años del estudio.

Así que tenemos un dilema: el criterio que empleamos para evaluar la validez de nuestras observaciones es, a menudo, una prueba de rendimiento estandarizada. Y el criterio que nos permite evaluar la validez de las pruebas estandarizadas es, comúnmente, algún tipo de instrumento de observación en el salón de clase. Pero estos dos tipos de instrumentos tienen muy poca varianza en común. Las calificaciones derivadas de las observaciones y las de las pruebas estandarizadas casi siempre tienen una correlación menor a 0.30 y, por lo tanto, sólo comparten alrededor de 10% de la varianza. Éste no es un estado de cosas muy tranquilizador.

Si bien estoy en favor de la evaluación de los maestros por medio de métodos de observación más que por cualquier tipo de pruebas de rendimiento estandarizadas, la mayoría de quienes participan en análisis observacionales de la docencia olvida que Caribdis se encuentra allá afuera para hacer naufragar tales sistemas. El problema común de los sistemas de observación, y que tal vez contribuya a su baja correlación con las pruebas de rendimiento, no es la falta de confiabilidad de los evaluadores o los codificadores —esto se puede manejar generalmente con una capacitación extensa—. Más bien lo que se está evaluando o codificando es la estabilidad de la conducta de los maestros en contextos específicos. Éste es un problema oculto: aparte de ser tramposa, Caribdis es también difícil de evadir. Permítaseme explicar.

Hace unos 40 años comisioné a Richard Shavelson para que realizara un estudio observacional usando la teoría de la generalizabilidad (G) (Cronbach, Gleser, Nanda y Rajaratnam, 1972; Erlich y Shavelson, 1978). En el proyecto en el que yo trabajaba necesitábamos averiguar cuántos observadores y cuántas observaciones requeriríamos para codificar, de manera confiable, las conductas de los maestros que considerábamos importantes y para las cuales habíamos diseñado un sistema observacional. En lo que debe ser uno de los estudios más ignorados en la historia de las investigaciones sobre la docencia, Shavelson encontró que un observador que visite un salón de clase en una sola ocasión puede codificar sólo algunas conductas de manera confiable. Esas conductas fáciles de codificar son, por lo general, variables de "alta inferencia", tales como la valoración del entusiasmo, la disciplina, la preparación y otras características "tipo rasgo" de los maestros, conductas que probablemente persistan durante todo el día, y también de un día a otro. Éstas no son características de los maestros que carezcan de importancia, y sin duda muchos de estos rasgos se relacionan con nuestras nociones sobre la calidad de la docencia en el salón de clase. Pero pue-

CUADRO VIII.3. *Marco para la enseñanza, de Charlotte Danielson*

Esfera 1: Planeación y preparación

1a *Demostrar conocimiento de contenidos y pedagogía*
- Conocimiento de contenidos
- Relaciones requeridas
- Pedagogía de contenidos

1b *Demostrar conocimientos de los alumnos*
- Desarrollo infantil
- Proceso de aprendizaje
- Necesidades especiales
- Habilidades, conocimientos y competencia de los alumnos
- Intereses y herencia cultural

1c *Establecimiento de resultados de aprendizaje*
- Valor, secuencia y alineación
- Claridad
- Imparcialidad
- Pertinencia para alumnos diversos

1d *Demostrar conocimientos de recursos*
- Para el salón de clase
- Para extender conocimiento de contenidos
- Para los alumnos

1e *Diseño de enseñanza congruente*
- Actividades de aprendizaje
- Materiales y recursos de enseñanza
- Grupos de enseñanza
- Estructura de lecciones y unidades

1f *Diseño de evaluaciones de alumnos*
- Congruencia con resultados
- Criterios y estándares
- Evaluaciones formativas
- Uso para la planeación

Esfera 2: El ambiente del salón de clase

2a *Creación de un ambiente de respeto y compenetración*
- Interacción del maestro con los alumnos
- Interacción de alumnos entre sí

2b *Establecimiento de una cultura para el aprendizaje*
- Importancia de los contenidos
- Expectativas para el aprendizaje y el aprovechamiento
- Orgullo de los alumnos en su trabajo

2c *Manejo de procedimientos en el salón de clase*
- Grupos de enseñanza
- Transiciones
- Materiales y papelería
- Deberes no pedagógicos
- Supervisión de voluntarios y paraprofesionales

2d *Manejo de conducta de alumnos*
- Expectativas
- Vigilancia de la conducta
- Respuesta a la mala conducta

2e *Organización del espacio físico*
- Seguridad y accesibilidad
- Disposición de mobiliario y recursos

Esfera 3: Enseñanza

3a Comunicación con los alumnos

- Expectativas de aprendizaje
- Explicaciones de contenidos
- Instrucciones y procedimientos
- Uso de lenguaje oral y escrito

3b Uso de técnicas de interrogación y discusión

- Calidad de las preguntas
- Técnicas de discusión
- Participación de los alumnos

3c Involucramiento de los alumnos en el aprendizaje

- Actividades y tareas
- Grupos de alumnos
- Materiales y recursos de enseñanza
- Estructura y ritmo

3d Uso de evaluación en la enseñanza

- Criterios de evaluación
- Monitoreo del aprendizaje de los alumnos
- Retroalimentación a los alumnos
- Autoevaluación y monitoreo de los alumnos

3e Demostración de flexibilidad y capacidad de respuesta

- Ajuste de lecciones
- Respuesta a los alumnos
- Persistencia

Esfera 4: Responsabilidades profesionales

4a Reflexiones sobre la docencia

- Precisión
- Uso en docencia futura

4b Mantenimiento de registros precisos

- Terminación de tareas de los alumnos
- Avance de los alumnos en el aprendizaje
- Registros no pedagógicos

4c Comunicación con las familias

- Sobre el programa de enseñanza
- Sobre los alumnos en lo individual
- Involucramiento de las familias en el programa de enseñanza

4d Participación en una comunidad profesional

- Relaciones con colegas
- Participación en proyectos escolares
- Involucramiento en cultura de indagación profesional
- Servicio a la escuela

4e Crecimiento y desarrollo profesional

- Mejoramiento de conocimiento de contenidos y de habilidad pedagógica
- Receptividad a la retroalimentación de colegas
- Servicio a la profesión

4f Demostración del profesionalismo

- Integridad/conducta ética
- Servicio a los alumnos
- Apoyo a la profesión
- Toma de decisiones
- Cumplimiento de regulaciones de la escuela/el distrito

FUENTE: www.danielsongroup.org

de haber problemas incluso para estas variables de alta inferencia. Calkins, Borich, Pascone, Kluge y Marston (1997) demostraron que para 12 maestros, valorados tres veces por diferentes evaluadores, casi 70% de las variables de alta inferencia que les interesaban eran inestables o poco confiables.

La falta de confiabilidad, sin embargo, es incluso más frecuente en menos variables tipo rasgo, aquellas, por ejemplo, que interesan más cuando intentamos codificar la interacción en el salón de clase. Para muchas de esas conductas más moleculares —las que son variables más "tipo estado" que "tipo rasgo"—, las investigaciones sugieren una regla general: quizá se necesitarían cinco o más observaciones, y observadores múltiples o extremadamente bien capacitados, para calcular de manera confiable la frecuencia y la calidad de muchas de las conductas del maestro, del alumno o de aquellas que emanen de la interacción entre el maestro y el alumno.

Esto transfiere a los instrumentos de observación a las garras de Caribdis. Por ejemplo, el bien conocido y frecuentemente utilizado sistema de Interacción Diádica Maestro-Niño, de Brophy y Evertson (1976), que es la base de decenas de estudios de investigación, permite la codificación de 167 variables. Pero la teoría G revela que se encontró que sólo 35 de ellas poseían la confiabilidad necesaria para sacar inferencias (Erlich y Borich, 1979).

Podemos pensar en el problema de la siguiente manera: es muy posible que la "no respuesta" a una pregunta de un maestro sea una conducta importante a codificar cuando se hacen observaciones en los salones de clase. Teóricamente, las altas tasas de "no respuesta" a preguntas, cuando se codifica la interacción en el salón de clase, podrían indicar que los maestros no saben hacerles preguntas "buenas", "bien informadas", "relevantes" a sus alumnos, o que la reticencia de ellos a contestar se deba a que las respuestas equivocadas provocan frecuentemente escarnio. Eso vale la pena saberlo. También podría significar que los alumnos no estaban preparados para contestar las preguntas del maestro. Eso también vale la pena saberlo. Sea como fuere, la "no respuesta" tiene implicaciones para evaluar a un docente, y tal vez esa información pueda usarse también para el diseño del desarrollo del personal.

Sin embargo, parece que se necesitan nueve sesiones de codificación, que duran por lo menos tres horas cada una, para lograr que la confiabilidad de la medición de "no respuesta a la pregunta del maestro" alcance 0.70, nivel de confiabilidad suficiente para hacer inferencias sobre la conducta docente (Erlich y Borich, 1979).

Examinemos otra categoría de codificación: supongamos que postulamos que la reacción de un maestro a la respuesta equivocada de un alumno sea una habilidad docente que consideramos importante. De ser así, quizá se requieran de cinco a ocho sesiones para codificar, de manera confiable, las diversas respuestas que posiblemente dé el maestro a las respuestas equivocadas de los alumnos.

¿Acaso las reacciones exageradas de los maestros al mal comportamiento de los alumnos indican un problema que deba corregirse? De ser así, probablemente se requieran siete sesiones para registrar esta conducta de manera confiable.

Praetorius, Pauli, Reusser, Rakoczy y Klieme (2014) estudiaron cinco lecciones de 38 maestros y examinaron lo que llamaban la "activación cognitiva": la evocación de habilidades de razonamiento por parte de los docentes. Ésta es, desde luego, la habilidad que se considera la más importante que deba poseer la fuerza del trabajo en el siglo xxi, y es la habilidad que se proponen medir cada tres años con el Programa Internacional para la Evaluación de Estudiantes (pisa). Sin embargo, captar de manera confiable esta habilidad docente probablemente requeriría nueve sesiones de evaluación para poder distinguir entre maestros que sean buenos en ella y aquellos que no lo sean. Shavelson y Dempsey-Atwood (1976), en un influyente trabajo en este campo, revisaron decenas de estudios para determinar la generalizabilidad, es decir, la estabilidad de las observaciones hechas en esos estudios. Concluyeron que la mayoría de los estudios que usan observaciones en los salones de clase es metodológicamente deficiente, que la estabilidad del comportamiento docente no se encuentra con suficiente frecuencia y que nuestras mediciones son, por lo tanto y muy a menudo, poco confiables. Y he aquí la conclusión más importante de todas: afirman que ni una mejor medición ni nuevas conceptualizaciones arreglarían el problema.

La razón de su negativismo y del mío es sencilla, pero difícil de aceptar para aquellos que desean un mundo más estable y predecible. Es ésta: falta una variación sistemática para la mayoría de las conductas docentes que queremos observar. Los maestros, por una parte, para ser eficaces, deben vigilar y cambiar su comportamiento constantemente: deben adaptarse a pistas sutiles respecto a los cambios en el entorno educativo. Por otra parte, comúnmente ocurre una variación no sistemática, que nos da variables poco firmes e inestables por examinar. Esto se debe al sinnúmero de factores sutiles pero poderosos que hacen que la docencia sea tan compleja. Las observaciones de la vida en los salones de clase se ven afectadas por el momento en el que se encuentra el grupo durante una unidad determinada de enseñanza (al principio, a la mitad o al final de ésta); por el estado de ánimo del grupo en un día determinado; por los acontecimientos en la vida personal del maestro; por la hora del día y la época del año; por quiénes están ausentes y quiénes están presentes el día de la observación; por si el maestro tiene a un bebé enfermo en casa, o una pareja que bebe, y así sucesivamente. ¡Incluso las condiciones climáticas afectan lo observado!

Así, en resumidas cuentas, si los evaluadores capacitados, que también son maestros en ejercicio, observaran a dos docentes por día, los costos podrían ascender a unos 500 dólares por observación, aproximadamente 1 000 dólares por día.[2] Por lo tanto, para averiguar si un maestro determinado es capaz o no de hacer preguntas "contestables", probablemente requeriríamos unas nueve observaciones; a unos 500 dólares por día, serían 4 500 dólares, para obtener esa información de manera confiable. Entonces, si nos proponemos usar un observador por una sola ocasión para recabar información, como hacemos a menudo, lo podemos lograr a un costo mucho menor y cumplir con nuestra obligación de evaluar a los maestros, *aunque una parte considerable de lo que se codifique y valore y juzgue no es confiable.*

Obtener información confiable sobre algunas conductas aparentemente importantes de los maestros por medio de técnicas de observación cuesta, claramente, demasiado dinero. No obstante, la evaluación de la docencia mediante pruebas de rendimiento estandarizadas plantea problemas de validez. Por lo tanto, quienes usan los dos métodos más comunes para la evaluación de maestros —pruebas de rendimiento de los alumnos e instrumentos de observación— se ubican entre Escila y Caribdis: están entre la espada y la pared si quieren tomar decisiones relevantes y de consecuencias significativas sobre los maestros. Ninguna forma de evaluación es inadecuada para tener conversaciones con los docentes acerca del desempeño de sus alumnos o del suyo propio. Cuando se toman decisiones relevantes y de consecuencias importantes a partir de los datos de cualquiera de las dos fuentes, surgen graves problemas éticos.

Una nota personal: siempre que exista alguna duda respecto a cuál de estas mediciones es más confiable, yo elegiría una medición directa y cercana de la aptitud docente, en lugar de una indirecta y lejana. Confío en las observaciones y en las evaluaciones de hechos que ocurren en el salón de clase realizadas por maestros y directores escolares capacitados y certificados por un consejo, con o sin herramientas de observación formales, con todos sus defectos. Las meras visitas al salón de clase, por periodos cortos, realizadas por observadores no capacitados no es lo que tengo en mente.

Un acto complejo como enseñar, realizado durante seis horas diarias a lo largo de 180 días, tal vez no se preste, sencilla y fácilmente, a la cuantificación y a la medición, a pesar de nuestras grandes esperanzas. En esta época de mediciones necesitamos estar conscientes de que no todo lo que pueda contarse cuenta, y no todo lo que cuenta puede contarse (Cameron, 1963).

Hace muchos años rechacé las ideas de Elliott Eisner (1976) acerca de que la evaluación educativa se parecía a una actividad para conocedores. Yo estaba seguro de que se podrían encontrar pruebas de rendimiento y métodos de obser-

[2] Ésta es mi estimación del salario y las prestaciones promedio diarios de los maestros, además de costos de capacitación, transporte al lugar de la prueba y el salario y las prestaciones de un maestro sustituto que cubra las clases del maestro observador.

vación que funcionaran de la manera que necesitamos para realizar la evaluación docente en forma confiable y válida. Sin embargo, ahora, más viejo y menos seguro de mis sueños de joven respecto a las soluciones tecnocráticas para el problema de evaluar a los maestros de manera justa, las ideas de Eisner tienen mucha más aceptación de mi parte.

La esencia del constructo que estamos tratando de manejar, la competencia docente, es escurridiza: es una quimera, un fuego fatuo, y se acerca más a los argumentos sobre lo que es o no es malo, bueno, o gran arte. La docencia de alta calidad quizá no se preste tan fácilmente a la evaluación como el patinaje sobre hielo, la gimnasia y los clavados en los Juegos Olímpicos. Y debemos señalar que incluso allí siempre utilizan jueces sumamente capacitados, usan múltiples jueces de múltiples países, con frecuencia descartan las calificaciones más altas y las más bajas obtenidas, y en muchos de los deportes que se evalúan tienen una buena cantidad de eliminatorias y semifinales para reducir el número de participantes en las finales. Estas eliminatorias, o semifinales, son otra manera de decir que tienen múltiples ocasiones para juzgar quiénes son los mejores atletas y equipos en un deporte, junto con registros objetivos recientes de su competencia como atletas. La valoración olímpica del deporte parece ser un modelo más costoso y mejor para evaluar la competencia atlética que el que tenemos para evaluar la competencia de nuestros maestros. Parece que muchas naciones han decidido que es más importante identificar, entrenar y pagar para formar a un clavadista competitivo, por el honor de su país, que elegir, capacitar y pagar por el desarrollo de un buen maestro por el futuro de su país.

Eludiendo a Escila y a Caribdis: la evaluación basada en los deberes y las pruebas de desempeño de maestros

Mencionaré sólo dos maneras de escapar de los monstruos Escila y Caribdis. La primera de éstas la ofreció Michael Scriven (1994), quien señaló que los maestros tienen que hacer ciertos deberes, igual que los médicos y las enfermeras. Ha proporcionado una lista extensa de ellos. Y luego pregunta por qué no evaluamos sencillamente a los maestros con base en el cumplimiento de los deberes esenciales de su profesión, muy semejante a las prácticas de valoración en otros campos profesionales. Un resumen de las categorías más importantes de esta lista, que es mucho más larga, se presenta en el siguiente cuadro.

El cumplimiento de las tareas (por ejemplo, calificar trabajos escritos y exámenes en un tiempo razonable, preparar medios visuales para acompañar la enseñanza de temas difíciles, o ayudar a maestros más jóvenes a aprender habilidades) es una condición necesaria, aunque no suficiente, para ser un maestro excelente. Con todo, estas tareas presentan menos problemas de confiabilidad que juicios más matizados, digamos, si la retroalimentación que acompañaba a un examen devuelto era apropiada, o si los medios visuales usados para explicar conceptos difíciles eran buenos. Evaluar el cumplimiento de los deberes de la docencia, por una parte, nos da motivos para creer que hemos identificado a un maestro lo suficientemente bueno. Por otra parte, no satisfacerlos centra la atención en los maestros que requieren medidas de corrección o muy probablemente el despido.

Scriven señala que un sistema de evaluación basado en deberes y usado por evaluadores capacitados y experimentados para describir la conducta de los maestros tiene muchos objetivos. Estas evaluaciones pueden ayudar a diseñar el desarrollo del personal, informar a instituciones de preparación docente respecto a algunos déficits que posean y, tal vez lo más importante de todo en tiempos modernos, usarse para propósitos sumativos. Las evaluaciones de maestros basadas en deberes pueden ayudar a los directores de planteles, a los jefes de personal, a los superintendentes o a los consejos escolares a tomar decisiones sobre los empleados, las cuales tendrán validez en un tribunal o en una audiencia de arbitraje cuando se apele a una decisión sobre el personal. Evaluar a los maestros de esta manera se acerca mucho más a la forma en que se evalúa a otros profesionales. Este sistema evita los peligros planteados por Escila y Caribdis porque no acepta la pretensión de llevar a cabo evaluaciones cuantitativas "objetivas" de los maestros. Las evaluaciones basadas en deberes examinan la presencia o la ausencia de aquellas cosas que se requieren para cumplir con el trabajo. Me parece que este enfoque es sumamente interesante.

Pruebas de desempeño de la docencia

La última forma importante de evaluación de maestros que comentaré son estas pruebas de desempeño. Hace 50 años Popham (1971) diseñaba pruebas de desempeño de docentes, y a mí me impresionaron tanto entonces como ahora. Éstas también tienen algunos problemas de confiabilidad y validez, como todas las evaluaciones. Y quizá su mayor problema es que no se trata, realmente, de mediciones de la aptitud docente; más bien son una *representación* de las habilidades que se cree que están relacionadas con la aptitud. Shulman y sus alumnos y colegas, en la década de 1980 (1987, 1988), también trabajaron en las pruebas de desempeño. Diseñaban prototipos para la Junta Nacional para Estándares Profesionales de la Docencia, sobre la cual abundaré más en un momento. Darling Hammond y sus colegas (Pecheone y Chung, 2006; Darling-Hammond, 2010) desarrollaron una evaluación de desempeño llamada Performance Assessment for California Teachers (PACT) [Evaluación de Desempeño para los Maestros de California]. Es una evaluación de desempeño previa al servicio docente que exige una demostración de una amplia gama de habilidades de enseñanza. La prueba se realiza al final del trabajo de campo relacionado con los estudios para la formación docente. Vale la pena mencionar que las calificaciones de PACT se correlacionan bastante más con los datos de evaluación estudiantiles que las mediciones observacionales que mencioné anteriormente. Por lo tanto, podemos concluir que los constructos que se miden por medio de esta prueba de desempeño previa al servicio docente y los que mide una prueba de rendimiento estudiantil que se lleva a cabo después de que los maestros realmente han estado dando clases muestran una coincidencia modesta. La PACT se ha convertido en una prueba nacional llamada edTPA, que aplica una empresa privada. A un candidato a un puesto docente le cuesta 300 dólares someterse a ella. Sin embargo, como la prueba posee alguna modesta validez predictiva, constituye una manera de contratar maestros con mayores probabilidades de tener éxito y, por lo tanto, es un mecanismo para mantener la tasa de referencia de malos maestros en 3% o menos. Una prueba de desempeño como edTPA sirve para los mismos propósitos que los exámenes del colegio de médicos y de oposición para los abogados: puede señalar lo que es importante saber y puede excluir de la profesión a aquellos cuyo desempeño en la prueba se considera insuficiente para sumarse a la profesión.

En el transcurso de los últimos 30 años, poco más o menos, en los Estados Unidos hemos desarrollado la Junta Nacional para Estándares Profesionales de la Docencia. Esta junta realiza pruebas de desempeño de docentes para una amplia diversidad de áreas de estudio en distintos grados escolares. Mi propio trabajo sobre la pericia docente contribuyó al diseño de estas pruebas, como lo hicieron también los prototipos de Shulman y la obra de Darling-Hammonds. Traigo este sistema a colación porque un estudio de estas pruebas de desempeño presenta un argumento en favor de un mayor diseño y uso de esta forma de evaluación para los maestros en ejercicio.

En forma resumida, he aquí el estudio (Bond, Smith, Baker y Hattie, 2000): se reclutaron dos muestras de maestros entre aquellos que habían intentado obtener la Certificación de la Junta Nacional para grados medios o artes de lengua inglesa en el nivel de adolescencia temprana. Uno de los grupos de comparación (N = 31) se formó con aquellos que habían aprobado los exámenes de la Junta Nacional, y el otro grupo (N = 34), por los que no lo lograron. Todos los maestros eran bastante experimentados, se habían preparado con esmero para los exámenes y dedicaron cantidades considerables de dinero para demostrar que eran maestros sumamente calificados. Antes de la visita a los salones de clase de estos 65 maestros, se propusieron 13 características de maestros exper-

CUADRO VIII.4. *Deberes del maestro*

DEBERES DEL MAESTRO

Michael Scriven

Esta lista de verificación incluye los encabezados de un extenso análisis del tema, que consta de la lista y texto explicativo para cada uno de los puntos de verificación (*Journal of Personnel Evaluation in Education*, 1994, vol. 8, núm. 2, pp. 151-184). La lista de verificación proporciona un buen resumen de todo el enfoque, no obstante, y se basa en una compleja teoría evaluativa, que incluye, por ejemplo, el principio ético de que no se puede evaluar a los maestros examinando el estilo de enseñanza que empleen, excepto en tanto que esté prescrito por los deberes aceptados de un maestro. Pueden dar mucha o poca clase, hacer muchas o pocas preguntas, etc., sin importar lo que demuestre la investigación, siempre y cuando provoquen exitosamente la adquisición de conocimientos, habilidades, y actitudes valiosos en áreas en las que son responsables, a un ritmo que sea conveniente o mejor para alumnos equiparables, dentro de los parámetros éticos, de recursos y legales actuales. Los maestros no tienen ningún deber de enseñar usando un estilo determinado, sino sólo enseñar exitosamente. Existe una secuencia débil porque hay razones sociopolíticas para la ubicación de cada ítem; por ejemplo, la principal razón para colocar al ítem 1 primero fue el clima percibido para la aceptación por parte de las juntas escolares, las agencias estatales y federales, y los padres de familia.

1. CONOCIMIENTOS DE LA MATERIA

    A. En el campo(s) asignado, por ejemplo, matemáticas de secundaria

    B. En materias que abarquen todo el currículo, por ejemplo, redacción, ortografía

2. COMPETENCIA DOCENTE

    A. Habilidades de comunicación (uso de vocabulario apropiado a la edad, ejemplos, entonación, lenguaje corporal)

    B. Habilidades de manejo

        a. Manejo de proceso (en el salón de clase), incluyendo la disciplina

        b. Manejo de avances (educativos de los alumnos en lo individual)

        c. Manejo de emergencias (incendios, tornado, terremoto, inundación, derrame cerebral, ataque violento)

    C. Habilidades para la elaboración y mejoramiento de cursos

        a. Planeación de cursos

        b. Elección y creación de materiales

        c. Uso de recursos especiales

            i. sitios locales

            ii. medios

            iii. especialistas

        d. Evaluación del curso, enseñanza, materiales, y currículo

3. COMPETENCIA PARA LA EVALUACIÓN

    A. Conocimientos sobre opciones de evaluación estudiantiles

    B. Habilidades de elaboración y aplicación de pruebas

    C. Prácticas de calificación, clasificación y puntaje

       a. Proceso (haciéndolo correctamente, es decir, uso de claves de calificación, calificación ciega)

       b. Producto (los resultados cumplen con los estándares apropiados, por ejemplo [normalmente] no todos A o F.

    D. Registro y reporte del rendimiento estudiantil

       a. conocimientos sobre opciones y obligaciones para informar sobre el rendimiento

       b. Buen proceso de información (a alumnos, administradores, padres de familia, otras personas autorizadas)

4. PROFESIONALISMO

    A. Ética profesional

    B. Actitud profesional

    C. Desarrollo profesional

    D. Servicio a la profesión

       a. Conocimientos sobre la profesión

       b. Ayuda a principiantes y compañeros

       c. Trabajo en organizaciones profesionales

       d. Investigación sobre la docencia

    E. Conocimiento de los deberes

    F. Conocimiento de la escuela y su comunidad

5. DEBERES NO ESTÁNDARES, PERO CONTRACTUALES

    Por ejemplo, supervisión de servicios en la capilla en una escuela religiosa

Fuente: Scriven (1994).

tos y se desarrollaron herramientas de observación para examinar cada una de ellas. Se capacitó a los observadores de los salones de clase, que desconocían a qué grupo observaban: un maestro que había o que no había aprobado la prueba de desempeño.

Se trataba de un estudio pequeño, y llevado a cabo por defensores del enfoque de la junta respecto a las pruebas, pero los resultados fueron sumamente notables. Los maestros certificados por la Junta, en comparación con aquellos que no habían satisfecho los estándares en las evaluaciones, sobresalieron en todas y cada una de las características prototípicas de pericia en la enseñanza en el salón de clase.

Cuando se ven como tamaño de efecto, las diferencias entre estos dos grupos de maestros sumamente experimentados y seguros de sí mismos respecto a las 13 conductas que se evaluaban abarcaron desde apenas la cuarta parte de una desviación estándar hasta 1.13 desviaciones estándar en favor de los docentes certificados por la junta.

Así, los maestros que resultaron ser expertos con base en la evaluación de la prueba de desempeño lograron desde ocho hasta 37 percentiles más en las mediciones que evaluaron su uso de los conocimientos, la profundidad de sus representaciones de los conocimientos, la pasión expresada, sus habilidades para resolver problemas, y así sucesivamente.

Este estudio proporciona validez predictiva para el programa de evaluación de desempeño diseñado para identificar maestros altamente eficaces. Afirma que puede

Identificar [...] y certificar [...] maestros que están produciendo alumnos que difieren de maneras profundas y significativas de aquellos enseñados por maestros menos competentes. Estos alumnos, al parecer, exhiben una comprensión de los conceptos enfocados en la instrucción, que es más integrada, más coherente, y a un mayor nivel de abstracción que la comprensión alcanzada por otros alumnos [Bond, Smith, Baker y Hattie, 2000, p. 113].

En otro estudio, un equipo de investigación sin relación alguna con la Junta Nacional (Goldhaber y Anthony, 2007) examinó las calificaciones de pruebas de 600 000 alumnos de primaria de Carolina del Norte en el transcurso de tres años. Encontraron que era mucho más probable que los maestros certificados por la junta mejoraran el rendimiento de los alumnos en las pruebas estandarizadas del Estado que los no certificados. Los primeros elevaron el rendimiento de los alumnos alrededor de 7% más en pruebas de matemáticas y lectura que los maestros que, aunque hicieron las pruebas, no lograron la certificación. Los certificados lograron el mayor impacto en alumnos jóvenes de ingresos bajos, y las calificaciones de esos estudiantes fueron hasta 15% más altas que las de aquellos que no tenían maestros certificados por la junta.

Uno de mis alumnos (Vandevoort, 2004) encontró también estos efectos. En resumidas cuentas, sí se pueden diseñar pruebas de desempeño válidas, *si se gasta dinero para lograrlo*. Es muy costoso diseñar la edTPA, y por lo menos cuesta unos cuantos cientos de miles de dólares desarrollar una prueba de desempeño docente válida en *cada una* de las 30 distintas áreas de enseñanza, más o menos, en las que ha invertido la Junta Nacional. Tener que hacer una de estas pruebas, y que se califiquen de manera confiable, también resulta caro: alrededor de 2 500 dólares para cada candidato que desea tomar la prueba de la Junta Nacional. Estas cuotas rara vez las pagan quienes emplean a los maestros que las realizan. Lo que importa, sin embargo, es que tanto la edTPA como las pruebas de desempeño de la Junta Nacional son capaces de identificar maestros más y menos eficaces. Si alguna vez llegaran a ser aceptables los costos no tendríamos problemas para identificar aquellos más o menos competentes.

CONCLUSIÓN

¿Qué sabemos acerca de las diversas formas de valoración para evaluar maestros? Sabemos que las pruebas de rendimiento estandarizadas, sobre todo como MVA, no son confiables ni válidas, pero su uso resulta relativamente económico.

Los métodos observacionales rara vez se correlacionan incluso de manera moderada con las calificaciones de las pruebas de rendimiento, y con frecuencia proporcionan información confiable de aspectos importantes de la enseñanza sólo si se realiza más de una sola sesión para evaluar la competencia de los maestros. Esto se vuelve muy costoso rápidamente. En la actualidad existen las herramientas observacionales con las que se pueda capacitar a los observadores para que estén de acuerdo con qué es lo que van a codificar; sin embargo, no se aborda adecuadamente el tema de la estabilidad de las conductas que se codificaron con el paso del tiempo y en las distintas ocasiones.

En la categoría observacional también podemos incluir las visitas de conocedores sumamente capacitados. La labor de estos estéticos de los procesos educativos, observadores que tal vez hayan sido considerados ellos mismos como maestros expertos, por lo general, no se acepta como confiable y válida para la toma de decisiones relevantes y de consecuencias importantes sobre la calidad de los docentes en ejercicio. Sin embargo, la enseñanza, como el desempeño en la barra de equilibrio, tiene tanto elementos técnicos como estéticos. ¿Quién, entonces, puede valorar mejor el desempeño en cualquiera de estas esferas que alguien que fue un practicante sumamente exitoso de esa esfera: ya sea un maestro o un gimnasta exitoso? No obstante, también es cierto que éste y *todos los demás métodos de observación* son costosos.

La evaluación docente basada en los deberes parece que jamás logra ponerse de moda, pero tiene mucho a su favor. Es comparativamente económica, en parte porque se puede capacitar a evaluadores sólo para usar esta técnica. Además, no se requieren juicios estéticos complejos, y por lo tanto tal vez se necesiten menos visitas a salones de clase y escuelas.

Por último, las pruebas de desempeño de docentes tienen mucho de su parte cuando se trata de identificar maestros ejemplares y malos. Sin embargo, si se han de utilizar tales pruebas para la toma de decisiones, su validez debe ser considerable. Cuesta mucho desarrollarlas y, por ende, también realizarlas.

En un mundo ideal, para las deficiencias de desempeño que se encontraran, por cualquier medio de evaluación que se empleara, existiría una reserva de fondos para desarrollo profesional (si bien aquellos que proporcionan tales oportunidades también tienen problemas para demostrar su eficacia). Parece mucho más probable que las evaluaciones de cualquier tipo encuentren causas para la corrección, que poner al descubierto una incompetencia lo suficientemente grave para justificar el despido de un maestro. Como se señaló anteriormente, es probable que la tasa de referencia de "malos" maestros sea baja. Sin embargo, debido a que los fondos para el desarrollo docente no están disponibles para acompañar las evaluaciones de los maestros, éstas a menudo conducen al escepticismo de los docentes respecto a cualquier sistema de evaluación que se emplee. Esto se debe a que demasiados maestros cuyo desempeño se considera pobre no reciben la posibilidad de corregirse, lo cual daña también la reputación de los más competentes que trabajan en las escuelas donde laboran los maestros malos.

En resumen, optar por evaluar a los docentes por medio de pruebas de rendimiento o con métodos observacionales coloca a los evaluadores entre Escila y Caribdis. Estos monstruos toman forma al crear problemas con la falta de confiabilidad y con la validez de los constructos, la validez predictiva y la validez referente a las consecuencias. Ambos métodos producen mediciones, y en los tiempos actuales tales mediciones son deseadas, independientemente de que no puedan interpretarse. Las pruebas de desempeño de maestros se pueden diseñar para evitar muchos de estos problemas, pero, si se van a utilizar para tomar decisiones relevantes y de consecuencias importantes, su desarrollo resulta muy costoso. Por lo tanto, es posible que la participación de conocedores y las valoraciones de maestros basadas en deberes tal vez proporcionen los únicos enfoques económicamente eficaces para la evaluación docente que pueda evitar a los monstruos. Sin embargo, no son éstas las formas de evaluación docente que se acepten como idóneas, ni por nuestros maestros ni por nuestros líderes políticos. Por lo tanto, es probable que la evaluación siga siendo un lío.

BIBLIOGRAFÍA

American Association of Colleges for Teacher Education (2010), *The Clinical Preparation of Teachers: A Policy Brief*, Washington D. C., American Association of Colleges for Teachers Education.

American Educational Research Association, American Psychological Association y National Council on Measurement in Education (2014), *Standards for Educational and Psychological Testing*, Washington D. C., American Educational Research Association.

American Statistical Association (2014), ASA *Statement on Using Value-Added Models for Educational Assessment*, Washington D. C., American Statistical Association.

Amrein-Beardsley, A., y C. Collins (2012), "The SAS Education Value-Added Assessment System (SAS® EVAAS®) in the Houston Independent School District (HISD): Intended and Unintended Consequences", *Education Policy Analysis Archives*, 20 (12), recuperado el 23 de diciembre de 2012 de <http://epaa.asu.edu/ojs/article/view/1096>.

Berliner, D. C. (2014), "Exogenous Variables and Value-added Assessments: A Fatal Flaw", *Teachers College Record*, 116 (1), recuperado el 21 de julio de 2014 de <http://www.tcrecord.org/content.asp?contentid=17293>.

————(2015), *Teacher Evaluation and Standardized Tests: A Policy Fiasco*. Documento presentado en la reunión de Academy of Education Meetings and Melbourne University, Melbourne, Australia, recuperado el 22 de mayo de 2017 de <http://education.uni melb.edu.au/news_and_activities/events/upcoming_events/dean_lecture_series/dls past-2015/teacher-evaluation-and-standardised-tests-a-policy-fiasco>.

Bond, L., T. Smith, W. Baker y J. Hattie (2000), *The Certification System of the National Board for Professional Teaching Standards: A Construct and Consequential Validity Study*, Carolina, University of North Carolina at Greensboro, Center for Educational Research and Evaluation.

Boyd, D., P. Grossman, H. Lankford, S. Loeb y J. Wyckoff (2009), *"Who Leaves?" Teacher Attrition and Student Achievement*, Documento de trabajo núm. 23 del National Center for Analysis of Longitudinal Data in Education Research, Washington D. C., Urban Institute.

Brophy, J. E., y C. M. Evertson (1976), *Learning from Teaching: A Developmental Perspective*, Boston, Allyn and Bacon.

Calkins, D., G. D. Borich, M. Pascone, S. Kluge y P. T. Marston (1997), "Generalizability of Teacher Behaviors across Classroom Observation Systems", *Journal of Classroom Interaction*, 13, pp. 9-22.

Cameron, W. B. (1963), "Informal Sociology: A Casual Introduction to Sociological Thinking", *Studies in Sociology*, vol. 21, Nueva York, Random House.

Campbell, D. (1975), "Assessing the Impact of Planned Social Change", en G. Lyons (ed.),

Social Research and Public Policies: The Dartmouth/oecd Conference, Hanover, NH, Public Affairs Center, Dartmouth College.

Cronbach, L. J., G. C. Gleser, H. Nanda y N. Rajaratnam (1972), *The Dependability of Behavioral Measurements: Theory of Generalizability for Scores and Profiles*, Nueva York, John Wiley.

Danielson, C. (2007), *Enhancing Professional Practice: A Framework for Teaching*, 2ª ed., Washington D. C., Association for Supervision and Curriculum Development.

Darling-Hammond, L. (2010), *Evaluating Teacher Effectiveness: How Teacher Performance Assessments Can Measure and Improve Teaching*, Washington D. C., Center for American Progress.

Di Carlo, M. (2011), *Do Half of New Teachers Leave the Profession within Five Years?*, Nueva York, Albert Shanker Institute, recuperado el 4 de mayo de 2017 de <http://www.shankerinstitute.org/blog/do-half-new-teachers-leave-profession-within-five-years>.

Eisner, E. W. (1976), "Educational Connoisseurship and Criticism: Their Form and Functions in Educational Evaluation", *Journal of Aesthetic Education*, 10 (3/4), pp. 135-150, recuperado el 5 de mayo de 2017 de <http://www.jstor.org/stable/3332067>.

Erlich, O., y G. Borich (1979), "Occurrence and Generalizability of Scores On a Classroom Interaction Instrument", *Journal of Educational Measurement*, 16 (1), pp. 11-18.

Erlich, O., y R. J. Shavelson (1978), "The Search for Correlations between Measures of Teacher Behavior and Student Achievement: Measurement Problem, Conceptualization Problem, or Both?", *Journal of Educational Measurement*, 15 (2), pp. 77-89. Doi: 10.1111/j.1745-3984.1978.tb00059.x

Fantuzzo, J. W., W. A. LeBoeuf y H. L. Rouse (2014), "An Investigation of the Relations between School Concentrations of Student Risk Factors and Student Educational Well-being", *Educational Researcher*, 43 (1), pp. 25-36.

Gitomer, D., C. Bell, Y. Qi, D. Mccaffrey, B. K. Hamre y R. C. Pianta (2014), "The Instructional Challenge in Improving Teaching Quality: Lessons from a Classroom Observation Protocol", *Teachers College Record*, 116 (6), pp. 873-881.

Goldhaber, D., y E. Anthony (2007), "Can Teacher Quality Be Effectively Assessed? National Board Certification As a Signal of Effective Teaching", *The Review of Economics and Statistics*, 89 (1), pp. 134-150.

Goldhaber, D., y J. Walch (2014), "Academic Capabilities of the U. S. Teaching Force Are on the Rise", *Education Next*, 14 (1), recuperado el 4 de mayo de 2017 de <http://educationnext.org/gains-in-teacher-quality/>.

Gray, L., y S. Taie (2015), *Public School Teacher Attrition and Mobility in the First Five Years: Results from the First through Fifth Waves of the 2007-08 Beginning Teacher Longitudinal Study (nces 2015-337). U.S. Department of Education*, Washington D. C., National Center for Education Statistics, recuperado el 5 de mayo de 2017 de <http://nces.ed.gov/pubsearch>.

Greene, P. (19 de abril de 2016), Curmudgucation, recuperado el 8 de mayo de 2017 de <http://curmudgucation.blogspot.com/search?q=Danielson>.

Grossman, P., J. Cohen, M. Ronfeldt y L. Brown (2014), "The Test Matters: The Relationship Between Classroom Observation Scores and Teacher Value-Added on Multiple Types of Assessment", *Educational Researcher*, 43 (6), pp. 293-303.

Haertel, E. H. (2013), *Reliability and Validity of Inferences about Teachers Based on Student Test Scores. The 14th William H. Angoff Memorial Lecture*, Princeton, NJ, Educational Testing Service.

Hammerness, K., L. Darling-Hammond, J. Bransford, D. Berliner, M. Cochran-Smith, M. McDonald y K. Zeichner (2005), "How Teachers Learn and Develop", en L. Darling-Hammond y J. Bransford (eds.), *Preparing Teachers for a Changing World: What Teachers Should Learn and Be Able to Do*, San Francisco, Jossey-Bass, pp. 358-389.

Ingersoll, R. (2003), *Is There Really a Teacher Shortage? Center for the Study of Teaching and Policy*, Seattle, University of Washington, recuperado el 4 de mayo de 2017 de <http://ctpweh.org/>.

Kane, T. J., D. F. McCaffrey, T. Miller y D. O. Staiger (2013), *Have Ee Identified Effective Teachers? Validating Measures of Effective Teaching Using Random Assignment*, Documento de proyecto de investigación de MET, recuperado el 4 de mayo de 2017 de <http://k12education.gatesfoundation.org/resource/have-we-identified-effective-teachers-validating-measures-of-effective-teaching-using-random-assignment/Using>.

Lankford, H., S. Loeb, A. McEachin, L. C. Miller y J. Wycoff (2014), "Who Enters Teaching? Encouraging Evidence that the Status of Teaching Is Improving", *Educational Researcher*, 43 (9), pp. 444-453.

Madaus, G. F., J. P. Ryan, T. Kelleghan y P. W. Airasian (1987), "Payment by Results: An Analysis of a Nineteenth Century Performance-Contracting Programme", *The Irish Journal of Education / Iris Eireannach an Oideachais*, 21 (2), pp. 80-91.

Morgan, G. B., K. J. Hodge, T. M. Trepinksi y L. W. Anderson (2014), "The Stability of Teacher Performance and Effectiveness: Implications for Policies Concerning Teacher Evaluation", *Education Policy Analysis Archives*, 22 (95), recuperado de <http://dx.doi.org/10.14507/epaa.v22n95.2014>.

NCATE, National Council for Accreditation of Teacher Education (2010), *Transforming Teacher Education through Clinical Practice: A National Strategy to Prepare Effective Teachers*, Washington D. C., NCATE.

Newton, X., L. Darling-Hammond, E. Haertel y E. Thomas (2010), "Value Added Modeling of Teacher Effectiveness: An Exploration of Stability across Models and Contexts", *Educational Policy Analysis Archives*, 18 (23), recuperado el 27 de marzo de 2012 de <http://epaa.asu.edu/ojs/article/view/810>.

Nichols, S. L., y D. C. Berliner (2007), *Collateral Damage: How High-stakes Testing Corrupts America's Schools*, Cambridge, MA, Harvard Education Press.

Ofri, D. (2010), "Quality Measures and the Individual Physician", *New England Journal of Medicine*, 363, pp. 606-607. DOI: 10.1056/NEJMp1006298.

Pecheone, R., y R. Chung (2006), "Evidence in Teacher Education: The Performance Assessment for California Teachers (PACT)", *Journal of Teacher Education*, 57, pp. 22-36.

Pianta, R. C., K. La Paro y B. K. Hamre (2008), *Classroom Assessment Scoring System (CLASS)*, Baltimore, Paul H. Brookes Publishing.

Popham, W. J. (1971), "Performance Tests of Teaching Proficiency: Rationale, Development, and Validation", *American Educational Research Journal*, 8 (1), pp. 105-117, recuperado de <http://journals.sagepub.com/doi/abs/10.3102/00028312008001105>.

Praetorius, A-K., C. Pauli, K. Reusser, K. Rakoczy y E. Klieme (2014), "One Lesson Is All You Need? Stability of Instructional Quality across Lessons", *Learning and Instruction*, 31, pp. 2-12, recuperado de <https://doi.org/10.1016/j.learninstruc.2013.12.002>.

Scriven, M. (1994), "Duties of the Teacher", *Journal of Personnel Evaluation in Education*, 8 (2), pp. 151-184. DOI: 10.1007/BF00972261.

Shavelson, R., y N. Dempsey-Atwood (1976), "Generalizability of Measures of Teaching Behavior", *Review of Educational Research*, 46 (4), pp. 553-611, recuperado de <http://dx.doi.org/10.3102/00346543046004553>.

——, y N. Webb (1991), *Generalizability Theory: A Primer*, Thousand Oaks, CA, SAGE.

School of Education, Teacher Assessment Project State Bar of California (2017), *2016 Annual Discipline Report*, recuperado el 5 de mayo de 2017 de <http://www.calbar.ca.gov/AboutUs/Reports.aspx>.

Shulman, L. S. (1987), "Assessment for Teaching: An Initiative for the Profession", *Phi Delta Kappan*, 69 (1) pp. 38-44.

Shulman, L. S., E. Haertel y T. Bird (1988), *Toward Alternative Assessments of Teaching: A Report of Work in Progress*, Stanford, CA, Stanford University.

Strunk, K., T. Weinstein y R. Makkonen (2014), "Sorting out the Signal: Do Multiple Measures of Teachers' Effectiveness Provide Consistent Information to Teachers and Principals?", *Education Policy Analysis Archives*, 22, recuperado de <http://dx.doi.org/10.14507/epaa.v22.1590>.

Studdert, D. M., M. B. Bismark, M. M. Mello, H. Singh, y M. J. Spittal (28 de enero de 2016), "Prevalence and Characteristics of Physicians Prone to Malpractice Claims", *New England Journal of Medicine*, 374, pp. 354-362. DOI: 10.1056/NEJMsa1506137, recuperado el 3 de mayo de 2017 de <http://www.nejm.org/toc/nejm/374/4/>.

Vandevoort, L. G., A. Amrein-Beardsley y D. C. Berliner (8 de septiembre de 2004), "National Board Certified Teachers and their Students' Achievement", *Education Policy Analysis Archives*, 12 (46), recuperado el 4 de octubre de 2004 de <http://epaa.asu.edu/epaa/v12n46/>.

Veltri, B. (2010), *Learning on Other People's Kids: Becoming a Teach for America Teacher*, Charlotte, NC, Information Age Publishers.

COMENTARIO

ALICIA CIVERA*

¿Para qué evaluar a los profesores? ¿Cómo hacerlo? ¿Quién puede juzgar si su trabajo es bueno o malo? Estas preguntas guían el texto del doctor Berliner, quien las trata con una gran seriedad y rigurosidad desde su amplia experiencia en el tema. Las respuestas no se dan en términos abstractos o modelos estáticos, sino a partir del análisis de la realidad educativa estadunidense y los resultados de las evaluaciones realizadas en dicho país. En virtud de ello, quisiera comentar su texto a partir de la experiencia mexicana.

La metáfora que utiliza Berliner para plantear la evaluación de profesores como una encrucijada entre los peligros de Escila y Caribdis me parece fascinante. El autor comienza preguntándose por lo más elemental, que es por qué o para qué evaluar profesores. Es una excelente pregunta de inicio, que se convierte posteriormente en una pregunta de llegada una vez que analiza, con cuidado, los resultados poco alentadores de las evaluaciones que él muestra para el caso de los Estados Unidos en un momento en que las políticas educativas van dando vuelta atrás. En aquel país, antes de ingresar al servicio docente, los profesores han pasado, por lo general, por procesos de formación y filtros que garantizan una buena formación inicial. Dice Berliner que el ejercicio de la docencia, igual que en otras profesiones de servicios, suele realizarse con un fuerte compromiso al ser un trabajo dirigido hacia los otros, es decir, que los aspirantes buscan como satisfacción profesional el servicio que brindan a los demás. Ambos factores hacen que, en realidad, se encuentren muy pocos profesores que puedan ser considerados como malos maestros que pueden dañar en lugar de beneficiar a sus alumnos.

En México las condiciones son diferentes en varios sentidos. A lo largo de la conformación histórica del sistema educativo se han ido construyendo formas de ingreso al servicio docente que no pueden garantizar que la mayor parte de los maestros tenga buenas prácticas docentes. Por un lado, el crecimiento del sistema educativo ha hecho necesario recurrir a personas que no tienen estudios de magisterio para poder cubrir la demanda. Por otra parte, hasta hace poco han operado mecanismos clientelares, corporativos y por herencia para obtener una plaza como profesor de educación básica, con independencia de la calidad de la

* Profesora investigadora del Departamento de Investigaciones Educativas (DIE), Cinvestav-IPN, México.

formación inicial de los aspirantes. El ingreso al servicio estaba reservado a los egresados de las Escuelas Normales, públicas y privadas, y por distintos motivos la calidad de la formación en estas instituciones ha sido muy variable (en el concurso de oposición para ingresar al Servicio Profesional Docente de 2015 se calificó como no idóneo a 49.64% de los postulantes, con variaciones entre 26 y 68% entre los egresados de las Escuelas Normales, pero tomaremos este dato con reserva, pues no estamos examinando si el concurso de oposición está bien elaborado o no).

Por el otro lado, el magisterio, sobre todo a partir de la década de 1980 en que los estudios de la Escuela Normal se elevaron al grado de licenciatura, ha sido una actividad laboral atractiva para sectores sociales poco favorecidos, cuyos procesos de formación no se han dado en las mejores circunstancias. Para muchos de los aspirantes el magisterio no es una actividad elegida, sino una posibilidad de encontrar estabilidad laboral (al obtener una plaza) y de ascender de estatus social; por lo tanto, el servicio a los otros no es una motivación central. Esto es cierto para el creciente número de profesores que han sido contratados por periodos cortos.

En los últimos años, como en el caso de otros países, los malos resultados en las evaluaciones internacionales realizadas a los alumnos se han asociado a una mala calidad educativa que se atribuye, a su vez, a una mala práctica docente; en México se asocia a los sistemas clientelares y corporativistas de ingreso al servicio. En este contexto, la evaluación de profesores, aunque se ha planteado como un instrumento de transparencia con el siempre loable objetivo de retroalimentar a los mismos profesores y mejorar su desempeño, en realidad es una cuña que intenta romper el sistema clientelar y corporativista que ha prevalecido hasta ahora, que ha sido importante en el sistema político si tenemos en cuenta que el Sindicato Nacional de Trabajadores de la Educación (SNTE) es la agrupación gremial más grande de América Latina con más de 1 200 000 agremiados. La evaluación es, desde mi perspectiva, un instrumento político para sustituir este sistema por uno basado, al menos en el plano ideal, en la eficiencia en el mérito para el ingreso y en el mejor desempeño para la promoción y la permanencia. Coincido en la necesidad de sacudir las inercias que trae consigo el sistema educativo por la imbricación de intereses políticos y gremiales, pero difiero respecto a los altos poderes otorgados a esta cuña para elevar la calidad educativa.

El énfasis que han puesto los empresarios, las autoridades educativas y los medios de comunicación entre evaluación y calidad educativa ha estado atravesado por la idea de que la mala calidad educativa está relacionada, *per se,* con el mal desempeño de los profesores. En este contexto, a la pregunta de por qué evaluar el desempeño podría contestarse que en México se evalúa para cambiar las fuerzas políticas que actúan dentro del sistema educativo a partir de la renovación de la planta docente. El hecho de que la evaluación se haya planteado como obligatoria no sólo para quienes ahora ingresan al servicio, sino de manera retroactiva, es decir, para los que ya ejercen la profesión, ha ocasionado una fuerte oposición por parte del magisterio en diversas partes del país, ya que estos últimos se ven afectados en sus derechos laborales. Para los profesores contratados por periodos cortos o interinatos la evaluación puede ser vista como un sistema justo de ingreso y permanencia en el empleo según criterios meritocráticos, pero para los profesores que ya tenían una plaza garantizada la evaluación atenta contra sus derechos laborales. Al oponerse a la evaluación muchos maestros corrieron el riesgo de ser despedidos, mientras que muchos otros han optado por adelantar su jubilación.

El carácter punitivo de la evaluación desvirtúa la intención de que sea un instrumento para mejorar el desempeño de los profesores. Varios de los maestros entrevistados en 2014 por mis alumnas Kenya Camacho, María Elena Gómez Tagle (véase sus tesis de maestría en el DIE, 2016), Sandra Feliciano (en prensa) y por mí misma no temen la evaluación, lo cual no ha de extrañarnos: ellos suelen utilizar la evaluación en sus actividades cotidianas en las aulas y, por lo mismo, son conocedores de los elementos que pueden hacer que una evaluación se convierta en una calificación injusta. Ellos, al pensar en la evaluación planteada por la Ley General del Servicio Profesional Docente (LGSPD), se figuraban un examen único, como los que habían hecho con anterioridad, y temían que les preguntaran fundamentalmente sobre pedagogía, si se buscaba perjudicar a los profesionistas no normalistas, o al revés, que se les preguntara por conocimientos disciplinarios si lo que se buscaba era perjudicar a los normalistas. Es decir, no pensaban en qué es lo que se debe evaluar para reconocer a un buen maestro, sino en cuál es el motivo político o gremial que está detrás del diseño de la evaluación. La posición a la defensiva se manifestaba también en quienes temían que en realidad no se hiciera caso de los resultados de la evaluación y que la asignación de plazas se hiciera por criterios desconocidos pero ahora avalados por exámenes cuyos resultados pueden no ser públicos. Otros apelaban a cuestionamientos más cotidianos y profesionales: ¿qué pasa si el día del examen me siento enferma o me va mal por los nervios? ¿Cómo puede un examen hablar de lo que hacemos los maestros día con día en la escuela?

Aunque la evaluación no se ha realizado con un examen de conocimientos único, este tipo de temores, desafortunadamente, se ha confirmado en estos dos años. Las evaluaciones, como muchos han dicho, separan: califican a unos como los que saben (idóneos, suficientes) y a otros como los que no saben (no idóneos, insuficientes), legitiman el conocimiento y las habilidades de unos y deslegitiman a los otros. El reconocimiento de los buenos maestros me parece necesario en el contexto mexicano. Como Berliner y otros investigadores han señalado, la docencia es una ocupación muy horizontal en la que hay pocas posibilidades de ascenso, y los estímulos económicos se dan más con base en criterios burocráticos (o gremiales o clientelares); además de esto, hay poco reconocimiento a su trabajo.

En México los docentes pueden sentirse orgullosos cuando un chico está aprendiendo y avanzando, cuando algunos ex alumnos se les acercan con cariño y pueden ratificar que han dejado una huella positiva en ellos. Ocasionalmente, reciben agradecimiento de algunos padres de familia o la simpatía de colegas y directores, pero lo cierto es que los maestros, además de la mala imagen social que les han creado los medios, tienen muy pocas fuentes de reconocimiento. Por el contrario, muchas veces la mirada de los colegas es de recelo hacia prácticas innovadoras con los alumnos, más que de intercambio de experiencias y de colaboración, pues no tienen ni tiempo ni espacio para ello, especialmente en la secundaria. Además de las pésimas condiciones en que muchos tienen que trabajar (entre la pobreza, la violencia, la escasez de recursos de las escuelas, el trabajo infantil, la migración, la heterogeneidad del alumnado) lidian con su mala imagen social, la falta de reconocimiento a su labor y, muchas veces, la falta de legitimidad que les pueden otorgar los padres de familia, lo cual repercute en la autoridad moral sobre sus alumnos. Se me ocurre que más que promotora de profesionalización, la evaluación podría servir como fuente de reconocimiento a los buenos profesores y convertirse en un incentivo hacia adentro y en un instrumento legitimador hacia el exterior, pero para ello debería dejar de tener su carácter obligatorio y punitivo. Como lo ha planteado el mismo Instituto Nacional para la Evaluación de la Educación (INEE), realizar la prueba en presencia de fuerzas policiacas no es el mejor de los ambientes para que los resultados de los exámenes estandarizados puedan ser confiables.

¿Y cómo evaluar? Me parecen muy pertinentes los cuestionamientos del doctor Berliner a los exámenes estandarizados en los Estados Unidos, los cuales van mucho más allá de los efectos perversos que tiene el hecho de estudiar para pasar la evaluación, en vez de estudiar para resolver los problemas que se tienen en el aula para que los alumnos tengan experiencias de aprendizaje significativo. Además, ese tipo de estudio requiere la inversión de tiempo y esfuerzo, que resulta más complicado para unos maestros que para otros: por ejemplo, para los de secundaria que se mueven entre varias escuelas y con muchos alumnos, o los que se encuentran en zonas rurales alejadas y que tienen dificultades para utilizar algunos recursos, como internet. Por otra parte, no es válido considerar el aprovechamiento de los alumnos como un criterio para evaluar a los profesores. Es muy difícil saber dónde empieza y dónde termina un aprendizaje, y éste depende de múltiples factores y no sólo del desempeño del docente. Parece prudente alejarse de las cabezas de Escila.

A diferencia de lo que esperaban los docentes entrevistados en 2014, en México la evaluación ha tenido, además del examen de conocimientos pedagógicos y curriculares o disciplinarios, otros dos componentes que ahora buscan acercarse más a los contextos locales: el informe de responsabilidades profesionales hecho por la autoridad de la escuela, ampliado con la identificación del propio maestro de sus fortalezas y espacios de mejora, y la planeación didáctica, implementación y reflexión sobre los resultados de la intervención docente, que son revisados por dos evaluadores, o tres, en caso de ser necesario. Estos dos aspectos, más cercanos pero no sustitutos de la observación de las prácticas, habrán de estar atentos a los remolinos de Caribdis.

Estas dos formas de evaluación no están exentas de efectos perversos. Las planificaciones pueden estar bien hechas y no por ello ser guías reales de las prácticas cotidianas, más guiadas por planeaciones mentales, o menos sistemáticas pero más efectivas a la hora de dar clases. La recopilación de evidencias puede acentuar la necesidad de que en clase los maestros promuevan que los niños obtengan productos de trabajo "correctos" que puedan ser mostrados a las autoridades, en lugar de que sean resultado de procesos de aprendizaje y retroalimentación.

De todas maneras, este tipo de instrumentos difícilmente reflejan el quehacer cotidiano de los maestros, sobre todo uno de sus aspectos más importantes: el trato con los alumnos. Utilizar la observación como método de evaluación es costoso y difícil, requiere el entrenamiento de evaluadores y la generación de criterios que, como muestra Berliner, de todos modos difícilmente dan cuenta del trabajo de los maestros en su conjunto, sin que aparezcan como definitivos problemas en realidad coyunturales que suelen presentarse en las prácticas en el aula. En la observación de las prácticas, al centrarse en los individuos, es difícil comprender los factores socioeconómicos e institucionales que inciden en las prácticas de los docentes. En otras palabras, es imposible deslindar si las prácticas que se pueden valorar como buenas o malas según ciertos criterios básicos previamente elegidos obedecen a la responsabilidad del docente observado o de las condiciones en que trabaja.

Esas dos últimas partes de la evaluación me recuerdan a las formas en que se evaluaba a los aspirantes a profesores normalistas a principios de la década de 1940. Después de un año de prácticas, el inspector escribía un informe sobre sus observaciones. El maestro hacía un informe de sus actividades anuales, que abarcaban muchos aspectos del aprovechamiento de los alumnos. Luego presentaban una tesis muy breve explicando el deber ser de los maestros. Estos documentos eran evaluados por un sínodo que presenciaba una clase del aspirante y escuchaba la exposición de un plan de clase (aunque no se le llamaba así). No era un esquema de evaluación perfecto. A veces los inspectores no podían estar cerca del trabajo de los aspirantes (como directores) o éstos trabajaban bajo las orientaciones de la educación socialista que aprendieron en la Escuela Normal en la década de 1930, mientras el inspector los evaluaba según los criterios de la escuela de la unidad nacional que se implantaron a principios de la década siguiente. A veces los temas de la clase que planeaban y mostraban se repetían, hecho que evidenciaba la reproducción de una lección aprendida en la misma Escuela Normal.

Pese a los problemas, era un esquema cercano a la realidad que vivían los aspirantes día a día en las escuelas y que se perdió cuando se decidió separar en el interior de la Secretaría de Educación Pública (SEP) a la educación normal de la educación primaria. Desde entonces, cada una se fue por su lado, alejándose más y más una de otra, en un sistema educativo centralista cada vez más grande. Las escuelas primarias y secundarias siguen las disposiciones centrales sobre planes de estudio, utilizando los libros de texto obligatorios y gratuitos, muchas veces poco atentos a las particularidades regionales. Por su parte, las Escuelas Normales, cada vez más están guiadas por profesores con muchos estudios pero poca práctica en las escuelas primarias y secundarias, y desligados de la realidad de dichas escuelas (Civera, 2008).

Además de la cercanía al medio específico, el proceso de evaluación era educativo en sí mismo. Todos los participantes conocían de cerca el trabajo del maestro y los problemas de los alumnos y de la región. Los documentos y las acciones de los aspirantes eran revisados y mejorados por los profesores, con una retroalimentación inmediata. No traigo esto a colación como un anacronismo, sino porque concuerdo con Berliner en que no están claros los beneficios de la evaluación en cualquiera de sus versiones, incluso en la basada en la observación o en métodos más locales, por lo que no puedo dejar de preguntarme si la inversión en evaluación no sería más útil si se utilizara en la creación de condiciones de trabajo docente más ricas, en fortalecer la formación inicial y en la generación de estrategias para una formación continua, donde haya cabida para la evaluación, siempre y cuando se trate de una que pueda producir retroalimentación de manera más cercana, más directa e inmediata y que sea también más colectiva.

Figuras como la del asesor técnico-pedagógico con una identidad bien definida, o la del director como guía pedagógico y no como gestor de fondos, resultan fundamentales para procurar ambientes de colaboración entre docentes, abiertos a la innovación y no a la burocratización. En este tipo de cambios la evaluación es muy importante, pero no como calificación con efectos laborales, sino como proceso educativo en sí y como insumo para la mejora del desempeño de la profesión docente, que merece una mayor legitimación y reconocimiento.

BIBLIOGRAFÍA

Camacho, K. R. (28 de febrero de 2017), *Condiciones del trabajo docente y su entrecruce con la vida privada. Tensiones y posibilidades,* tesis de maestría en ciencias con especialidad en investigaciones educativas, DIE-Cinvestav, México.

Civera, Alicia (2008*), La escuela como opción de vida: la formación de maestros normalistas rurales en México, 1921-1945,* México, El Colegio Mexiquense, recuperado de <http://www.cmq.edu.mx/images/stories/libro-e/escuelacomoopcion/escuelacomoopcion.pdf>.

Feliciano, Sandra (en prensa), *Construcción de la identidad de profesores de secundaria sin formación inicial para la docencia,* tesis de maestría en ciencias con especialidad en investigaciones educativas, DIE-Cinvestav, México.

Gómez Tagle, María Elena (2017), *El abandono de la gratuidad en la educación básica: la desigual gestión de recursos para las escuelas públicas,* tesis de maestría en ciencias con especialidad en investigaciones educativas, DIE-Cinvestav, México.

INEE, Instituto Nacional de Evaluación Educativa (2015), *Los docentes en México. Informe 2015,* México, INEE.

Epílogo

TEMAS CLAVE PARA EL PENSAMIENTO Y LA ACCIÓN

RECOMENDACIONES PARA EVALUACIONES SÓLIDAS Y JUSTIFICADAS*

LORIN W. ANDERSON**

Los autores de los trabajos incluidos en este volumen representan a cuatro países: Canadá, México, Sudáfrica y los Estados Unidos. Los capítulos difieren en el tema (sistemas educativos, programas, maestros y estudiantes). Algunos son primordialmente conceptuales, otros son empíricos y algunos otros un poco de los dos. A pesar de estas diferencias, hay varios hilos conductores que los atraviesan. En este capítulo final, estos "hilos conductores" se presentan como un conjunto de seis recomendaciones para la planeación, la ejecución y la interpretación de evaluaciones sólidas y justificadas.

La rica variedad de perspectivas teóricas y metodológicas ofrecidas por los autores tiene la intención de ayudar a aquellos que estén preparando nuevas propuestas de evaluación a situarlas en un marco más amplio y a entender los factores que influyen en el diseño, la implementación y el éxito de las evaluaciones. Muchos de los autores (Anderson, Berliner, Phillips, Schubert y Shavelson) aportan panoramas históricos con la intención de permitir a educadores, evaluadores y hacedores de política aprender de la historia, en lugar de repetir sus errores.

1. SEA CONSCIENTE DE LOS FACTORES POLÍTICOS, SOCIALES, CULTURALES Y ECONÓMICOS QUE AFECTAN EL DISEÑO DE LA EVALUACIÓN, SU EJECUCIÓN Y LA INTERPRETACIÓN DE LOS RESULTADOS

"Las evaluaciones son intervenciones en sí mismas —algunas veces a gran escala y costosas—, y casi siempre, o siempre, ocurren en un contexto social marcado por la discordia" (Phillips).

En el corazón del sustantivo *evaluación* está la palabra raíz *valor*. Schubert nos recuerda que "Todas las opciones tomadas, todas las acciones emprendidas, comprenden valores; por lo tanto, pertenecen a la evaluación. Incluso si no se tienen en cuenta, los valores influyen por defecto, por casualidad o por conveniencia".

* Traducción del inglés de Lídice Rocha Marenco.
** Profesor emérito distinguido de la Universidad de Carolina del Sur. Miembro de la Academia Internacional de la Educación.

En la mayoría de los países del mundo los valores relacionados con la educación no se dejan a la suerte o la conveniencia. Más bien se aprueban leyes y se promulgan regulaciones que, en esencia, hacen explícitos estos valores. ¿Cuáles son los principales propósitos de la educación? ¿Qué deberían aprender los estudiantes? ¿Cómo deberían organizarse las escuelas? ¿Qué materiales deberían incluirse (o excluirse) del currículo explícito? ¿Qué cualidades y formación deberían tener los maestros? ¿Cómo deberían ser valorados y evaluados los estudiantes? Puesto que estas cuestiones son, de hecho, valorativas, no debería sorprender que no todo el mundo llegue a las mismas respuestas.

Aquí es donde aparece la política en la imagen. Política se define según el diccionario como "las actividades asociadas con el gobierno de un país u otra área, especialmente el debate o conflicto entre individuos o partidos que tienen o esperan llegar al poder". En el campo educativo, los factores políticos están implicados en el diseño, la selección y la fundamentación de políticas, proyectos, planes, programas y evaluaciones. Como dice Shavelson: "la política importa muchísimo. ¡Ignora las políticas bajo tu propio riesgo!" Para complicar las cosas aún más, las respuestas dadas a estas preguntas seguramente cambiarán, con frecuencia de manera drástica, cuando algunos funcionarios electos o designados (o administraciones completas) sean remplazados. El trabajo de María de Ibarrola es un excelente y comprehensivo estudio de caso acerca del efecto que han tenido los valores en conflicto sobre la Reforma Educativa y la evaluación docente en México.

Al voltear hacia factores sociales, Ercikan, Asil y Grover nos recuerdan la importancia de la llamada "brecha digital". La definen como la "desigualdad social entre individuos respecto a: 1) el acceso a las TIC, 2) la frecuencia de uso de la tecnología y 3) la aptitud para usar las TIC para distintos fines". Esta brecha se ha vuelto cada vez más importante dado que estados, regiones y naciones intentan realizar evaluaciones de estudiantes de manera electrónica. Otros factores sociales importantes que mencionan los autores a lo largo de los capítulos son el género y el estatus socioeconómico (ESE). Comparaciones internacionales dejan claro que hay grandes diferencias de ESE tanto dentro de los países y sus regiones, como entre países y regiones.

Tomando un préstamo de los campos de la antropología y la sociología, una cultura consiste en creencias, valores, comportamientos, tradiciones y costumbres que se comparten y aceptan entre personas de una sociedad en particular y que se transmiten de una generación a la siguiente. Casi en cada país hay una cultura dominante, que puede identificarse al leer con detenimiento sus libros de texto de historia. Estos libros de texto contienen lo que Schubert refiere como "narrativa dominante". Dentro de la cultura dominante, prácticamente todos los países tienen subculturas, es decir, los comportamientos y las creencias característicos de un grupo social, étnico o de edad particular. Schubert describe múltiples subculturas que han sido marginadas y, frecuentemente, oprimidas en muchos países (por ejemplo, poblaciones indígenas, mujeres, minorías raciales).

Schubert sugiere que la presencia de estas culturas desafía "al campo de la educación con preguntas sobre la diversidad, relacionadas con raza, clase social, género, etnicidad, sexualidad, (dis)capacidad, lengua, cultura, tradición, lugar, etc., tales como: ¿qué voces deben escucharse?, ¿de quiénes son los valores que deben ser la base de la evaluación del currículo?, ¿quiénes se benefician y a quiénes dañan las prácticas del pasado y las actuales?" En respuesta a estas preguntas, Schmelkes describe los esfuerzos hechos en el Instituto Nacional para la Evaluación de la Educación (INEE) en México para crear un enfoque intercultural a la evaluación de la educación.

Aunque no se toca el tema de manera explícita en otros capítulos, en varios se tratan los factores económicos de manera implícita. Éstos incluyen una variedad de recursos (financieros, humanos, materiales) que pueden ser movilizados conforme se necesiten. Phillips cuenta una historia de Lee Cronbach cuando les pregunta a los miembros de un equipo de evaluadores si, después del gasto de grandes cantidades de dinero, era probable que el programa se cancelara. Su respuesta fue "¡No!" Es decir, sin importar los resultados de la evaluación, el programa muy probablemente continuaría. Como contraste interesante, Shavelson señala que, a pesar de los resultados de la evaluación que confirmaban los beneficios de clases reducidas en alumnos para niños pequeños, la legislatura estatal decidió *no* reducir el tamaño de éstas en el ámbito estatal por los costos que esto implicaba. Berliner argumenta que una de las principales razones para incluir los resultados de logro educativo de los estudiantes como parte de la evaluación docente es que no representan un costo adicional, pues ya se tienen disponibles y son de fácil acceso. Aunque uno de los elementos clave de la reforma en materia de evaluación docente en México fue tener un sistema de asesores técnico-pedagógicos cerca de cada escuela, éste no se ha puesto en marcha todavía, en gran medida por el tremendo costo que representa y la falta de recursos humanos.

Al hablar de evaluaciones educativas, uno haría bien en preguntar las siguientes cuestiones:

a) ¿Quiénes detentan el poder? ¿Cuáles son y dónde se encuentran los posibles conflictos políticos?

b) ¿Qué factores sociales y culturales deberían tomarse en consideración cuando se planea una evaluación?

c) ¿Cuáles son los componentes clave de un plan de evaluación y cómo y cuándo debe implementarse cada componente?

d) ¿Cuál es la escala del impacto esperado de la evaluación (nacional, regional, local)? Si varios niveles de gobierno están participando, ¿se puede recolectar la información y analizarla de manera que se desagreguen los distintos niveles?

e) ¿Cuáles son los factores de costo de la evaluación en sí misma y de los recursos necesarios para darle seguimiento a la evaluación? ¿Hay suficientes recursos disponibles para generar una evaluación útil y de alta calidad? En el caso de la evaluación formativa (véase abajo), ¿hay suficientes recursos financieros y humanos disponibles para hacer y mantener los cambios sugeridos por los resultados de evaluación?

2. Conozca y entienda a los grupos de actores comprometidos
en la evaluación o que son afectados por ésta, haciendo un esfuerzo
por asegurar que tienen una voz en el diseño de la evaluación, mientras
al mismo tiempo reconoce quiénes son los que finalmente
tomarán la decisión

"A lo largo de las décadas muchos de los reportes de evaluación se han ignorado o pasado por alto porque se concentraron en un tema o una función que no correspondía con el interés de los actores participantes; es decir, se recolectó información que no fue relevante para la toma de decisiones reales que los decisores estaban interesados en hacer" (Phillips).

La expresión "grupos de interés"* normalmente se refiere a un individuo o grupo que está comprometido con el bienestar y el éxito de una organización, en particular con los programas y el personal dentro de dicha organización. En educación, los grupos de interés tienen un "interés" en el sistema educativo, lo que quiere decir que tienen una preocupación personal, profesional, cívica o financiera. Estos grupos pueden incluir a administradores, maestros, estudiantes, padres de familia, hacedores de políticas (incluyendo a los miembros directivos escolares y a los funcionarios electos o designados de diferentes niveles), líderes comunitarios o agencias, miembros de grupos defensores, consultores técnicos y miembros de los medios de comunicación. En algunas situaciones es probable que algunos grupos sean influidos de manera importante por las decisiones evaluativas (constantemente de manera negativa), pero que no sean considerados como grupos de interés, ni por ellos mismos ni por otros grupos. De ser posible, los evaluadores deberían buscarlos en un esfuerzo por asegurar que *todos* los

* En el capítulo escrito por el doctor Phillips, se tradujo el término de *stakeholders* como "actores comprometidos", pero en este capítulo el doctor Anderson hace más bien una referencia a grupos de interés. [T.]

grupos de interés relevantes estén incluidos en el proceso de evaluación. (En su capítulo, De Ibarrola utiliza "actores" en lugar de "grupos de interés", pero para propósitos prácticos los conceptos son bastante similares.)

La importancia de algunos grupos de interés en particular depende en gran medida de qué y a quién se está evaluando. Por ejemplo, los padres de familia son un grupo de interés muy importante cuando se está evaluando a estudiantes, según Anderson. De manera similar, probablemente los funcionarios públicos serán un grupo de interés más importante cuando se necesiten recursos para un nuevo programa, pero menos relevantes cuando las modificaciones requieran poco o ningún costo adicional para los programas existentes.

Los maestros son un grupo de interés en extremo importante en muchos casos y por muchas razones. Por un lado, ellos son los únicos responsables de calificar a los estudiantes (Anderson). Por el otro, su resistencia a una política o programa puede reducir las probabilidades de éxito de un programa o política (De Ibarrola). En muchas ocasiones, sin embargo, los maestros se perciben como objeto de evaluación (Berliner), en lugar de como participantes activos en el proceso de evaluación. En este sentido, Schmelkes provee un excelente ejemplo de la forma en que los maestros interculturales pueden convertirse en grupos de interés importantes en la planeación y la implementación de su propia evaluación.

El lector notará que esta segunda recomendación contiene dos verbos: conozca y entienda. Estos verbos pueden traducirse en dos preguntas: ¿quiénes son los grupos de interés (conozca)? ¿Cuáles son sus intereses y preocupaciones (entienda)? Ambas deberían contestarse lo más pronto posible dentro del proceso de evaluación. Una vez que han sido respondidas, representantes apropiados de los grupos de interés deben involucrarse en la evaluación desde el inicio. El capítulo de De Ibarrola es una lección básica sobre las consecuencias de no hacerlo. Ella da a entender que la posibilidad de un malentendido entre grupos de interés es una cuestión no sólo de los intereses particulares de los involucrados, sino que puede haber antecedentes históricos profundos. Schubert nos recuerda que muchos de estos grupos pueden tener orientaciones curriculares distintas, algunas de las cuales pueden ser implícitas y, por lo tanto, difíciles de identificar.

Por último, los grupos de interés, aunque de importancia crítica para el éxito de una evaluación, no son necesariamente las personas que tomarán las decisiones de evaluación. El tema de quién *debería* tomar estas decisiones ha sido debatido por lo menos durante medio siglo y es descrito en gran detalle por Phillips. Algunos sostienen que aquellos responsables del diseño, la aplicación y la supervisión de una evaluación deberían ser los que tomen la decisión final. La racionalidad detrás de esto es que ellos conocen más que nadie los pormenores del proceso de evaluación y sus resultados. Otros argumentan que las decisiones deberían tomarlas aquellos que tienen la *autoridad* para hacerlo dentro del contexto organizacional donde se desarrolla la evaluación. Es decir, se espera, e incluso se fomenta, que quienes planean y realizan la evaluación hagan recomendaciones, pero al final las decisiones se toman por personas en posiciones de autoridad.

La responsabilidad de diseñar instrumentos de recolección de datos, la recolección y el análisis de éstos y la presentación de resultados se está entregando, cada vez más, a un grupo de personas pertenecientes a una institución de educación superior (por ejemplo, al Centro de Evaluación Educativa de la Universidad de California), a dependencias gubernamentales o públicas autónomas (como el INEE en México) y a organizaciones internacionales —como la Asociación Internacional de Evaluación de Logro Educativo (IEA) o la Organización para la Cooperación y el Desarrollo Económicos (OCDE)—. Cuando éste es el caso, tiene más sentido para estos grupos funcionar desde sus capacidades de asesores, que como tomadores de decisiones.

El tomador (o los tomadores) de decisiones debe darse a conocer a todos los participantes. Una vez identificados, la relación entre los tomadores de decisiones y los responsables de desarrollar y ejecutar la evaluación, así como los representantes de los grupos de interés relevantes, debe dejarse clara y hacerse explícita. Para facilitar una comunicación interactiva y regular, los grupos asesores que se reúnen regularmente a lo largo del proceso de evaluación son con frecuencia muy útiles.

Finalmente, la construcción de consensos entre grupos de interés debe tomar en consideración las consecuencias de la evaluación. ¿Los resultados de la evaluación afectarán el futuro de los estudiantes (Anderson), el empleo de maestros (Berliner) o necesitará modificaciones a la legislatura o a programas de educación (De Ibarrola; Shavelson)? Una comprensión común de las consecuencias desde el inicio del proceso probablemente conducirá a una discusión de los resultados más productiva y menos polémica.

3. Asegúrese de que los propósitos de la evaluación son explícitos y claros

> Estas evaluaciones pueden ayudar a diseñar el desarrollo del personal, informar a instituciones de preparación docente respecto a algunos déficits que posean [...] pueden ayudar a los directores de planteles, a los jefes de personal, a los superintendentes, o a los consejos escolares, a tomar decisiones sobre los empleados
>
> Berliner

Históricamente, hay dos propósitos generales (o funciones) de la evaluación: sumativo y formativo. Aunque se ha escrito mucho sobre cada uno de estos propósitos y sus diferencias, el ejemplo provisto por Bob Sake (citado por Phillips) capta la distinción muy bien. "Cuando el cocinero prueba la sopa, se trata de evaluación formativa; cuando el cliente prueba la sopa, se trata de evaluación sumativa." En la cita de Berliner *(supra)*, usar la evaluación docente para diseñar el desarrollo profesional e informar a las instituciones de formación docente cuáles son sus déficits son ejemplos de evaluación formativa. Usar las evaluaciones para ayudar a tomar decisiones sobre el personal (por ejemplo, mantener el empleo, incrementos salariales y otorgamiento de antigüedad) es un ejemplo de evaluación sumativa. Como conjunto, los capítulos proveen conocimiento sobre muchas de las funciones que puede tener la evaluación: evaluación de resultados educativos consistentes con varias orientaciones curriculares (Schubert), evaluación de estudiantes para motivarlos o para mejorar la enseñanza que reciben (Anderson), evaluación de programas educativos para describir qué está pasando o para hacer inferencias causales (Shavelson), evaluación del logro educativo con el objetivo de mejorar el sistema nacional de educación (Van der Berg).

Existe un consenso entre los autores de los capítulos sobre enfatizar la evaluación formativa. Ésta tiene mayores probabilidades de ofrecer oportunidades de identificar "efectos no esperados" (es decir, lo que realmente sucedió en lugar de lo que debió haber sucedido) (Phillips). Mientras que la evaluación sumativa se concentra casi exclusivamente en el currículo intencional (es decir, el que está descrito en los programas de estudio o en las listas de los estándares académicos), la evaluación formativa permite al evaluador recolectar información acerca del currículo oculto, del currículo experimentado, del currículo externo y del currículo anulado (Schubert). Shavelson argumenta que la evaluación formativa es necesaria para asegurar que un programa está en "condiciones operativas consistentes" antes de examinar los efectos (causales) de un programa (evaluación sumativa). Finalmente, Schubert sugiere que la evaluación formativa, cuando se realiza apropiadamente, puede "[hacer] avanzar el proceso educativo" al redireccionar el énfasis, antes de que se haga demasiado daño al continuar con la implementación de un programa que parece valioso en lo abstracto, pero que es inefectivo o dañino en la práctica.

Independientemente del propósito (o propósitos) declarado de la evaluación, uno debería estar consciente de los motivos subyacentes en ésta. "Motivo" se define en el diccionario como "la razón para hacer algo, *especialmente uno que está escondido o no es obvio*". Considere, por ejemplo, un programa de evaluación docente que pretende ayudar con decisiones relacionadas con el personal (véase *supra*). Dentro de este propósito general, el foco puede estar en identificar y premiar a los *mejores* maestros o identificar y eliminar a los *peores* docentes. Berliner sugiere que el motivo que subyace en una gran parte de la evaluación docente en los Estados Unidos es "eliminar a los 'malos' maestros". En el contexto mexicano, aunque uno de los propósitos declarados de los esfuerzos de la Reforma Educativa fue la "profesionalización de los maestros y funcionarios", uno de los principales motivos del gobierno fue "recuperar el control (federal) de la educación nacional" de las manos del Sindicato Nacional de Trabajadores de la Educación (De Ibarrola; Shavelson).

Uno de los potenciales inconvenientes de la evaluación formativa es que los costos asociados a la implementación de las mejoras necesarias con base en los resultados de la evaluación suelen ser bastante altos. Por ejemplo, un estudio realizado por el Proyecto Maestros Noveles en los Estados Unidos, durante 2015, estimó que el costo del desarrollo profesional docente, una estrategia que comúnmente se recomienda para los maestros que resultan no idóneos en los resultados de sus evaluaciones, era aproximadamente de 18 000 dólares por maestro. Al mismo tiempo, sin embargo, el hecho de sólo señalar los problemas y las deficiencias sin intentar solucionarlos disminuye la utilidad de la evaluación, y así la convierte en un ejercicio más que en una actividad con sentido. Sin la distribución de recursos financieros suficientes no debería sorprendernos, entonces, que pocos, o ninguno, de los requerimientos legales que conciernen a los programas de formación específicos y al sistema de asesores técnico-pedagógicos en México se implementen exitosamente, si es que se implementaron.

4. Comprenda quién y qué se evaluará, permitiendo la evaluación
de algunos temas que surjan durante el proceso,
cuando esto sea posible

> Como señaló Bertrand Russell hace mucho tiempo, el esfuerzo por crear una buena educación está intrincadamente relacionado con la búsqueda de una buena vida. Aceptar la importancia de la noción de una buena educación, y la educación para una buena vida como algo básico es sólo el principio. Los evaluadores también tienen que enfrentarse a los significados alternativos de una buena educación y una buena vida.
>
> Schubert

Si se está evaluando un programa que se propone mejorar la competencia lectora, ¿debemos obtener información sólo de los alumnos (por ejemplo, con resultados de pruebas y exámenes) o debemos incluir en nuestro diseño de evaluación a otros actores (maestros de lectura, de otras materias, padres de familia)? Si evaluamos a maestros, ¿debemos evaluarlos a todos, sólo a los principiantes, sólo a aquellos que imparten materias académicas o sólo a los maestros de educación especial? De la misma manera, ¿la participación del docente debe ser obligatoria o voluntaria? (De Ibarrola). Si estamos evaluando la efectividad relativa de los sistemas de educación en varios países, ¿debemos incluir a todos los estudiantes, a aquellos que están en alguna edad particular o en algún grado específico, o sólo a los alumnos que hayan sido evaluados? (Van der Berg). Entonces, lo primero que debe hacerse es decidir específicamente quién será evaluado (o no) y cómo esta decisión puede limitar o expandir las recomendaciones que se puedan hacer al final del estudio.

Si vamos a evaluar un programa diseñado para mejorar las competencias lectoras, ¿debemos recolectar información sobre la fluidez de la lectura en voz alta, del vocabulario, de la comprensión de textos, la capacidad de hacer inferencias sobre el material de lectura, el interés por ésta o de la confianza como lector? Si vamos a evaluar a maestros, ¿debemos incluir medidas de la competencia docente, de su desempeño o eficacia? La *competencia* es lo que el maestro sabe y puede hacer, el *desempeño* es lo que en efecto hace el maestro y la *eficacia* es el impacto que tiene sobre los estudiantes conocer y hacer. Si vamos a evaluar la eficacia relativa del sistema educativo en varios países, ¿debemos incluir en las pruebas ítems centrados en la memorización de hechos, en la aplicación de habilidades o en la capacidad para solucionar problemas? Si se evalúa la aplicación de habilidades, ¿debemos hacer una muestra de todas las habilidades o sólo de las que los currículos de todos los países tienen en común? Todas estas preguntas pertenecen al "qué" de la evaluación.

¿Por qué es importante especificar claramente el "qué" de la evaluación? Considere la información presentada por Berliner. Por un lado, él inicia describiendo la complejidad del acto de enseñar y la falta de sensibilidad de muchos de los instrumentos utilizados en la evaluación docente. Después pone en evidencia la baja correlación entre las medidas de valor agregado (aquellas basadas en las mejorías de los resultados en las evaluaciones de alumnos) y los datos de observación (con base en visitas a aulas). Si éstas son dos medidas de las mismas variables de enseñanza, entonces no es de esperarse una correlación tan baja entre ellas. Por otro lado, puede ser que se estén midiendo dos variables de enseñanza diferentes. Las medidas de valor agregado tienen como propósito medir la *eficacia* del maestro, mientras que los datos de observación pretenden medir su *desempeño*. Si éste es el caso, la baja correlación sugiere que los docentes que se "desempeñan" de mejor manera no necesariamente son más efectivos que aquellos que tienen un menor desempeño.

Antes de seguir con la siguiente recomendación, vale la pena hacer un comentario sobre la oración que aparece después de la coma en esta recomendación. Las evaluaciones toman tiempo, con información recolectada en varios momentos durante ese intervalo de tiempo. Con base en la evidencia recolectada durante ese periodo, las preguntas guía pueden necesitar ajustes, o los procesos de evaluación (incluyendo los instrumentos de recolección de datos) pueden necesitar modificaciones (De Ibarrola). Como ejemplo específico, suponga que al inicio de una evaluación se hace evidente que el protocolo de entrevista preparado para los padres de familia y líderes de la comunidad está haciendo las preguntas equivocadas o preguntando cosas de manera incorrecta. ¿Debería modificarse el protocolo de entrevista para incrementar la calidad de las respuestas? En los primeros años del programa de evaluación la respuesta probablemente hubiera sido "No". Uno de los elementos distintivos de la calidad de estas evaluaciones iniciales fue algo llamado "fidelidad de la implementación". Es decir, el grado en que el programa se implementó conforme fue diseñado. Con un énfasis en la "fidelidad de la implementación" se pensaba poco prudente, en general, hacer cambios grandes al plan de evaluación original. De manera creciente, sin embargo, estas modificaciones se han percibido no sólo como útiles, sino también necesarias para asegurar la máxima calidad posible de la información. El lado negativo es que estos cambios dificultan, si no es que imposibilitan, la comparación de datos obtenidos en diferentes momentos. No obstante, ¿cuál es el beneficio de comparar información de validez o utilidad cuestionable? Esta pregunta nos introduce apropiadamente a la quinta recomendación.

5. Asegúrese de que la información recolectada como parte del proceso de evaluación es de la mejor calidad técnica posible

> Lo que se mide y cómo se mide impacta, de manera significativa, [en] lo que se descubre; si cambiamos la medición, es posible que cambien los hallazgos [... Al mismo tiempo, sin embargo] los métodos de evaluación no deben impulsar la evaluación. Más bien, las preguntas que dan lugar a la evaluación deben definir el diseño y la realización de la misma.
>
> Shavelson

Los autores de los capítulos ofrecen varias recomendaciones para incrementar la probabilidad de que los datos recolectados (también referidos como información o evidencia) durante la evaluación sean de suficiente calidad técnica; es decir, que sean lo suficientemente válidos, confiables y útiles.

Primero, Shavelson sugiere que las decisiones acerca de los instrumentos de recolección de datos deben hacerse *después* de que hayan sido formuladas y convenidas las preguntas de evaluación: "Deben alinearse la confiabilidad, la validez y la utilidad para lograr el propósito previsto de la medición". Muy frecuentemente (como en el caso del uso de los resultados de evaluación de estudiantes para la evaluación docente), los instrumentos se eligen simplemente porque ya están disponibles. Empezar con las preguntas derivadas de la evaluación como fueron conceptualizadas y diseñadas aumenta la probabilidad de que se seleccionen o desarrollen instrumentos y medidas apropiadas y relevantes.

Segundo, Shavelson sugiere el uso de métodos mixtos de recolección de datos cuando sea posible. Algunos ejemplos de métodos disponibles incluyen la observación (tanto participante como estructurada), entrevistas abiertas, encuestas estructuradas, análisis de documentos o pruebas estandarizadas. Cuando se utilizan métodos mixtos, es posible examinar las relaciones entre los datos recolectados para determinar el grado en que éstos son consistentes entre los métodos. La consistencia, cuando existe, le da al evaluador mayor confianza en los datos. Cuando hay inconsistencia evidente (como en el caso de los datos de la evaluación docente que tiene Berliner), los evaluadores deben buscar explicaciones sobre la inconsistencia. De cualquier forma, el uso de métodos mixtos permite una comprensión más integral de los fenómenos investigados; esta comprensión profunda, en cambio, probablemente resulte en juicios más informados y justificables.

Tercero, es una buena práctica verificar los instrumentos de recolección de datos y métodos antes de usarlos en la evaluación. Esta revisión puede incluir un piloteo relativamente barato o reunir un panel de jueces que examine los instrumentos y métodos a detalle. Si se utiliza un panel, éste debería incluir representantes de diferentes grupos de actores comprometidos. Si se van a usar los resultados de evaluación de estudiantes para la evaluación docente, entonces debe examinarse el grado de sensibilidad de los reactivos de esa evaluación a las variaciones en la calidad (Berliner). Hacer que se critiquen los instrumentos de recolección de datos y los métodos una vez que ha terminado la evaluación genera preguntas acerca de la credibilidad de los resultados de la evaluación en su conjunto y, muy probablemente, requiera una revisión cuidadosa de todo el proceso de evaluación (Ibarrola).

Cuarto, la unidad de análisis o unidad de agregación puede, y frecuentemente lo hace, repercutir en los estimados de calidad técnica. Como ejemplo, Anderson encontró que, a pesar de que la confiabilidad de las calificaciones asignadas a los estudiantes en una tarea sea bastante baja, ésta, con base en un conjunto de tareas acumulativas, es razonablemente alta. De manera similar, Berliner muestra que, aunque una o dos observaciones al maestro tienen pocas probabilidades de producir información confiable, la información de ocho a 10

observaciones puede producir un nivel de confiabilidad suficiente para sustentar evaluaciones buenas y razonables.

Finalmente, Van der Berg sugiere que las principales críticas a los estudios
de evaluación corresponden a los métodos de recolección de datos. Específicamente, las críticas se concentran en:

1) La validez y confiabilidad de pruebas estandarizadas.
2) La dependencia de medidas cuantitativas.
3) El énfasis puesto únicamente en aspectos medibles de la educación.

6. Asegúrese de que los resultados de la evaluación se interpreten correctamente y que son comprendidos por los actores comprometidos y los tomadores de decisiones

> La existencia de una brecha digital [...] señala posibles brechas
> crecientes en el rendimiento en las evaluaciones, lo cual tal vez
> no sea un reflejo real de las diferencias entre grupos en cuanto a
> conocimientos, habilidades y competencias.
>
> Ercikan, Asil y Grover

Dicho de manera un poco diferente, Ercikan y sus colegas están sugiriendo que,
si existen diferencias entre estudiantes en términos del acceso, la frecuencia de
uso y capacidad para usar las tecnologías de la información y comunicación
(TIC), y si las pruebas estandarizadas de logro se aplican haciendo uso de estas
tecnologías, entonces la *interpretación* acerca de que los estudiantes difieren en su
nivel de desempeño actual o "real" puede no ser válida.

En evaluación, las más válidas, por lo general, se hacen cuando los datos están desagregados de tal manera que las comparaciones entre grupos y subgru-
pos relevantes pueden ser examinadas. Van der Berg ilustra este punto muy bien
con un ejemplo de los datos del Programa para la Evaluación Internacional de
Alumnos (PISA) 2012. Para ser evaluados, los estudiantes debían tener 15 años y
estar en séptimo grado, por lo menos. Vale la pena notar que las diferencias entre los países participantes del porcentaje de estudiantes de 15 años que no habían alcanzado por lo menos séptimo grado son bastante altas (hasta de 50%).
Como señala Van der Berg, sin embargo, "la hipótesis implícita en estos cálculos
es que esos jóvenes [de 15 años] que no han alcanzado por lo menos el séptimo
grado [...] no han logrado habilidades básicas en aritmética". Este supuesto impacta en gran medida la interpretación sobre los resultados de los estudiantes en
el nivel nacional. Por ejemplo, cuando los jóvenes de 15 años que no han alcan-

zado séptimo grado se asignan a una categoría de "debajo de las competencias numéricas básicas", el desempeño de los estudiantes en Vietnam que alcanzaron "competencia básica" fue clasificado muy por debajo del promedio internacional. Sin embargo, más de 40% de los alumnos de 15 años vietnamitas no ha llegado a séptimo grado. Si se excluye a estos estudiantes del análisis, en lugar de incluirlos en el grupo "debajo de la competencia numérica básica", su desempeño se clasifica en el cuartil más alto de la distribución de países. Basado en este análisis (así como en otros de ese capítulo), Van der Berg concluye: "las evaluaciones contribuyen más a nuestra comprensión de los déficit educativos en países en desarrollo cuando se combinan con datos sobre el acceso o la cobertura". Shavelson y Ercikan, Asil y Grover argumentan en favor de la importancia de desagregar los datos de estudiantes en variables como desempeño previo, estatus socioeconómico (ESE) y género. De manera similar, desagregar los datos de docentes por experiencia, nivel educativo y género puede llevarnos a una interpretación más apropiada.

La segunda parte de esta recomendación hace hincapié en la importancia de asegurarse de que los actores comprometidos y los tomadores de decisiones entienden los datos como fueron interpretados. Anderson sugiere que los educadores, particularmente aquellos comprometidos en recolectar y diseminar los resultados de las evaluaciones (específicamente las calificaciones de estudiantes), deben "encontrar formas de comunicar las calificaciones de manera que se cumpla con las necesidades de información de una diversidad de públicos". Después agrega: "Más que suponer que comprenden las necesidades de información de diversos públicos, los educadores harían bien con preguntarles". Con base en la experiencia colectiva de los autores de los trabajos que aquí se presentan, qué y cómo se reportan los resultados de las evaluaciones a los padres de familia, funcionarios electos y medios de comunicación, debe ser muy diferente si han de ser comunicados de manera eficaz. Los padres de familia están interesados en sus hijos o su escuela, no en los niños y escuelas en general. Los funcionarios electos quieren que se les presente la información de la forma más breve posible y en viñetas. Los medios de comunicación prefieren la que se pueda citar. Cómo satisfacer estas necesidades mientras al mismo tiempo se mantienen interpretaciones razonables y justificables de los datos es un desafío al que prácticamente todo evaluador se enfrenta.

CONCLUSIONES

Los capítulos en este volumen tienen la intención de ayudar a aquellos interesados o comprometidos en la evaluación de la educación a aprender de nuestros éxitos y fracasos colectivos. Las recomendaciones incluidas en este capítulo deben verse como guías para usarse durante el diseño, la ejecución y la interpretación de evaluaciones educativas.

Thomas Alva Edison dijo que la genialidad es 1% de inspiración y 99% de transpiración. Un comentario parecido puede decirse acerca de la evaluación de la educación (quizás con porcentajes levemente diferentes). Un buen diseño requiere inspiración… conocimiento, creatividad y astucia. La ejecución, sin embargo, es un proceso meticuloso que requiere atención a los detalles, encontrar encuestados conocedores, identificar y corregir errores, integrar y analizar datos, asegurarse de una correcta interpretación de los resultados y trabajar para que los resultados sean comunicados en formas que faciliten su comprensión y, cuando sea posible, que mejoren la práctica.

Puesto que las evaluaciones consumen tiempo, son exigentes y en ocasiones pueden ser tediosas, uno puede preguntarse si el esfuerzo de evaluar vale el tiempo, el trabajo y el gasto de recursos. Para responder a esta pregunta, citamos a Van der Berg: "La aplicación eficiente y dirigida de recursos y políticas no puede darse, sin embargo, en un vacío de información: requieren datos sobre el desempeño del sistema, las desigualdades, el progreso y el estancamiento, que sólo pueden obtenerse por medio de procesos de recolección y de interpretación de datos de amplio espectro".

LECCIONES PARA MÉXICO Y AMÉRICA LATINA*

Felipe Martínez Rizo**

Los coordinadores de esta obra me pidieron escribir un texto en el que sacara lecciones de su valioso contenido para los evaluadores educativos de México y América Latina. Para hacerlo, y dado que ellos prepararon también un resumen de las principales aportaciones de los capítulos previos, que aparece antes de esta conclusión, en lo que sigue no intentaré dar cuenta del conjunto de las reflexiones de un grupo tan experimentado como el que forman los autores de los diversos capítulos, sino que centraré la atención en dos puntos relacionados entre sí: el relativo al enfoque metodológico adecuado para las evaluaciones y la forma de tomar decisiones con base en los resultados. El texto de María de Ibarrola evidencia que estos puntos están en el centro de las enconadas polémicas que hoy enfrentan a distintos actores en México, y mi percepción de los capítulos de la obra me hace pensar que, en efecto, los evaluadores de nuestros países se podrán beneficiar mucho con su lectura.

Las cuestiones metodológicas

El capítulo escrito por Shavelson se refiere en especial a estos aspectos, y señala que uno de los temas críticos que deben enfrentar los evaluadores educativos mexicanos es si deberían privilegiar la información *estandarizada o contextualizada*. El autor precisa que la primera se concibe también como sumativa y cuantitativa, en tanto que la segunda se suele considerar formativa y cualitativa. La recomendación sobre este punto a la que llega el autor del capítulo se resume en una frase: *¡Cuidado con las falsas dicotomías!*

Para quien está familiarizado con temas metodológicos, la polémica que, durante demasiado tiempo, ha enfrentado a partidarios de enfoques cuantitativos y cualitativos debería ser ya sólo un recuerdo. Un texto clave para entenderlo así es el informe de un comité que organizó la National Academy of Sciences estadunidense, gracias al National Research Council, para clarificar qué entender

---

* Este texto aprovecha elementos de un artículo del autor (Martínez Rizo, en prensa).

** Profesor (jubilado) de la Universidad Autónoma de Aguascalientes. Primer director general del Instituto Nacional para la Evaluación de la Educación (INEE).

por investigación científica rigurosa en el caso de la investigación educativa. Ese grupo, presidido justamente por Shavelson, concluyó que

> nuestra visión de la calidad y el rigor científico se aplican a las dos formas de investigación educativa etiquetadas tradicionalmente como "cuantitativas y cualitativas", así como a las etiquetadas como "básica y aplicada". Históricamente, estas dicotomías han definido líneas de división, "fallas geológicas" dentro y fuera de la academia [...] Los problemas se derivan del carácter excluyente de las preferencias; consideramos que las dos dicotomías ni están bien definidas ni son constructivas [...] Es usual ver que los métodos cuantitativos y cualitativos se describen como si fueran modos de indagación fundamentalmente diferentes, e incluso como si fueran paradigmas diferentes, que suponen epistemologías distintas. Nosotros pensamos que ese punto de vista está equivocado [Shavelson y Towne, 2002, p. 19].

En su capítulo en esta obra, Shavelson añade que, entre muchas cosas que importan al hacer evaluación educativa, las tres que tienen mayor impacto son las cuestiones políticas, las de medición y las de modelamiento. El autor dice que la oposición de un sector del magisterio mexicano a la evaluación docente es un claro ejemplo de la importancia de los aspectos políticos, y apunta: *si ignoras la política, hazlo por tu cuenta y riesgo*. En cuanto a medición y modelamiento, señala que distintas formas de medir o modelar producen resultados distintos. Al final de su capítulo, el autor dice que el consejo de desconfiar de las falsas dicotomías se sostiene, pero que hay que añadir que el contexto importa, y lo fundamental para orientar la evaluación no deberían ser los métodos, sino las preguntas que se quiere responder.

Un importante texto de Lee Cronbach, cuyas aportaciones para conceptualizar la evaluación y la investigación educativa fueron fundamentales en las décadas de 1960 a 1980, contiene ideas muy parecidas, expresadas ya en momentos en que la polémica *cuanti/cuali* era muy fuerte. En ese texto, Cronbach y colaboradores plantearon 95 tesis sobre evaluación. La tesis 59 decía: "Es prudente que el evaluador no profese lealtad ni a una metodología cuantitativa-científica-sumativa, ni a una cualitativa-naturalista-descriptiva" (Cronbach *et al.*, 1980, p. 7). Al inicio de su libro, precisan que "la misión de la evaluación no es eliminar el carácter falible de la autoridad o reforzar su credibilidad [sino la de] facilitar un proceso democrático plural, aportando luz a los participantes", y añaden que la evaluación tiene un papel vital, pero que las concepciones predominantes al respecto son inadecuadas:

Enamorados de la idea de que las decisiones "correctas" pueden sustituir a los acuerdos políticos, algunos de los que encargan evaluaciones plantean demandas no realistas a los evaluadores [...] Los evaluadores, ansiosos por servir, e incluso por manipular a quienes detentan el poder, pierden de vista lo que deberían hacer. Peor aún: los evaluadores se dejan fascinar por las técnicas [Cronbach *et al.*, 1980, p. 1].

Esta visión de Cronbach sobre el papel de los especialistas y las técnicas en la evaluación se manifestó con especial claridad en una circunstancia relatada por Lee Shulman, precursor de los enfoques de la evaluación docente que hoy se consideran más avanzados; este último autor refiere que, cuando acudió "al Zeus de la psicometría" en busca de la mejor asesoría para cuidar la calidad técnica de instrumentos a desarrollar para la evaluación docente, Cronbach aceptó hacerlo con una advertencia:

Trabajaré en este proyecto con la condición de que ustedes se pregunten primero qué tipo de evaluaciones serán más fieles a la forma en que entienden la enseñanza y el aprendizaje, y es más probable que sean de valor para el campo. Entonces mi tarea será pensar cómo hacer que esas evaluaciones sean viables en términos psicométricos. El día en que yo vea que ustedes corrompen lo que estén haciendo para atender algún principio psicométrico, en ese momento regresaré a mi retiro. No podemos permitir que el rabo metodológico sea el que dirija al perro de la buena práctica pedagógica [Shulman, 2009, p. 240].

Estas ideas deberían hacer reflexionar a muchos evaluadores de nuestra región, atrapados todavía en el falso dilema que supuestamente opone los acercamientos de tipo cuantitativo a los cualitativos, y fascinados con sus respectivas técnicas.

LAS CUESTIONES POLÍTICAS: EL EVALUADOR Y OTROS ACTORES EN LAS DECISIONES

En el capítulo introductorio de esta obra, Dennis Phillips recuerda el planteamiento hecho ya en la década de 1960 por Cronbach y Suppes, que distinguía *investigación pura*, enfocada a establecer, con la mayor solidez posible, la "verdad" de sus conclusiones, de *investigación aplicada*, orientada a su vez a sustentar las decisiones que se deben tomar en ciertos momentos sobre las acciones por emprender en un contexto práctico.

Al final de su capítulo, y en relación con la evaluación de programas como investigación aplicada, Phillips señala que la diferencia respecto a la investigación pura es clara en el plano operativo, en especial porque la primera tiene que dar resultados en plazos improrrogables y cortos, con recursos limitados, en tanto que en la segunda el investigador siempre puede extender los plazos, planteando nuevos proyectos de una misma línea, cuando los resultados del que ha terminado no le parecen concluyentes.

La diferencia de fondo entre los dos tipos de investigación podría ubicarse más bien en lo relativo al papel del evaluador-investigador, que sería claramente distinto en el caso de la investigación orientada a conclusiones y en el que se enfoca a sustentar decisiones. Con plena conciencia de lo anterior, Phillips añade que ya no está convencido, como lo estuvo por mucho tiempo, de que haya una diferencia de fondo entre los dos tipos de investigación, y en particular entre investigación y evaluación.

En este sentido es interesante recordar las ideas que orientaron la forma en que enfocó su tarea el Instituto Nacional para la Evaluación de la Educación (INEE) desde su etapa de organismo no autónomo, las cuales se expresan en la definición adoptada entonces por el instituto y retomada en el artículo 6° de la ley del INEE en su etapa actual: "la evaluación es el juicio de valor que resulta de contrastar el resultado de la medición de una realidad empírica con un parámetro normativo previamente definido" (2006, p. 18). Esta definición puede parecer obvia, pero de ella se desprenden consecuencias importantes, que coinciden con la postura que presenta Phillips en el capítulo introductorio.

Para evaluar algo hay que *medirlo,* lo que en sí mismo implica una investigación que, para ser de buena calidad, deberá satisfacer los criterios aplicables en cualquier trabajo que pretenda ser riguroso, incluyendo que haya clara conciencia de los niveles de medición que se manejan, así como las implicaciones y limitaciones que de ello se derivan.

Pero medir algo no basta para evaluarlo. Para ello es indispensable tener referentes precisos de la situación que debería presentar ese algo para considerarse adecuado. Si no es claro, por ejemplo, lo que deben saber los alumnos sobre ciertos contenidos curriculares, al terminar cierto grado o nivel educativo será imposible saber si su nivel de aprendizaje es el adecuado, aunque se haya medido con mucha precisión lo que saben al respecto. Para llegar al juicio de valor en que consiste centralmente la evaluación, es indispensable tener parámetros con los que se pueda contrastar el resultado de la medición.

El elemento *medición* de la evaluación pertenece al ámbito de lo empírico —de lo que *es,* con todos los matices que haya que hacer en un contexto pospositivista—, y lo que implica medir pertenece al campo de la investigación. Los referentes, en cambio, corresponden al ámbito de lo normativo, del *deber ser;* lo que implican, también con los matices necesarios, se sitúa en el terreno valoral, ético y jurídico-político.

Las opiniones de evaluadores o investigadores tienen un peso específico, superior al de otros actores, en lo que se refiere al elemento *medición* de la evaluación, dada la especificidad de los aspectos técnicos que implica. Pero en lo que atañe a los aspectos normativos, al deber ser, los evaluadores o los investigadores no pueden pretender que sus opiniones tengan más peso que las de los demás actores sociales relacionados con el tema de que se trate, los cuales en una sociedad democrática, y en cuestiones de interés común como las que tienen que ver con las decisiones que afecten al sistema educativo, incluyen a legisladores y altos funcionarios del Ejecutivo, pero también a los maestros, los alumnos o sus padres y a todos los ciudadanos.

En el caso de la evaluación a gran escala del aprendizaje de estudiantes, así como en el caso de la de maestros y directores de escuela, por ejemplo, deberán ser especialistas en evaluación quienes definan los enfoques por utilizar, las características de los instrumentos, las técnicas de análisis de los resultados y otros aspectos técnicos, pero no les corresponderá definir qué deben saber los alumnos o cuál debe ser el desempeño de los docentes. Estos aspectos, los referentes con los que se contrastarán los resultados de las mediciones del aprendizaje, el desempeño docente u otros, atañen a la autoridad educativa —el cliente de las evaluaciones, según Cronbach—, empleando procedimientos que tengan en cuenta a los diversos actores democráticamente, lo que no quiere decir mediante votación a mano alzada en una asamblea.

Por lo anterior, el INEE siempre ha tenido claro que a él le corresponden los aspectos técnicos del elemento medición de la evaluación, pero que, en lo relativo a los aspectos normativos, los referentes con los que se contrastarán los resultados de las mediciones —en concreto, lo que deben saber los alumnos y cómo debe ser el desempeño de los maestros—, la voz cantante debe tenerla la autoridad educativa.

No había dudas respecto a lo anterior en la etapa no autónoma del INEE. En su actual estatus de organismo constitucionalmente autónomo el papel del instituto tampoco incluye la toma de decisiones sobre políticas educativas, pero sí la de formular recomendaciones que las autoridades educativas y los legisladores no deben atender mas sí analizarlas y, en caso de que decidan no atenderlas, justificar por qué decidieron no hacerlo.

Los estudiosos de políticas públicas han advertido la insuficiencia de planteamientos que conciben de manera simple la relación entre evaluador y clientes, como si las decisiones de políticas fueran una cuestión meramente técnica que no tuviera que entrar en consideraciones ideológicas, políticas y éticas, y como si los *técnicos* sólo tuvieran que analizar la mayor o menor eficiencia de unos medios en comparación con otros, prescindiendo de la discusión sobre los fines perseguidos y los valores implicados.

De manera similar a la distinción de Cronbach y Suppes entre investigación pura y aplicada, los especialistas plantean que la función de un analista de políticas es parecida a la de un artesano, y prestan atención al papel de la argumentación y la persuasión en los procesos de deliberación pública que debería implicar la definición de políticas (Maione, 1997).

Esta distinción puede remontarse a los pensadores de la Grecia clásica, que diferenciaban entre varios tipos de conocimiento, para los cuales había términos particulares, como *episteme, doxa, sophía* o *gnosis*. Sin embargo, ninguna de estas palabras designaba el tipo particular de conocimiento que, según los pensadores griegos, se requería para tomar decisiones para la acción, para la *praxis*. Ese conocimiento en especial era designado con un término que parece extraño, *phronesis*, pero que en la traducción latina nos resulta familiar: *prudentia*.

Gadamer, quien sabía bien que el campo de los argumentos convincentes es distinto del de los argumentos lógicamente concluyentes (1977, p. 660) y que "con todas las diferencias que puedan existir entre las ciencias naturales y las del espíritu, la vigencia de la metodología de las ciencias no es discutible" (1977, p. 647), tenía claro que el conocimiento necesario para la toma de decisiones no es el propio de las ciencias, y consideraba que "una de las enseñanzas más importantes que ofrece la historia de la filosofía para este problema actual es el papel que desempeña en la ética y política aristotélica la *praxis* y su saber iluminador y orientador, la astucia o sabiduría práctica que Aristóteles llamó *phronesis*" (Gadamer, 1977, p. 647).

En su momento, la obra de Cronbach y otros autores —entre ellos Phillips— a la que se ha hecho ya referencia, promovía una *reforma* de la evaluación, una *transformación completa* de la manera en que la concebían las ideas predominantes. Por ello comenzaba, *siguiendo el precedente de Lutero*, proponiendo 95 tesis que sintetizan esa visión alternativa. Aunque la obra y las tesis se refieren a la evaluación de programas, como caso típico de investigación aplicada, con diversos matices se pueden aplicar a cualquier tipo de evaluación.

Arriba se citó la tesis 59, sobre los enfoques *cuanti/cuali*. Enseguida se citan algunas más, relativas al papel que los especialistas —evaluadores e investigadores— deben desempeñar en la toma de decisiones, y su relación con las autoridades que encargan una evaluación y con otros actores relevantes, que muchas veces tienen puntos de vista contrastantes.

- La esperanza de que una evaluación dará respuestas inequívocas, lo bastante convincentes para terminar las controversias sobre los méritos de un programa, será sin duda decepcionada (tesis 12).
- Las conclusiones de evaluadores profesionales no pueden sustituir el proceso político (tesis 13).
- La idea del evaluador como superhombre, que hará sencilla toda opción

social y eficiente todo programa, para convertir así la gestión pública en una técnica, es un sueño de opio (tesis 21).

- Una imagen de arreglos plurales representa más fielmente cómo toman forma las políticas y los programas, que la imagen platónica de poder y responsabilidad concentrados (tesis 23).
- La comunidad que conforma las políticas no espera que haya un claro ganador; tiene que actuar ante la incertidumbre, definiendo acciones plausibles, políticamente aceptables (tesis 29).
- Cuando los programas tienen múltiples resultados, posiblemente diferentes, compararlos es, necesariamente, cuestión de juicio. Ninguna técnica para comparar beneficios callará los desacuerdos partidistas (tesis 71).
- Hay necesidad de intercambios más enérgicos que la típica discusión académica y más responsables que los debates entre seguidores de distintas corrientes partidistas (tesis 87) (Cronbach *et al.*, 1980, pp. 2-11; traducción propia).

Entre los evaluadores de México y América Latina se encuentran todavía ideas poco claras sobre el papel que deben desempeñar en la toma de decisiones y su relación con otros actores, en especial con las autoridades educativas. Las ideas que contiene esta obra sobre esos aspectos podrían ayudar a la formación de una visión más adecuada, como la que hace tiempo expresaron autores como Cronbach y otros.

CONSIDERACIONES FINALES

El papel del evaluador en el proceso de definición de políticas será relevante en la medida en que, por una parte, se reconozca la diferencia entre el proceso de investigación y el de toma de decisiones y en que, por otra, el elemento medición de la evaluación se haga con el mayor rigor, con el fin de que sus resultados se difundan señalando con precisión sus alcances y sus inevitables límites.

Las posturas ideológicas, y los valores de los diversos actores sociales, tienen sin duda una influencia definitiva en las preferencias de cada uno sobre ciertas políticas, pero se podrán tomar mejores decisiones y formular mejores políticas si, además de esas posturas y valores, hay un cuerpo sólido de conocimientos sobre los fenómenos por tratar, compartidos por los actores, el cual podrá ser aportado por mediciones de buena calidad.

Más allá de posiciones en favor o en contra de ciertas políticas, puede haber información que incline en un sentido u otro las decisiones correspondientes, aportada por investigaciones sólidas. Sin desconocer el peso de las preferencias ideológicas, la definición de políticas educativas se beneficiará si tiene en cuenta buenas investigaciones sobre los temas de que se trate. Sin duda los factores no racionales influyen tanto y más que los racionales en las decisiones sobre cualquier tema, y la definición de políticas supondrá argumentaciones persuasivas por parte de analistas artesanos, pero a éstos no les vendrá mal tener elementos basados en investigaciones de la mejor calidad posible.

En su capítulo en esta obra Phillips recuerda que, en opinión de Cronbach, el papel del evaluador no es el de hacer los juicios de valor ni tomar decisiones, sino "proporcionar a todos los participantes información relevante para que pudieran comprometerse en este proceso político de toma de decisiones de una manera ilustrada y empoderada".

Otras de las tesis de la obra varias veces citada sintetizan esta forma de entender el sentido de la evaluación y el papel de los evaluadores:

- Los que dan forma a las políticas tienen que tomar decisiones con los ojos abiertos; la tarea del evaluador es dar luz para la decisión, no dictar la decisión (tesis 94).
- En debates sobre programas polémicos, los mentirosos destacan y los números muchas veces mienten (*liars figure and figures often lie*); es responsabilidad del evaluador proteger a sus clientes de ambos tipos de engaño (tesis 7).
- El principal estándar no es la calidad científica; una evaluación debería tratar de ser comprensible, correcta y completa, así como creíble para los partidarios de cualquier lado (tesis 95) (Cronbach *et al.*, 1980, pp. 2-11).

La lección más general e importante que los evaluadores y tomadores de decisiones de los sistemas educativos de México y América Latina podrán sacar de los capítulos de esta obra, nuevamente tomada de las tesis de Cronbach *et al.* (1980, p. 11), es sencillamente que "el evaluador es un educador; su éxito debe juzgarse por lo que otros aprenden" (tesis 93).

BIBLIOGRAFÍA

Cronbach, L. J., *et al.* (1980), *Toward Reform of Program Evaluation*, San Francisco, California, Jossey Bass.
Gadamer, H. G. [1ª ed. en alemán, 1960] (1977), *Verdad y método*, Salamanca, Sígueme.
INEE, Instituto Nacional para la Evaluación de la Educación (2006), *Plan maestro de desarrollo 2007-2014*, México, INEE.
Maione, G. (1997) [1ª ed. en inglés, 1989], *Evidencia, argumentación y persuasión en la formu-*

lación de políticas, México, Fondo de Cultura Económica / Consejo Nacional de Ciencias Políticas y Administración Pública.

Martínez Rizo, F. (en prensa), "Las evaluaciones y su uso para sustentar políticas. El caso de las pruebas PISA y el Informe McKinsey", *Reformas y Políticas Educativas,* 3.

Shavelson, R. J., y L. Towne (eds.) (2002), *Scientific Research in Education,* Washington D. C., National Research Council, National Academy Press.

Shulman, L. S. (2009), "Assessment *of* Teaching or Assessment *for* Teaching? Reflections on the Invitational Conference", en D. Gitomer (ed.), *Measurement Issues and Assessment for Teaching Quality,* Thousand Oakes, CA, SAGE, pp. 234-244.

SEMBLANZAS

Autores

Lorin W. Anderson (anderson.lorinw@gmail.com) es profesor emérito distinguido de la Universidad de Carolina del Sur, en los Estados Unidos de América, en donde fue miembro de su cuerpo docente desde agosto de 1973 hasta su retiro en agosto de 2006. Durante su permanencia en la universidad impartió cursos de posgrado en diseño de investigación, evaluación en el aula, estudios curriculares y efectividad de los maestros.

Recibió su doctorado en medición, evaluación y análisis estadístico por la Universidad de Chicago, en donde fue estudiante de Benjamin S. Bloom y posteriormente su asistente durante dos años. Tiene una maestría por la Universidad de Minnesota y un B. A. (Bachelor of Arts) por el Macalester College.

Ha sido autor o editor de 18 libros y tiene 40 artículos publicados. Sus trabajos más reconocidos y con mayor impacto han sido *Increasing Teacher Effectiveness* [Incrementando la efectividad de los maestros], que la Organización de las Naciones Unidas para la Educación, la Ciencia y la Cultura (unesco, por sus siglas en inglés) editó por segunda ocasión en 2004, y *A Taxonomy of Learning, Teaching, and Assessing: A Revision of Bloom's Taxonomy of Educational Objectives* [Una taxonomía del aprendizaje, la enseñanza y la evaluación: Revisión de la taxonomía de objetivos educativos de Bloom], publicado por Pearson en 2001.

Ha sido cofundador del Centro de Excelencia para Preparar Maestros de Niños en situación de pobreza, que celebra este año su decimocuarto aniversario. Adicionalmente, ha establecido un programa de becas para alumnos de primer ingreso que planean convertirse en maestros.

Es miembro de la Academia Internacional de la Educación desde 1998.

David C. Berliner (berliner@asu.edu) es profesor "Regent" de educación, emérito, en la Universidad del Estado de Arizona, en los Estados Unidos de América. Ha enseñado también en otras universidades de Arizona y de Massachussets, en el Teachers' College (Nueva York), en la Universidad de Stanford y en universidades de Canadá, Australia, Países Bajos, Dinamarca, España y Suiza. Es miembro de la Academia Nacional de Educación, y fue presidente de la Asociación Estadunidense de Investigación Educativa (aera, por sus siglas en inglés) y de la División de Psicología Educativa de la Asociación Estadunidense de Psicología

(APA, por sus siglas en inglés). Ha obtenido numerosos premios por su trabajo sobre la profesión educativa y ha sido autor o coautor de más de 400 artículos, capítulos de libro y libros. Entre sus trabajos más conocidos están las seis ediciones del texto *Educational Psychology* [Psicología educativa], en coautoría con N. L. Gage; *The Manufactured Crisis* [La crisis manufacturada], en coautoría con B. J. Biddle; *Collateral Damage: How High-Stakes Testing Corrupts American Education* [Daño colateral, cómo las pruebas de alto impacto corrompen la educación estadunidense], en coautoría con Sharon Nichols, y *50 Myths and Lies that Threaten America's Public Schools* [50 mitos y mentiras que amenazan a las escuelas públicas estadunidenses], con Gene V. Glass. Fue coeditor del primer *Handbook of Educational Psychology* [Manual de Psicología Educativa] y de los libros *Talks to Teachers, Perspectives on Instructional Time* [Pláticas para profesores, perspectivas sobre el tiempo de enseñanza] y *Putting Research to Work in Your School* [Poniendo a la investigación a trabajar en tu escuela]. Es miembro de la Academia Internacional de la Educación desde 2009.

MARÍA DE IBARROLA (ibarrola@cinvestav.mx). Maestra en sociología por la Universidad de Montreal y doctora en ciencias con especialidad en investigación educativa por el Centro de Investigación y de Estudios Avanzados (Cinvestav) del Instituto Politécnico Nacional (IPN), México. Es miembro del Sistema Nacional de Investigadores (SNI) del Consejo Nacional de Ciencia y Tecnología (Conacyt) nivel III. Inició su trayectoria en el campo de la investigación educativa en el Centro de Estudios Educativos, A. C. (México), y después en la Facultad de Ciencias Políticas y Sociales de la Universidad Nacional Autónoma de México (UNAM). Fue investigadora de la Comisión de Nuevos Métodos de Enseñanza de esta misma universidad, en donde inició y desarrolló la línea de diseño de planes de estudio. En 1977 se incorporó al Departamento de Investigaciones Educativas (DIE) del Cinvestav, el cual dirigió durante el periodo de 1981 a 1986, y en el que permanece hasta la fecha. Durante cinco años —1993-1997— dirigió la Fundación SNTE para la Cultura del Maestro Mexicano. Fue presidenta del Consejo Mexicano de Investigación Educativa (COMIE) durante el periodo 2006-2007. Ha sido miembro del Consejo de Especialistas en Educación Técnico-Profesional de la Organización de Estados Iberoamericanos y miembro asesor del Instituto Internacional de Planeamiento de la Educación de la UNESCO. Desde 1985 ha realizado investigación acerca de las políticas, las instituciones y los actores en las relaciones entre la educación y el trabajo. Ha publicado más de 50 artículos, 35 capítulos de libros y 20 libros sobre los temas de sociología de la educación, diseño curricular, educación superior, formación de investigadores, educación tecnológica, educación y trabajo, con especial hincapié en la formación escolar para el trabajo. Como titular del curso de posgrado sobre problemas educativos y política pública, varias de sus publicaciones refieren a investigación y análisis sobre diversos temas de la política educativa en México. Es miembro de la Academia Internacional de la Educación desde 2004 y fue presidenta de la misma de 2012 a 2015.

Kadriye Ercikan (kercikan@ets.org) es profesora de educación en la Facultad de Educación de la Universidad de la Columbia Británica, Canadá, y vicepresidenta de Análisis Estadístico, Datos Estadísticos e Investigación Psicométrica (sada&pr, por sus siglas en inglés) de la organización no gubernamental Educational Testing Service. Su trabajo académico se enfoca en asuntos de diseño, análisis, interpretación y validación de resultados educativos de evaluaciones de gran escala y en métodos de investigación en educación. Ha estudiado la traducción, el lenguaje y los asuntos culturales de la medición y la validación del significado de las calificaciones usando procesos de respuesta, valoración y pensamiento histórico, y aprovechando la contribución de diferentes paradigmas de investigación en la creación de conocimiento y la generalización en la investigación educativa. En el año 2000 recibió un premio por su carrera inicial por parte de la Universidad de Columbia Británica, y en 2010 recibió el premio de la División D de Contribuciones Significativas a la Medición en Educación y Metodología de Investigación de la aera, por su volumen coeditado *Generalizing from Educational Research: Beyond Qualitative and Quantitative Polarization* [Generalizando la investigación educativa: Más allá de la polarización cuantitativa-cualitativa]. Ha sido miembro del Comité sobre Fundamentos de las Mediciones Educativas de la Academia Nacional de Educación, y también miembro por elección de la Junta de Gobierno del Consejo Nacional sobre mediciones. Es actualmente vicepresidenta de la División D de la aera y miembro de la Academia Internacional de la Educación desde 2010.

Mustafa Asil es investigador de la Unidad de Investigación sobre Evaluación Educativa de la Universidad de Otago, en Nueva Zelanda, responsable de proporcionar investigación y apoyo psicométrico para la ejecución del Proyecto Nacional de Monitoreo del Desempeño de los Estudiantes. Es psicometrista y analista de datos cuantitativos con fuerte interés en la comparabilidad de las evaluaciones de gran escala entre lenguajes y culturas y en la equivalencia de las mediciones.

Raman Grove es psicometrista del Ministerio de Educación de la Provincia de la Columbia Británica de Canadá. Aporta su especialidad en psicometría para evaluaciones provinciales de gran escala. Sus intereses de investigación se centran en temas de justicia y prejuicios sobre las poblaciones en desventaja, por medio de evaluaciones multilingües e investigaciones sobre la comparabilidad de las calificaciones y los temas de diferenciación que funcionan en poblaciones heterogéneas.

Felipe Martínez Rizo (felipemartinez.rizo@gmail.com) es profesor jubilado de la Universidad Autónoma de Aguascalientes, de la que fue rector. Fue el primer director general del Instituto Nacional para la Evaluación de la Educación (INEE). Ha escrito 58 libros y 198 artículos o capítulos, y presentado 240 conferencias o ponencias en una quincena de países. Miembro del SNI y de la Academia Mexicana de Ciencias. En 2009 recibió el reconocimiento Pablo Latapí Sarre del Comie, y en 2011, el doctorado *honoris causa* por la Universidad de Valencia, España.

Denis C. Phillips (d.c.phillips@gmail.com) nació, se educó y empezó su vida profesional en Australia. Es bachiller en ciencias, bachiller en educación, maestro en educación y doctor en ciencias por la Universidad de Melbourne. Después de enseñar en escuelas secundarias y en la Universidad de Monash en ese país, se mudó a la Universidad de Stanford en 1974. Fue director asociado y después director interino de la Escuela de Educación de esa universidad, y actualmente es profesor emérito de educación y de filosofía. Es filósofo de la educación y de las ciencias sociales, y ha impartido cursos y publicado ampliamente sobre los filósofos de la ciencia: Popper, Kuhn y Lakatos. También ha publicado temas de filosofía en investigación educativa y en evaluación de programas, sobre John Dewey y William James y sobre constructivismo social y psicológico. Durante varios años dirigió el Programa de Capacitación en Evaluación de Stanford, y fue titular del grupo de trabajo (Task Force) que representó a 11 destacadas escuelas de educación, las cuales recibieron un financiamiento de la Fundación Spencer para hacer innovaciones en sus programas de doctorado en investigación educativa. Entre sus publicaciones más recientes se encuentran *The Encyclopedia of Educational Theory and Philosophy* [Enciclopedia de teoría y filosofía educativa] (editado por SAGE) y *A Companion to John Dewey's "Democracy and Education"* [Un acompañante al libro de John Dewey *Democracia y educación*] (University of Chicago Press).

Es miembro de la Academia Internacional de la Educación desde 1998.

Richard J. Shavelson (richs@stanford.edu) es doblemente profesor emérito (James Quillen Dean —Emeritus— y Margaret Jacks Professor —Emeritus—) de la Escuela de Graduados en Educación y profesor de psicología y miembro titular del Instituto Woods para el Medio Ambiente de la Universidad de Stanford, en los Estados Unidos de América. Fue presidente de la AERA. Es miembro de la Academia Nacional de Educación y miembro de número de la Asociación Estadunidense para el Avance de la Ciencia, de la APA y de la Sociedad Humboldt de Alemania. Su trabajo actual incluye la evaluación del aprendizaje de estudiantes de pregrado, incluyendo la evaluación del aprendizaje universitario, la transparencia en educación superior y la evaluación del comportamiento internacional del aprendizaje. Entre sus publicaciones destacan *Statistical Reasoning for the Behavioral Sciences, Generalizability Theory: A Primer* [El razonamiento estadístico en las ciencias del comportamiento, una teoría de la generalizabilidad], en coautoría con Noreen Webb; *Scientific Research in Education* [La investigación científica en educación], coeditado con Lisa Towne, y *Assessing College Learning Responsibly: Accountability in a New Era* [Evaluando la responsabilidad del aprendizaje universitario. Rendición de cuentas en una era nueva] (2010, Stanford University Press).

Es miembro de la Academia Internacional de la Educación desde 2013.

SYLVIA IRENE SCHMELKES DEL VALLE (schmelkes@gmail.com) es socióloga con maestría en investigación y desarrollo educativo por la Universidad Iberoamericana, México, e investigadora de la educación desde 1970. Ha publicado más de 150 trabajos, entre libros y artículos, sobre los temas de calidad de la educación, educación de adultos, formación en valores y educación intercultural. Actualmente es consejera de la Junta de Gobierno del Instituto Nacional para la Evaluación de la Educación. Pertenece al SNI del Conacyt, con nivel III.

Es miembro de la Academia Internacional de la Educación desde 2002.

WILLIAM H. SCHUBERT (schubert@uic.edu) es profesor emérito de currículum y enseñanza de la Universidad de Illinois en Chicago, en los Estados Unidos de América, en donde fue académico universitario e impartió esa misma cátedra. Fue coordinador del programa de doctorado en estudios curriculares y miembro del cuerpo de profesores durante 36 años, labores por las que se hizo merecedor de premios universitarios y colegiales por su destacado desempeño en la enseñanza y la tutoría. Recientemente fue nombrado profesor huésped de la Universidad Normal de Beijing. Además de ser miembro de la Academia Internacional de la Educación, es miembro por elección de Profesores de Currículum, y recibió el Premio 2004 por su trayectoria de vida en estudios del currículum otorgado por la AERA. Recibió también el premio Mary Ann Raywid por excelencia educativa, otorgado por la Sociedad de Profesores de Educación en 2007. Ha publicado 18 libros y más de 250 artículos y capítulos de libro en historia curricular, teoría y desarrollo dentro y fuera de las escuelas, y ha impartido clases extensamente sobre esos temas. Ha sido presidente de la Sociedad de Profesores de Educación, de la Sociedad John Dewey, de la Sociedad para el Estudio de la Historia del Currículum y vicepresidente de la AERA. Inició su carrera como profesor de educación primaria y fue precursor en el desarrollo de la actuación teatral como enfoque para la enseñanza, el cual ha trasladado a la enseñanza universitaria, la asesoría y a conferencias para ilustrar diferentes orientaciones sobre temas educativos clave, como se muestra en este libro.

Es miembro de la Academia Internacional de la Educación desde 1997.

SERVAAS VAN DER BERG (svdb@sun.ac.za) es profesor extraordinario de economía en la Universidad de Stellenbosch, Sudáfrica, e imparte la cátedra de la Fundación Nacional de Investigación en Economía de la Política Social. Es director de Investigación en Política Socioeconómica (RESEP, por sus siglas en inglés), grupo de 25 investigadores comprometidos con la investigación de la economía de la educación, de la economía de la salud y de la economía del trabajo y con el análisis de la pobreza y la desigualdad. Estuvo comprometido estrechamente en los debates acerca de la política macroeconómica en la Sudáfrica posterior al *apartheid*, en el proyecto Crecimiento, Empleo y Redistribución (GEAR, por sus siglas en inglés) y en el Comité Lund, que recomendó financiamiento para un programa de apoyo masivo a la infancia de ese país. Ha realizado investigación considerable sobre la educación en Sudáfrica y otros países de la región, como Botsuana, Namibia, Lesoto, Suazilandia y Mozambique. Ha sido asesor técnico del Consorcio Sudafricano y Oriental para Monitorear la Calidad de la Educación (SACMEQ, por sus siglas en inglés). Sus publicaciones recientes incluyen tres influyentes reportes en los que es coautor: *How Unequal Education Quality Limits Social Mobility in South Africa* [Cómo la desigualdad educativa limita la movilidad social en Sudáfrica], *Identifying Binding Constraints in Education* [Identificando los obstáculos vinculantes en la educación] y *The Impact of Incentives for Recruitment and Retention of Qualified Teachers in Namibia's Remote Schools* [El impacto de los incentivos para el reclutamiento y la retención de profesores calificados en las escuelas remotas de Namibia]. Es coautor del libro *Creating Effective Schools* [Creando escuelas efectivas], junto con Nick Taylor y Thabo Mabogoane.

Es miembro de la Academia Internacional de la Educación desde 2008.

COMENTARISTAS

EDUARDO BACKHOFF (ebackhoff@metrica.edu.mx) es doctor en educación y miembro del Sistema Nacional de Investigadores (SNI) del Consejo Nacional de Ciencia y Tecnología (Conacyt), de México. Trabajó como docente en la Universidad Nacional Autónoma de México (UNAM) y como investigador en la Universidad Autónoma de Baja California (UABC). Fue director del Instituto de Investigación y Desarrollo Educativo, y editor científico de la *Revista Electrónica de Investigación Educativa* (REDIE). En el Instituto Nacional para la Evaluación de la Educación (INEE) fue director de Pruebas y Medición, así como consejero y presidente de su Junta de Gobierno. Su campo de interés es el desarrollo y la validación de instrumentos de medición de gran escala para evaluar sistemas educativos, además de la evaluación asistida por computadora. Ha publicado un centenar de artículos científicos y es autor o coautor de más de 25 capítulos y libros sobre evaluación y educación. Es coautor del Examen de Competencias Básicas y del Generador Automático de Exámenes. Ha sido asesor técnico de los proyectos internacionales del Programa Internacional de Evaluación de los Alumnos (PISA, por sus siglas en inglés) y del Estudio Internacional sobre Enseñanza y Aprendizaje (TALIS, por sus siglas en inglés).

Teresa Bracho González (tbracho@inee.edu.mx) es licenciada en comunicación social por la Universidad Anáhuac (México) y doctora en ciencias sociales con especialidad en sociología por El Colegio de México (Colmex). Ha sido profesora-investigadora en la Facultad Latinoamericana de Ciencias Sociales (Flacso), sede México, y en el Centro de Investigación y Docencia Económicas (CIDE), del mismo país, e investigadora invitada del Centro de Estudios Latinoamericanos de la Universidad de Harvard. También se ha desempeñado como presidenta del Consejo Mexicano de Investigación Educativa (Comie) y presidenta del Consejo Técnico del INEE.

Sus principales temas de investigación se orientan al estudio de las políticas educativas, en particular al análisis de la equidad, la distribución y la calidad educativa. Es miembro del SNI, de la Academia Mexicana de Ciencias y del Consejo Asesor de la Fundación Equitas de Chile. Actualmente es miembro activo de la World Education Research Association.

Ha evaluado las políticas educativas nacionales del Consejo Nacional de Fomento Educativo (Conafe), el Programa Nacional de Becas para la Educación Superior, del Conacyt, el Consejo Nacional para la Cultura y las Artes (Conaculta) y de la Secretaría de Educación Pública (SEP). Actualmente es Consejera de la Junta de Gobierno del INEE.

Rosa Nidia Buenfil Burgos (buenfil_rn@yahoo.com) es doctora en gobierno, ideología y análisis del discurso por la Universidad de Essex, Gran Bretaña. Es profesora e investigadora en el Departamento de Investigaciones Educativas (DIE) del Centro de Investigación y de Estudios Avanzados (Cinvestav) y profesora en la UNAM, todas ellas instituciones mexicanas. Ha sido Fellow en la Universidad de Essex y en la de Madison-Wisconsin, y profesora invitada en diversas universidades argentinas, colombianas y mexicanas. Desde 1990 su perspectiva es el análisis político del discurso educativo, con dos líneas de investigación: programas educativos siglos XX y XXI (posrevolución, modernización educativa, globalización, migración) y debates teóricos contemporáneos (posmodernidad; estado del conocimiento de filosofía, teoría y campo de la educación; globalización; territorialización; cosmopolitismo, entre otros). Actualmente investiga sobre lo público y lo común en reformas y políticas educativas en México, y es coordinadora del grupo de trabajo Educación para una Vida en Común, del Consejo Latinoamericano de Ciencias Sociales (Clacso). Editó cuatro libros y es autora de seis, más de 50 artículos y 60 capítulos publicados en México, Argentina, Alemania, Bélgica, Colombia, Gran Bretaña, los Estados Unidos y España. Ha formado a más de 50 estudiantes de posgrado de la UNAM y del Cinvestav en México. Es fundadora y coordinadora del Programa de Análisis Político de Discurso e Investigación. Actualmente es Investigadora del SNI del Conacyt, de México.

ALICIA CIVERA CERECEDO (acivera@cinvestav.mx) es doctora en investigaciones educativas por el DIE del Cinvestav, institución en la que actualmente es investigadora. Ha sido miembro fundador, vicepresidenta y secretaria académica de la Sociedad Mexicana de Historia de la Educación, y fundadora y directora de la *Revista Mexicana de Historia de la Educación*. Ha trabajado en las líneas de la historia de la educación rural, la profesión docente, la política educativa, la internacionalización y educación y género en México y en Iberoamérica. Entre sus publicaciones destaca el libro *La escuela como opción de vida. La formación de maestros normalistas rurales en México, 1921-1945*.

Es investigadora del SNI del Conacyt, de México.

GILBERTO RAMÓN GUEVARA NIEBLA (gguevara@inne.du.mx) es biólogo y maestro en ciencias por la UNAM. Hizo estudios de sociología de la educación en la Escuela de Altos Estudios de París, Francia. Ha sido profesor e investigador en varias universidades de México, manteniendo siempre su interés por la educación y la política.

Ha sido miembro, asesor o presidente de varios comités, consejos y juntas de gobierno donde los asuntos educativos son de orden público y prioridad nacional.

Fue subsecretario de Educación Básica en la SEP de 1992 a 1993, y fungió como asesor del secretario de Educación Pública, Miguel Limón Rojas, de 1995 a 2000.

Ha sido articulista de las siguientes publicaciones: *La Jornada, El Universal, Crónica, El Nacional, Proceso* y *unomásuno*. Algunos de sus libros más importantes son: *El saber y el poder* (1978), *La educación socialista* (1984), *La catástrofe silenciosa* (FCE, 1992), *Lecturas para maestros* (2002) y *Clásicos del pensamiento pedagógico mexicano. Antología histórica* (2011).

En la actualidad es consejero de la Junta de Gobierno del Instituto Nacional para la Evaluación de la Educación (INEE).

RUTH PARADISE (paradise@cinvestav.mx) es investigadora del DIE del Cinvestav, México. Realizó la maestría en ciencias con especialidad en investigación educativa en el mismo departamento, y un doctorado en antropología en la Universidad de Pennsylvania, Filadelfia. Su trabajo de investigación enfoca las prácticas de enseñanza y aprendizaje indígenas en contextos de familia y comunidad en estudios realizados en el mercado de La Merced, de la Ciudad de México, y en un pueblo mazahua en el Estado de México. También ha estudiado el aprendizaje de niños mazahuas en la escuela primaria y la relación entre comunidad y escuela.

Es investigadora del SNI del Conacyt, de México.

MARÍA TERESA ROJANO CEBALLOS (trojano@cinvestav.mx) es licenciada en matemáticas por la UNAM y maestra y doctora en ciencias por el Departamento de Matemática Educativa del Cinvestav; estudió el posdoctorado en educación matemática en ambientes computacionales, en el Instituto de Educación de la Universidad de Londres. Desde 2012 es investigadora emérita del Cinvestav. Se especializa en pensamiento algebraico y en entornos tecnológicos de aprendizaje. Es investigadora del SNI del Conacyt, de México, miembro del comité asesor internacional de la revista *Journal for Research in Mathematics Education*, del National Council of Teachers of Mathematics (NCTM), y del comité editorial de la revista *Educational Studies in Mathematics* (Springer), así como asesora del James J. Kaput Center for Research and Innovation in STEM Education de la Universidad de Massachusetts, en Dartmouth. Ha dirigido proyectos de investigación nacionales e internacionales, así como programas de desarrollo e innovación educativa, como Enseñanza de las Matemáticas y las Ciencias con Tecnología, Modelo Renovado de la Telesecundaria, y Estudio Comparativo del Diseño Curricular de Matemáticas en México y Otros Países; recientemente participó en la elaboración de los nuevos programas de matemáticas de la educación básica en México.

EDUARDO WEISS (eweiss@cinvestav.mx) se formó en Alemania como pedagogo y como sociólogo cultural, y obtuvo el doctorado en política pública en la Universidad de Erlangen. Desde 1979 trabaja como investigador en el DIE del Cinvestav, donde ha sido coordinador de la maestría y jefe del departamento. Es investigador del SNI del Conacyt, de México. Ha dirigido tesis de maestría y de doctorado y ha impartido cursos, seminarios y talleres sobre epistemología, métodos y técnicas de investigación educativa, currículum y didáctica, y sobre sujetos y actores.

Su línea de investigación actual es "jóvenes y escuela", y sobre el tema ha coordinado el libro *Jóvenes y bachillerato,* publicado por la Asociación Nacional de Universidades e Instituciones de Educación Superior (ANUIES) en 2012, y escribió en 2015 el capítulo "El abandono escolar: dimensiones, causas y políticas para abatirlo", del libro *Desafíos de la educación media superior*, publicado por el Instituto Belisario Domínguez, así como artículos en la *Revista Mexicana de Investigación Educativa,* en *Perfiles Educativos* y en *Educação e Pesquisa,* entre otras.

MARGARITA MARÍA ZORRILLA FIERRO (margarita.zorrilla@gmail.com) es licenciada en ciencias de la educación por la Universidad de Monterrey, maestra en investigación educativa por la Universidad Autónoma de Aguascalientes y doctora en educación por la Universidad Anáhuac.

Ha sido profesora e investigadora del Departamento de Educación de la
Universidad Autónoma de Aguascalientes. Los campos de investigación de su
interés se centran en política y gestión educativa, supervisión escolar, evaluación
y sus efectos.

Fue presidenta del Consejo Mexicano de Investigación Educativa (Comie).
En Aguascalientes encabezó varios programas de reforma de la educación en el
marco de la descentralización educativa, la reforma de la supervisión escolar en
educación básica, y diversas evaluaciones externas a gran escala de educación
primaria, secundaria y media superior. También diseñó e instrumentó el programa estatal de formación de maestros en servicio de educación básica, y participó
en la elaboración de la Ley de Educación del Estado de Aguascalientes. Además,
ha sido integrante de diversos consejos académicos nacionales e internacionales
y consejera de la Junta de Gobierno del INEE.

Temas clave de la evaluación de la educación básica. Diálogos y debates, coordinado por María de Ibarrola
Nicolín, se terminó de imprimir y encuadernar en junio de 2018 en Impresora y Encuadernadora Progreso, S. A. de C. V. (IEPSA), Calz. San Lorenzo, 244; 09830 Ciudad de México. En su composición, realizada en el Departamento de Integración Digital del FCE por *Guillermo Carmona Vargas,* se utilizaron
tipos Palatino Linotype. La edición, al cuidado de *Rubén Hurtado López,* consta de 3 300 ejemplares.